BIBLIOTHÈQUE DU VOYAGEUR

AMÉRIQUE CENTRALE

Édition française
Traduite de l'anglais par :
Sophie Brun, Sophie Paris

Préparée par :
Alain Rossignol

Bibliothèque du Voyageur

Gallimard Loisirs
5, rue Gaston-Gallimard
75007 Paris
tél. 01 49 54 42 00
biblio-voyage@gallimard-loisirs.fr
guides-gallimard.fr

Dépôt légal Avril 2019
Numéro d'édition 337181
ISBN 978-2-74-245568-3

Mise en page et adaptation Quercy Blanc
Carnet pratique Amélie Vignals
Photogravure Desk, Saint-Berthevin, France.
Impression et reliure Drukarnia Pozkal, Inowrocław, Pologne.

Aucun guide de voyage n'est parfait. Des erreurs, des coquilles se sont certainement glissées dans celui-ci, malgré toutes nos vérifications.
Les informations pratiques, adresses, heures d'ouverture, peuvent avoir été modifiées ; certains établissements cités peuvent avoir disparu.
Nous vous serions très reconnaissants de nous faire part de vos commentaires, de nous suggérer des corrections ou des compléments qui pourront être intégrés dans la prochaine édition.

LÉGENDES

PLANS DE VILLE

- Voie express, autoroute
- Route à double voie
- Route principale
- Route secondaire
- Rue piétonne
- Escalier
- Chemin piétonnier
- Voie de chemin de fer
- Funiculaire
- Téléphérique
- Tunnel
- Enceinte
- Édifice remarquable
- Zone urbanisée
- Zone non urbanisée
- Pôle, plateforme de correspondance
- Parc
- Zone pédestre
- Gare routière
- Office de tourisme
- Bureau de poste central
- Cathédrale, église
- Mosquée
- Synagogue
- Statue, monument
- Plage
- Aéroport

CARTES ROUTIÈRES

- Voie express, autoroute (avec point d'accès)
- Voie express, autoroute (en construction)
- Voie express avec sécurité centrale
- Route principale
- Route secondaire
- Autre route
- Piste
- Sentier pédestre
- Frontière internationale
- Frontière régionale, d'État
- Réserve, parc national
- Parc maritime
- Route maritime
- Marais
- Glacier
- Lac salin
- Aéroport, aérodrome
- Site archéologique
- Poste de contrôle
- Téléphérique
- Château, ruines
- Grotte
- Demeure, propriété
- Église, ruines
- Cratère, caldera
- Phare
- Sommet
- Site, curiosité
- Belvédère, point de vue

Paresseux à gorge brune (B. variegatus) *ou aï, Parque Nacional Manuel Antonio, Costa Rica.*

À PROPOS DE CE GUIDE

Cet ouvrage est une traduction-adaptation de la nouveauté *Insight Guide : Central America*, créée en 2017.

Nos ouvrages ont pour objectif de vous faire découvrir de nouvelles cultures et de vous faire vivre de nouvelles expériences. En alliant textes et images, le lecteur bénéficie d'une approche culturelle plus complète permettant d'affiner ces qualités incontournables : savoir et discernement. Grâce à l'expérience et aux connaissances de nos auteurs et photographes, ces objectifs sont atteints.

Comment utiliser ce guide

Ce guide de voyage est conçu pour répondre à 3 objectifs : informer, guider et illustrer. Dans cette optique, l'ouvrage est divisé en 3 sections, identifiables grâce à leurs bandeaux de couleur placés en haut de page. Chacune d'elles vous permettra d'appréhender le pays et vous guidera dans le choix de vos visites, son histoire et son peuple, de votre hébergement, de vos activités culturelles et sportives :

La section **Histoire & Société**, repérable à son bandeau orange, relate l'histoire culturelle et environnementale des pays sous forme d'articles fouillés qui retracent l'histoire et la politique des 7 pays qui constituent l'Amérique centrale – le Belize, le Costa Rica, l'El Salvador, le Guatemala, le Honduras et le Panamá – auxquels s'ajoutent les États sud du Mexique – le Campeche, le Chiapas et le Yucatan pour compléter la civilisation maya. Des thématiques Zoom sur... et Grand angle apportent des éclairages pertinents sur chacune des régions.

La section **Itinéraires**, signalée par des bandeaux de couleurs différentes pour chaque pays, livre sous forme de circuits une sélection de sites et de lieux incontournables à découvrir. Chaque site est localisé sur une carte à l'aide d'une pastille numérotée.

La section **Carnet pratique**, soulignée par un bandeau jaune, fournit, quant à elle, toutes les informations nécessaires pour connaître les différents aspects de l'Amérique centrale, préparer votre voyage (formalités, comment s'y rendre...), pour vous déplacer dans le pays, vous loger, vous restaurer et plus encore...

Les contributeurs

Après l'Argentine, l'Amérique du Sud, le Brésil, le Chili, la Colombie, l'Équateur, le Mexique et le Pérou, l'Amérique centrale est le neuvième ouvrage de la Bibliothèque du Voyageur consacré à l'Amérique latine.

La maison d'édition APA Insight Guides, basée à Londres, a confié l'orchestration de cette nouveauté à son éditrice **Sarah Clark**.

Afin d'atteindre cet ambitieux objectif, Sarah a fait appel aux photographes journalistes de voyage **Nicholas Gill** et **AnneLise Sorensen**. Tous deux parcourent régulièrement les Amériques pour le *New York Times*, le *Wall Street Journal*, *The Guardian*, le *New York Magazine*, *Time Out* ou encore *Gourmet*.

Les sites sélectionnés dans les Itinéraires sont signalés dans les cartes par des puces noires (ex. ❶ ou Ⓐ).

SOMMAIRE

EN BREF...

HISTOIRE & SOCIÉTÉ

ITINÉRAIRES

CARNET PRATIQUE

CARTES & PLANS

LÉGENDES
Zoom sur...
Grand angle

LES MUSTS DE L'AMÉRIQUE CENTRALE

Que vous préfériez gravir la pyramide de Tikal, au Guatemala, ou plonger dans les eaux cristallines de la barrière de corail, au Belize, observer la riche diversité de la faune dans la péninsule d'Osa, au Costa Rica, ou pratiquer le yoga sur la plage de Tulum, au Mexique... tous ces sites sont incontournables.

△ **La Riviera Maya, Mexique** De Cancún la festive à Tulum l'écolo-chic, la côte caraïbe du Yucatan conserve certaines des plus belles plages au monde, offrant un cadre de rêve à la plus grande région touristique du Mexique. *Voir p. 116*

△ **Península de Osa, Costa Rica** Sauvage ! Qu'il s'agisse de la faune, de la flore ou de l'aventure, ici, le passionné de nature vierge trouvera son bonheur sur cette péninsule reculée, qui fait face à l'océan Pacifique. *Voir p. 302*

△ **Plonger au Belize** Tout petit soit-il, le Belize possède la plus grande formation corallienne de l'hémisphère Nord : atolls, îles et îlots s'égrènent dans une eau turquoise et translucide, offrant une multitude de spots de plongée dont le célèbre Blue Hole et la réserve marine de Hol Chan. *Voir p. 169*

▽ **Chichén Itzá, Mexique** Exemple incontournable de l'architecture maya, qui figure parmi les "sept nouvelles merveilles du monde". *Voir p. 113*

△ **Volcán Arenal, Costa Rica** Si sa silhouette conique se prête admirablement à la photo, son énergie géothermique alimente toujours les très recherchées sources thermales alentour pour le plus grand bonheur des curistes. *Voir p. 293*

△ **Isla de Ometepe, Nicaragua** La plus grande île volcanique du monde, émergeant au cœur du Lago Cocibolca, se targue d'héberger des pics jumeaux, les Volcánes Concepción et Maderas. *Voir p. 256*

◁ **Canal de Panamá** Ralliant l'Atlantique au Pacifique, ce canal élargi en 2016 est l'une des voies navigables les plus stratégiques du monde et une merveille de l'ingénierie moderne. *Voir p. 315*

▽ **Tikal, Guatemala** Si la taille de ces colossales pyramides s'élevant au-dessus de la canopée dépasse l'entendement, la finesse d'ouvrages sculptés laisse entrevoir le glorieux passé de cette cité maya. *Voir p. 160*

▽ **Lago Atitlán, Guatemala** Dans l'Altiplano de la Sierra Madre, une immense caldeira sert d'écrin à ce lac de volcan autour duquel règne l'ambiance nonchalante des villages mayas. *Voir p. 145*

▷ **Joya de Ceren, El Salvador** Enveloppé dans un linceul de cendres volcaniques au 6e siècle, le village de Ceren n'a révélé son histoire sur la vie des Mayas qu'en 1976, ce qui lui a valu le surnom de Pompéi d'Amérique. *Voir p. 208*

RÊVEZ L'AMÉRIQUE CENTRALE

Imaginez-vous descendant le Río Platano à la recherche de la loutre géante ou du jaguar, arpentant les ruelles pavées de la cité coloniale d'Antigua, gravissant les marches de la pyramide El Castillo ou tout simplement profitant d'une séance de yoga sur la plage de Tulúm... Vous ne rêvez plus, vous êtes bien en Amérique centrale.

Îlot de carte postale, San Blas au Panamá.

LEUR FAUNE EXCEPTIONNELLE

Parque Nacional Tortuguero, Costa Rica Au fil des canaux de cette zone humide labyrinthique, ouvrez l'œil afin de repérer les tortues se chauffant au soleil, les alouates se balançant d'arbre en arbre ou encore les perroquets jasant dans la canopée. *Voir p. 289*

Cockscomb Basin Wildlife Sanctuary, Belize Ce vaste bassin montagnard envahi par une forêt tropicale vierge protège tant les jaguars et les margays que les toucans à carène et les aras rouges. *Voir p. 193*

Parque Nacional Pico Bonito, Honduras Sans contexte le plus beau parc du pays où vous pourrez conjuguer à loisir observation de la faune aviaire avec rafting sur la Cangrejal ou baignade dans le RÍo Coloradíto. *Voir p. 234*

Parque Nacional Manuel Antonio, Costa Rica De verdoyantes falaises bordant de longs rubans de plage immaculée servent de cadre à ce petit, mais superbe, parc où sapajous capucins, *titís*, *colorados* et autres congénères primates vaquent tranquillement à leurs occupations. *Voir p. 301*

Parque Nacional Marino Golfo de Chiriquí, Panamá Chaque année, lors de leur migration vers l'Amérique du Sud ou l'Alaska, les baleines à bosse font escale dans cette poissonneuse baie autour des Islas Secas. *Voir p. 321*

LEURS PLAGES DE RÊVE

Nosara, Costa Rica Comment résister à l'appel du surf, des séances de yoga au bord de l'eau et des couchers de soleil qu'offrent les Playas Pelada et Guiones ? *Voir p. 299*

Costa del Bálsamo, El Salvador Toutes proches de la capitale, les vagues de Playa El Tunco et de Playa El Sunzal figurent parmi les plus réputées d'Amérique centrale. *Voir p. 216*

Tulum, Mexique Malgré un léger twist écolo-chic, cet ancien repaire hippie conserve sa beauté d'origine avec sa plage de sable blanc, son site maya et la jungle en toile de fond. *Voir p. 124*

Playa Venao, Panamá Une parfaite anse en fer à cheval et un sable volcanique que vient lécher une mer aux eaux cristallines ont fait de ce lieu reculé au sud de la péninsule d'Azuero le rendez-vous des adeptes de yoga et du surf. *Voir p. 320*

San Juan del Sur, Nicaragua Ce paisible village de pêcheurs est aussi le fief des surfeurs. *Voir p. 258*

Basilique à plume, Parque Nacional Tortuguero.

LEURS INCROYABLES MUSÉES

BioMuseo, Panamá Si les toits déconstruits de ce musée dédié à la biodiversité révèlent la signature du célèbre architecte Frank Gehry, leur polychromie attirera immanquablement votre regard. *Voir p. 312*

Museo del Oro, Costa Rica Admirez la beauté et la finesse d'ouvrage des 2000 et quelques pièces précolombiennes de ce musée de l'Or, le plus grand d'Amérique centrale. *Voir p. 282*

Museo Ixchel del Traje Indigena, Guatemala Voué à promouvoir la culture maya, ce musée expose, entre autres, une très belle collection de *huipiles* (larges blouses). *Voir p. 139*

Museo de la Revolución, Nicaragua Un musée dédié à la révolution sandiniste (1979-1990) avec force photos, documents... *Voir p. 251*

Museo de Arte, El Salvador Un lieu idéal pour faire connaissance avec la peinture salvadorienne. *Voir p. 208*

Museo de Oro, Costa Rica.

LEURS TRÉSORS COLONIAUX

Antigua, Guatemala Dans un impressionnant décor de pics volcaniques, l'ancienne capitale a su préserver toute sa sérénité et son élégant charme d'antan. *Voir p. 140*

Granada, Nicaragua Le style andalou mauresque de la toute première cité fondée par les Espagnols en 1524 lui vaut le surnom de Gran Sultana. *Voir p. 252*

Comayagua, Honduras Les édifices religieux, les gracieux palais et les *plazas* de cette ville fondée en 1537 figurent parmi les mieux préservés du pays. *Voir p. 228*

Suchitoto, El Salvador Avec ses maisons basses blanchies à la chaux, sa majestueuse Iglesia Santa Lucía, son ambiance nonchalante et sa proximité avec le lac, Suchi – pour les intimes – dégage un charme à nul autre pareil. *Voir p. 212*

Mérida, Mexique Cette petite cité fortifiée au caractère bien trempé était la capitale du commerce de sisal, comme peuvent en témoigner les demeures cossues aux façades en stuc et larges patios ornementés, les élégantes *plazas* ombragées. *Voir p. 110*

Jour de marché à Chichicastenango.

LEURS MARCHÉS COLORÉS

Chichicastenango, Guatemala Deux fois par semaine, la paisible ville de montagne est troublée dès potron-minet par l'arrivée des commerçants venus vendre leurs productions sur le plus grand marché du pays. *Voir p. 148*

Mercado Central, El Salvador Une visite, ne serait-ce que pour son ambiance, s'impose sous les arcades de ce marché couvert de San Salvador où vous pourrez aussi bien dénicher de l'artisanat que des articles de sport ou de l'électronique. *Voir p. 207*

Mercado Lucas de Gálvez, Mexique Le marché principal de Mérida offre un large éventail de marchandises allant du panama au *queso de bola* (boule de fromage), spécialité du Chiapas, en passant par les sacs et les hamacs en sisal. *Voir p. 111*

Mercado Municipal de Granada, Nicaragua Au sud du Parque Colón, au marché installé dans les halles datant de 1892, vous dénicherez de délicieux mets et pourrez observer l'art et la manière de négocier des Nicaraguayens. *Voir p. 253*

Arco de Santa Catalina, Antigua, Guatemala.

LEURS FRISSONNANTES AVENTURES

Rafting, Costa Rica Une descente de 4 heures sur le Río Pacuare – estimé comme le 5e meilleur cours d'eau au monde pour le rafting – vous garantira de vives émotions et de spectaculaires panoramas. *Voir p. 289*

Randonnée, Honduras Accompagné d'un guide, vous aurez toutes les chances d'entrevoir pumas, ocelots, quetzals et salamandres au cours de votre trek dans la forêt de nuages de la Biosfera Celaque qui enveloppe les pentes du plus haut sommet du pays. *Voir p. 232*

Escalade, Guatemala Tout vulcanologue amateur se doit d'approcher au plus près le cratère effusif du Volcán Pacaya, l'un des plus actifs de l'isthme. *Voir p. 140*

Pêche au gros, Panamá Qu'il s'agisse de la Península d'Azuero, du Golfo de Chiriquí ou de l'Archipiélago des la Perlas, le long de la côte pacifique regorge de sites idéals pour pêcher le marlin, le thazard noir, le voilier ou le thon jaune. *Voir p. 321*

Multisports, Honduras La Reserva de la Biósfera del Río Platano, une immense région de la Moskitia, réunit 5 écosystèmes aussi riches que variés à découvrir en trek et en rafting – à réserver de préférence aux plus sportifs et aventuriers. *Voir p.239*

Au sommet du Volcán Pacaya, Guatemala.

Tilapia frit et soupe de crabe, déjeuner guatémaltèque.

LEURS SAVEURS GUSTATIVES

Cuisine afro-panaméenne Les effluves corsés de viande de gibier et les parfums iodés des fruits de mer se mêlant à la douceur exotique des fruits tropicaux et au lait de coco caractérisent cette cuisine fusion afro-sino-jamaïcaine.

Garifúna . Descendants des esclaves africains échoués au Belize, les Garifúna ont adapté leur mode culinaire aux saveurs des produits locaux. Découvrez-la en dégustant une *hudut* (soupe de poisson au lait de coco), un *darasa* (tamale à la banane verte, au lait de coco, au citron vert et lime) ou encore une *tapou*, une onctueuse soupe de poisson, manioc et plantain, assaisonnée d'agrumes, de gingembre, de basilic et autres aromates.

Comida yucateca *Poc chuc* (porc épicé mariné aux agrumes), *cochinita pibil* (porc mariné à l'achiote, aux oignons et au jus de citron), *marquesitas* (crêpes de maïs fourrées au fromage frais)... voici quelques spécialités de cette cuisine du Yucatan qui tire ses racines de la culture maya.

Guatémaltèque Cette cuisine est l'heureux mariage des apports mayas – maïs, haricots, avocat, tomates, piments et chocolat – et de l'introduction espagnole du poulet, du porc, de la banane et de la noix de coco.

LEURS LOISIRS FAMILIAUX

Cancún, Mexique
Une pléiade de club-hôtels sont équipés d'attractions les plus variées pour le bonheur des petits et des grands. Évitez toutefois les vacances de février des Nord-Américains (Spring Break). *Voir p. 116*

Bosque Nuboso de Monteverde, Costa Rica
À certaines heures de la journée, cette forêt de nuage éclate de couleurs lorsque les 700 espèces de papillons et les 440 d'oiseaux qu'elle protège se mettent à virevolter en tous sens. *Voir p. 291*

Canal de Panamá Outre la visite aux écluses pour voir ces énormes navires traverser ce célèbre canal, vous pourrez embarquer pour une visite dans un village emberá sur le lac Gatún ou prendre un train qui traverse la jungle alentour. *Voir p. 315*

Littoral de Belize
Barrière de corail aux milliers d'îles et d'atolls pour admirer les poissons multicolores en snorkeling, rivières et forêts pour lau faune sauvage en kayak... *Voir p. 173*

Temples de Palenque, Chiapas, Mexique.

Sapajou capucin, Bosque Nuboso de Monteverde.

LEURS FABULEUX VESTIGES

Tulum, Mexique
Surplombant la mer, cette cité fortifiée maya – l'une des dernières construites – servait de base portuaire à Cobá, située 50 km à l'ouest dans les terres. *Voir p. 124*

Palenque, Mexique
Au plus profond de la jungle du Chiapas, le site compte le Templo de las Inscripciones, la plus grande pyramide à degrés mésoaméricaine, dont les inscriptions ont permis d'appréhender un peu de la civilisation maya. *Voir p. 129*

Copán, Honduras
L'escalier aux Pétropglyphes de ce centre cérémoniel maya compte quelque 1 800 glyphes qui relatent l'histoire de la dynastie des rois de Copán. *Voir p. 229*

Xunantunich, Belize
Le plus célèbre des temples mayas du pays, accessible par la mer, abrite El Castillo, une pyramide qui culmine à 40 m de hauteur, l'un des plus grands tombeaux jamais mis au jour, et arbore d'imposants bas-reliefs. *Voir p. 190*

LEURS TRUCS ET ASTUCES

Négocier, plus qu'un art : un jeu Sur un marché, vous pouvez négocier très serré sans que ce soit considéré comme impoli. Toutefois, il y a des limites à ne pas dépasser.

Plonger raisonnablement Sur la Riviera Maya (Yucatan), 2 plongées par jour ou une certification PADI vous reviendra au double du prix pour une prestation équivalente au Panamá, dans les Islas de la Bahía Islands ou sur la barrière de corail du Belize.

Boire un excellent café Le café Geisha est peut-être le plus cher au monde, mais si vous achetez du café en grains chez un producteur local au Costa Rica, au Nicaragua, au Salvador ou au Honduras, vous le paierez nettement moins cher et vous ne serez pas déçu pour autant.

Éviter les phlébotomes Vous pensiez que les moustiques étaient la plus grosse plaie d'Amérique centrale ? Cet honneur revient pourtant aux phlébotomes, ces petits insectes nocturnes, susceptibles de transmettre des maladies graves. Pensez à vous protéger avec des produits répulsifs.

Déguster un repas à petit prix Le Salvador aime sa *pupusa*, le Honduras, sa *baleada*, le Mexique son *taco* et le Guatemala, son *tamale*. Quel que soit le pays, il y a toujours un délicieux et roboratif mets à base de maïs qui vous attend pour un prix mini.

Entre terre et mer, une île de l'Archipiélago de San Blas, comarque de Guna Yala, Panamá.

Covoiturage à Suchitoto, Salvador.

Vue sur Antigua du sommet du Cerro de la Cruz, Guatemala.

Altun Ha et ses trésors mayas, Belize.

FEU, JUNGLE ET GRAND BLEU

Forêts pluviales et plantations de café luxuriantes, volcans empanachés et plages tropicales : l'Amérique centrale marque les esprits de ses merveilles.

Heliconia du Costa Rica.

Lorsque, au cours de leur voyage d'exploration de l'Amérique centrale en 1840, l'écrivain diplomate américain John Lloyd Stephens (1805-1852) et l'architecte et illustrateur anglais Frederick Catherwood (1799-1854) découvrent Copán au Honduras, ils n'en croient pas leurs yeux. Pour eux, cette cité ne peut être l'œuvre des Mayas, mais plutôt celle d'une lointaine civilisation. Ils en acquièrent les ruines pour 50 $US. À l'époque, c'était aussi facile que cela !

L'Amérique centrale passera longtemps pour un ramassis de républiques bananières obscures et instables, encore marquées par leur passé colonial. Seuls les plus téméraires s'y hasarderont. Aujourd'hui, cette réputation n'a plus lieu d'être. Si la région connaît encore parfois quelques troubles, c'en est quasiment fini des émeutes et des guerres civiles. Les touristes n'hésitent plus à s'y aventurer en randonnée pour grimper au sommet de volcans actifs ou à suivre des cours de yoga dans des écolodges perdus au cœur de la jungle ; et le Belize, le Costa Rica ou le Panamá semblent héberger davantage d'expatriés que d'autochtones.

Cénote du Parque Xel-Há, Cancún.

La richesse du patrimoine culturel est inscrite dans le paysage. Les descendants des Mayas perpétuent leurs traditions dans la moitié nord de la région, tandis que leurs cités de pierre, jadis resplendissantes, enfouies dans la jungle, commencent tout juste à être exhumées. Les Espagnols ont légué des églises et des places coloniales, les Africains imprimé leur marque sur les musiques, les danses et les pratiques culinaires tout au long de la côte caraïbe. Ici, les métropoles modernes et labyrinthiques où des millions d'habitants fréquentent des restaurants gastronomiques et les mêmes boutiques de luxe que leurs voisins d'Amérique du Nord cohabitent avec des communautés autochtones isolées, comme les Lenca ou les Guna Yala, qui conservent leurs modes de vie séculaires, à rebours du modernisme ambiant.

Stations balnéaires et circuits en car séduisent nombre de visiteurs. Pourtant, une escapade de 10 min à vélo mène souvent à un univers où règnent encore méthodes d'agriculture ancestrales et singes hurleurs. En dépit d'une superficie modeste, l'Amérique centrale possède toujours des contrées sauvages, tels le *tapón del Darién* (bouchon du Darién, Panamá) et les forêts honduriennes de La Mosquitia. Même s'il s'avère désormais impossible de s'offrir une cité antique, le sentiment de plonger dans l'inconnu demeure. #

Volcán Masaya, hyperactif, Nicaragua.

UNE NATURE FRAGILE ET EXPLOSIVE

Joyau de la nature, l'Amérique centrale concentre plus de 100 volcans, 2 côtes – l'une pacifique, l'autre caribéenne – et des forêts qui abritent l'une des biodiversités les plus riches de la planète.

À peine large de 50 km à son point le plus étroit, entre la mer des Caraïbes et l'océan Pacifique, ce modeste cordon de terre qui rattache le nord au sud du continent américain n'accueille pas moins de 7 % de la biodiversité mondiale. Il figure parmi les rares endroits sur Terre où, dans une même journée, vous pouvez déambuler sur la plage d'un océan, escalader un volcan actif, explorer une forêt de nuages et contempler l'apparition des étoiles au-dessus d'une autre mer. Autant dire qu'ici, vous ne risquez pas de vous ennuyer.

La formation de cette terre, il y a quelque 15 Ma, est le résultat de la subduction des plaques de Cocos et de Nazca sous celles caraïbe et de Panamá au niveau de la fosse d'Amérique centrale. Sous l'effet de la pression s'est formé, dans un premier temps, l'Arco volcánico centroamericano (arc volcanique d'Amérique centrale), une chaîne de volcans longue de 1 500 km ; puis le détroit, très resserré et peu profond, séparant les 2 continents s'est progressivement comblé de sédiments pour créer l'isthme de Panamá. Ces bouleversements géologiques ont eu des conséquences considérables, tant climatiques que biologiques. Connue sous le nom de Great American Interchange, la période de dispersion et de brassage de la faune et de la flore entre les 2 continents américains est à l'origine de l'extraordinaire biodiversité qui caractérise aujourd'hui la région.

Îlot du Guna Yala, Panamá.

OURAGANS ET TEMPÊTES TROPICALES

Des catastrophes naturelles, l'Amérique centrale en a connu plus d'une, à commencer par les ouragans et les tempêtes tropicales. L'un des premiers à avoir été répertoriés est le Grand Ouragan de 1780, qui a balayé l'est des Caraïbes en tuant environ 22 000 personnes. Quant à la dernière tempête tropicale en date, elle portait le doux nom de nate, survenue en octobre 2017.

Les tempêtes tropicales dévastatrices se forment dans le golfe du Mexique avant de poursuivre leur route meurtrière à travers l'isthme. Le Belize, situé à l'ouest du couloir parcouru habituellement par les ouragans, est épargné par bon nombre d'entre eux depuis 40 ans, mais ceux qui l'ont frappé de plein fouet ont eu des conséquences désastreuses. Ainsi, Hattie rasera Belize City en 1961, ce qui donnera lieu à la construction de la capitale moderne de Belmopán et au transfert du siège du gouvernement. Quant à Mitch, en 1998, il a d'abord semé le chaos au Honduras et au Nicaragua, avant de s'attaquer au Guatemala, les pluies diluviennes provoquant crues et glissements de terrain. Bilan : 260 morts et des dizaines de milliers de sans-abri, rien que dans ce pays. Des vents d'une extrême violence se déchaînent aussi périodiquement au Yucatán, à commencer par Dean (320 km/h) qui, en 2007, a ravagé la station balnéaire de Mahahual, rebâtie depuis. Rares sont les tempêtes tropicales qui parviennent jusqu'au sud de l'isthme, mais elles y arrivent parfois, comme en atteste Otto qui, en 2016, a longé le Nicaragua et le Costa Rica, avant de causer des dommages importants au Panamá, prenant au dépourvu une population peu accoutumée à ce genre de phénomène.

Sérénité et solitude au lac Atitlán, dans l'Altiplano (Hautes Terres) de l'ouest du Guatemala.

SÉISMES

Sous la croûte terrestre, le moindre mouvement des plaques tectoniques engendre des convulsions sismiques et des éruptions volcaniques dans cette région soumise aux forces naturelles les plus puissantes de la planète Terre. Le Guatemala et le Salvador, traversés par une chaîne de volcans, se trouvent en bout de la ceinture de feu. En effet, leur côte pacifique méso-américaine se situe dans la zone d'activité tectonique du continent, à l'endroit où la plaque de Cocos subit les pressions latérales et verticales exercées par celle, plus massive, des Caraïbes, à l'est.

Des séismes ont presque rayé de la carte la ville de Guatemala en 1917 et 1918, puis de nouveau en 1976, l'épicentre étant localisé à Chimaltenango. D'une magnitude de 7,5, ce dernier a fait 25 000 victimes et un million de sans-abri. Quant à la capitale du Salvador, San Salvador, elle subit régulièrement des tremblements de terre, dont plusieurs d'une magnitude supérieure à 7. Celui de 2001 – 7,7 – a ainsi coûté la vie à 1 142 personnes et en a privé 200 000 autres de logement.

VOLCANS

Comptant plus de 100 volcans majeurs à son actif, l'Arco volcánico centroamericano fait de l'Amérique centrale l'une des zones volcaniques les plus actives du continent américain. La Sierra Madre, dans le Chiapas (État du sud du Mexique), constitue le premier maillon d'une longue chaîne volcanique aux reliefs abrupts qui s'étire le long de la côte Pacifique. Cette épine dorsale coupe le territoire maya en deux – d'une part, l'Altiplano ; d'autre part, des plaines tro-

Dans le Valle Central (Vallée Centrale) du Costa Rica, le Volcán Poás (2 708 m) possède l'un des cratères les plus vastes du monde, avec un diamètre de près de 2 km.

picales–, avec seulement 2 grands passages interocéaniques : le Río San Juan, de son embouchure au Lago de Nicaragua, et le canal de Panamá. Riches des cendres crachées il y a des millions d'années, les sols volcaniques se prêtent idéalement à la culture – celle du café, notamment. Une fertilité qui imprègne l'histoire et la société de l'Amérique centrale depuis la fin du 19e siècle.

Les volcans se concentrent surtout dans les Hautes Terres du Guatemala qui, à elles seules, en collectionnent 33, pour la plupart éteints ou en sommeil. Plusieurs, néanmoins, restent actifs, tel le Volcán Pacaya, en état quasi permanent d'éruption depuis 1965. Il peut s'agir d'émissions de gaz, de nuages de vapeur inoffensifs ou, au contraire, d'explosions capables d'expulser des "projectiles" à 12 km de hauteur. Bien que ces événements violents se fassent rares, le Pacaya, qui domine Ciudad de Guatemala, au sud, émet régulièrement des coulées de lave, et un nuage de cendres plane souvent au-dessus de cette zone, obligeant parfois à évacuer les villages alentours. En 2018, une éruption majeure de son voisin, le Volcán Fuego, a nécessité la fermeture de l'aéroport durant toute une semaine et recouvert la capitale d'un linceul de cendres volcaniques.

BIODIVERSITÉ

La présence de cette chaîne montagneuse centrale qui court le long de vastes territoires en forme d'entonnoir, ainsi que la proximité des 2 côtes contribuent à la multiplication des microclimats, propices au développement de la prodigieuse biodiversité. Au cours de vos pérégrinations en Amérique centrale, vous ne manquerez pas de remarquer combien les paysages changent au fil des kilomètres. Et chaque région vous dévoile ses propres caractéristiques écologiques.

Entre les pics de l'épine dorsale montagneuse qui coupe l'Amérique centrale se nichent de douces vallées d'altitude aux paysages vallonnés de prairies et de bois qui évoquent davantage la Suisse qu'une région tropicale.

Dans la majeure partie des plaines, le climat est assez chaud et humide pour permettre la croissance des arbres tout au long de l'année, ce qui donne naissance à des forêts tropicales humides, une dénomination que les botanistes réservent aux forêts les plus humides. Celles-ci se composent d'arbres sempervirents, dont le houppier touffu forme une canopée ininterrompue projetant une ombre permanente. À basse comme à haute altitude, elles abritent une grande richesse animale et végétale. Bien que ne représentant que 2% de la superficie de la planète, elles réunissent, en effet, près de 50% de la faune et de la flore mondiales.

Dans les régions arides d'Amérique centrale, où il ne tombe qu'une faible pluie pendant 4 à 5 mois de l'année, la végétation consiste en une forêt tropicale sèche, dont les arbres dépassent rarement 30 m de hauteur. La plupart de ceux-ci perdent leurs feuilles peu après le début de la saison sèche et fleurissent presque aussitôt après. Le sous-étage forestier se compose souvent d'un enchevêtrement de buissons épineux. Ce type de forêt se retrouve dans le sud-est du Mexique, au Guatemala, au Salvador, au Nicaragua et au Costa Rica.

Sur les littoraux de la mer des Caraïbes et de l'océan Pacifique, les forêts se font mangroves. Ces zones écologiques constituent d'importantes aires de nidification pour bon nombre d'espèces d'oiseaux ainsi qu'un habitat de prédilection pour des animaux comme les singes, les caïmans et les pumas.

Les étranges racines aériennes du figuier étrangleur (Ficus nymphæifolia) *au refuge de l'Hacienda Barú, Costa Rica.*

LE PARAMO

S'élevant au-dessus de 4000 m d'altitude, les deux volcans guatémaltèques Volcán Tajumulco et Volcán Tacaná coiffent la cordillère. Celle-ci compte, par ailleurs, 35 sommets culminant à 2000 m qu'elle égrène dans chacun des pays, hormis le Belize. Sur ses plus hautes cimes, la forêt cède la place à un paysage dépourvu d'arbres : le paramo. Cet écosystème froid et souvent enveloppé par les nuages constitue un monde à part, loin de la chaleur et de la luxuriance à plus faible altitude. Présent au Guatemala, au Costa Rica et au Panamá, il se caractérise essentiellement par une végétation de steppe, capable de résister à des vents violents.

D'immenses plages – de sable noir d'origine volcanique, le plus souvent – ponctuées de rochers festonnent les côtes, tandis qu'un maigre chapelet d'îles s'égrène au large. La barrière de corail méso-américaine s'étend sur plus de 1000 km, de l'Isla Contoy ancrée au nord-est du Yucatán jusqu'aux Islas de la Bahía (Honduras), des récifs plus modestes se répartissant de part et d'autre de l'Amérique centrale. Les coraux récifaux ont besoin d'eaux claires et de soleil pour se développer et pour survivre, ce qui les rend vulnérables aux sédiments et les cantonne donc très loin des estuaires. Les plus longs fleuves d'Amérique centrale se jettent dans la mer des Caraïbes. Le système fluvial comprend par ailleurs 3 grands lacs : le Nicaragua et le Managua au Nicaragua, ainsi que le Gatún, lequel fait partie du canal de Panamá.

PROTECTION DE L'ENVIRONNEMENT

Bien que n'occupant que 0,1 % de la surface du globe, l'Amérique centrale héberge 7 % de la biodiversité mondiale. Son immense richesse floristique et faunistique est, hélas, menacée.

Au large de Placencia (Belize), Laughingbird Caye, île si paradisiaque qu'elle a été déclarée parc national en 1991.

Plus de 100 espèces sont considérées comme "en danger critique d'extinction", et quelque 200 autres "en danger". Depuis des décennies, l'appât du gain a pris le pas sur l'écologie et, élevage extensif oblige, la déforestation va bon train, engendrant la destruction de nombreux habitats rares. Ce phénomène, qui entraîne la fragmentation des forêts tropicales humides, constitue un problème majeur. Selon les estimations, 80 % de la végétation d'Amérique centrale aurait disparu au profit des cultures. Certes essentiels à la croissance économique, le tourisme, l'exploitation minière et l'agriculture font payer un lourd tribut à l'environnement.

Parcs nationaux, réserves biologiques, sanctuaires fauniques et autres zones protégées, publiques et privées, recouvrent désormais une part non négligeable du territoire. Dans plusieurs pays méso-américains, plus de 25 % de la superficie – plus de 36 % au Belize, soit le record du continent américain – bénéficient d'un statut les mettant à l'abri de l'exploitation par les hommes et des dommages potentiels qui en découlent. Quant au Panamá, au Costa Rica et au Honduras, ils ont réussi à conserver au moins 40 % de leur couverture forestière. Même si les menaces demeurent, et ce pour un bon bout de temps encore, elles s'atténuent d'année en année.

Le milieu marin est logé à la même enseigne. Les zones humides côtières, lagons et mangroves accueillent près de 60 espèces de coraux, dont le corail corne-d'élan *(Acropora palmata)* et le corail cerveau *(Diploria labyrinthiformis)*, 350 de mollusques et 500 de poissons. La barrière de corail méso-américaine, qui s'étire du Mexique au Honduras, constitue l'un des écosystèmes les plus diversifiés de la planète, et seulement 10 % environ des espèces qu'elle abrite sont répertoriées à ce jour. Tandis que les biotopes marins en pleine santé favorisent une industrie touristique, la surpêche, la pollution due à l'agriculture, la colonisation par des espèces invasives comme les rascasses *(Pterois)* et la modification des littoraux sont autant de graves menaces pour leur survie. #

Jour de la grande lessive dans le Río Chagres, à Matachín, Panamá (gravure, 1879).

CHRONOLOGIE

ÈRE PRÉHISPANIQUE

Vers 10000 av. J.-C.
Date des ossements de mammouth découverts à Loltún, au Yucatán.

6000-2000 av. J.-C.
Les premiers colons, sans doute locuteurs du proto-maya, cultivent le maïs et fabriquent des poteries.

Vers 2000 av. J.-C.
Premiers signes de présence de villages mayas à Nakbé, Cuello, Loltún, Mani et, sur la côte Pacifique, à Ocos.

500 av. J.-C.
Apparition de constructions monumentales, comme sur le site de Tikal. Influence de la culture olmèque.

100 av. J.-C.
El Mirador, doyen des sites symbolisant la superpuissance maya. Époque des temples hauts de 70 m et des fresques fabuleuses de San Bartolo.

Vers l'an 1
Édification de Teotihuacán au Mexique.

150
Abandon des cités de l'Époque préclassique, dont El Mirador, sans doute dû à une catastrophe naturelle.

250-450
Domination de Teotihuacán sur le territoire maya et la majeure partie du Mexique.

300
Début de l'Époque classique, et première stèle datée, la Stela 29 (292), découverte à Tikal (nord du Guatemala).

426
Yax K'uk Mo', originaire sans doute de Teotihuacán, fonde sa dynastie à Copán.

550-695
Lutte de pouvoir opposant les cités-États de Tikal et de Calakmul dans la région centrale. En 695, Tikal se venge d'une cuisante défaite et envahit Calakmul. Celle-ci ne retrouvera jamais sa splendeur d'antan.

700-800
Apogée de l'Époque classique maya, notamment de sites comme Uxmal, Kabah et Chichén Itzá au Yucatán, ou de Palenque à Chiapas. En 750, la population de la région centrale avoisine 10 millions d'habitants.

800-900
Déclin des cités-États mayas, sans doute en raison des problèmes d'environnement dus à la surpopulation et à la sécheresse. La dernière inscription répertoriée à Palenque date de 799, et de 869 à Tikal.

1000
Époque postclassique avec l'émergence de sites fortifiés au Yucatán et de clans ennemis au Guatemala.

1250
Chute de Chichén Itzá. Mayapán devient le centre d'influence au Yucatán. Au Guatemala, les ethnies K'iche', Kaqchikel et Mam dominent la région. Tulum joue un rôle commercial de premier plan.

Œuvres précolombiennes, San José.

1440
Déclin de Mayapán et fragmentation du territoire maya au Yucatán en plusieurs petites zones d'influence.

CONQUÊTE ESPAGNOLE

1519
Hernán Cortés débarque sur l'île de Cozumel, au large du Yucatán, au début de la conquête du Mexique. Tenue de la première messe sur le continent américain.

1523
Découverte et conquête du Guatemala sous le commandement de Pedro de Alvarado qui écrase les K'iche'.

ÉPOQUE COLONIALE

1527
Fondation de la première capitale espagnole au Guatemala. Francisco de Montejo jette son dévolu sur le Yucatán.

1541
Transfert de la capitale guatémaltèque à Antigua.

1542
Naissance de Mérida qui devient la capitale espagnole du Yucatán.

Années 1540
Les franciscains entreprennent de convertir les Mayas.

17e siècle
Les "hommes de la baie" commencent à s'établir près de l'embouchure du Belize où ils exploitent le bois destiné aux teintures.

1638-1640
Les Mayas se révoltent et chassent les Espagnols du Belize.

1671
Le pirate Henry Morgan s'empare du Panamá.

1697
L'ultime bastion maya au Guatemala capitule avec la défaite des Itzá sur une île du lac Petén Itzá.

1739
Le premier manuscrit maya refait surface à Vienne et rejoint la ville allemande de Dresde, ce qui lui vaudra le nom de codex de Dresde.

1746
Le père Antonio de Solis est le premier Européen à découvrir le site de Palenque, à Chiapas au Mexique.

1765
Le code Burnaby définit les règles de la première Constitution du Honduras britannique, futur Belize.

1786
Le capitaine Antonio del Río explore Palenque pour le compte de la Couronne d'Espagne.

INDÉPENDANCE

1798
Bataille navale de St George's Caye opposant les Britanniques aux Espagnols dont la défaite achève d'asseoir le pouvoir britannique dans la région du Belize.

1821-1823
Le Mexique et l'Amérique centrale obtiennent leur indépendance. Guatemala, Honduras, Nicaragua, Salvador et Costa Rica forment les Provincias Unidas del Centro de América, bientôt ralliées par le Yucatán et Chiapas qui rejoignent ensuite le Mexique. Les Garífunas s'établissent à Dangriga, au Belize. San José succède à Cartago en tant que capitale du Costa Rica.

1839
Dissolution de la República Federal de Centro América. Ses 5 membres fondateurs reprennent leur autonomie.

1841
L'œuvre de l'explorateur John Lloyd Stephens, *Incidents of Travel in Central America, Chiapas and Yucatán*, illustrée par Frederick Catherwood, marque le coup d'envoi de la recherche scientifique relative aux grands sites mayas. Les Mayas du Yucatán proclament leur indépendance vis-à-vis du Mexique. Leur république durera jusqu'en 1848.

1847
Le Guatemala devient une république indépendante. Révolte maya qui couvait depuis plus de 50 ans, la guerre des Castes éclate au Yucatán

1848
Proclamation de la république du Costa Rica.

1854
Un séisme détruit San Salvador (Salvador).

1856
L'aventurier, flibustier et soldat de fortune américain William Walker (1824-1860) devient président du Nicaragua.

Illustration des récits de voyage de John L. Stephens publiés en 1843.

1857
Le *Popol Vuh*, livre sacré des Mayas K'iche', paraît en version française.

1858
Victoire du Costa Rica contre William Walker qui voulait faire de l'Amérique centrale une colonie des États sud-américains.

1859
La Grande-Bretagne et le Guatemala reconnaissent les frontières du Honduras britannique. Un accord remis en cause par la suite par le Guatemala.

1862
Le Honduras devient officiellement colonie britannique.

TEMPS MODERNES

1893
Contrairement au Guatemala, le Mexique renonce à ses prétentions de longue date sur le Honduras et signe un traité de paix.

1903
Les États-Unis se voient accorder le contrôle exclusif sur un corridor long de 16 km à travers le Panamá.

1910
Révolution mexicaine menée par Francisco Madero contre Porfirio Díaz. Un séisme détruit Cartago (Costa Rica), tuant 700 personnes.

1914
Achèvement du canal de Panamá.

1923
Des socialistes révolutionnaires au pouvoir au Yucatán.

1924
Le leader socialiste du Yucatán, le gouverneur Felipe Carrillo Puerto, est tué lors d'une tentative de putsch militaire.

1931
Le dictateur Jorge Ubico dirige le Guatemala. Boom de la banane avec l'United Fruit Company. Belize City est détruite par un ouragan.

1932
Une révolte paysanne au Salvador fait 30 000 victimes.

1939
Stagnation des exportations de café. Le Costa Rica déclare la guerre à l'Allemagne, au Japon et à l'Italie.

1944-1954
Nationalisme progressiste au Guatemala sous la présidence d'Arévalo et de Jácobo Arbenz. Réforme agraire et volonté de brider l'influence des sociétés bananières américaines.

1948
Guerre civile au Costa Rica. La junte de José Figueres prend le pouvoir, et la nouvelle Constitution dissout l'armée.

1954
Che Guevara arrive à la Cuidad de Guatemala. Aidé par la CIA, un coup d'État chasse le président Árbenz Guzmán. Loi martiale et guerre civile.

Années 1970
Découverte de pétrole au large de Campeche, et essor du tourisme de masse à Cancún.

1973
Le Honduras britannique est baptisé Belize.

1976
Un séisme au Guatemala tue 23 000 personnes.

1979
Au Nicaragua, les sandinistes renversent le dictateur Somoza ; guerre civile. Au Salvador, plus de 30 000 assassinats sont commis par les escadrons de la mort.

1981
Indépendance du Belize.

1982
Formation de l'Unidad Revolucionaria Nacional Guatemalteca (UNRG). Au Nicaragua, début des attaques

Champ de ruines après le séisme de 1976 au Guatemala.

Réunion des présidents d'Amérique centrale, 1986.

financées par les États-Unis et menées par les Contras, basés au Honduras.

1986
Retour d'un gouvernement civil au Guatemala. Le président costaricain Oscar Arias Sánchez contribue à restaurer la paix dans la région, ce qui lui vaudra le prix Nobel de la paix.

1988
Les États-Unis accusent le président panaméen Manuel Noriega de trafic de drogue. En 1989, ils envahissent le Panamá et chassent Noriega.

1991
Le Guatemala reconnaît l'indépendance du Belize en échange d'un élargissement de ses frontières dans la mer des Caraïbes.

1992
Rigoberta Menchú reçoit le prix Nobel de la paix.

1994
Le 1er janvier, le Mexique rejoint l'accord de libre-échange nord-américain (États-Unis et Canada). Ce même jour, les Lacandons et les forces zapatistes se révoltent dans l'État de Chiapas.

1996
Des accords de paix signés au Guatemala mettent fin à plus de 30 ans de guerre civile. Bilan : près de 200 000 morts ou disparus, en majorité mayas.

1998
L'ouragan Mitch balaie l'Amérique centrale.

1999
Le canal de Panamá passe sous le contrôle du Panamá.

2004
Coupes budgétaires dans l'armée guatémaltèque. Accord de libre-échange CAFTA. Chiffre d'affaires record pour le canal de Panamá (1 milliard $US).

2005
L'ouragan Wilma ravage la péninsule mexicaine du Yucatán, faisant plusieurs victimes.

2009
Le président hondurien José Manuel Zelaya est renversé par un coup d'État militaire.

2010
Laura Chinchilla (PLN) devient la première présidente du Costa Rica.

2012
Festivités dans le monde maya pour marquer la fin d'un grand cycle du calendrier maya, le 21 décembre.

2013
Le milliardaire chinois Wang Jing obtient une concession valable 50 ans pour construire et gérer un canal au Nicaragua.

2015
Le krach boursier chinois suspend le grand projet de canal interocéanique au Nicaragua. Au Costa Rica, éruption du volcan Turrialba.

2016
Achèvement du chantier d'agrandissement du canal de Panamá (durée : 9 ans ; coût : 5,4 milliards de $US). Surpopulation carcérale, le gouvernement nicaraguayen libère 8 000 prisonniers.

2017
Le Costa Rica poursuit le Nicaragua en justice au sujet de sa base militaire à l'Isla Portillos, île costaricaine.

2018
Crise migratoire au Honduras.

Le Volcán Turrialba, Costa Rica.

Figurine en céramique d'un dieu maya, vers 600-900 av. J.-C., Mexique.

LA CULTURE MAYA

Plus de 12 000 ans d'histoire ont recouvert l'isthme de l'Amérique centrale d'un voile de mystères qui commencent tout juste à être levés.

L'implantation humaine en Amérique centrale a commencé il y a des milliers d'années. Il semble que les premiers chasseurs-cueilleurs y soient arrivés vers 10000 av. J.-C. Des fouilles dans les Hautes Terres du Guatemala ont permis d'exhumer des lances et des outils datant de 9000 av. J.-C. Sept millénaires plus tard, des communautés s'établiront le long de la côte Pacifique, leurs membres se nourrissant vraisemblablement de crustacés, de poissons et d'iguanes. Dans le Petén, les villages feront leur apparition vers le 18e siècle av. J.-C. ; les structures cérémonielles primitives de Nakbé datent du 12e siècle av. J.-C., les premiers temples étant édifiés aux environs de 750 av. J.-C. Ces cités de l'Époque préclassique vont essaimer dans le nord du Petén, à commencer par celle, gigantesque, baptisée El Mirador. Centre névralgique du premier empire du continent américain, El Mirador se developpera au point de devenir une "superpuissance".

Sur l'esplanade devant l'entrée des palais mayas, des stèles ou des colonnes de pierre portent l'effigie du haut personnage à l'origine de leur construction. Des inscriptions hiéroglyphiques indiquent ses dates et son rang dans la dynastie.

En son centre s'élève un complexe pyramidal agencé en "triade" haut de plus de 70 m. Aux alentours, les Mayas, structurés en petites communautés familiales, cultivent le maïs ou d'autres légumes. Au début de notre ère, sa population avoisine les 100 000 habitants.

Le pouvoir religieux et militaire, transmis de génération en génération, est détenu par une élite qui manifeste sa puissance avec éclat par de grands édifices cérémoniels, des stèles et des inscriptions qui rappellent ses exploits et présentent ses divinités. Les années 250-300 marquent le début de la période dite "classique" de la civilisation maya. Elle durera jusqu'en l'an 900 environ et verra l'édification des grands centres mayas.

Disque maya en mosaïque, vers 900-1200, Chichén Itzá.

Le site mésoaméricain de Kaminaljuyú, situé non loin de l'actuelle Ciudad de Guatemala dans les Hautes Terres du Guatemala, figure parmi les principaux. Les archéologues y ont dénombré plus de 400 tertres cérémoniels, la plupart ayant cependant disparu en raison de l'urbanisation. L'obsidienne que l'on y trouve en abondance était transformée en outils et vendue dans tout le territoire maya.

TRÉSORS ARCHÉOLOGIQUES

Deuxième grande cité du Petén, au Guatemala, Tikal *(voir p. 160)* fait partie des rares sites mayas exhumés en totalité, ce qui donne une idée assez précise de ce à quoi ces cités ressemblaient quelque 1 200 ans auparavant. Les archéologues estiment à près de 80 000 le nombre de ses habitants à l'apogée de l'Époque classique. La ville s'organise autour d'un ensemble imposant de palais, de cours et de pyramides, de larges chaussées reliant le centre aux quartiers périphériques. Les temples pyramidaux composés de blocs de calcaire reposent sur un socle de terre et de gravats. Tout en haut, des salles exiguës, décorées de stucs et de fresques murales aux couleurs vives, accueillaient probablement les rituels sacrés. Les édifices étaient coiffés d'une crête faîtière qui ajoutait à leur solennité et s'ornait, en général, de reliefs en stuc peints.

Détail d'une fresque représentant un guerrier, Cacaxtla.

Les autres centres cérémoniels de premier plan, parmi lesquels Palenque, Calakmul, Piedras Negras, Yaxchilán, Copán, Yaxhá, Uxmal et une partie de Chichén Itzá, datent de la même époque. Tous attestent non seulement de la complexité des croyances religieuses des habitants, mais aussi de leurs réflexions sur l'astronomie et le temps, de la force de leur hiérarchie sociale et de leur sens de l'histoire, comme en témoignent les inscriptions sur les nombreuses stèles.

À cette époque, les Mayas pensent que les dieux ont trouvé leur raison d'être dans la création des hommes qui, en contrepartie, doivent faire montre de leur soumission en pratiquant les rituels que les dieux exigent d'eux. Ils se représentent le monde comme un carré plat – le dos d'un énorme crocodile flottant dans un étang couvert de nénuphars, selon certains codex et peintures. Parmi les divinités les plus importantes de leur panthéon figurent les 4 Bacabs, chacun occupant l'un des 4 coins du monde, identifiés par une couleur : blanc pour le nord, jaune pour le sud, rouge pour l'est et noir pour l'ouest. À eux quatre, ils soutiennent les cieux, où vivent les autres dieux.

Les Mayas ne se contentent pas de graver sur les monuments des hiéroglyphes évoquant leurs divinités et leur histoire ; ils consignent et représentent leurs croyances sur de longues bandes d'écorce ou de peau d'animal qu'ils replient ensuite en accordéon pour en faire des livres, ou codex. À l'arrivée des conquistadors au 16e siècle, ces livres sacrés se comptent par centaines. L'évêque Diego de Landa, au Yucatán, en possède une riche collection, mais en 1562, il décrétera que ces manuscrits sont hérétiques et en fera un immense autodafé.

À cause de cela, ainsi que bien d'autres actes volontaires ou accidentels, seuls 4 codex mayas ont survécu. Trois portent le nom des villes où ils sont conservés : Dresde, Madrid et Paris. Le quatrième, qui a refait surface dans les années 1970, s'appelle le *Codex Grolier*, du nom du club new-yorkais de bibliophiles qui a aidé à l'authentifier. Il est le seul et unique encore présent au Mexique.

GUERRES ET SACRIFICES

Longtemps, les chercheurs ont pensé que les Mayas formaient un peuple pacifique, exclusivement tourné vers les sciences et les arts, mais aujourd'hui, ils ont la preuve que cette société était tout aussi belliqueuse que n'importe quelle autre civilisation méso-américaine. Dans le tourbillon incessant des luttes de pouvoir, les grandes cités forgent des alliances avec les villages, se disputent les routes commerciales et se combattent pour asseoir leur hégémonie, comme en témoigne la défaite cuisante de Tikal en 562 contre Calakmul et Caracol. La guerre est l'occasion de faire des prisonniers, qu'ils sacrifieront ensuite pour maintenir l'ordre cosmique et éviter que la nature ne détruise l'espèce humaine. Ces sacrifices ont lieu à l'occasion des victoires militaires et des dates importantes du calendrier maya. Les prisonniers sont exécutés rituellement par décapitation ou cardiectomie (ablation du cœur encore palpitant), afin d'apaiser les dieux ou de célébrer l'arrivée d'un nouveau souverain.

Les souverains mayas sont aussi des guides spirituels, experts en rituels et en calendrier. Ils gouvernent le peuple avec le concours des chamans et des prêtres. Dans une tombe de Palenque, l'un d'entre eux, Pakal, tient une sphère en jade d'une main et une fléchette de l'autre, symbolisant les puissances céleste et terrestre. Une sculpture de dragon en forme de croix orne le couvercle du sarcophage. Il s'agit d'Itzamna, dieu le plus puissant du panthéon maya, lequel compte des dizaines d'autres divinités aux attributions diverses, de la plantation du maïs aux orgies sexuelles. Le rituel religieux se préoccupe avant tout d'honorer le bon dieu, le bon jour. Précédant un événement

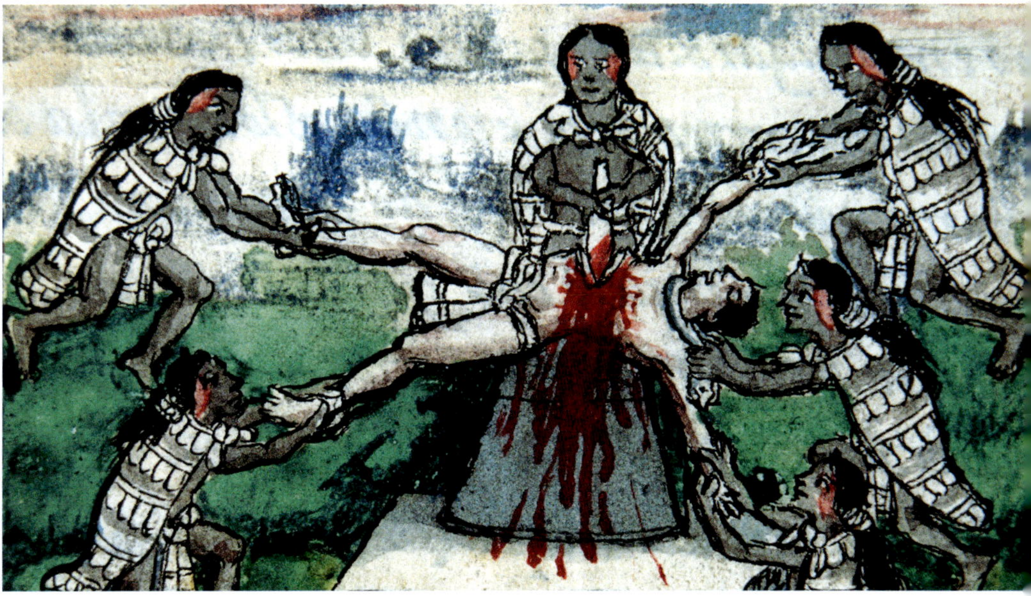

*Cinq prêtres maintiennent la victime, tandis qu'un sixième pratique la cardiectomie (*Codex Durán*, 16e siècle).*

LE CALENDRIER MAYA

Les Mayas attachent une importance toute particulière à l'observation des cieux et à la mesure du temps selon le mouvement des étoiles, du Soleil et de la Lune. Bon nombre de leurs sites majeurs, dont Chichén Itzá, possèdent des observatoires où les spécialistes calculent le calendrier avec une étonnante précision.

Au fil des siècles, les Mayas mettent au point 3 systèmes calendaires différents. Le premier se compose de 20 jours portant chacun un nom et s'ajustant, tel un engrenage, à un système de numérotation de 1 à 13, pour donner un cycle complet de 260 jours. Le deuxième est plus étroitement lié au mouvement du Soleil : il compte 18 mois de 20 jours. Cinq jours supplémentaires s'ajoutent en fin d'année, complétant ainsi le cycle solaire de 365 jours. Ces 2 systèmes calendaires reviennent à leur point de départ tous les 18 980 jours, soit 52 ans.

Parallèlement, les Mayas ont également élaboré un mode de datation pour les longues périodes, baptisé "compte long". Fait assez déroutant, celui-ci se base, semble-t-il, sur une année de 360 jours, ou *tun*, et non de 365. Il entrera en vigueur durant l'Époque classique maya. Il correspond à un grand cycle de 13 *baktun*, soit 1 872 000 jours ou 5 125 ans. Le dernier cycle étant censé s'achever le 21 décembre 2012, les Cassandres y ont vu l'annonce de la fin du monde. Pour les Mayas, en revanche, il s'agissait de l'avènement d'un nouveau cycle.

important, prêtres et souverains pratiquent le jeûne et l'abstinence. La cérémonie exige que l'on répande son sang en se perçant la langue d'épines, en se lacérant les oreilles et les parties génitales – les participants étant sous l'emprise de l'alcool et de champignons hallucinogènes.

La société maya est organisée selon une hiérarchie très stricte. La classe sociale la plus nombreuse est celle des *peones*, en bas de l'échelle, leur rôle consistant à cultiver la terre sans relâche afin de nourrir la communauté. Ils effectuent régulièrement des périodes de service militaire et, contribution plus pérenne, fournissent la main-d'œuvre nécessaire à la construction des temples trônant au cœur de chaque cité maya. Faute de chariots et de brouettes – les Mayas ne connaissent pas encore la roue –, ou d'animaux de trait comme le cheval, la mule ou le bœuf, ces ouvrages monumentaux ne doivent leur existance qu'au seul labeur des hommes.

À l'arrivée des Européens, les civilisations précolombiennes au-delà du Salvador et jusqu'au Panamá parlent majoritairement des langues de la famille du chibcha. Il s'agit, pour l'essentiel, de petites communautés vivant de l'agriculture et du négoce qui, influencées par leurs voisins méso-américains, apprennent à travailler la pierre, le jade et l'or.

De cultures et d'idiomes divers, elles se partagent la région sud divisée en territoires tribaux où elles cultivent, entre autres, le yucca, le maïs et le *pejibaye* (palmier pêche). Fruits sauvages et gibier de la forêt, poissons et crevettes des rivières, crustacés et petites huîtres de l'océan complètent leur régime alimentaire. Certains groupes ont édifié de modestes cités en pierre, dont Guayabo. Installée non loin de l'actuel canton de Turrialba sur les hauts plateaux costaricains, celle-ci présente de larges allées pavées, des bassins pour recueillir l'eau de source, et un système d'aqueducs pour la transporter jusqu'aux buttes, en pierre également, sur lesquelles sont construites les habitations. Ce sont les colons espagnols qui ont donné aux Amérindiens les noms sous lesquels nous les connaissons aujourd'hui et qui correspondent souvent aux patronymes des chefs de l'époque. Nous ignorons leurs noms et langues d'origine, d'autant que certains de ces peuples se sont éteints avant l'arrivée des conquistadors. Voilà pourquoi les archéologues les désignent en général par le toponyme des régions dans lesquelles ils vivaient.

Voie et mur restaurés au Monumento Nacional Guayabo, Costa Rica.

UNE CULTURE EN DÉCLIN

Il semble que la culture maya ait amorcé son déclin au 9e siècle. La plupart des experts en

Malgré l'absence d'outils en métal, les Mayas, qui ne connaissent ni le fer ni le bronze, fabriquent une multitude de délicats objets en or, de statuettes en jade et de poteries.

attribuent la cause principale à un dérèglement climatique, amplifié par la déforestation et la surpopulation.

Quelle qu'en soit la raison, les grands centres du Guatemala et du Chiapas se verront délaissés. Selon certains archéologues, cela ne s'est pas produit du jour au lendemain, mais par le transfert progressif de la culture maya vers les basses terres du Yucatán, au nord, la région du Puuc et, surtout, le site de Chichén Itzá. Au fil du temps, un immense centre cérémoniel d'une grande sophistication a été bâti à cet endroit situé dans le nord de la péninsule du Yucatán. En son cœur se tenait le cénote sacré, haut lieu de pèlerinage. Des milliers d'offrandes votives et des restes de sacrifices humains ont été découverts dans la boue, au fond du bassin.

Chichén Itzá réunit plusieurs styles et influences, ce qui suggère que les Mayas ont eu des contacts avec des ethnies du Mexique, au nord, voire ont été conquis par elles. Les Toltèques ont apporté le culte de Kukulcán, le serpent à plumes de quetzal vénéré par des peuples mexicains sous le nom de Quetzalcóatl. Édifice le plus important de Chichén Itzá, la pyramide de Kukulcán, alias El Castillo, lui est dédiée et affiche le style typique des Mayas toltèques. Toutefois, la cité de Chichén Itzá a, elle aussi, été désertée dans le courant du 13e siècle, le pouvoir changeant de mains au début de l'Époque postclassique.

À ce moment-là, la "locomotive économique" du Yucatán s'appelle Mayapán. Cette citadelle de 5 km², postée dans l'ouest de la péninsule, aurait accueilli jusqu'à 12 000 personnes. Pas moins de 2 000 habitations y ont été découvertes. Bien qu'ils aient à leur tour bâti des temples et divers autres lieux de culte, les Mayas Itzá ont perdu une grande partie du savoir-faire de leurs aïeux. Il semble que Mayapán ait été le bastion d'un groupe de guerriers qui levaient tribut sur les communautés alentour.

Un autre centre verra le jour durant la dernière période de l'Époque classique maya : l'époustouflant Tulum, sur la côte caraïbe de la Península de Yucatán *(voir p. 123)*. La citadelle est ceinte de remparts sur 3 côtés, la mer protégeant le quatrième. Là encore, une mixité de styles et d'influences prévaut dans son architecture, ses peintures et ses inscriptions. Il se peut qu'elle ait survécu à la colonisation espagnole grâce à son isolement.

En 1441, Mayapán, dernier grand bastion maya, sera vaincue par ses ennemis, et quand les conquistadors débarqueront, 150 ans plus tard, ils trouveront tous ces sites désertés, les Mayas du Mexique vivant dans de petites communautés éparses.

Les ruines de Mayapán.

Les Mayas des Hautes Terres du Guatemala vont connaître un sort identique. Originaires du nord, les Toltèques s'établissent dans la région au cours du 13e siècle, supplantent les Mayas indigènes et fondent plusieurs empires locaux. Les plus puissants de tous sont les K'iche' qui ont pour capitale K'umarkaaj. Il y a aussi les Kaqchikel et les Mam, conquis par les K'iche' au 15e siècle. À la mort du puissant chef des K'iche', Quicab, en 1475, les autres tribus mayas du Guatemala se libèrent de leur joug. Comme au Mexique, les Espagnols découvriront à leur arrivée des tribus en guerre les unes contre les autres, ce qui facilitera leur soumission. #

RENAISSANCE D'UN MONDE PERDU

Cité maya sans doute la plus impressionnante de toutes, sertie au cœur de la jungle du Petén, au Guatemala, Tikal est devenue le royaume des singes, des toucans et autres hôtes exotiques.

Alors que les premiers rayons du soleil filtrent à travers la brume de l'aube, le grand prêtre Iahca Na émerge du sanctuaire du Temple I. Yik'in Chan K'awiil, qui s'apprête à devenir le 27e roi de la cité-État, est revêtu d'une peau de jaguar et paré de bijoux en jade. Il attend l'approbation du chaman qui a demandé aux dieux leur bénédiction. D'un hochement de tête discret, le prêtre confirme le couronnement de Yik'in. La liesse s'empare de la foule massée sur la place en contrebas. Une nouvelle ère s'ouvre pour Tikal.

UNE CITÉ COSMOPOLITE

En explorant ses ruines, on oublierait vite que Tikal était jadis une métropole florissante de quelque 100 000 habitants. La cité maya accueille alors une société hiérarchisée, constituée d'une noblesse, d'une classe moyenne nombreuse réunissant marchands, artisans et bureaucrates, ainsi que d'une classe laborieuse composée de cultivateurs, de bâtisseurs et de serviteurs.

Tikal est le fruit d'un chantier qui aura duré plus de 1 200 ans. Partout sous vos pieds se superposent les strates formées par les différentes époques. Ainsi, plus de 100 structures gisent sous l'Acropole Nord telle qu'elle existe aujourd'hui.

Encensoir maya représentant un dieu portant une tête humaine, exposé au Museo Tikal.

Temple I : plus proche des cieux, la petite salle perchée en haut des temples servait aux cérémonies et aux rituels sacrés.

Stèle sculptée illustrant les événements majeurs de l'histoire de Tikal et les contes de la mythologie maya.

Vues du sommet du Temple IV, ouvrage le plus élevé de Tikal, les imposantes crêtes faîtières se dressent au-dessus de la dense canopée.

Le fromager, symbole de la fierté nationale du Guatemala moderne. À une époque reculée, cet arbre sacré établissait le lien avec les cieux.

Une faune abondante vit aux alentours des temples de Tikal. Ici, un cassique de Montezuma au plumage coloré.

LES TRÉSORS NATURELS DE TIKAL

Outre un patrimoine archéologique impressionnant, le Parque Nacional Tikal détient l'un des écosystèmes de forêt tropicale humide parmi les plus riches d'Amérique centrale. Le parc protège de l'abattage des arbres plusieurs fois centenaires, et du marché noir et de l'appétit des hommes une faune unique.

Tikal se distingue par l'incroyable diversité des animaux qui y ont élu domicile et ne manquent pas de le faire savoir à leurs visiteurs. Tandis que les coatis, semblables à des ratons laveurs, furètent dans les sous-bois, des atèles espiègles postés à la cime des arbres vous bombardent avec des baies. Le parc héberge aussi plus de 250 espèces d'oiseaux, dont le toucan à carène, le dindon ocellé, des perroquets et des aigles, ainsi que 5 des félins sauvages les plus rares de la planète : le jaguar, le puma, l'ocelot, le jaguarondi et le margay. Faites une halte au réservoir de Tikal, situé à l'entrée du parc, le temps de repérer une tortue ou un petit alligator.

Le long des sentiers de la jungle, il suffit souvent de lever les yeux pour apercevoir toutes sortes d'animaux, dont des atèles et des alouates.

Hernán Cortés recevant les hommages des Amérindiens qu'il vient de soumettre.

LA CONQUÊTE EUROPÉENNE

Après avoir soumis les Mayas, les Espagnols ne tarderont pas à prendre le contrôle de toute l'Amérique centrale, hormis une bande de terre le long de la côte caraïbe revendiquée par les Britanniques.

Lorsqu'en 1492, d'Espagne, Christophe Colomb largue les amarres pour sa première expédition à destination du Nouveau Monde, il nourrit l'espoir de découvrir un archipel proche du Japon qui, selon ses calculs, doit se trouver à 2 400 milles nautiques à l'ouest de l'Espagne. Là, il bâtira une grande cité, et en exportera l'or, les pierres précieuses et les épices des Indes vers l'Europe. Il s'imagine déjà riche gouverneur et seigneur de ce territoire.

Ses ambitions coïncident avec les intérêts de la Couronne espagnole. Les guerres pour bouter les Maures hors de l'Espagne ont vidé les caisses du royaume et la perspective d'une telle manne tombe à pic. À son retour, Colomb reçoit un accueil triomphal. Il est nommé "amiral de la mer Océane" et se voit confier la mission d'organiser un deuxième voyage pour poursuivre son exploration d'Hispaniola.

Ses deuxième et troisième expéditions produisent des résultats mitigés, entre découverte de la côte atlantique de l'Amérique du Sud et retour en Espagne, enchaîné, après une rébellion fomentée par les colons d'Hispaniola. Il s'arrange néanmoins pour convaincre les souverains Fernando et Isabel de financer son quatrième et dernier voyage aux Amériques, en quête d'or et d'une voie vers l'ouest. Il accoste à Guanaja, une île de la baie du Honduras, le 30 juillet 1502. Il consacre le reste de l'année à cartographier le littoral du Honduras au Panamá, qu'il baptise Veragua.

Parés de colliers en or, les Amérindiens du Costa Rica ont guidé les conquistadors à travers la région et leur ont parlé de mines d'or en indiquant la direction du sud.

Combat à mort dans les marécages du Belize.

Autant fasciné par les petits miroirs dorés que les Amérindiens du Costa Rica arborent autour du cou que par les multiples récits de mines d'or le long de la côte sud, il nomme cette région la Côte Riche (Costa Rica) de Veragua.

Malgré ces promesses de trésors, le nouveau territoire ne deviendra jamais l'un des joyaux de la Couronne. En réalité, la "Côte Riche" se révélera être l'une des colonies les plus pauvres de l'Espagne. Montagnes infranchissables, forêts impénétrables, rivières tumultueuses, chaleur insupportable, crues, maladies, marécages, pénurie de nourriture et de main-d'œuvre, querelles intestines et manque de ressources naturelles ou d'un moyen de créer de la richesse : les colons en seront souvent réduits à vivre comme les "sauvages" qu'ils étaient venus soumettre. Ils porteront des vêtements en poil de chèvre ou confectionnés à partir d'écorces, utiliseront des fèves de cacao comme monnaie et tireront une maigre subsistance des champs où ils cultiveront les espèces locales de plantes en employant les méthodes indigènes. Mais cette sinistre réalité n'est pas encore de mise quand Colomb rentre en Espagne, des rêves de grandeur et de richesse plein la tête. Il ira même jusqu'à demander au roi de lui accorder le titre de duc de Veragua, titre qui sera finalement octroyé à ses descendants.

Arrivée d'Hernán Cortés (1485-1547) au Mexique, illustration du Codex Azcatitlán.

En 1506, 2 ans après le retour de Christophe Colomb, le roi Fernando envoie le gouverneur Diego de Nicuesa et un groupe de pionniers établir une colonie à Veragua. Il s'agit de la première d'une longue suite de tentatives avortées. Nicuesa et ses compagnons accostent au Panamá et entreprennent de remonter la côte. Confrontés à l'hostilité du terrain, aux maladies tropicales et à la pénurie de nourriture, les tribus indiennes préférant brûler leurs récoltes plutôt que de les leur offrir, ils seront moitiè moins nombreux lorsqu'ils atteindront leur destination.

À peu près à la même époque, d'autres explorateurs espagnols mettent pied sur la côte atlantique de l'Amérique centrale. Là, ils capturent les Amérindiens qu'ils exploitent dans les mines d'Hispaniola et font main basse sur leur or, tout en cherchant désespérément un passage terrestre pour rejoindre l'autre océan. C'est finalement Vasco Núñez de Balboa, un jeune passager clandestin ayant fui ses créanciers à Hispaniola, qui, en 1513, traverse l'isthme pour la première fois et découvre le Pacifique. Des chantiers navals rudimentaires ne tardent pas à s'ouvrir le long du littoral afin de permettre aux explorateurs ayant franchi l'Atlantique à la voile, puis l'isthme à pied, de poursuivre leur aventure dans le Pacifique. D'autant que cette région est censée receler encore plus d'or et qu'elle présente de meilleurs mouillages.

La première expédition espagnole à faire irruption dans le monde maya est conduite par Francisco Hernández de Córdoba, en 1517. Hernán Cortés lui emboîte le pas 2 ans plus tard, et débarque sur l'île de Cozumel, où sera célébrée la première messe sur le continent américain.

L'un des lieutenants de Cortés, Francisco de Montejo, retourne au Yucatán en 1527 afin d'imposer la loi espagnole aux Mayas vivant sur place. Il fait chou blanc, tant sur la côte caraïbe autour de Campeche que sur le littoral atlantique. Lors d'une seconde expédition au Yucatán en 1540, son fils et son neveu vont réussir là où il a échoué. En 1542, ils fondent la cité de Mérida et, comme à Mexico, ils y édifient une cathédrale sur les ruines d'un temple maya.

À FEU ET À SANG

La conquête du Guatemala sera confiée à Pedro de Alvarado. Celui-ci va mener sa mission à bien avec une férocité qui deviendra légendaire. En 1523, à la tête de 800 hommes, il écrase la principale armée des K'iche' et massacre leur chef, Tecún Umán. Puis il marche sur leur capitale, Q'umarkaaj, et la réduit en cendres. Il ne se montrera pas plus clément avec les Kaqchikel, dont il entreprend de soumettre les nombreuses tribus montagnardes. En 1527, il bâtit la première capitale espagnole au Guatemala, Santiago de los Caballeros, non loin de la ville actuelle d'Antigua.

La résistance au régime colonial d'Alvarado ne désarme pas tout au long des années 1530, surtout sur les hauts plateaux de Verapaz où, finalement, des missionnaires sous la houlette de frère Bartolomé de Las Casas réussiront à faire accepter les lois de la chrétienté et de l'Espagne aux Mayas. À la mort d'Alvarado, en 1541, la quasi-totalité de la population maya guatémaltèque se trouve sous la coupe de l'Espagne. Mais, comme au Mexique, des poches de résistance persistent, et c'est seulement en 1697 que capituleront les derniers descendants des royaumes mayas indépendants vivant à Tayasal, une île du lac Petén Itzá, dans le nord du Guatemela.

ÉPIDÉMIES ET ESCLAVAGE

Les conquistadors ont apporté avec eux en Amérique centrale la variole, la grippe et la peste, causant la mort de dizaines de milliers d'indigènes. Les survivants courent alors un autre danger : celui de l'esclavage. Les Amérindiens qui vivent dans de vastes cités constituent des proies faciles. Ils sont capturés, marqués au fer rouge et expédiés au Panamá et au Pérou pour y être vendus.

Pedro de Alvarado.

Au cours de cette période, les conquistadors auront les coudées franches pour exploiter la population locale comme bon leur semblera, et ils ne s'en priveront pas. La politique du *requerimiento*, entrée en vigueur en 1510, permet aux colons de faire la guerre à ceux qui refusent le baptême, un prétexte bien pratique pour exterminer des Amérindiens et piller leur or.

Par la suite, l'*encomienda*, une concession royale, leur accorde le droit d'obliger les peuples indigènes à travailler sans rétribution ou de leur imposer un tribut. Il ne s'agit ni plus ni moins que d'une forme d'esclavage. Les Amérindiens sont contraints de vivre dans les plantations où ils travaillent et où ils sont considérés comme la propriété du titulaire de la concession.

Bon nombre d'Amérindiens combattront farouchement ce servage. Les uns lutteront jusqu'à la mort pour y échapper, les autres fuiront dans les montagnes, dans des endroits hors d'atteinte. L'*encomienda* finira par être abolie bien avant l'arrivée des vagues d'immigrants espagnols.

Bartolomé de Las Casas dénoncera les méthodes des colons espagnols en Amérique latine dans son Historia de Las Indias *(1527-1559). Grand défenseur des droits des Amérindiens, Las Casas restera dans l'Histoire pour la* Controverse de Valladolid *(1550), célèbre polémique avec le chanoine Juan Ginés de Sepúlveda.*

SOUS LE JOUG ESPAGNOL

Au milieu du 16e siècle, tous les pionniers de la conquête de l'Amérique centrale ayant disparu, le régime colonial est géré directement depuis l'Espagne et la capitale de la vice-royauté, Mexico. Éloignés des sièges du pouvoir, le Yucatán et le Guatemala, dont dépendent le Honduras et le Chiapas, sont le théâtre d'atrocités sans nom, mais cet éloignement favorise la préservation du mode de vie des Mayas, les colons n'étant pas présents sur tout le territoire.

*L'application de l'*encomienda *dans toute sa cruauté.*

Parmi les premières mesures prises par l'administration espagnole figure la concentration des Amérindiens au sein des *reducciones*, localités de style espagnol, avec place centrale où trônent l'église et l'*ayuntamiento* (mairie). Trois raisons motivent cette décision : primo, il s'avère plus facile de contrôler les Amérindiens et de veiller à ce qu'ils paient les taxes ; secundo, ils se trouvent à pied d'œuvre pour s'acquitter des tâches communautaires qui leur sont imposées ; tertio, le regroupement simplifie le travail d'évangélisation des missionnaires. Ainsi, les Mayas se voient contraints de s'intégrer à la société coloniale espagnole, une société raciste dont ils constituent la classe inférieure.

Le développement de l'agriculture donnera lieu à des déplacements massifs de main-d'œuvre. En témoignent les Mayas des Hautes Terres du Guatemala, obligés d'aller travailler dans les *haciendas* du littoral pacifique. Les colonies essaiment peu à peu. Des centres administratifs font leur apparition au Panamá, au Nicaragua et au Guatemala ainsi qu'au Costa Rica, toponyme utilisé pour la première fois en 1539 pour désigner ce territoire reliant le Panamá au Nicaragua.

LE SENS DE L'ADAPTATION

Si quelques-uns d'entre eux se voient confier des postes subalternes dans ces nouvelles communautés, les Mayas ne peuvent guère espérer y exercer un réel pouvoir. Ils s'attachent donc à perpétuer leurs coutumes ancestrales et leur organisation communautaire, parallèlement à celle mise en place par les colons. L'autorité reste l'apanage des *principales* (anciens) dans les villages plus reculés, tandis que les *cofradías* (confréries), gardiennes des saints locaux, sont chargées d'encadrer les entreprises personnelles, le partage du travail dans les *milpas* (champs de maïs) et même la répartition des terres entre villageois. Quant à la religion catholique, les Mayas vont l'adapter à leurs propres croyances et continuer de vénérer leurs dieux sous le couvert du panthéon chrétien.

LA POLITIQUE DES BOURBONS

Ces initiatives et l'éloignement géographique de la plupart des communautés mayas vis-à-vis des sièges coloniaux contribueront à protéger les Mayas des pires ravages de la colonisa-

Cathédrale et cité de León, Nicaragua.

REPARTIMIENTO

Si, en 1537, le pape Paul III interdit l'esclavage, la Couronne a toujours autant besoin de main-d'œuvre. Elle remplace donc la sinistre *encomienda* par un système baptisé *repartimiento* (répartition), selon lequel tout Amérindien âgé de 16 à 60 ans doit travailler une semaine par mois pour des particuliers, institutions religieuses, municipalités et/ou instances gouvernementales. En somme, une forme de servage en remplace une autre. En théorie, la population indigène a droit à une compensation en échange et peut cultiver librement ses propres terres les 3 autres semaines. mais en réalité, les choses sont bien différentes. Les abus deviennent monnaie courante, et les pratiques esclavagistes reviennent en force. Les Amérindiens consacrent, en fait, beaucoup plus qu'une semaine aux Espagnols, car il leur faut parcourir de très longues distances entre leur village et leur lieu de travail, nécessitant parfois des jours de marche.

Par ailleurs, ils payent leur nourriture et tout autre produit consommé, dépensant ainsi leur salaire de misère. Ils seront nombreux à se résoudre à quitter leurs communautés afin d'échapper au système. Celui-ci tombera néanmoins en désuétude au 17e siècle, du fait du déclin de la population autochtone et que, dorénavant, beaucoup de travailleurs sont directement employés par les propriétaires terriens.

tion pendant plus de 2 siècles. Leur situation ne s'améliore cependant pas au cours de la seconde moitié du 18e siècle, quand les souverains d'Espagne se mettent en tête de reprendre le contrôle de leurs colonies rebelles. Les provinces sont alors réorganisées en *intendencias* et *partidos*, et les fonctionnaires indigènes limogés.

À la même époque, les autorités entreprennent de réorganiser le territoire et d'accroître la productivité des *haciendas*. Les cultures rentables du sisal, du tabac, de la

Le capitaine Edward Teach, alias Barbe Noire.

canne à sucre et du coton nécessitant des surfaces importantes, des terres indigènes sont confisquées. De plus en plus, les Mayas sont employés comme ouvriers agricoles, dans des conditions souvent voisines de l'esclavage.

Lorsque des velléités d'indépendance commencent à apparaître dans l'Amérique espagnole du début du 19e siècle, ils constituent toujours l'échelon le plus bas de la société. Leurs traditions et leurs croyances sont ignorées, sinon méprisées. Beaucoup ont oublié les glorieux exploits de leurs ancêtres. Pourtant, bon nombre de leurs particularités culturelles – langue, tenue vestimentaire ou encore coutumes sociales – auront survécu envers et contre tout.

Aucun pirate n'a autant frappé les mémoires que Barbe Noire. Né à Bristol (v. 1680-1718), il aurait passé le plus clair de son existence à se cacher dans les îlots béliziens du golfe du Honduras.

LES "HOMMES DE LA BAIE"

Bien qu'elle ait revendiqué le Belize, les Islas de la Bahía (Honduras) et la Costa de Mosquitos, l'Espagne ne réussira pas à s'y implanter en raison de son incapacité, d'une part, à soumettre la population locale, d'autre part, à surmonter l'hostilité du territoire – récifs coralliens affleurants, marécages et forêts infestés de moustiques. Des Anglais et des Écossais vont toutefois commencer à s'y aventurer. Ils n'ont que faire de taxer ou de convertir les tribus indigènes ; ce qui les intéresse, c'est le négoce du bois de campêche. Peu à peu, la côte peu peuplée du Belize attire des entrepreneurs britanniques d'un tout autre acabit : les flibustiers. Ces pirates tirent parti du récif bélizien, de ses vasières et de ses coraux qui affleurent. À bord de bateaux rapides à faible tirant d'eau, ils abordent les navires espagnols et revendent leur butin. Le traité de Madrid de 1670 entre l'Angleterre et l'Espagne sonne le glas de cette activité fort lucrative.

Il y a alors près de 40 ans que les colons britanniques, surnommés les "hommes de la baie", ont établi des villages et exploitent le bois, malgré les attaques répétées des Espagnols. Celles-ci se poursuivront jusqu'en 1798, date de la victoire décisive à la bataille navale de St George's Caye. Dès lors, les "hommes de la baie" peuvent implanter une colonie basée sur le commerce du campêche et, plus tard, de l'acajou. Ils font venir par bateaux entiers des esclaves jamaïcains, dont la population ne tarde pas à dépasser en nombre celle des colons. Malgré des conditions de vie aussi misérables qu'ailleurs, ces esclaves bénéficient d'un régime un peu plus libéral que dans le sud des États-Unis. Ainsi, ils ont la possibilité de racheter leur liberté, et les femmes prises comme maîtresses sont affranchies.

Même après l'indépendance de l'Amérique centrale, les Britanniques vont continuer d'administrer ce territoire. En 1862, l'actuel Belize, alors baptisé Honduras britannique, deviendra officiellement une colonie de la Couronne. #

"Hommes de la baie" travaillant dans la jungle du Honduras britannique.

Francisco Morazán.

L'INDÉPENDANCE

À l'issue du régime colonial espagnol, la vacance du pouvoir va plonger la région dans le désarroi et en faire une proie toute désignée pour les appétits étrangers.

Gouvernée par le vice-roi espagnol siégeant à Mexico, la majeure partie de l'Amérique centrale est plus ou moins unifiée sous la bannière de la Capitainerie générale du Guatemala jusqu'au début du 19e siècle. Cete entité regroupe le Guatemala, le Salvador, le Honduras, le Nicaragua, le Costa Rica et l'État du Chiapas. Alors que les forces napoléoniennes, espagnoles, portugaises et britanniques se disputent la péninsule Ibérique durant la guerre d'indépendance espagnole (1807-1814), la cohésion de l'Amérique centrale commence à se déliter.

Les premiers mouvements indépendantistes vont naître au Salvador en 1811, puis se poursuivre en 1814, sans aboutir à grand-chose. Mais à Ciudad de Guatemala, le 15 septembre 1821, un groupe de créoles proclame l'indépendance de la région vis-à-vis de l'Espagne. Une liberté de courte durée car, un an plus tard, malgré l'opposition des factions libérales, les leaders conservateurs approuvent l'annexion de l'Amérique centrale par le Mexique, ancien siège de la vice-royauté espagnole désormais gouverné par l'empereur Agustín de Iturbide. L'année suivante, le Mexique devient une république et, le 1er juillet 1823, le congrès de l'Amérique centrale fait sécession et se déclare indépendant.

Sur le modèle des États-Unis, cette nouvelle nation, appelée à l'origine Provinces unies d'Amérique centrale, se voit baptisée par la Constitution de 1824 "République fédérale d'Amérique centrale". Elle se compose du Guatemala, du Salvador, du Honduras, du Nicaragua et du Costa Rica ainsi que, pour une brève période, de Los Altos (régions du Mexique et de l'ouest du Guatemala). Le Guatémaltèque Manuel José Arce en assume le premier mandat présidentiel. Les libéraux espèrent ainsi faire de la fédération un pays démocratique et prospère grâce au commerce des marchandises transitant entre les océans Atlantique et Pacifique. Toutefois, les rebelles de "l'Armée protectrice de la loi" commandée par le général hondurien Francisco Morazán s'emparent de Ciudad de Guatemala en 1829. Le départ du Nicaragua en 1838 montrera la voie aux autres membres de la fédération, qui finira par être dissoute le 19 novembre 1839.

Pièce de la République fédérale d'Amérique centrale.

LE POUVOIR DU CAFÉ

Les provinces se constituent en États républicains, mais leurs relations se tendent de plus en plus au cours du 19e siècle, et les tentatives répétées pour unifier l'Amérique centrale ne donneront aucun résultat.

En 1843, William Le Lacheur, un Anglais qui rentre chez lui avec une cargaison de peaux, fait escale au port costaricain de Puntarenas, sur la côte Pacifique. Il a besoin de remplacer les ballasts de son navire, endommagés par les tempêtes au large de la côte mexicaine. Il en profite pour embarquer 230 tonnes de café dans sa cale. Ainsi va naître la liaison Costa Rica–Liverpool, et s'ouvrir un marché fructueux pour le café costaricain, dans les îles Britanniques tout d'abord, puis sur l'ensemble du continent européen.

Les membres de la jeune oligarchie du café sollicitent le général Francisco Morazán, un héros de la République fédérale d'Amérique centrale, pour les débarrasser du président Braulio Carrillo et de son despotisme. Morazán est accueilli en libérateur quand il débarque dans le port costaricain de Caldera, sur le Pacifique, en avril 1842, à la tête de 500 soldats, pour la plupart des volontaires salvadoriens. Le chef des armées de Carrillo, Vicente Villaseñor, rencontre Morazán non loin d'Alajuela et lui propose d'unir leurs forces. Une fois scellé le Pacto del Jocote, Carrillo se trouve contraint à l'exil au Salvador. Une assemblée spéciale nomme provisoirement Morazán à la tête de l'État.

William Walker avant d'être exécuté, en 1860.

COULEURS DE L'ISTHME

Sa position stratégique, entre Atlantique et Pacifique, avait valeur d'emblème pour la jeune et éphémère République fédérale d'Amérique centrale. Elle inspirera son drapeau, dont la bande blanche placée entre 2 rayures bleues symbolise une terre bordée de 2 océans, tandis que les 5 montagnes du blason représentent les 5 États membres. Cet emblème survivra à la dissolution de la fédération et, aujourd'hui encore, le Guatemala, le Salvador, le Honduras, le Nicaragua et le Costa Rica portent les couleurs de l'ancien État fédéral : la fameuse bande blanche horizontale ou verticale prise en sandwich entre 2 rayures bleues.

Morazán finira par épuiser son capital de sympathie à force de tenter de se servir du Costa Rica pour redonner vie à son vieux rêve d'unification de l'Amérique centrale. Il envoie des missives aux autres chefs d'État centraméricains pour les exhorter à créer une assemblée constituante nationale, et va jusqu'à les menacer d'utiliser la force. Sa volonté d'appeler les Costaricains sous les drapeaux afin de mettre sa menace à exécution déclenche une révolte à San José. Après 3 jours d'affrontements sanglants, Morazán est fait prisonnier, puis fusillé le 15 septembre 1842, sur la place centrale. Moins de 3 ans plus tard, Braulio Carrillo sera assassiné à son tour au Salvador.

WILLIAM WALKER

Dix ans après la tentative d'unification de Morazán, le Salvador, le Honduras et le Nicaragua fondent la Fédération d'Amérique centrale, laquelle se solde par un échec. Le président guatémaltèque Justo Rufino Barrios essaie de s'emparer de la région par la force, ce qui lui coûte la vie. Deux autres entreprises du même genre, en 1896 et en 1921, ne dureront pas plus d'un an ou deux. Si les nations centraméricaines se montrent incapables de s'unir politiquement, elles n'en vont pas moins former une coalition militaire en 1856-1857 afin de faire front commun contre l'invasion menée par l'aventurier américain William Walker.

En 1855, cet homme originaire du Tennessee prend le contrôle du Nicaragua à l'issue d'un simulacre d'élection. Il a notamment pour objectif d'y institutionnaliser l'esclavage, ainsi que dans les pays voisins, afin de vendre de la main-d'œuvre "gratuite" aux États-Unis. Certains industriels américains favorables à son projet lui apportent leur appui et, l'année suivante, à la tête d'une armée de 300 *filibusteros* (flibustiers), Walker envahit le Costa Rica

Deux vagues d'immigration vont transformer le Belize : l'arrivée de 2 000 personnes originaires de la Costa de Mosquitos, à la fin du 18e siècle ; puis, après 1800, celle des Garífunas de Saint-Vincent, métisses de sang amérindien et africain.

jusqu'à l'actuel Parque Nacional Santa Rosa, où il se retranche dans l'hacienda fortifiée de Santa Rosa. Le président costaricain Juan Rafael Mora, membre de l'oligarchie du café, a surveillé sa progression et déjà rassemblé une armée de *campesinos* (paysans) en vue de repousser l'envahisseur. Bien que supérieurs numériquement, les Costaricains n'ont pour armes que des outils agricoles et des fusils rouillés. Le 20 mai 1856, au terme d'une bataille de 14 minutes, ils contraignent pourtant Walker et ses mercenaires à battre en retraite.

Ils les poursuivent jusqu'à Rivas, au Nicaragua, où ils les assiègent dans un fort en bois. Un jeune tambour du nom de Juan Santamaría se porte volontaire pour incendier le fort, mais il est abattu en pleine action. Trois ans plus tard, Walker trouvera la mort devant un peloton d'exécution au Honduras.

LE BELIZE

Il faudra des années au Belize pour obtenir son indépendance, et quelques autres encore avant de jouir d'une véritable liberté politique. Les relations avec les autorités espagnoles de son voisin, le Guatemala, vont rester tendues tout au long des 17e et 18e siècles, les pirates britanniques venant mouiller dans les abris côtiers du Belize entre 2 attaques de navires espagnols. À la suite de la guerre d'indépendance des États-Unis, l'Espagne déclare la guerre au Royaume-Uni et, en 1779, son armée, nombreuse, réduit en cendres St George's Caye ainsi que la ville de Belize. Les Britanniques la rebâtissent, mais en 1798, les Espagnols lancent une nouvelle attaque. Malgré leur supériorité en armement, ils essuieront une défaite cinglante lors de la bataille navale décisive de St George's Caye.

Dès lors, la population locale se considère comme sujet de l'Empire britannique, même si la colonie n'a pas encore d'existence officielle. En 1802, l'Espagne, contrainte et forcée, reconnaît la souveraineté de son ennemi sur ce territoire en signant le traité d'Amiens. Devenus indépendants de l'Espagne en 1821, le Guatemala et le Mexique revendiquent à leur tour le Belize qui acquiert finalement le statut de colonie de la Couronne britannique en 1862, et le conservera jusqu'en 1973. La Costa de Mosquitos reviendra au Nicaragua en 1860, et l'archipel des Islas de la Bahía au Honduras en 1870.

LA GRAN COLOMBIA

L'histoire politique du Panamá se rapproche davantage de celle de la Colombie que de celle des autres pays d'Amérique centrale. Libéré du joug colonial espagnol le 28 novembre 1821, le Panamá intègre la république de la Grande Colombie, laquelle comprend la Colombie, le Venezuela et l'Équateur. L'Isthme luttera pour son indépendance jusqu'en 1903. Arès l'échec français de creusement d'un canal reliant l'Atlantique au Pacifique, les États-Unis proposent à la Colombie de reprendre le projet, mais le gouvernement colombien refuse. S'ensuit une rébellion; laquelle aboutit au traité Hay-Bunau-Varilla de 1903 qui fait du Panamá un protectorat américain et octroie aux États-Unis, en remerciement des services rendus, l'autorisation de creuser le canal, de l'exploiter et de le défendre "à perpétuité". #

British Honduras Volunteer Guard, en 1972.

Sauve-qui-peut devant l'énorme nuage de cendres craché par le volcan Irazú, Costa Rica, 1963.

L'HISTOIRE CONTEMPORAINE

Catastrophes naturelles, guerres civiles et ingérences étrangères ont fait les gros titres ces dernières décennies, mais la stabilité semble aujourd'hui se profiler à l'horizon.

L'Amérique centrale connaît des hauts et des bas depuis le début du 20e siècle. Guerres civiles, soulèvements, révolutions, ingérences extérieures et catastrophes naturelles majeures : son histoire contemporaine est ponctuée de drames qui ont contribué à y semer le chaos. Toutefois, au cours de ces dernières années, la région bénéficie d'une croissance économique qui participe à son évolution, et la situation politique se stabilise dans bien des pays de la région.

L'EMPIRE AMÉRICAIN DU FRUIT

Tout au long du 20e siècle, des États comme le Costa Rica, le Guatemala et le Honduras ont obéi à la loi des entreprises fruitières américaines qui y ont constitué d'immenses propriétés foncières.

En 1899, la compagnie de La Nouvelle-Orléans Vaccaro Brothers & Co, rebaptisée par la suite Standard Fruit, débarque à Roatán, dans l'archipel des Islas de la Bahía, au Honduras, pour y acheter des noix de coco, des oranges, des bananes et autres fruits. Deux ans plus tard, elle s'implante sur le continent, à La Ceiba, et ne tardera pas à contrôler tout le marché de la banane de Boca Cerrada à Balfate, soit une côte d'environ 80 km de longueur.

Avec le rachat des compagnies de chemin de fer, de radio, de télégraphe et d'électricité, l'United Fruit Company a pris une telle ampleur dans les années 1950 qu'elle a été surnommée "El Pulpo" (la pieuvre).

L'une de ses concurrentes américaines, la United Fruit, fait son apparition au Honduras à peu près à la même époque, et y rachète des plantations de bananes. Son immense richesse aidant, le gouvernement hondurien l'accueille à bras ouverts. Concessions pour construire des voies ferrées de Tela à Progresso et de Trujillo à Juticalpa : rien n'est trop beau. Grâce à ses 2 compagnies ferroviaires, la Tela Railroad Company et la Trujillo Railroad Company, la United Fruit étend son empire.

Jeunes recrues chez les rebelles salvadoriens, 1983.

Face à l'invasion de ces géants de la banane, les petites plantations locales qui exportaient leur production sont obligées de jeter l'éponge. Qui plus est, ces groupes puissants préfèrent la main-d'œuvre originaire des Caraïbes et du Belize, car elle est, en général, mieux éduquée et parle anglais. Peu à peu, la grogne populaire s'amplifie.

Au fil du temps, la présence des compagnies fruitières s'apparente de plus en plus à une forme de colonisation. Les litiges au sujet des terres et des droits des travailleurs dégénèrent en conflits armés. Sous la pression des élites désireuses de protéger leurs investissements, l'armée américaine intervient à plusieurs reprises au Honduras.

Les dissensions au sein de l'industrie bananière vont contribuer à l'émergence de mouvements ouvriers organisés. La première grande grève se produit en 1917. Elle touche la Cuyamel Fruit Company, mais se trouve vite réprimée par les militaires honduriens. Trois ans plus tard, des manifestations ont lieu contre la Standard Fruit Company à La Ceiba. Un navire de guerre américain est aussitôt dépêché sur les lieux. La grève ne prendra fin que lorsque la Standard Fruit aura accepté de verser des salaires équivalant à 1,75 $US par jour.

LE CANAL DE PANAMÁ

Dans l'histoire de l'Amérique centrale, nulle initiative n'a eu plus de retombées que celle d'une route commerciale reliant les océans Atlantique

Chantier du futur canal de Panamá, en 1913.

RÉPUBLIQUES BANANIÈRES

Alors que la banane faisait la fortune de compagnies comme la United Fruit et la Standard Fruit –ancêtres respectives de Chiquita et de Dole–, les ouvriers des plantations n'en profitaient guère. En réalité, le pouvoir que ces géantes américaines détenaient en Amérique centrale contribuera dans une large mesure à déstabiliser plusieurs pays.

Si, en échange de terres, elles ont construit les infrastructures faisant cruellement défaut, elles ont aussi usé de leurs liens avec les gouvernements pour contrôler les réseaux ferroviaires et les ports. Et quand elles n'obtenaient pas satisfaction, elles allaient jusqu'à armer des rebelles.

L'exploitation de la main-d'œuvre était monnaie courante. L'essor économique brillait par son injustice, les populations locales végétant dans leur misère tandis que les gouvernements sombraient dans la corruption.

Séjournant au Honduras afin d'échapper à des poursuites pour malversations, l'écrivain louisianais William Sydney Porter (1862-1910) –O. Henry de son pseudonyme– écrira en 1896 une nouvelle, *The Admiral*, reprise dans son recueil de nouvelles *Cabbages and Kings*. Il y décrit la vie dans un pays désorganisé du nom d'Anchuria, dont l'économie repose tout entière sur le commerce des bananes et qu'il qualifie de "petite république bananière maritime". De là vient l'expression.

et Pacifique. C'est tout d'abord au Nicaragua que, dès 1551, la vice-royauté espagnole a l'idée d'ouvrir une voie navigable à travers l'isthme, via le Río San Juan et le Gran Lago de Nicaragua, puis grâce à une série d'écluses et de tunnels du lac au Pacifique. Par la suite, la République fédérale d'Amérique centrale commandera une étude en 1825 et sollicitera le gouvernement américain pour obtenir son concours financier et technologique. Ce projet ne verra jamais le jour, mais il en inspirera d'autres tout au long du 19e siècle.

Au Panamá, le concept d'un canal transisthmique est apparu dès l'arrivée des conquistadors. Le creusement du Río Chagres a été entrepris à partir de 1519, rendant le fleuve navigable sur les deux tiers de la largeur de l'isthme. Après l'échec de la tentative française à la fin du 19e siècle, en raison des maladies et d'une ingénierie déficiente, les États-Unis reprennent le flambeau. De 1904 à 1913, leurs ingénieurs du génie vont s'employer à aménager un canal à écluses long de 83 km, considéré comme l'un des plus grands exploits techniques du monde. Le 10 octobre 1913, le président Woodrow Wilson envoie un télégramme depuis Washington, et la digue de Gamboa qui séparait la coupe Gaillard (Corte Culebra) du Lago Gatún est dynamitée. Le canal est inauguré en août 1914, juste avant que la Première Guerre mondiale n'éclate.

Atout stratégique et économique majeur pour les Américains, le canal bouleversera la navigation mondiale en faisant éviter le détour de 12 600 km par le cap Horn, à la pointe de l'Amérique du Sud. Le canal coûtera au total aux États-Unis près de 375 millions de $US, dont 10 millions versés au Panamá et 40 autres aux Français. Quelque 75 000 personnes auront travaillé à ce projet, et plus de 5 600 ouvriers y auront laissé leur vie, de maladies ou d'accidents.

Pour le Panamá, les retombées sont essentiellement positives : mise en place, dans la zone du canal, à Panamá et à Colón, d'égouts, de systèmes de traitement des eaux et des ordures. La fièvre jaune y sera même enrayée dès 1905 grâce à la découverte du médecin cubain Carlos Finley. Bien que le contrat signé leur accorde une concession à perpétuité, les États-Unis passeront le relais au Panamá le 31 décembre 1999.

LE GUATEMALA AU 20e SIÈCLE

Une succession de présidents faibles et de coups d'État militaires marque les premières décennies du 20e siècle au Guatemala. Puis, en 1931, le général Jorge Ubico Castañeda est élu à la présidence, où il se maintiendra durant 13 ans, réussissant à redresser la situation économique et à instaurer une stabilité politique dans le pays. Il y parviendra cependant en restreignant les libertés individuelles et en utilisant la Constitution ainsi que les pouvoirs législatif et judiciaire à ses propres fins. Dans le Guatemala de cette époque, règne une discipline militaire, et même l'orchestre symphonique national joue en uniforme.

Ubico est évincé en 1944 et, dans le cadre de la nouvelle Constitution de 1945, le réformateur Juan José Arévalo accède à la présidence. Il va opérer de profonds changements dans les domaines de l'éducation, de la propriété terrienne et du travail. Ces mesures ne sont pas du goût des ultraconservateurs, qui tentent à plusieurs reprises de se débarrasser de lui. Malgré ces complots, Arévalo exercera ses fonctions pendant 6 ans, avant de céder la place à Jacobo Árbenz Guzmán, un progressiste lui aussi. Les réformes agraires d'Arbenz visant à démanteler les immenses plantations et ses efforts pour limiter le pouvoir de la United Fruit Company ne tardent pas à susciter des oppositions.

Plantation de la United Fruit Company, Guatemala, 1961.

Les États-Unis prennent Árbenz pour un communiste et, en 1954, ils soutiennent un coup d'État fomenté par le colonel Carlos Castillo

Armas et le Movimiento de Liberación Nacional à partir du Honduras. Árbenz se voit contraint de démissionner le 27 juin 1954. La guerre civile qui va ensuite déchirer le Guatemala durant 30 ans est considérée par beaucoup comme une conséquence directe de ce coup d'État.

Pendant 3 décennies, les dirigeants militaires se succèdent à la tête du Guatemala. Castillo Armas est assassiné dans le Palais national, en 1957. Dès lors, la violence va crescendo, syndicats, guérilleros de gauche et autres groupes rebelles s'insurgeant contre le régime militaire.

Manifestation de soutien au gouvernement anticommuniste du colonel Castillo Armas, Ciudad de Guatemala, 1954.

Le gouvernement de Castillo avait établi une liste noire sur laquelle figuraient plus de 40 000 politiciens, syndicalistes, chefs de file de l'opposition et intellectuels considérés comme dangereux. Beaucoup finiront derrière les barreaux ou devront s'exiler. L'Église est à son tour victime des exactions des forces armées, qui reprochent au clergé son soutien aux villageois mayas. Entre 1978 et 1983, 13 prêtres catholiques seront tués et plus de 100 autres fuiront le pays.

Au début des années 1980, la gauche réagit en constituant diverses organisations, dont des groupes de rebelles armés. À la fin des années 1970 et au début des années 1980, la guerre civile atteint son paroxysme. Les guérilleros commencent par remporter un certain nombre de victoires militaires, mais l'armée reprend le dessus en mettant les Hautes Terres à feu et à sang. Bilan des représailles : des milliers de morts chaque année, en majorité des paysans mayas qui n'ont rien à voir avec le conflit.

> *"Au Guatemala, il y a 2 présidents. L'un a une mitrailleuse qu'il tient en permanence pointée sur l'autre." Juan José Arévalo (président 1945-1951)*

UNE PAIX LABORIEUSE

En 1982, une junte militaire renverse le gouvernement de Lucas García. Un an plus tard, le général Ríos Montt accède au pouvoir. S'ouvre alors la période la plus sombre qu'ait connue le Guatemala. L'armée se livre sans pitié à des exactions contre-insurrectionnelles ; elle tuera, torturera et chassera de chez eux des milliers de paysans. En 1984, le successeur de Ríos Montt, le général Oscar Mejía Víctores, impose une nouvelle Constitution, laquelle conduit à l'élection présidentielle, en 1986, du premier civil depuis plus de 30 ans, Vinicio Cerezo Arévalo, un démocrate-chrétien.

Commence alors un long processus pour instaurer la paix. Les organisations de guérilla se rendent peu à peu compte qu'elles ne réussiront pas à l'emporter par la violence. Les négociations qui s'engagent vont se heurter à un problème majeur : l'armée estime, en effet, avoir éradiqué la "subversion". Dans ces conditions, qu'y a-t-il à négocier ? Cerezo progressera sur la pointe des pieds au cours de ses 4 années de mandat afin de limiter le pouvoir des forces armées et d'en finir avec la guerre civile.

Son successeur, Jorge Serrano Elías, se montre encore plus timoré. Bien que des pourparlers soient entamés à Mexico en 1991 entre l'armée et l'Unidad Revolucionaria Nacional Guatemalteca (URNG), les avancées en faveur de la paix demeurent minimes. Le mouvement de guérilla exige que les accords prévoient de profonds changements au Guatemala. Les militaires craignent d'être tenus pour responsables des 200 000 morts de la guerre civile. Ils refusent, par ailleurs, toute réforme majeure au sein de l'armée ou de la police.

La situation s'envenime, ce qui conduit Serrano à instaurer un régime dictatorial en 1993, régime qui ne fera pas long feu. Des élections sont organisées fin 1995, et remportées par un candidat de centre-droite, Álvaro Arzú. En mars 1996, l'URNG accepte un cessez-le-feu. Dès lors, le processus de paix progresse rapidement sur un certain nombre de points et, le 29 décembre 1996, le gouvernement et les rebelles signent un accord de paix ferme et définitif, à Ciudad de Guatemala, la capitale. Celui-ci comporte 2 grands volets : d'une part, une enquête sur les violations des droits de l'homme commises durant la guerre civile ; d'autre part, l'engagement de démilitariser la société et d'introduire des amendements constitutionnels en faveur des droits des peuples indigènes au Guatemala.

Au début, le bilan semble plutôt positif. Les guérilleros déposent les armes et forment un parti politique légal, tandis que la MINUGUA (Mission de vérification des Nations unies au Guatemala) vient sur place superviser la mise en œuvre de l'accord. Certaines réformes ont lieu dans l'armée, et une nouvelle Constitution prenant en compte les intérêts de la population indigène est élaborée. De même, une commission d'investigation sur les crimes contre les droits de l'homme perpétrés durant les années de violence voit le jour. Pour autant, les progrès vont tarder à se faire sentir, l'armée freinant des quatre fers pour tenter de conserver son pouvoir.

En 1998, des militaires se trouvent impliqués dans l'assassinat de l'évêque Juan Gerardi, 2 jours après la publication d'un rapport de son association Recuperación de la Memoria

Membres du parti travailliste – d'obédience communiste – en "tenue de travail", Ciudad de Guatemala, 1981.

Histórica imputant 93 % des pertes humaines de la guerre civile aux forces armées et aux paramilitaires. Dans le même temps, un référendum rejette l'amendement constitutionnel visant à légitimer les droits des Mayas.

LA RÉVOLUTION NICARAGUAYENNE

La dynastie politique des Somoza accède au pouvoir en 1912, avec la bénédiction des États-Unis. La famille s'y maintiendra durant 7 décennies. Perverti par l'argent des multinationales américaines et le soutien de l'armée américaine, son régime sera marqué par une inégalité croissante et une corruption généralisée au sein de la classe politique.

Un contexte qui concourt à la création du Frente Sandinista de Liberación Nacional (FSLN), en 1961. Ses fondateurs, dont Carlos Fonseca Amador, Silvio Mayorga et Tomás Borge Martínez, rallient à leur cause étudiants, paysans et autres opposants aux Somoza, parmi lesquels les autorités communistes cubaines, le gouvernement panaméen d'Omar Torrijos et celui du Vénézuélien Carlos Andrés Pérez. Dix ans plus tard, le mouvement rebelle est assez puissant pour commencer à lutter efficacement contre le dictateur de l'époque, Anastasio Somoza Debayle. Il lance alors une campagne de kidnappings qui lui vaut de se positionner comme la principale force d'opposition. Les représailles ne se font pas attendre. Formés par les Américains, militaires et policiers torturent, intimident et censurent le peuple. Un séisme majeur achève de semer le chaos en 1972.

En 1978, Jimmy Carter retire son soutien aux Somoza pour cause de violation des droits de l'homme. Des émeutes éclatent à Managua après le meurtre de Pedro Chamorro, l'éditeur du quotidien *La Prensa*. S'ensuit une grève générale dans les grandes villes pour exiger le départ des Somoza. Le climat de violence s'aggrave encore. Cette même année, le FSLN prend en otage près de 2 000 personnes au Palais national de Managua. En échange de leur libération, le gouvernement accepte de payer une rançon de 500 000 $US et de relâcher certains prisonniers. Les négociations entamées un an plus tard sous l'égide de l'Organisation des États américains avortent. Ce n'est l'affaire que de quelques mois avant que le FSLN ne prenne le contrôle du pays, contraignant le président Somoza à démissionner.

Les sandinistes héritent d'une nation en ruines. Sur les 2,8 millions de Nicaraguayens, environ 600 000 sont sans abri et 150 000 autres sont devenus des réfugiés ou partis en exil.

Le général Anastasio Somoza, président du Nicaragua, 1975.

Après avoir renversé Ríos Montt en 1983, l'ex-ministre de la Défense Mejía Víctores déclarera : "Ce qu'il faut au Guatemala, ce n'est pas davantage de prières, mais plus d'exécutions."

Toute la richesse est concentrée à Managua, tandis que le reste du pays est démuni. Les révolutionnaires entreprennent de restructurer l'ensemble des secteurs de l'économie et de mettre en place des réformes agraires qui restituent la majeure partie des terres aux fermiers. Le président Daniel Ortega organise des cérémonies officielles partout dans le pays au cours desquelles il distribue aux paysans titres de propriété et fusils pour défendre leurs biens.

Contrairement à son prédécesseur qui s'était efforcé de collaborer avec le FSLN, Ronald Reagan déploie une stratégie anticommuniste destinée à isoler le régime sandiniste. D'anciens membres de la Garde nationale du régime de Somoza lancent un mouvement antisandiniste baptisé Contrarrevolución, alias Contras, à la frontière du Nicaragua. De leur côté, plusieurs minorités de la Costa de Mosquitos commencent à revendiquer davantage d'autonomie. Reagan suspend toute aide financière au Nicaragua et apporte discrètement son soutien aux forces d'opposition.

À cette époque, l'Amérique centrale est déjà déstabilisée par les guerres civiles qui déchirent le Salvador et le Guatemala. Une véritable poudrière qui n'attend qu'une étincelle – le Nicaragua – pour exploser. Les Contras, soutenus par la CIA, ouvrent un "second front" sur la côte atlantique nicaraguayenne et à la frontière costaricaine. Le FSLN se voit donc dans l'obligation de consacrer 50 % du budget de l'État aux forces armées et non au financement des réformes et de la croissance. En 1982, les Contras lancent une série d'assassinats de personnalités du gouvernement. L'année suivante, ils minent les ports afin d'empêcher les cargaisons d'armement d'atteindre Managua. C'est également en 1983 que le Congrès américain décide de les lâcher. Grâce à la médiation d'autres nations centraméricaines, un accord de cessez-le-feu est signé le 23 mars 1988 à Sapoa entre les sandinistes et les Contras. Deux ans plus tard ont lieu des élections démocratiques, que perd le FSLN face à l'Unión Nacional Opositora (UNO). Les sandinistes n'en continuent pas moins de contrôler l'armée et la justice. Au cours de son mandat présidentiel (1990-1997), Violeta Barrios de Chamorro s'emploiera à consolider les institutions démocratiques et à stabiliser l'économie.

LA GUERRE CIVILE SALVADORIENNE

À l'aube du 20e siècle, l'économie du Salvador repose entièrement sur le café, la canne à sucre et le coton, secteurs qui sont aux mains d'une poignée de familles. La grogne commence à

Stigmates de la guérilla au Salvador, 1983.

sourdre, notamment en 1932 quand les paysans manifestent à travers tout le pays. Protestation que le gouvernement noie dans le sang au cours d'un épisode nommé depuis La Matanza (massacre). Près de 40 000 opposants politiques et fermiers indigènes seront alors tués, emprisonnés ou s'exileront.

L'instabilité va gagner du terrain au cours des années 1930 à 1970, les gouvernements successifs matant toute forme de rébellion. C'en est fini des tentatives de réformes démocratiques. L'opposition se transforme en résistance armée. En 1979, la Junta Revolucionaria de Gobierno (JRG) prend le pouvoir, au grand dam de la gauche comme de la droite. Une guerre civile éclate. L'armée se met alors à tuer sans discernement. L'opération la plus sanglante, El Mozote, se produit en décembre 1981 ; elle coûtera la vie à environ 1 000 civils. S'installe une guerre par procuration opposant, d'un côté, le gouvernement et les Américains, de l'autre, les insurgés, Cuba et d'autres États communistes. Les accords de paix de Chapultepec, en 1992, marquent la fin du conflit, et le Frente Farabundo Martí para la Liberación Nacional (FMLN), qui regroupait à l'origine des mouvements de guérilla, devient l'un des principaux partis politiques. De nombreuses fonctions militaires passent sous le contrôle civil et les effectifs de l'armée se réduisent comme peau de chagrin – cette institution deviendra l'une des plus respectées du pays. Bon nombre de guérilleros et de soldats ayant combattu reçoivent des terres dans le cadre du programme de redistribution inscrit dans les accords de paix et qui prendra fin en janvier 1997.

LA GUERRE CIVILE AU COSTA RICA

Elle débute le 11 mars 1948. Il s'agit d'une offensive bien planifiée, menée par les Forces armées de libération nationale de José Figueres

Troupes costaricaines en marche, 1948.

LES MIGRANTS

Les États-Unis hébergent des millions de sans-papiers originaires des 3 pays du triangle septentrional (Salvador, Guatemala, Honduras). Cet exode vers le nord est lié en grande partie aux épisodes d'instabilité qui agitent la région. Il a battu de nouveaux records en 2014 quand les États-Unis ont durci leur politique d'expulsion des clandestins appartenant à des gangs vers leurs pays d'origine : le Honduras et le Salvador, où le taux de criminalité est alors monté en flèche. Fuyant la violence, de plus en plus de migrants s'introduisent chez leur voisin américain pour y trouver refuge.

Sécheresse et pénuries alimentaires ne font qu'aggraver le problème, et l'élection du président Donald Trump, en 2016, n'a pas non plus arrangé la situation. Les gouvernements précédents autorisaient sous certaines conditions les familles et les enfants isolés appréhendés à la frontière à demeurer sur leur territoire en attendant que les tribunaux statuent sur leur sort. Depuis 2016, cette mesure semble remise en question, et le projet de construction du mur à la frontière américano-mexicaine renforce les tensions. Fin 2018, 15 000 Honduriens et Salvadoriens fuient à pied leur pays par colonnes entières. Quant aux réseaux de passeurs, ils s'adaptent et ont déjà trouvé des solutions pour contourner la politique d'immigration plus stricte mise en place à la frontière sud du Mexique.

Ferrer. Celles-ci n'ont aucune expérience militaire ; elles ont été formées par les guérilleros en République dominicaine et au Honduras, et armées de fusils venus du Guatemala. Quarante-quatre jours plus tard, le bilan des affrontements d'une violence sans précédent s'élève à 2000 morts – soit 1 Costaricain sur 300. José Figueres en sort victorieux, malgré l'invasion du nord du pays par l'ancien dictateur nicaraguayen Somoza García. D'un caractère peu belliqueux, le président Teodoro Picado, qui n'avait jamais cru à une insurrection armée, se rend aussitôt.

Chef de la junte victorieuse, Don Pepe Figueres entre dans San José 5 jours après le cessez-le-feu, à la tête d'un défilé triomphal. Il s'adresse au peuple, expliquant ses objectifs et les principes fondamentaux de ce qu'il appelle sa Seconde République : rétablissement de l'esprit civique, fin de la gabegie dans le service public, progressisme républicain social non communiste et renforcement de la solidarité avec les autres nations.

L'une de ses premières décisions consiste à instaurer un impôt de 10 % sur la fortune. Une loi mal perçue et mal gérée à laquelle se soustrairont la plupart des nantis. Il va également étendre le système de sécurité sociale, accorder le droit de vote à l'ensemble des femmes, instituer un salaire minimum, mettre en place des prestations de santé publique accessibles, légiférer sur la protection de l'enfance et proposer la nationalisation des banques. Le limogeage de nombreux fonctionnaires et enseignants porte atteinte à sa popularité déjà en berne. Il entreprend ensuite de geler les avoirs des personnes ayant eu des liens avec les gouvernements de Calderón et Picado.

Libertés politiques et individuelles, nouvelles garanties sociales, réglementation de l'entreprise et de la propriété privée, faculté de l'État d'agir en faveur d'une meilleure répartition des richesses : la Constitution de 1949 reflète en grande partie sa vision de la Seconde République. Mais la loi sociale sans conteste la plus judicieuse consistera à octroyer la nationalité costaricaine à toute personne née sur le territoire. Une avancée majeure pour les Afro-Caribéens qui, jusqu'alors, étaient traités comme des citoyens de seconde zone.

La Constitution supprime, par ailleurs, l'institution militaire. Il s'agit sans doute là de la mesure la plus saluée et la plus mémorable de Figueres, lequel ne manquera jamais une occasion de la mettre en avant. Il ira jusqu'à organiser une cérémonie officielle de remise des clés de la caserne Bellavista au ministre de l'Éducation, auquel il enjoindra de la convertir en musée national. Puis, devant les objectifs des photographes, il donnera un coup de massue symbolique dans la muraille du fort. Le coup de grâce porté au militarisme, selon ses partisans ; une manœuvre astucieuse, d'après ses détracteurs. Figueres n'ayant pas réussi à séduire les généraux, il décidera purement et simplement de se débarrasser de l'armée.

Manuel Noriega.

L'INVASION DU PANAMÁ

Bien que le Panamá ait aidé l'administration Reagan à fournir des médicaments et des armes aux Contras nicaraguayens, les relations entre les 2 pays se détériorent au cours des années 1980. Les États-Unis cessent de soutenir financièrement et militairement le Panamá lors de l'été 1987, après une attaque contre l'ambassade américaine. L'année suivante, la justice américaine inculpe le président Manuel Noriega pour trafic de drogue, tandis que les banques américaines gèlent les avoirs du gouvernement panaméen sous prétexte que le Panamá utilise le canal sans acquitter de droits. Les élections de mai 1989 sont entachées d'accusations de fraude. Noriega refuse de quitter le pouvoir.

Les États-Unis envoient alors des milliers de soldats sur leurs bases militaires situées dans la zone du canal. Les tensions ne tardent pas à éclater. Les troupes US se mettent à arrêter et contrôler les véhicules. La mort d'un officier de marine américain tué par la police panaméenne met le feu aux poudres. Le 20 décembre 1989, les forces américaines envahissent le Panamá. Ce même jour, Guillermo Endara est investi de la fonction présidentielle dans une base militaire américaine. L'opération ne durera qu'une semaine, mais elle coûtera la vie à des centaines de Panaméens.

Jeunes manifestantes pacifistes au Guatemala.

Par la suite, George H. W. Bush annoncera une aide d'un milliard de dollars, qui servira surtout les intérêts commerciaux américains. Quant à Noriega, il est décédé en 2017 après quelque 30 années de prison pour trafic de drogue.

L'OURAGAN MITCH

Le 22 octobre 1998, Mitch, le troisième ouragan majeur de la saison, se forme dans l'ouest de la mer des Caraïbes. Très vite, il se classe en catégorie 5. Le Honduras évacue quelque 45 000 habitants des Islas de la Bahía. Le Belize demande à la population des îles au large de se réfugier sur le continent, tandis que la ville de Belize se vide quasiment de ses habitants de peur d'un second Hattie (1967). Au Guatemala, 10 000 personnes vivant sur le littoral ou le long des cours d'eau quittent leurs foyers.

À son pic d'intensité, Mitch se caractérise par des vents de 285 km/h et l'une des pressions atmosphériques les plus basses jamais enregistrées pour un ouragan. Il faiblit à l'approche des côtes honduriennes, puis balaie le Guatemala et le Nicaragua si lentement qu'il engendre des précipitations record. Les morts survenues en raison des crues feront de Mitch l'ouragan le plus meurtrier après le Grand Ouragan de 1780.

Mitch n'épargnera aucune région du territoire hondurien. Dans les Islas de la Bahía, il endommage le réseau d'adduction d'eau et déracine quasiment tous les arbres de Guanaja. Du fait des pluies diluviennes, les cours d'eau débordent et, sur le continent, les glissements de terrain détruisent de 70 à 80 % des routes et des ponts, sans oublier les lignes électriques et les conduites d'eau potable. Le montant des dégâts s'élève à environ 70 % du PIB national. Au Nicaragua, les zones côtières vont recevoir jusqu'à 630 mm de pluie ; 368 300 personnes seront déplacées et quelque 2 700 km de route dévastés. Les précipitations sèmeront aussi la désolation dans leur sillage au Belize, au Guatemala, au Salvador, au Costa Rica, au Panamá et ailleurs dans la région caraïbe. Bilan définitif : près de 11 000 morts, plus de 11 000 disparus, 2,7 millions de sans-abri et une facture supérieure à 6 milliards de $US dans un isthme déjà durement touché par les guerres civiles.

UNE RÉGION EN BONNE VOIE

Depuis l'indépendance des États, dictatures et effusions de sang jalonnent l'histoire de l'Amérique centrale. Il semble néanmoins que la paix et la stabilité prennent le dessus, même si les catastrophes naturelles, la corruption, l'insécurité et les disparités économiques font parfois voler en éclats ce fragile équilibre. La hausse du taux de criminalité et l'influence des cartels constituent deux problèmes majeurs au Guatemala, Honduras, Salvador et Mexique. Les réseaux mafieux, souvent en cheville avec des militaires ou des policiers ripous, ont fait de cette partie du globe une plaque tournante du traffic de drogue. Dans les villes, les gangs menacent la stabilité sociale, et l'expulsion de leurs membres vivant illégalement aux États-Unis n'arrange rien. Pour autant, la situation s'est nettement améliorée dans l'isthme, qui connaît une croissance économique régulière. #

UN PRIX NOBEL DE LA PAIX EN GUERRE

Rigoberta Menchú, militante des droits des peuples indigènes, suscite aujourd'hui la controverse au Guatemala.

À l'étranger, la personnalité guatémaltèque la plus connue n'est pas le président, une pop star ni même un sportif, mais une Maya K'iche' devenue une militante des droits de l'homme. Son engagement en faveur des peuples indigènes du monde entier a valu à Rigoberta Menchú le prix Nobel de la paix en 1992. Pour autant, elle est une figure controversée dans son pays, fêtée par la gauche mais attaquée vertement par ses opposants qui la traitent de subversive.

Rigoberta Menchú est née en 1959 à Quiché. Dans le premier volume de son autobiographie *Moi, Rigoberta Menchú*, parue en 1983, elle raconte qu'elle n'est pas allée à l'école, relate combien sa famille a dû trimer dans les plantations de la côte Pacifique pour survivre, et comment elle s'est exilée au Mexique en 1980. Elle y décrit les atrocités de la guerre civile au Guatemala, et comment sa famille, soupçonnée de sympathie pour les guérilleros, a été tuée par les militaires alors qu'elle tentait de défendre ses terres. Dans un langage percutant, elle fustige les inégalités qui gangrènent la société guatémaltèque : le gouffre culturel entre les *ladinos* et les Mayas, l'injuste répartition des richesses et les disparités criantes entre riches et pauvres en matière de santé et d'éducation.

Le succès international de son livre va la propulser sur le devant de la scène. Rigoberta Menchú est devenue une figure connue aux Nations unies à Genève, pour son combat infatigable en faveur des droits des Mayas guatémaltèques et des minorités opprimées. Elle raconte cette période de sa vie dans le deuxième tome de son autobiographie, *Crossing Borders* (1998). Elle y évoque la polémique autour de son prix Nobel qui a divisé le pays, parle de ses partisans en délire, célébrant l'événement à San Marcos, tandis que le président brillait par son absence à un meeting dans la capitale, sous prétexte d'une otite.

ZONES D'OMBRE

À son retour en 1994, la lauréate est aussi adulée que vilipendée. Aux yeux du reste du monde, sa réputation restera sans tache jusqu'à la publication de *Rigoberta Menchú and the Story of All Poor Guatemalans*, en 1998. L'ouvrage de David Stoll égratigne l'image de Rigoberta, affirmant que la version qu'elle donne de son histoire est en partie mensongère. Selon lui, Menchú aurait fréquenté une école religieuse et eu des accointances avec les guérilleros. Par ailleurs, la mort de ses parents et de ses frères serait plus liée à une querelle de famille qu'à un conflit à caractère racial.

Depuis, Menchú a admis avoir été scolarisée, sans démentir cependant les autres allégations. Bien que le doute plane sur quelques aspects de sa biographie,

Rigoberta Menchú.

elle bénéficie toujours d'une certaine aura, et, malgré les pressions, le comité Nobel s'est refusé à lui retirer son prix. Il est, en revanche, avéré que sa famille a bien été assassinée par les militaires.

Autre fait incontestable : Rigoberta Menchú a réussi avec brio à sensibiliser le monde à la souffrance des Mayas guatémaltèques. Elle ne ménage pas ses efforts, sous l'égide de l'ONU, pour défendre les droits des peuples indigènes, et continue de militer pour la justice sociale, politique et sanitaire dans son pays. Elle s'est aussi battue afin que les chefs des forces armées payent pour les atrocités de la guerre civile. Enfin, elle a fait son entrée en politique en 2005, en qualité d'ambassadrice de bonne volonté de l'ONU, puis s'est présentée aux élections présidentielles de 2007 et de 2011, mais n'a obtenu que 3 % des voix. #

Mère et fille aux fourneaux pour concocter, dans la rue, de la cuisine guatémaltèque, à Quetzaltenango.

Maya de Panajachel en tenue traditionnelle, Guatemala.

PEUPLES DE L'ISTHME

Les peuples d'Amérique centrale sont tout aussi divers que les paysages qui les environnent. En revanche, ils partagent un même héritage latino-américain.

LES *LADINOS*

Dominante en Amérique centrale, la culture latino des *ladinos*, ou *mestizos*, rivalise avec celle des États-Unis en termes d'hégémonie. L'influence du reste du monde latin se manifeste dans tout l'isthme, notamment au travers de la musique. Dans les transports en commun, les bars ou les clubs, partout vous poursuivent les rythmes du continent américain. Mérengué dominicain, salsa colombienne, *reggaetón* portoricain ou encore hip-hop hispanique californien : gais ou mélancoliques, tous concourent à donner du sens au quotidien.

Stricto sensu, un *ladino* est une personne à l'allure occidentale, qui s'exprime en espagnol, se considère comme latino-américaine et non indigène. Certains *ladinos* sont aussi de sang 100 % maya – ou d'une autre origine indigène –, sans pour autant parler une langue maya ou porter les tenues traditionnelles de leurs ancêtres. Beaucoup d'autres ont dans les veines plus de sang maya qu'espagnol. Enfin, quelques-uns descendent en droite ligne d'ancêtres européens.

Formée par une poignée de grandes familles, l'élite se compose essentiellement de Blancs d'origine européenne. Les membres de cette oligarchie, connus sous le nom de *criollos* (créoles), restent liés avec l'Espagne, mais le sont aussi de plus en plus avec Miami et la diaspora latino aux États-Unis.

LES NOIRS

Forts d'une histoire extrêmement riche qui plonge ses racines en Afrique, les Garífunas sont arrivés à bord de 2 bateaux négriers naufragés, via les îles caraïbes de Saint-Vincent et Roatán. Parfois appelés Caraïbes noirs – à juste titre, puisqu'ils descendent d'Africains et d'Arawaks –, ils préfèrent leur nom de Garífunas. Ils sont près de 22 000 à vivre au Belize,

Un habitant de Tortuguero, Costa Rica.

notamment aux environs de Dangriga et dans le district de Toledo, au sud, et bien plus nombreux au Honduras (ainsi qu'aux États-Unis). Plusieurs villages garifunas se trouvent aussi au Nicaragua et au Guatemala.

Quelques-uns, en bons termes avec la population Amérindienne, se sont mêlés à elle et, au fil du temps, ont développé ensemble une identité et un dialecte propres pour forger la communauté des Mosquitos. Ceux-ci ont fait équipe avec les pirates britanniques pour semer la terreur le long de la côte atlantique du Costa Rica et dans les plantations de cacaotiers sans défense, qui leur opposaient peu de résistance. Ils y effectuaient un raid 2 fois par an, s'emparaient du cacao et des esclaves noirs, puis hissaient de nouveau les voiles. Le littoral a conservé des souvenirs de cette époque, au travers de toponymes comme Talamanca (Talamalka), Sixaola ou Cahuita, issus de leur langue.

Il existe de nombreux autres groupes centraméricains d'origine africaine, surtout sur la côte de la mer des Caraïbes. Au Belize, les créoles anglophones représentent environ un tiers de la modeste population (330 000 habitants). Ils se concentrent principalement dans les villes, dont celle de Belize. Culturellement parlant, ils se sentent plus proches de la Jamaïque et des Antilles que de l'Amérique latine. Amateurs de reggae, de socca, de calypso et autres rythmes caraïbes, ils s'intéressent maintenant de près au hip-hop et au R&B. Autre signe de l'influence afro-américaine, le basket compte désormais plus d'adeptes que le cricket.

Au cours des 19e et 20e siècles, les Afro-Caribéens des îles afflueront dans l'isthme pour y travailler. Au Panamá, ils vont prêter main-forte sur les chantiers du canal ; au Guatemala, au Honduras, au Nicaragua et au Costa Rica, ils sont employés dans les plantations de bananes et de canne à sucre.

D'autres récoltent le cacao ou travaillent sur les barges et à la construction des chemins de fer, prêts à braver tous les dangers : fièvre jaune, malaria et serpents venimeux, aussi bien que travaux exténuants et patrons tyranniques. Ils avaient dans l'idée de gagner autant d'argent que possible, puis de repartir dans leurs îles, mais tous ne rentreront pas. Certains se verront attribuer des terres le long de la voie ferrée, tandis que d'autres, grâce à leur maîtrise de l'anglais, se hisseront dans la hiérarchie bananière ou ferroviaire. Des milliers d'autres succomberont aux mauvais traitements, hélas courants dans les plantations de bananes de l'United Fruit Company.

Quartier pauvre de Bonacca, Honduras.

LES MAYAS

Près de 9 millions de Mayas – soit environ 50 % de la population de la région – se répartissent entre le Guatemala, le Mexique, le Belize, le Salvador et le Honduras. Ce sont les survivants de la grande civilisation régionale, les descendants des bâtisseurs de temples, astronomes, mathématiciens, architectes, artistes, fermiers et guerriers de jadis.

Loin de constituer une entité homogène, ils parlent une trentaine de dialectes et se définissent comme catholiques, protestants ou évangéliques. Pour autant, beaucoup continuent d'observer les rites religieux mayas vieux de plusieurs millénaires. Ainsi, ils se réfèrent toujours au calendrier *tzolkin* de 260 jours tout en célébrant les fêtes chrétiennes. Après des siècles d'oppression et d'humiliation, ce syncrétisme unique en son genre prévaut dans la plupart des communautés indigènes et imprègne bon nombre de métis.

La majorité des quelque 2 millions de Mayas mexicains vivent dans l'État du Chiapas, au sud-est, et dans la péninsule du Yucatán, où ils forment 2 communautés distinctes, chacune avec sa langue et ses traditions propres. Les Mayas du Chiapas habitent surtout dans les montagnes et leurs coutumes ressemblent à s'y méprendre à celles de leurs cousins et voisins guatémaltèques – le Chiapas a fait partie du Guatemala jusqu'au début du 19e siècle. La rudesse de leur terre natale, où certains pics culminent à plus de 3 200 m, les a toujours tenus à l'écart du reste du pays, permettant ainsi à leurs traditions de se perpétuer, notamment autour de San Cristóbal de las Casas. Il s'agit néanmoins de la région la plus pauvre du Mexique, laquelle détient le record centraméricain d'illettrisme et de mortalité infantile.

Au Guatemala, les Mayas se concentrent essentiellement dans les Hautes Terres occidentales, entre la frontière mexicaine et la capitale, où ils représentent près de 80 % de la population. C'est dans cette région à l'abri des influences hispaniques et nord-américaines que les traditions indigènes restent les mieux préservées.

Descendants du célèbre guerrier Tecún Umán qui a combattu en 1535 le conquistador Pedro de Alvarado (près du site actuel de Quezaltenango), les K'iche' (Quiché) forment le groupe maya le plus important – plus d'un million de membres. Ils ont su s'adapter à la vie moderne et passent pour d'excellents entrepreneurs et marchands. Rigoberta Menchú, lauréate du prix Nobel de la paix en 1992, en fait partie *(voir p. 63)*.

Jeunes femmes mayas du Chiapas, Mexique.

LA FIN D'UN MONDE

Pourquoi la civilisation classique maya a-t-elle décliné à partir du 9e siècle ? Nul ne le sait précisément. À présent, il semble qu'il ne se soit pas agi d'un cataclysme naturel, mais plutôt d'une période de sécheresse prolongée ayant ruiné les récoltes, très certainement en raison d'une surexploitation de la nature par l'homme. Il se peut que la famine ait provoqué à son tour une rébellion du peuple contre l'élite au pouvoir. Selon certains universitaires, la faillite des prophéties basées sur la science du calendrier aurait peut-être déclenché une révolte. Quoi qu'il en soit, toutes les cités au cœur de l'univers maya ont été désertées en l'an 909.

LES AUTRES AMÉRINDIENS

Si les Mayas prédominent, l'isthme héberge d'autres communautés indigènes dont le sort n'a guère été plus enviable. À leur arrivée, les Européens introduisent des maladies – variole, grippe, rougeole –, contre lesquelles les Amérindiens ne sont pas prémunis et qui déciment des tribus entières. Le plus souvent, ces sociétés patrimoniales cultivent le maïs et ont une culture similaire à celle présente dans le sud du Mexique. Elles seront ravagées durant la conquête espagnole par les maladies et les marchands d'esclaves qui les expédient au Panamá et au Pérou. Les descendants de leurs survivants sont aujourd'hui assez bien intégrés dans la vie moderne centraméricaine.

Sur la plage à San Pedro, Belize.

LES TRIBUS AUTONOMES

Les **Lenca** installés dans le sud-ouest du Honduras et l'est du Salvador auraient émigré d'Amérique du Sud, il y a quelque 3000 ans. Le Honduras en accueille près de 100 000 ; le Salvador, moitié moins. Autrefois appelés **Guaymí**, les Ngäbe (ou Ngöbe) – prononcez "Nobe" – résident de part et d'autre de la frontière entre le Panamá et le Costa Rica. Ils se partagent surtout entre la comarque *(comarca)* de Ngöbe-Buglé, dans les provinces panaméennes occidentales de Veraguas, Chiriquí et Bocas del Toro, et 5 territoires du sud-ouest du Costa Rica. À ce jour, de 200 000 à 250 000 locuteurs du ngäbere sont concentrés pour la plupart dans des villages de montagne, bien qu'ils se soient établis initialement le long du littoral. Fuyant les Européens, des tribus costaricaines comme les **Térraba**, les **Boruca** et, dans le canton de Talamanca, les **Bribrí** et les **Cabécar**, se sont réfugiées dans les forêts quasi inaccessibles des montagnes du sud. Leurs descendants ont conservé l'essentiel de leur culture. Ils parlent les langues ancestrales et vivent toujours dans les montagnes isolées de Talamanca. Malgré l'influence des missionnaires chrétiens, ces Amérindiens n'ont pas renoncé à leurs coutumes animistes. Les Bribrí vénèrent la déesse Sibu et s'en remettent aux chamans, experts en plantes médicinales de la forêt pluviale, pour soigner certaines maladies.

Sur la côte caraïbe du Panamá, les **Guna** (ou Kuna), dont la population est estimée à 50 000, parlent le chibcha et se répartissent dans 3 comarques, principalement dans l'archipel de Guna Yala et les îles San Blas, ainsi que, dans une moindre mesure, à Colón et à Panamá. Un petit nombre vit également en Colombie.

À la fin du 18e siècle, les **Emberá** ont commencé à quitter le Chocó (Colombie) pour

Au Costa Rica, c'est l'industrie florissante du tourisme qui génère l'afflux d'étrangers le plus important. Ceux-ci viennent y faire œuvre environnementale et encourager des changements majeurs dans la perception écologique de la nation.

rejoindre la province du Darién (Panamá), repoussant les Guna vers la côte. Le Panamá héberge quelque 33 000 Emberá qui se répartissent entre le Darién, le lac Gatún et la zone du canal.

LES IMMIGRÉS

La présence de certains immigrés, un peu partout dans la région, peut sembler incongrue sur les plages ou dans les forêts tropicales humides d'Amérique centrale. Ainsi, les Chinois ont afflué en masse au 19e siècle pour travailler sur les chantiers ferroviaires. Leur situation financière s'améliorant, ils vont ouvrir des petits restaurants, des épiceries et des magasins de vins et spiritueux. Par la suite, l'arrivée régulière – en moindre nombre – d'ouvriers chinois bénéficiera à ceux les ayant précédés. Contrats de travail et prêts consentis entre eux aidant, ils créent des affaires le long de la voie ferrée, dans les ports ainsi que dans les collectivités rurales en plein essor. Leurs petites entreprises nécessitent un faible investissement de départ, une connaissance minime de la langue, et fournissent un emploi à tous les membres de la famille, dans le respect des aînés et de la hiérarchie générationnelle chère au cœur des Chinois. Répartition du travail bien définie et solide éthique professionnelle seront les garanties supplémentaires de leur succès.

Ne voulant pas dépendre de la seule main-d'œuvre chinoise, les responsables des chemins de fer font venir des milliers d'Italiens que la pénibilité des conditions de travail ne tarde pas à décourager. Ils seront néanmoins nombreux à demeurer dans la région, fondant des localités subventionnées par le gouvernement, telle San Vito dans le sud du Costa Rica.

LES *GRINGOS*

Impossible de ne pas les remarquer dans des villes comme San José ou Panamá City, où ils dépassent d'une bonne tête la marée humaine qui envahit les trottoirs. Plus pâles et plus grands que la moyenne, les *gringos* ne passent pas inaperçus. Péjoratif dans la majeure partie de l'Amérique latine, le qualificatif de *"gringo"* ne l'est pas autant ici, où il s'applique non seulement aux Nord-Américains, mais aussi aux Canadiens et aux Européens. Enseignants, scientifiques et entrepreneurs de tout poil, Britanniques, Allemands et Français ont émigré en Amérique centrale au début du 19e siècle, en vue de profiter de la manne du café. Beaucoup fonderont ici une famille. Nombre de personnalités influentes dans le monde des arts et celui de la politique portent encore un patronyme britannique ou germanique.

Fermier du Valle Centrale et ses bœufs, Costa Rica.

Depuis les années 1960, ce sont les retraités qui affluent, notamment dans le Valle Central au Costa Rica, la province montagneuse de Chiriquí, la côte pacifique du Panamá ainsi que le littoral du Belize et du Honduras. Ces *gringos* d'un certain âge viennent profiter du climat tempéré et du niveau de vie que leurs dollars ou leurs euros leur garantissent. Compte tenu du fossé qui ne cesse de se creuser entre nantis et démunis, les étrangers ne sont pas toujours vus d'un bon œil, à commencer par ceux qui débarquent au Costa Rica, pour faire rapidement fortune dans l'immobilier.

ORIGINES ETHNIQUES ET STATUT SOCIAL

Dans bien des endroits d'Amérique centrale, le melting-pot a été si bien brassé que la population surprend par son homogénéité. Toutefois, la richesse est surtout l'apanage des habitants ayant du sang européen dans les veines, à en juger par leur carnation, ainsi que des nouveaux venus d'Amérique du Nord et d'Europe, vite intronisés au sein de l'élite.

La couleur de peau et les origines ethniques déterminent souvent le statut social. Les Blancs évoluent en général dans les hautes sphères de

Fillettes mennonites de Spanish Lookout, Belize.

l'Establishment professionnel. Devant les caméras de télévision par exemple, les personnes de couleur se voient cantonnées dans des rôles de second plan, stéréotypés et souvent furtifs. Une situation qui tend à changer et qui est depuis quelque temps parodiée par certaines émissions télévisées.

Attachés à préserver leurs traditions envers et contre tout, les Amérindiens ont toujours été tenus en marge de la société. Les conquistadors et l'Église les ont contraints à se convertir au catholicisme et à abandonner leurs coutumes et tenues vestimentaires ancestrales, ce qui, dans bon nombre de communautés, a engendré un système hybride de croyances et de pratiques. Après avoir inspiré le mépris durant

Le Belize accueille une communauté mennonite (voir p. 185), secte religieuse issue du mouvement anabaptiste européen. Conservateurs,0 les mennonites cultivent la terre et mènent une vie comparable à celle des amish américains.

des décennies, leur culture suscite depuis quelques années un certain intérêt. Ainsi, les autorités panaméennes encouragent les Ngäbe à développer leurs productions traditionnelles, tandis que le monde artistique international commence à reconnaître la valeur des poteries lenca, nahua et huaxtèque, des masques tribaux emberá ainsi que de la coutellerie Condor salvadorienne.

DÉFIS À RELEVER

La majeure partie de l'Amérique centrale demeure parmi les régions les plus inégalitaires de la planète. Les séquelles persistantes des guerres civiles et la corruption y contribuent dans une large mesure. Quand les classes moyenne et supérieure, le plus souvent concentrées dans quelques quartiers favorisés des métropoles, ont accès à la même qualité d'éducation et de biens de consommation qu'ailleurs en Occident, les autres sont laissées pour compte. Or la modernisation soulève la question de savoir à quel type de société et à quel modèle politique aspirer.

La plupart du temps, ces aspirations se traduisent par un consumérisme forcené. La dette des crédits à la consommation grimpe en flèche tandis que les salaires et la productivité restent faibles.

Comment parvenir à une cohésion sociale et à un souci de l'environnement quand les nantis ont tendance à se barricader dans des quartiers résidentiels hautement sécurisés et que les paysans venus de leur campagne s'entassent dans des *barrios* miséreux et oubliés des services publics ?

Autres fléaux majeurs : la corruption généralisée et la criminalité en hausse. Dans un contexte de prohibition mondiale, le trafic de drogue reste plus que jamais lucratif et les cartels s'implantent de plus en plus dans les pays au sud du Mexique, où la violence ne désarme pas. Encore un défi de taille à relever. #

LA FEMME EN AMÉRIQUE CENTRALE

Malgré des progrès significatifs, les Centraméricaines sont toujours en butte aux injustices, aux violences et aux comportements d'un autre âge.

Depuis quelques années, les femmes jouent un rôle de plus en plus éminent dans la vie professionnelle et politique de l'Amérique centrale. Le Nicaragua a élu sa première présidente en 1990, Violeta Chamorro, qui restera au pouvoir jusqu'en 1997. Ce sera ensuite au tour du Panamá de placer une femme, Mireya Moscoso, à la tête de l'État, en 2009, puis du Costa Rica, avec l'élection de Laura Chinchilla en 2010. En tant que médecins, avocates, groupes de pression, les femmes s'invitent sur le devant de la scène, et se distinguent souvent sur les bancs de l'université. En Amérique latine et dans les Caraïbes, le taux de progression des femmes dans l'univers professionnel bat tous les records mondiaux depuis 2 décennies. Elles commencent même à rattraper leurs homologues masculins dans les secteurs économiques de pointe.

Pour autant, dans cette région catholique du monde, beaucoup partent du principe que les femmes doivent avant tout être de bonnes épouses et de bonnes mères, et attendent d'elles qu'elles conjuguent maternité et travail à plein temps, pour des salaires généralement inférieurs à ceux des hommes. Elles se font régulièrement siffler, voire harceler, dans la rue. L'adjectif "macho" n'a-t-il pas été inventé pour qualifier le mâle latin ? Certains droits leur sont refusés, dont celui d'avorter. Toute l'Amérique centrale considère cet acte comme criminel, a fortiori au Salvador et au Nicaragua qui ne l'autorisent sous aucun prétexte. Le Salvador est sans doute doté de la législation la plus draconienne au monde dans ce domaine, n'hésitant pas à requalifier en crimes les fausses couches et accouchements prématurés difficiles.

UNE SITUATION PRÉCAIRE

Des conditions de travail déplorables et des salaires de misère empêchent de nombreuses femmes et leurs familles de grimper dans l'échelle sociale. Les programmes d'aide s'attachent davantage à garantir une protection sociale qu'à encourager les compétences individuelles et à offrir des formations professionnelles, de sorte que les femmes n'acquièrent pas les qualifications requises pour des emplois mieux rémunérés. Même si bon nombre de nations centraméricaines ont légiféré en faveur de l'égalité des sexes, la violence endémique et les épidémies prennent souvent le pas sur tout le reste. Cependant, dans l'Amérique centrale tout entière, la gent féminine tient une place de plus en plus prépondérante dans le maintien de la stabilité sociale et la subsistance de la famille.

Visite à l'église, à Campeche, Mexique.

EXODE MASSIF

Les violences infligées aux femmes restent, hélas, monnaie courante, notamment dans les pays les plus touchés par les problèmes de gangs. Le Salvador détient le taux d'homicides de femmes le plus élevé au monde. Le Guatemala et le Honduras occupent respectivement la troisième et la septième place de ce triste classement.

Ce phénomène engendre une crise majeure, car plus de 80 % des femmes qui se réfugient aux États-Unis viennent de zones contrôlées par des groupes armés *(armas)* ou les cartels de la drogue, où sévissent viols, kidnappings et autres exactions. Or, l'expansion galopante de cette criminalité dépasse de beaucoup la capacité de réaction des gouvernements locaux. #

Procession durant la Semana Santa (Semaine sainte) à Antigua, Guatemala.

RELIGIONS

Des croyances indigènes ancestrales au mouvement évangélique moderne en passant par le catholicisme colonial, les religions ont contribué à donner à l'Amérique centrale sa physionomie actuelle.

"La priorité de votre expédition, c'est de servir Dieu et de propager la foi chrétienne." Tel est l'ordre donné par la Couronne d'Espagne au conquistador Hernán Cortés avant qu'il ne se lance à la conquête du Mexique, la terre des Aztèques. Une fois l'Amérique latine sous la coupe des Espagnols, les missionnaires franciscains, dominicains, augustiniens et jésuites ne tardent pas à y affluer. Il semblerait qu'à eux seuls, les franciscains n'aient baptisé pas moins de 5 millions d'âmes au cours des premières années de la colonisation du Nouveau Monde.

LA CONQUÊTE RELIGIEUSE

Avec la bénédiction du Vatican, les gouverneurs espagnols vont encourager le prosélytisme à l'égard des populations indigènes, ce qui leur permettra de régner sur la région sans le concours d'une armée nombreuse. Missions et autres colonies s'établissent. Bien que simple élément de la vaste entreprise de colonisation espagnole, la diffusion de la bonne parole sur ce continent nouvellement découvert devient une priorité.

Des églises en pierre surgissent de terre. Aussi imposantes et somptueuses que celles d'Europe, elles trônent au cœur des villes et villages convertis. À la même époque seront construits des écoles, des commerces, des hôpitaux et des bâtiments destinés à héberger les autorités civiles locales. L'église devient l'épicentre de chaque localité. Les prêtres surveillent les lectures et régentent l'éducation, tandis que les cloches rythment la vie quotidienne. Les Amérindiens étant juridiquement considérés comme des enfants dans certains cas, le clergé adopte à leur égard une attitude paternaliste, allant jusqu'à leur infliger parfois des châtiments corporels.

Face à la résistance farouche que leur oppose la population indigène, les prêtres

Fidèle salvadorienne durant l'office.

décident d'intégrer certaines de ses croyances dans la foi catholique. Ce catholicisme populaire, savant mélange entre dogme catholique orthodoxe, spiritualité indigène et chamanisme, a vocation à séduire les communautés locales. De fait, les Mayas guatémaltèques vont adapter la doctrine catholique à leur propre cosmogonie, tandis qu'ailleurs, les divinités indigènes céderont la place aux vierges et aux saints. Nation la plus européenne d'Amérique centrale, le Costa Rica, quant à lui, se dote de la Virgen de los Ángeles, alias la Negrita, une statuette de pierre noire. Cette vierge noire deviendra la sainte patronne du Costa Rica en 1824. Les premières velléités d'ordination de prêtres amér-indiens se heurteront à la méfiance de l'institution. Certains ordres monastiques s'y oposeront catégoriquement.

L'INFLUENCE DU CATHOLICISME

L'expension du catholicisme permettra à l'Espagne d'atteindre d'autres objectifs, notamment la diffusion de sa langue et de sa culture, et la mainmise politique dans le Nouveau Monde. Une réussite à double tranchant. En effet, quand l'Espagne tente de régenter l'Église en Amérique centrale, la ferveur y est devenue telle que le clergé s'engage politiquement aux

Sanctuaire dédié à Maximón, Santiago Atitlán, Guatemala.

côtés des premiers indépendantistes. Dans les années 1960, la prise de conscience sociale et la politisation de l'Église s'intensifient, donnant lieu à une "théologie de la libération" qui soutient ouvertement les mouvements anti-impérialistes.

Pourtant, au cours des quelque 5 siècles qui ont suivi la conquête, la hiérarchie ecclésiastique n'a guère fait d'efforts pour mettre sa doctrine à la portée des Amérindiens d'Amérique centrale. Il n'y aura guère de tentatives de traduction de la Bible dans les langues vernaculaires et, pour la majeure partie de la population autochtone, la liturgie restera hermétique. Alors que la région traverse, à partir des années 1950, une longue période de fortes turbulences, l'Église va se ranger du côté des forces armées

La ville de Panamá recèle l'une des 8 Maisons d'adoration baha'ies présentes dans le monde. Le bahaïsme, religion monothéiste proclamant l'unité spirituelle de l'humanité, a été fondé en Perse au 18e siècle et s'est implanté au Panamá dans les années 1940. Il y compte aujourd'hui quelque 60 000 membres dont près de 10 % du peuple Ngäbe.

et de la répression, et susciter de ce fait une vive méfiance à son égard dans des pays en proie à une violence exacerbée.

Pour autant, dans les zones rurales du Guatemala par exemple, nombreux sont les ecclésiastiques qui, pour se rapprocher des communautés autochtones, vont participer à des projets de développement et à des groupements de *campesinos*. Leurs activités sèmeront le doute dans l'esprit de l'armée, qui les interprétera comme de l'activisme communiste insurrectionnel. Les escadrons de la mort paramilitaires pourchasseront et assassineront bon nombre de ces prêtres catholiques, au point qu'au début des années 1980, l'Église s'était retirée par prudence de certaines zones de guérilla dans les Hautes Terres. Une vacance qui fera craindre aux montagnards mayas d'être associés aux guérilleros.

ÉVANGÉLISTES

Venus des États-Unis, les missionnaires évangéliques vont adopter une approche radicalement différente de celle de leurs homologues catholiques. Ils s'installent au sein des communautés indigènes et, d'emblée, traduisent la Bible dans les idiomes locaux. Ils prônent aussi un mode de vie strict mais attirant, bannissant l'alcool et condamnant sans détour les comportements sociaux jugés contraires à la morale. De même, ils seront plusieurs à prendre ouvertement le parti des militaires contre celui des guérilleros, une politique acceptée par ceux qui aspirent à survivre à l'oppression.

Le message évangélique selon lequel tout fidèle menant une existence de bon chrétien se voit récompensé non seulement sur Terre, mais aussi dans l'au-delà, séduit un grand nombre d'Amérindiens, qui se sentent alors exclus de tous les secteurs de la société. Voilà pourquoi au début de la Seconde Guerre mondiale, l'Église évangélique jouit d'une grande influence en Amérique centrale. Ce phénomène s'accentuera avec l'exode rural, et se poursuit aujourd'hui encore.

AUTRES DOCTRINES CHRÉTIENNES

Malgré la suprématie écrasante du catholicisme – l'Amérique latine compte plus de 425 millions de fidèles, soit près de 40 % de la population catholique mondiale –, le protestantisme a progressé de façon spectaculaire en l'espace de quelques décennies. En 1938, le nombre de protestants latino-américains avoisinait les 600 000 ; en 1948, il était proche de 3 millions, et depuis ces 20 dernières années, il explose littéralement. À l'heure actuelle, cette région du monde héberge environ 40 millions de protestants. Au Guatemala, les chrétiens évangéliques représentent quelque 53 % de la population, et au Salvador, 45 %. Par ailleurs, des dizaines de sectes chrétiennes, encore très minoritaires, ont fait leur apparition dans la région, dont les adventistes du Septième Jour, les témoins de Jéhovah et les épiscopaliens.

Au Belize, dans les Islas de la Bahía et sur La Mosquitia (côte des Mosquitos) – tous trois dans l'aire d'influence britannique –, les Églises anglicane – avec 35 000 fidèles – et catholique romaine se sont livrées à une course à la conversion. Le Belize accueille, par ailleurs, de petites communautés mennonites, dont la culture fascinante trouve ses origines dans les Pays-Bas du 16e siècle *(voir p. 185)*. Depuis 50 ans, elles apportent une contribution non négligeable à l'agriculture locale. Quant aux quakers, ils ont quitté les États-Unis pour s'établir au Costa Rica. La paix qu'ils venaient y chercher, ils l'ont trouvée dans la forêt de nuages de Monteverde où ils ont enfin pu vivre en harmonie avec la nature. Là, ils se sont lancés avec succès dans la production et le commerce de produits laitiers. Ce sont eux qui, à l'heure actuelle, fournissent la majeure partie du marché costaricain en fromages artisanaux.

TRADITIONS ANIMISTES

Malgré l'emprise chrétienne, la plupart des communautés indigènes les plus isolées sont toujours attachées à leurs traditions animistes. Ainsi, les Bribrí du Costa Rica célèbrent le culte de Sibu et s'en remettent aux connaissances inépuisables des chamans en matière de plantes médicinales de la forêt pluviale pour se soigner. Les Garífunas, pour leur part, vénèrent les ancêtres défunts qui servent d'intermédiaires entre le monde des vivants et l'au-delà – ce qui ne les a pas empêchés d'intégrer dans leur religion des éléments catholiques. Celle des Guna panaméens s'appelle la "Voie du Père" et attribue la création de l'humanité à Pab Dummat (le Père) et Nan Dummat (la Mère). Des offices semblables à des messes ont lieu régulièrement, durant lesquels les caciques psalmodient des chants religieux et historiques riches en symboles. #

Poupées fétiches d'un chaman guna, Panamá.

DE SANG ET DE PRIÈRES

La puissance de l'Église évangélique bénéficiera d'un nouvel élan avec l'arrivée au pouvoir du général Efraín Ríos Montt, au Guatemala. Converti dans les années 1970, Montt est le premier président guatémaltèque protestant. Bien que condamné pour ses exactions durant la guerre contre-insurrectionnelle, il remporte un franc succès en réclamant avec véhémence l'instauration de l'ordre et de la loi dans une société impie. Cela lui vaut de gagner les élections de 1999, à la tête de son parti, le Frente Republicano Guatemalteco (FRG). Son mandat désastreux aura néanmoins raison du mythe. En 2012, Montt sera accusé de génocide et de crimes contre l'humanité.

Porteurs d'eau à Chichicastenango, Guatemala.

ART, MUSIQUE ET DANSE

Reggaetón ou calypso, salsa ou *cumbia*, *Modernismo* ou *Vanguardia* : en Amérique centrale, la culture sous toutes ses formes s'inscrit dans le quotidien.

Comme n'importe où ailleurs en Amérique latine, l'art, la littérature et la musique font partie intégrante de la vie quotidienne. La musique latino s'invite partout : sur les ondes, dans les bus, les taxis et même dans la rue, où elle résonne à pleins tubes, les Centraméricains, dans leur grande majorité, n'hésitant pas à "pousser" les décibels. Jamais ses grands classiques – salsa, mariachi, reggae et calypso – ne se sont aussi bien portés. Pour ce qui concerne les autres disciplines culturelles, où l'héritage du passé préhispanique fait défaut, l'expression artistique s'est révélée indissociable d'une histoire politique souvent tumultueuse.

L'art a évolué de façon différente selon les pays, reflétant la diversité des cultures et des territoires d'Amérique centrale. Au Panamá, salsa et reggae connaissent un regain de vitalité, tandis que le long des côtes rurales du Belize et du Honduras, la musique traditionnelle des Garífunas s'est modernisée pour séduire un public plus large. Le Guatemala, où le peuple maya possède sa propre Bible, a vu naître le mouvement littéraire du *Modernismo*. Dans la sphère des arts plastiques, la vedette revient au paysage qui, représenté dans toute sa magnificence, a servi à idéaliser une existence simple dans un cadre naturel époustouflant, et ce alors même que la guerre civile et la corruption sévissaient dans les villes.

LITTÉRATURE

PREMIERS ÉCRITS

La tradition orale ayant prévalu dans les cultures précolombiennes, peu de témoignages ont survécu à la conquête coloniale. Les Aztèques et les Mayas ont rédigé des codex très élaborés, mais ce sont les Européens qui ont consigné leurs mythes et leurs croyances – exception faite du *Popol Vuh*, la "Bible" maya, qui relate

Joueurs garífunas de punta rock à Dangriga, Belize.

le passé du royaume K'iche' à la période postclassique. Œuvre fondamentale de la littérature guatémaltèque, le *Popol Vuh* compile les histoires et légendes des Mayas afin de préserver leurs traditions. Le premier texte connu date du 16e siècle, bien qu'il n'ait été traduit en espagnol qu'au début du 18e siècle par le dominicain Francisco Ximénez. Il n'y a pas d'autre ouvrage aussi essentiel à la compréhension de la culture de l'Amérique précolombienne que celui-ci.

Sous le régime colonial, la littérature européenne va s'épanouir au travers de concours de poésie, de représentations théâtrales, de lectures publiques et de cercles littéraires comme il en existe alors sur le Vieux Continent. À cette même époque naît la première génération de

Centraméricains écrivant en langue espagnole, parmi lesquels la pionnière de la dramaturgie locale, sœur Juana de Maldonado y Paz (1598-1666), ainsi que le poète jésuite Rafael Landívar (1731-1793). Écrite au Nicaragua par un auteur anonyme, la pièce satirique *El Güegüense* est un chef-d'œuvre folklorique conjuguant musique, danse et théâtre.

LITTÉRATURE CONTEMPORAINE

Le 19e siècle tire à sa fin quand apparaît un mouvement poétique, baptisé *Modernismo*, qui mêle

Miguel Ángel Asturias Rosales.

3 mouvements européens : le romantisme, le symbolisme et l'école parnassienne. Considéré comme le père du modernisme hispano-américain, le poète nicaraguayen Félix Rubén García Sarmiento (1867-1916), alias Rubén Darío, exercera une forte influence sur la littérature espagnole du 20e siècle.

Quant à celle d'Amérique centrale, elle sera marquée par le contexte politique propre à chaque État, bon nombre d'œuvres étant alors écrites par des auteurs et des poètes en exil. À la fin des années 1920, le courant littéraire *Vanguardia* émerge à Granada (Nicaragua), avec le poète José Coronel Urtecho (1906-1994) pour chef de file. Prenant modèle sur les mouvements en vogue en Europe, tel le surréalisme, il s'emploie à focaliser l'attention du public à grand renfort d'expressions artistiques, de scandales et de critiques véhémentes, sur fond de thèmes polémiques. L'un des écrivains qui comptera le plus à cette période est le romancier guatémaltèque Miguel Ángel Asturias (1899-1974), auteur de *Monsieur le Président* et *Hommes de maïs*. Il se verra décerner le prix Nobel de littérature en 1967.

> *Darío, Félix Rubén García Sarmiento sur les registres de l'état civil, a pris son nom de plume à l'âge de 14 ans. C'était le prénom d'un de ses arrière-grands-pères.*

MUSIQUE ET DANSE

Le sens de l'évolution des musiques et des danses dans cette partie du monde est à chercher dans les bouleversements démographiques qui ont eu lieu pendant plus de 500 ans. La richesse et la diversité de la musique latino-américaine reflètent les innombrables influences qu'ont exercées les peuples colonisateurs et colonisés. Amérindiens et esclaves africains, colons européens et puissants Américains, tous contribueront à façonner cette merveilleuse musique née de rapports de force brutaux. Souvent séparés de leur terre natale par des océans, chacun s'emploiera à cultiver ses propres genres musicaux et chorégraphiques. Une façon de ne pas oublier qui il est et d'où il vient, dans un univers incertain. Rassemblées pêle-mêle dans ce creuset ethnique, bon nombre de ces traditions finiront par disparaître ou se fondre tant bien que mal les unes dans les autres, ce melting-pot en engendrant de nouveaux hybrides.

CHANTS PARTISANS

Servant d'outil de propagande aux régimes dictatoriaux, la musique traditionnelle n'en sera pas moins un moyen d'expression de la révolte sociale. Dans le Chili des années 1960 et 1970, la *Nueva Canción* (nouvelle chanson) va propulser la musique sur le front des luttes qui déchirent l'Amérique latine tout entière : elle va donner voix à ceux qui souffraient en silence. La musique accompagne à présent des ballades, chantées le plus souvent en dialectes indigènes ou en espagnol. Ces chants plaintifs aux accents rauques racontent la vie de tous les jours et les histoires d'amour dans les communautés indigènes rurales, pimentées de grivoiseries. Au Nicaragua, les musiciens de *Nueva Canción* auraient apporté, par leurs messages politiques et sociaux, leur pierre à la construction de la révolution sandiniste.

SALSA PICANTE

De tous les rythmes latino-américains, le plus connu dans le monde est sans conteste la salsa, terme "fourre-tout" employé pour "simplifier" le répertoire musical latino. *Son*, mambo, *guaracha* et bien d'autres genres seront ainsi amalgamés sous un seul et même label "prêt à consommer". Et pour cause : *salsa* signifie littéralement "sauce". C'est aussi ce que criaient les musiciens afin de chauffer encore davantage la salle. Ce regroupement artificiel explique pourquoi la plupart des discussions sur l'origine de la salsa finissent par s'enflammer, tout comme la danse éponyme. La théorie la plus impartiale considère cependant la salsa comme une version jazzy du *son*, originaire de l'est de Cuba dans les années 1880.

Le *son* mêle rythmes africains et couplets espagnols. Il se jouait initialement avec des tambours, des maracas, une *tres* (guitare cubaine) et des *claves* (bâtons qui battent la mesure selon un tempo de 2-3 ou 3-2). Aujourd'hui, ses polyrythmies syncopées s'émaillent de pulsations régulières produites par les *claves* et la *campana* (cloche à vache), avec des contretemps marqués par le piano, la basse et les cuivres. De quoi vous donner une bonne excuse si jamais vous n'avez pas vraiment le rythme dans la peau ! Puisque "salsa" veut dire "sauce", il faut forcément un chef pour accommoder les ingrédients musicaux de ces arrangements

Envolée de jupons au carnaval Alegría por la Vida (Joie de vivre) de Managua, Nicaragua.

LE MARIMBA

Inventé par les esclaves africains d'Amérique centrale au 16e ou au 17e siècle, le marimba est devenu le principal instrument de musique folk de cette région. Il s'inspire du balafon, qui consiste en un ensemble de lames en bois, disposées comme des touches de piano et frappées à l'aide de maillets. Il ressemble au xylophone, mais avec davantage de résonance et une tessiture plus grave. Au cours des 18e et 19e siècles, il s'est taillé une place de premier plan, et s'invite désormais dans de nombreux genres musicaux centraméricains, qu'il s'agisse d'orchestres d'harmonie (bois et cuivres), de fanfare ou contemporains.

complexes. Référence culinaire qui s'impose lorsqu'on sait que la musique nourrit l'âme des Latino-Américains.

Véritable icône dans son pays, le maître panaméen de la salsa, Rubén Blades, a acquis une renommée internationale.

JAZZ LATINO

Entre le jazz et l'Amérique centrale – notamment le Panamá –, l'histoire d'amour ne date pas d'hier. Déjà, dans les années 1940, le port de Colón accueillait une bonne dizaine d'orchestres de jazz locaux, avec des légendes comme le pianiste et compositeur Victor Boa, le bassiste Clarence Martin, la chanteuse Barbara Wilson ou encore le joueur de cor John "Rubberlegs" McKindo. Ce riche patrimoine est revenu sur le devant de la scène lorsque le pianiste panaméen vivant aux États-Unis Danilo Pérez a organisé le premier festival de jazz en janvier 2004, puis ouvert un club de jazz en 2015 dans l'American Trade Hotel, à Casco Viejo. Le jazz est aussi présent, dans une moindre mesure, dans d'autres villes, comme San José et Ciudad de Guatemala.

Motif de joueur de jazz utilisé sur un tissu mola démontre l'influence de la musique moderne sur la culture guna.

MUSIQUES AFRO-CARIBÉENNES

Le long de la côte caraïbe centraméricaine, la musique subit l'influence de la Jamaïque et d'autres îles des Antilles au long passé migratoire. Le calypso, né à Trinité-et-Tobago durant la première moitié du 20e siècle, s'est implanté au Costa Rica et au Panamá, surtout sur la côte entre Puerto Limón et Bocas del Toro. À Cahuita, le musicien panaméen Walter Ferguson a connu un certain succès dans les années 1970 et 1980, avant de revenir sous les feux de la rampe en 2002, grâce à la sortie de l'album *Dr. Bombodee* édité par le label costaricain Papaya Music.

Semblable au *dancehall music* jamaïcaine, le *reggae en español* a vu le jour au Panamá. Il s'agit parfois simplement de chansons jamaïcaines traduites en espagnol, ce qui frise souvent le plagiat. Pour autant, du Belize à la province panaméenne de Bocas del Toro, ce ne sont pas les artistes de reggae original qui manquent. En fait, le *reggae en español* a précédé dans la région le *reggaetón*, savant mélange de hip-hop, de *bachata*, de salsa et de musique électronique, créé dans les années 1990 à Porto Rico. Les musiciens centraméricains de *reggaetón* font fureur dans tous les hit-parades d'Amérique latine, à commencer par la rappeuse

Transmise de génération en génération, la danse congolaise relate l'histoire de personnages aux prises avec le diable libéré durant le carnaval.

panaméenne Lorna avec son tube *Papi Chulo... Te Traigo el Mmm* (2002).

La *punta* des Garífunas est une adaptation contemporaine de leurs danses et chants traditionnels. À l'origine, l'homme et la femme s'affrontaient à grand renfort de coups de hanche et de mouvements des pieds rythmés au son d'un tambour et avec une forte connotation sexuelle. Aujourd'hui, cette danse se veut plus chaste. La *punta* moderne s'agrémente de quelques touches de reggae, de R&B et de rock.

Les accents du *congo* résonnent sur la côte caraïbe du Panamá, de Colón à Portobelo. Ce sont les *cimarrones* (marrons), esclaves fugitifs réfugiés dans la forêt tropicale humide, qui ont donné vie à ce genre musical, lequel se danse en costumes très colorés. Caractérisé par l'usage de tambours droits ainsi que par la lascivité de ses paroles et de ses mouvements, le *congo* s'invite surtout durant les périodes de fête – notamment à Mardi-Gras –, l'occasion aussi pour les artistes de partager leur culture orale.

ARTS PLASTIQUES

En Amérique centrale, les arts plastiques se sont principalement développés à partir des traditions amérindiennes et des mouvements artistiques européens. Comme en témoignent les fresques et les stèles en pierre sculptée, les Mayas possédaient un riche patrimoine artistique bien avant l'arrivée des Européens. Durant l'époque coloniale, l'Église va exercer une emprise considérable non seulement sur la vie de la population autochtone et européenne, mais aussi sur celle des arts plastiques, et de la fusion entre les traditions indigènes et la doctrine chrétienne propagée par les franciscains, augustiniens et autres dominicains vont maître des œuvres *mestizas* d'artistes pour la plupart anonymes.

À la fin des années 1920, un groupe d'artistes costaricains d'Escazú (sud-ouest de San José), baptisé Grupo de la Nueva Sensibilidad, lance le mouvement dit *"Paisaje"*, qui se caractérise par la vivacité des couleurs de ses paysages. Pour autant, tout au long du 20e siècle, les peintres s'attacheront moins à reproduire des décors naturels qu'à dénoncer la situation sociale, politique et économique en Amérique centrale, dans l'espoir de sensibiliser la communauté internationale sur la dureté des conditions de vie locales. Ainsi, l'école *Indigenismo* va militer pour l'octroi aux peuples autochtones d'un rôle politique et social prééminent, là où ils représentent la majorité de la population, comme au Mexique et au Guatemala. D'où la vision souvent idéalisée de la culture indigène qui s'exprime dans les fresques et les tableaux d'Alfredo Gálvez Suárez (1899-1946) et de Carlos Mérida (1891-1984).

Fresque maya d'Alfredo Gálvez Suárez, Guatemala.

Né dans les années 1970 dans les îles Solentiname du lac Nicaragua, le mouvement pictural *Primitivista* a été influencé par la renaissance de la peinture haïtienne à la fin des années 1940, caractérisée par des teintes vives et le souci du détail. Ce concept reflétait l'espoir – un espoir que le régime de Somoza fera voler en éclats en bombardant les îles et en contraignant les artistes survivants à vivre dans la clandestinité. Après la révolution sandiniste, les ateliers de peintres rouvriront leurs portes et en 1981 un atelier est créé dans le *barrio* de Sutiava, à León. Depuis, de nombreux disciples de cette mouvance artistique ont remporté des prix nationaux et vu leurs œuvres exposées en Amérique du Nord, en Europe et au Japon. #

DES SAVOIR-FAIRE ANCESTRAUX

Les conquistadors ont eu beau faire, les Mayas et autres peuples indigènes d'Amérique centrale ont perpétué bon nombre des traditions artisanales ancestrales.

Qu'il s'agisse de tissus, de céramiques, de sculptures ou de bijoux, l'Amérique centrale déploie un large éventail de styles originaux, souvent hérités de lointaines civilisations. La poterie inspire à de nombreuses cultures des motifs caractéristiques. Ainsi, les Guaitil du Guanacaste ont un faible pour les personnages mi-hommes mi-oiseaux ainsi que pour les parties génitales surdimensionnées, symbole de fertilité, tandis que les Lenca du Honduras préfèrent les formes géométriques en noir et blanc.

Pour leur part, les Guna de la côte caraïbe du Panamá se distinguent par leurs *molas*, pièces d'étoffe appliquées sur les vêtements et dont les motifs géométriques imitent ceux qu'ils se peignaient sur le corps. Dans les Hautes Terres du Guatemala, le tissage se fait sur de simples métiers de ceinture, semblables à ceux des anciens Mayas et se résumant à une série de bâtons de bois. Les textiles s'ornent de dessins variés illustrant animaux, plantes, formes géométriques, pour beaucoup extraits de la mythologie maya. D'autres créations font appel à la mémoire et se passent de modèles. Au Guatemala, le meilleur endroit pour les couvertures en laine traditionnelles se trouve à Momostenango, près de Quetzaltenango.

Sculptés dans du bois de balsa ou tissés à partir de fibres végétales, les masques font partie intégrante du folklore de dizaines de groupes indigènes, dont les Boruca du Costa Rica, les Emberá du Panamá et les Mayas du Guatemala. Ils servent souvent à des fins rituelles, et s'y mêlent éléments spirituels, naturels et anthropomorphes. Autre discipline artisanale dont le procédé a très peu changé au cours des siècles : la vannerie en feuilles de palmier, en osier ou en bambou.

Artisan potier de Guaitil, Costa Rica.

Marchand maya d'étoffes traditionnelles au marché de textiles de Tecpán, Guatemala.

Durant les Juegos de los Diablitos, festival indigène boruca qui se déroule dans la province de Guanacaste (Costa Rica), les diables masqués sont de sortie.

Une femme wounaan occupée à tisser un panier à Puerta Lara, Panamá.

COMMERCE ÉQUITABLE

Si les produits artisanaux d'Amérique centrale sont, en général, d'excellente facture, la plupart des articles vendus sur les marchés et dans les boutiques de souvenirs sont de piètre qualité et produits à la chaîne. Ils coûtent une bouchée de pain comparés aux créations originales, réalisées selon des traditions séculaires.

Certes, les touristes se réjouissent de payer moins cher leurs ponchos et autres paniers, mais n'oubliez pas que seule une part infime de cet argent revient à la communauté qui les leur a vendus.

Or la différence de prix entre les deux se révèle parfois minime, tandis que les bénéfices que retirent les communautés indigènes du commerce de leurs œuvres originales sont considérables. La création artisanale représente, en effet, une activité essentielle pour une raison majeure : elle ne nécessite que de modestes moyens. Elle constitue l'une des sources de revenus les plus à la portée des femmes et de leurs familles, même si celles-ci se font souvent exploiter et n'obtiennent pas un prix convenable pour le travail fourni.

L'expression "commerce équitable" s'emploie beaucoup dans la région, mais elle s'applique avant tout au café. Luttant contre l'iniquité de telles pratiques, de nombreuses ONG veillent à informer les artisans de leurs droits, à leur faire prendre conscience de la valeur de leur travail, et les aident à s'organiser en coopératives.

Jeune fille maya devant son métier à tisser, au Chiapas, Mexique.

Étoffe traditionnelle mola, *créée par les Amérindiens guna des îles San Blas, Panamá.*

Masques en bois mayas, sur un étal du marché de Chichicastenango, Guatemala.

Rafting à Pozo Azul, près de La Virgen de Sarapiquí, Costa Rica.

TERRE D'AVENTURES

Chevaucher des vagues parfaites, explorer des récifs coraliens vierges, descendre des rivières tumultueuses ou encore parcourir des pistes dans la jungle : l'isthme vous donne rendez-vous avec l'aventure.

L'Amérique centrale figure parmi les destinations de prédilection pour les mordus d'activités de plein air du monde entier. Avec son océan et sa mer, ses montagnes et ses volcans actifs, ses forêts immenses et sauvages, ce ne sont pas les occasions qui manquent pour vivre sa passion. Aux randonneurs, l'isthme offre des pistes qui s'enfoncent à travers la forêt tropicale humide ; aux cavaliers, de longues plages où se lancer au galop ; aux vététistes, des circuits de montagne qui traversent des villages isolés ; aux kayakistes et aux rafteurs, des eaux à la mesure de leurs rêves et de leurs ambitions. Bordant la côte caraïbe, la deuxième plus longue barrière de corail de la planète vous invite à venir la découvrir et à nager au milieu des requins-baleines, tandis que le Pacifique vous promet des sessions de surf et des expéditions de pêche au gros mémorables. Si les sports extrêmes – tyrolienne, parapente et saut à l'élastique – connaissent un succès croissant, la réglementation laisse encore à désirer. Alors, choisissez bien votre prestataire.

Parcours en tyrolienne à Dominical, Costa Rica.

Lors de la descente d'une cascade en rappel, au lieu de vous laisser glisser le long d'un câble, vous devrez vous frayer un chemin jusqu'en bas, les cordes étant assurées par un guide au sommet et au pied de la chute d'eau.

DANS LA CANOPÉE

Sport extrême le plus populaire, le parcours acrobatique en hauteur a vu le jour dans les années 1970, quand les botanistes et les écologistes ont eu l'idée d'utiliser du matériel d'escalade pour examiner de plus près la canopée des forêts tropicales humides et des forêts de nuages. De professionnelle, cette pratique s'est transformée en une activité de loisir, et les tyroliennes ont fait leur apparition un peu partout, de la Riviera Maya et des Islas de la Bahía jusqu'aux jungles du Panamá.

Créé au Costa Rica, le premier parcours de ce type – version plus élaborée du système mis au point par les naturalistes – supposait d'enfiler un harnais à la taille et de grimper à l'intérieur d'un énorme *matapalo* (figuier étrangleur) creux jusqu'à une plateforme en bois, puis d'accrocher son harnais à un filin avant de s'élancer dans le vide, suspendu à une trentaine de mètres au-dessus du sol, pour rejoindre une deuxième plateforme également perchée dans la canopée. Aujourd'hui, certains de ces parcours accrobranches ont toujours pour vocation la découverte de la nature, mais la plupart s'emploient surtout à procurer des sensations fortes. Et si les câbles, harnais et autres équipements doivent respecter les normes de sécurité légales, vous n'êtes jamais à l'abri d'une erreur humaine. Aussi convient-il de choisir un prestataire fiable dans ce domaine et qui donne des instructions précises et exhaustives aux néophytes.

KAYAK ET RAFTING

Le rafting et le kayak constituent des moyens grisants d'observer le paysage et la faune sans pour autant requérir la condition physique d'un sportif de haut niveau. Les dizaines de professionnels présents en Amérique centrale assurent des prestations de qualité. Gilets de sauvetage, casques, kayaks, canots et guides formés à la théorie comme à la pratique : rien ne manque à l'appel. Bon nombre de ces guides ont suivi des cours aux États-Unis et travaillé avec les meilleurs mondiaux de la discipline.

Le Costa Rica possède davantage d'eaux vives et de rapides que n'importe quel autre endroit au monde. Cette richesse, il la doit, bien sûr, à sa géographie particulière car, pour avoir des rapides dignes de ce nom, il leur faut pouvoir dévaler une pente à fort dénivelé. Or, les 4 cordillères qui traversent le pays fournissent des conditions parfaites. Celle de Talamanca et la Cordillera Central regorgent de rivières de ce type, larges et permanentes, alimentées régulièrement par des précipitations abondantes.

Leur variété donne l'embarras du choix en matière de kayak et de rafting. Certaines se prêtent à de paisibles excursions dans des paysages merveilleux, colonisés par une faune abondante. D'autres sont jalonnées de passages tumultueux et bouillonnants qui défient le plus expérimenté des rafteurs. Au palmarès des spots de rafting figurent le Río Sarapiquí, qui traverse les plaines d'Heredia ; le Río Reventazón avec des portions plus ou moins difficiles ; le Río Pacuare, tapi au fond d'une gorge profonde dans une jungle dense, riche en faune et en flore ; et le Río Corobicí, idéal pour les passionnés d'ornithologie.

Au Honduras, les eaux turquoise du Río Cangrejal, à la lisière du Parque Nacional Pico Bonito, serpentent entre des rochers monumentaux, survolées par des toucans, mais surtout agitées par des rapides de classe III-IV. Pour autant, c'est dans la région de la Mosquitia que vous attend l'expérience de rafting la plus longue : 13 jours au cœur de la réserve de biosphère Río Plátano, durant lesquels vous découvrirez des espèces animales rares, des cultures

Kayak au cœur de la Laguna de Cacao, Honduras.

indigènes peu connues et de mystérieux pétroglyphes. Au Guatemala, les expéditions sur le Río Cahabón durent de 1 à 5 jours. Elles vous entraînent dans des grottes et des canyons cachés dans la jungle, faisant escale aux ruines mayas de Quiriguá. De la ville de Guatemala et d'Antigua, une journée suffit pour s'offrir une escapade sur le Los Esclavos, le Motagua ou le Naranjo. Vous pourrez aussi pratiquer votre sport favori au Panamá près de Boquete, au Belize sur le Río Mopán, et au Salvador sur les Ríos Paz et Lempa.

Vagues parfaites et eau limpide : le bonheur du surfeur à la Playa Santana, Nicaragua.

WINDSURF ET SURF

Après la tenue de sa première compétition sur le Lago Arenal, au début des années 1990, le Costa Rica s'est acquis une excellente réputation internationale dans le monde du windsurf. Les alizés transforment ce lac pittoresque en une mer d'écume et de vagues qui n'a rien à envier aux meilleurs spots de glisse de la planète, comme la Columbia River Gorge en Oregon ou l'île Maui de l'archipel d'Hawaii – encore que les vagues y soient parfois hachées. Un jour sur deux ou presque, entre janvier et avril, des vents constants soufflant à près de 20 nœuds forment une houle d'un mètre, créant d'excellentes conditions pour la pratique du *shortboard*. Le reste du temps, des vents moins soutenus se prêtent idéalement à celle du *longboard*. Le Lago Arenal ne convient pas aux débutants, les vents parallèles à la rive balayant le lac sur toute sa largeur. Lorsqu'ils forcissent, les véliplanchistes chevronnés se livrent à toutes sortes de figures acrobatiques. Ici, la température de l'eau varie entre 18°C et 21°C. Pour autant, l'Arenal n'est pas le seul spot d'Amérique centrale à se distinguer. Vous en trouverez aussi d'excellents à Punta Chame (Panamá), dans la Bahía Salinas (nord-ouest du Costa Rica), au Lago de Llopango (Salvador) et à l'île de Roatán (Islas de la Bahía,

CONSIGNES DE SÉCURITÉ

Le rafting provoque des accidents chaque année. Même le plus expérimenté des rafteurs risque de se noyer dans les tourbillons d'une rivière en furie. Choisissez donc votre parcours en fonction de votre niveau et sélectionnez un prestataire qui ne plaisante pas avec la sécurité : gilets de sauvetage, casques, bateau d'accompagnement. Avant le départ, un briefing s'impose afin de veiller à ce que chacun comprenne bien les instructions, souvent hurlées pour couvrir le grondement de la rivière. Vérifiez par ailleurs que votre assurance couvre bien ce type de pratique. Et si vous chavirez, prenez soin de fermer la bouche : l'eau n'est pas potable.

au Honduras). Les immenses plages d'Amérique centrale attirent des hordes de surfeurs déferlant d'Amérique du Nord, d'Australie et d'Europe. Elles s'étirent sur des milliers de kilomètres, le long des côtes caraïbe et pacifique, festonnées de baies, entrecoupées de promontoires rocheux et d'estuaires à proximité des jungles côtières, avec des récifs non loin. Bon nombre d'entre elles ouvrent sur l'océan, exposées à la houle venue du large.

La majeure partie du littoral reste néanmoins coupée de la civilisation, souvent dépourvue de toute infrastructure et accessible uniquement en 4x4, surtout durant la saison des pluies. Dans cette discipline également, le Costa Rica arrive en tête, les mordus de surf s'accordant à le classer parmi les 4 grandes destinations de surf mondiales, avec la Californie, Hawaii et l'Australie. Ils y apprécient la multitude et la diversité de ses spots, la température de son eau – 27 °C toute l'année – et le rare privilège de pouvoir parfois surfer une vague sans avoir à la partager, le long d'une plage vierge et déserte.

Sur la côte pacifique, ils ont un faible pour Jacó, facile d'accès au départ de San José ; la Playa Hermosa, où se déroule plus d'une compétition ; les environs de Puntarenas, où la langue de sable à l'embouchure du Río Barranca donne naissance à l'une des gauches considérées parmi les plus longues du monde ; ou encore, les plages de la province de Guanacaste, tout au nord, qui recèlent des spots exceptionnels, notamment durant la saison sèche quand les vents de terre forment des vagues parfaites. Quant au *beach break* proche de la Roca de la Bruja, à Playa Naranjo, il crée l'une des vagues les plus spectaculaires. La plage se situant à l'intérieur du Parque Nacional Santa Rosa, l'accès y est officiellement limité, et les surfeurs doivent réserver auprès d'un des prestataires de surf.

Exploration des fonds sous-marins au Monumento Natural del Cayo Half Moon, Belize.

À 2 heures et demie de route à l'est de San José, non loin de Limón, Playa Bonita séduit de nombreux surfeurs. Vous roulerez encore une heure – en direction du sud – avant d'atteindre le paisible village de Puerto Viejo de Talamanca, site d'un *reef break* de notoriété internationale : l'impressionnante Salasa Brava. De décembre à mars, la grande houle du nord se heurte à la barrière de corail avec une force implacable.

Bien que le Nicaragua se trouve relégué au second plan par le Costa Rica, sa côte pacifique n'en mérite pas moins le détour. La population locale s'est mise à la planche il y a une quinzaine d'années seulement, mais depuis les hôtels et boutiques de surf ne cessent de se multiplier, surtout dans les environs de San Juan del Sur.

Entre décembre et avril, de grandes houles poussées par les vents soufflant des Caraïbes déferlent sur le littoral est du Costa Rica. Vertigineuses, les vagues se brisent sur les récifs de corail à faible profondeur.

Car, ici, cette discipline se pratique toute l'année, la haute saison – celle où la houle s'y prête le mieux – se situant entre avril et novembre.

Ses eaux chaudes et ses droites aidant, le Salvador se fraye rapidement un chemin sur le devant de la scène centraméricaine. Les surfeurs se concentrent essentiellement dans l'ouest du pays, notamment à La Libertad, Playa El Tunco, Playa El Sunza et Playa El Zonte. Le meilleur moment correspond à la saison des pluies (mars-oct.). Au Panamá, ce sont la Península de Azuero et plusieurs autres spots de la côte pacifique qui rencontrent le plus de succès.

PLONGÉE ET SNORKELING

Bordée par l'océan Pacifique d'un côté et la mer des Caraïbes de l'autre, l'Amérique centrale a tout d'un paradis de la plongée. Les cours de certification coûtent souvent une misère et la diversité des spots donne l'embarras du choix, entre ceux faciles d'accès des Islas de la Bahía et celui, plus éloigné, du Grand Trou bleu (Great Blue Hole), au large de Belize.

Festonnant la côte caraïbe du territoire maya, de Puerto Morelos (Mexique) aux Islas de la Bahía (Honduras) en passant par le Belize, la barrière de corail méso-américaine – système de récifs le plus long au monde après la Grande Barrière de corail australienne – est la Mecque des plongeurs. Il ne s'agit pas d'une barrière d'un seul tenant, même si certains de ses récifs s'étirent sur des kilomètres, juste sous la surface de l'eau. S'y ajoutent des centaines de grandes et de petites îles de sable et de corail, ou *cayes*, et de monts sous-marins ainsi que 4 atolls.

Au nord, les plongeurs convergent vers l'Isla Mujeres et Cancún, où ils n'auront que l'embarras du choix pour trouver une école de plongée de bon niveau. De mai à septembre, vous aurez des chances d'approcher les requins-baleines qui se rassemblent au large de leurs côtes et non loin de l'Isla Holbox. Prochaine étape importante du circuit des plongeurs : Cozumel. Là, vous découvrirez de superbes récifs coralliens recelant des fosses profondes, des jardins de coraux et des parois vertigineuses. Révélé au grand public par l'océanographe Jacques Cousteau, le récif de Palancar doit sa renommée mondiale à son spectaculaire tombant de corail. Parmi les autres sites qui valent le détour : Columbia Shallows, un fabuleux jardin de corail, et Punta Sur, aux splendides formations coralliennes... et aux courants plutôt forts.

Le Belize offre les meilleurs conitions de plongée en raison de la multiplicité et de la diversité de ses spots et de ses efforts de préservation de l'environnement marin. Dans l'atoll Lighthouse Reef, se trouve le célèbre Grand Trou bleu, cénote sous-marin provoqué par l'effondrement d'une caverne. Plusieurs épaves alentour ont fini par former des récifs de corail, et le Monumento Natural del Cayo Half Moon a été la première réserve marine créée au Belize (1982). Les eaux au sud ménagent de belles expéditions autour de la plupart des *cayes*, notamment à Tobacco Reef, Columbus Reef et South Water Caye. Pourtant, c'est Glover's Reef, plus au large, qui attire le plus les plongeurs. Classé réserve marine, ce grand atoll cache quelques parois pour plongeurs aguerris ainsi que des jardins ravissants pour les amateurs de snorkeling.

Snorkeling autour de l'Isla Perro, Panamá.

Au Honduras, les Islas de la Bahía – Roatán, Utila et Guanaja – constituent chacune une destination à part entière, à la portée de toutes les bourses ou presque. Vous y croiserez dauphins, tortues marines, raies mantas, requins-baleines…

DES ENTRAILLES DE LA TERRE À LA TERRE FERME

Les Mayas considéraient les grottes comme l'antichambre du monde souterrain : Xibalba (Lieu d'effroi). De récentes recherches ont montré que chaque grande cité maya était bâtie près d'une caverne. Faute d'une cavité naturelle, une salle souterraine était taillée dans la roche. Toutes celles explorées jusqu'à présent dans la région révèlent des signes de leur présence il y a très longtemps. Il s'agissait vraisemblablement de lieux de culte, comme en témoignent les poteries, pétroglyphes, sculptures et autres foyers découverts sur place. Le Belize offre une occasion exceptionnelle de pénétrer dans le monde maya de Xibalba. Le Caves Branch Jungle Lodge d'Ian Anderson (Hummingbird Highway, 21 km au sud de Belmopan) organise les meilleures explorations guidées. Installé sur la rive de la Caves Branch River, à mi-chemin entre St Herman's Cave et le Blue Hole National Park, il vous propose différents types d'hébergement, du dortoir à la suite dans une *cabaña*.

Le réseau souterrain de la Candelaria, au Guatemala, s'étend sur près de 80 km ponctués de salles immenses. Il existe 4 accès, mais le Complejo Cultural y Ecoturístico Cuevas de Candelaria, non loin de la localité de Raxruhá, renferme les cavernes les plus impressionnantes. D'autres grottes spectaculaires vous attendent près de Semuc Champey. Parmi elles, celle de Lanquín, qu'il vaut mieux visiter au crépuscule quand les chauves-souris surgissent par milliers de la salle principale.

Le sous-sol du Yucatán est percé de multiples réseaux de grottes. L'un des plus extraordinaires rejoint la rivière souterraine Río Secreto, près de Xcaret, au sud de Playa del Carmen. Revêtu d'une combinaison et équipé d'une lampe-torche, vous devrez y escalader des rochers, voire nager par endroits. Parfaitement aménagées pour les visiteurs, les grottes de Loltún recèlent de beaux spécimens d'art rupestre datant de l'ancienne civilisation maya. Oxkintok, Balankanché et Dzitnup réservent aussi des expériences intéressantes.

Cénote à Chichén Itzá, Mexique.

Avec ses dizaines de parcs nationaux très divers – jungle, montagnes, côtes – abritant une biodiversité hors du commun, l'Amérique centrale se prête particulièrement bien à la randonnée pédestre. Chemins, sentiers et pistes sillonnent ses paysages envoûtants, composés

La barrière de corail du Belize est classée au Patrimoine mondial de l'humanité depuis 1996. Une reconnaissance de l'importance des récifs caribéens et de leur faune marine.

de pics majestueux, de vallées fluviales verdoyantes, de plages désertes, de denses forêts tropicales humides et de villages indigènes.

Les parcs nationaux du Honduras ne sont pas en reste, notamment ceux de Montaña de Celaque (Biosfera Celaque), Pico Bonito et La Tigra. Leurs finances fluctuant, ils manquent parfois cruellement de personnel. Informez-vous sur leur situation respective au préalable. Le Costa Rica collectionne également les circuits de randonnée bien balisés, à commencer par ceux du Parque Nacional Manuel-Antonio, du volcan Arenal et de la réserve biologique de Monteverde. Pour autant, aucun ne saurait se mesurer à celui du Parque Nacional Corcovado,

Randonnée dans le Parque Nacional Bocawina Mayflower, Belize.

réputé pour la richesse de sa biodiversité. Au Salvador, c'est le parcours ralliant El Trifinio à travers la forêt de nuages du Parque Nacional Montecristo qui remporte le plus de succès.

Priorité de tout randonneur qui se respecte, le circuit de la Laguna de Atitlán au Guatemala vous entraîne au gré de sentiers sinueux le long des versants volcaniques et des rives escarpées du lac, à travers le patchwork de champs de maïs et de jardins potagers que se partagent les 13 villages riverains. Mieux vaut demander sur place à un guide de vous accompagner, car plusieurs randonneurs se sont fait détrousser au cours de ces dernières années. Si vous ne souhaitez découvrir qu'une partie du plan d'eau, effectuez le circuit qui va de Santa Cruz La Laguna à San Pedro La Laguna – comptez 5 heures de marche. Il traverse certaines des zones les moins peuplées du lac, empruntant à l'occasion un sentier accroché au flanc de la caldeira.

PÊCHE AU GROS

Tous les amateurs de pêche au gros de la planète s'accordent pour classer la côte pacifique centraméricaine en tête de liste. Marlins, voiliers, albacores et dorades pullulent dans ces eaux chaudes et calmes, où les poissons à rostre et les dorades se pêchent toute l'année. Quant aux lacs d'eau douce et aux rivières de la jungle, ils abritent une armée de tucunarés *(peacock bass)*, de tarpons et de truites arc-en-ciel. #

Mesure et démesure des ruines mayas de Caracol, Belize.

Sur les pentes du "petit dernier" des volcans centraméricains, le Cerro Negro, dans la Cordillera de los Maribios (Nicaragua).

Cénote Dos Ojos, Yucatán.

Touffe de verdure, sable blanc et récifs aux Islas de la Bahía, Honduras.

ITINÉRAIRES

Les pages qui suivent vous ouvrent les portes de l'Amérique centrale. Sur les cartes, des repères représentés par des chiffres ou des lettres vous permettent de localiser facilement les principaux sites.

Duo de colibris dans le Valle Central, Costa Rica.

Petite par la superficie, mais grande par la diversité de ses paysages, l'Amérique centrale vous donne rendez-vous avec l'aventure. Entre exploration de ruines mayas enfouies dans la forêt, "chasse" aux quetzals dans une forêt de nuages ou farniente sur une plage de rêve, inutile de choisir. Cependant, si vous disposez d'un temps limité, tenez-vous-en à une zone géographique précise. Sinon, déplacez-vous en avion.

Englobant le sud du Mexique, le Belize et le Guatemala, le territoire des Mayas possède une histoire riche et une nature qui l'est tout autant. Outre les plages fabuleuses de Cancún ou de la Riviera Maya et leurs plaisirs balnéaires en tous genres, la péninsule du Yucatán cache des cénotes et d'antiques cités mayas, dont Chichén Itzá, dans son épaisse jungle. Le Guatemala, plus montagneux, abrite pour sa part les ruines de Tikal et la ville coloniale d'Antigua, sans oublier les plus hauts sommets de l'isthme. Quant au Belize, il cumule les atouts : spots de plongée exceptionnels sur la Barrière de corail méso-américaine, sites archéologiques, ambiance caraïbe et poussées d'adrénaline.

Au sud, Salvador, Honduras et Nicaragua – qui n'ont pas encore fini de livrer tous leurs secrets – n'ont rien à leur envier. Mangroves, forêts de nuages, lacs, montagnes et volcans : Dame Nature les a particulièrement gâtés. Là, vous surferez sur la côte pacifique salvadorienne, plongerez aux Islas (honduriennes) de la Bahía, séjournerez dans des complexes hôteliers balnéaires haut de gamme ou vous retirerez dans des écolodges, au cœur de sanctuaires de la biodiversité, comme le Parque Nacional Pico Bonito ou le lac Nicaragua.

Panache du volcan Masaya.

Viennent ensuite le Costa Rica et le Panamá, qui devancent leurs voisins centraméricains sur le plan des infrastructures touristiques. Des capitales San José et Panamá, rejoindre les îles tropicales isolées et les dizaines de parcs nationaux par la voie terrestre ou aérienne est l'affaire de quelques instants. Le long de leurs côtes atlantique et pacifique s'égrènent de pittoresques villes balnéaires tandis que le canal de Panamá, ouvrage monumental, coupe l'isthme éponyme, reliant les 2 océans.

À noter : stricto sensu, l'Amérique centrale regroupe les 7 nations au sud de la frontière mexicaine, mais un guide sur cette région serait incomplet sans les États mexicains du Sud, hauts lieux de la culture maya. #

Poza Rica de Hidalgo
Mérida
Tizimin
Chichén Itzá
Valladolid
Peto
Campeche
Hopelchén
Fortín de las Flores
Veracruz
Bahía de Campeche
Tehuacán
Santiago Tuxtla
Tierra Blanca
Laguna de Términos
Francisco Escárcega
Yucatán
Felipo Carrillo Puerto
Catzacoalcos
Chetumal
Campeche
Xpujil
Sierra de Juárez
MEXIQUE
Villahermosa
Oaxaca
Istmo de Tehuantepec
Altun Ha
Ambergris Caye
Belize City
Nuevo Progreso
Tuxtla Gutiérrez
Belmopan
Tikal
Turneffe Atoll
Sierra Madre del Sur
Juchitán de Zaragoza
Chiapas
R. Usumacinta
BELIZE
Dangriga
Puerto Escondido
Arriaga
Comitán de Dominguez
El Chal
Harvest Caye
Golfo de Hondur
San Pedro Pochutla
Golfo de Tehuantepec
Sierra Madre
La Angostura
Ixcán
Punta Gorda
S. de los Cuchumatanes
Sebila
Puerto Cortés
GUATEMALA
Santo Tomás De Castilla
Cobán
Lago de Izabal
San Pedro Sula
Tapachula
Santa Barbara
Guatemala City
Copán
Gracias
Antigua
Metapán
Tegucigalpa
Puerto Quetzal
San Salvador
EL SALVADOR
Acajutla
San Lorenzo
La Unión
Chinandega
OCÉAN PACIFIQUE
N
Amérique Centrale
0
200 km

Canal du Yucatán
Archipiélago de los Canarreos
Isla de la Juventud
Sancti Spíritus
CUBA
Camagüey
Ragged Island
Golfo de Ana María
Santa Cruz del sur
Jardines de la Reina
Golfo de Guacanayabo
Holguín
Guantánamo
Santiago de Cuba
Grandes Antilles
Little Cayman
Grand Cayman
Cayman Islands (UK)
George Town
Passage de la Jamaïque
Montego Bay
Kingston
JAMAÏQUE
R. Patuca
R. Coco
Waspam
Costa de Mosquitos
Bilwi (Puerto Cabezas)
Siuna
El Cuá
ICARAGUA
MER DES CARAÏBES
Providencia
I. Grande del Maíz
San Andrés
Juigalpa
El Coral
Bluefields
Lago de Nicaragua
San Carlos
San Juan
Liberia
COSTA RICA
Alajuela
San José
Puntarenas
Limón
Cordillera de Talamanca
3837
Cartagena
Colón
Canal de Panamá
Panamá City
La Chorrera
Penonomé
Paso Canoas
David
Cordillera Central
PANAMÁ
Puerto Armuelles
Sona
Santiago
Isla del Rey
Golfo de Panamá
La Palma
Santa Fe
Yaviza
Isla Coiba
Sincelejo
Los Córdobas
Montería
Turbo
Caucasia
Atrato R.
Juradó
COLOMBIE

Temple V de Tikal dans son écrin de jungle, Guatemala.

TERRES MAYAS

Vestiges d'une architecture qui impose le respect, plages et spots de plongée forçant l'admiration : le territoire des Mayas collectionne les trésors.

Mi-homme mi-bête, Xcaret.

Pétri d'une histoire qui remonte à des millénaires et dont les témoignages émaillent le paysage, le berceau de la civilisation maya attire des visiteurs venus des quatre coins du monde. Loin de ses côtes époustouflantes vouées aux plaisirs balnéaires, il n'a guère changé, et bon nombre de Mayas continuent d'y cultiver leurs *milpas* (champs de maïs), plantant céréales et haricots comme le faisaient leurs ancêtres, il y a peut-être 5 millénaires de cela, sous un soleil implacable.

Si l'influence maya reste bien présente, la culture latino des *ladinos* exerce son hégémonie le long de la Riviera Maya et dans la capitale tentaculaire du Guatemala, gagnant du terrain à l'intérieur des terres. Le littoral bélizien, bien qu'anglophone, se veut résolument caribéen, comme l'attestent les rythmes endiablés du reggae jamaïcain qui enflamment les pistes de danse, tandis que l'esprit et les accords du calypso trinidadien saturent les ondes. Pour leur part, les Garífunas vous donnent rendez-vous au sud du Belize et sur la côte caraïbe du Guatemala.

Cayo Ambergris, Belize.

Ce qui attire le plus de visiteurs dans la région, ce sont les plages autour de Cancún et le long de la Riviera Maya où s'alignent les résidences hôtelières et les hôtels de charme se fondant dans le décor. Les uns embarquent à destination de Cozumel tandis que les *hipsters* lui préfèrent Tulum. Et pourtant, les profondeurs de la jungle qui colonise la péninsule du Yucatán cachent des villages traditionnels mayas et des cités coloniales, comme Mérida. De même, le territoire des Mayas recèle les vestiges de cités-États organisées autour de temples-pyramides ornés de belles fresques et de stèles sculptées. Chichén Itzá, Uxmal, Palenque, Tikal, Calakmul et El Mirador figurent parmi les sites archéologiques les plus impressionnants du continent américain. Quant aux aventuriers, ils ne resteront pas sur leur faim. Au programme : plongée sur la deuxième barrière de corail la plus longue du globe, exploration d'un dédale de grottes abritant des rivières souterraines et des cénotes, ascension de volcans actifs, ou encore expéditions en pirogue à travers les mangroves. #

Baignade souterraine au cénote Choo-Ha, près de Coba, Yucatán.

LA PÉNINSULE DU YUCATÁN ET LE CHIAPAS

Les attraits de la péninsule ne se résument pas à ses cénotes et joyaux balnéaires, certes exceptionnels. Dans cette région et celle du Chiapas, vous attend aussi un précieux chapelet de merveilles archéologiques.

Avec son soleil qui n'en finit jamais ou presque de briller, dardant ses rayons sur des sites pétris d'histoire, les États du sud du Mexique bénéficient d'une aura touristique méritée. Et la Península de Yucatán a su se donner les moyens de recevoir comme il se devait ses visiteurs, venus escalader des ruines imposantes, se faire bronzer sur des plages aux reflets dorés, explorer de vénérables cités coloniales et découvrir la beauté de Dame Nature.

Ici, tout a commencé à changer durant les années 1970, et depuis, la péninsule ne cesse de se moderniser. Considérant l'industrie touristique comme une source non négligeable de revenus en devises étrangères, le gouvernement mexicain va jeter son dévolu sur la côte est du Yucatán, notamment sur l'île de Cancún. La localité ne tardera pas à se transformer en une capitale internationale du tourisme de masse, et les plages autrefois isolées au sud prendront le nom plus vendeur de Riviera Maya.

La péninsule donne l'embarras du choix à ceux que la civilisation maya intéresse, avec ses sites disséminés un peu partout, pour bon nombre mis au jour en partie seulement, voire encore enfouis dans la forêt. Sans doute le plus célèbre de tous, l'inoubliable Chichén Itzá frappe toujours l'imagination, malgré l'affluence, avec son Castillo, son cénote sacré et son Grupo de las Mil Columnas. Edzná se distingue, pour sa part, par son temple s'élevant sur 5 niveaux, tandis que Tulum jouit d'un emplacement privilégié, entre plages de sable blanc et eaux turquoise. À l'extrême sud se tiennent les vestiges de Calakmul, l'une des 2 superpuissances – avec Tikal – de l'Époque classique. Hormis cela, le cachet colonial de la vieille ville de Mérida ou des façades pastel de Campeche ne laisse personne indifférent, et les quelques plantations de sisal, jadis très prospères, reconverties pour cer-

Les ruines de Becán.

NE MANQUEZ PAS

Cancún *p. 116*
Chichén Itzá *p. 113*
Cozumel *p. 121*
Mérida *p. 110*
Palenque *p. 129*
Playa del Carmen *p. 122*
San Cristóbal de las Casas *p. 131*
Sian Ka'an *p. 125*
Tulum *p. 124*

Carte p. 108, plans p. 114, 117 et 128

Le Yucatán

0 50 km
N
GOLFE DU MEXIQUE
Bahía de Campeche
Progreso
Mérida
Chuburna
Chicxulub Puerto
Xcambo
Telchac Puerto
Boca de Dzilam
Chabihau
Dzidzantún
Chicxulub
Cansahcab
Baca
Motul
Tepakán
Izamal
Sisal
Punta Baz
Reserva de la Biosfera Ría Celestún
Punta Boxcohuo
Hunucmá
Dzibilchaltún
Kinchil
Umán
Aké
Celestún
Bella Flor
Seyé
Hóctun
Kantunil
Acancéh
Chocholá
Yaxcopoil
Tecoh
Yucatán
Maxcanú
Mayapán
Telchaquillo
Sotuta
Oxkintoc
Muna
Tekit
Mama
Mayapán
Tankuché
Halachó
Lázaro Cárdenas
Becal
Ticul
Teabo
Reserva de la Biosfera Petenes
Calkiní
Uxmal
Maní
Jaina (Zac-Pol)
Oxkutzcab
Punta Nitún
Pochoc
Kabáh
Grutas de Loltún
Hecelchakán
Tekax de A.O.
Pomuch
Sayil
Labná
Xcalumkin
Xlapak
Ticum
Peto
Tenabó
Tzucacab
Campeche
Lerma
Boxol
Santa Rosa Xtampak
Chencoyi
Dzuiché
Cayal
Hopelchén
Hunto Chac
José María Morelos
Seybaplaya
Tixmucuy
Nohyaxché
Balneario Acapulco
Haltunchén
Edzná
Iturbide
Dzibilnocac
Ruíz Cortínes
Pich
Champotón
Chenko
Dzibalchén
Hochob
Moquel
San Enrique
Chencán
Pustunich
MEXIQUE
Huayahaca
212
Reserva de la Biosfera
Meseta de Zohlaguna
Pixoyal
250
Isla del Carmen
Puerto Real
Ciudad del Carmen
Chicbul
Campeche
Laguna de Términos
Zacatal
Dieciocho de Marzo
Ponte Díaz Ordaz
Francisco Escárcega
Lechugal
Balamkú
Conhuas
Calakmul
Dzibanché-Kinichná
Lago Silvituc
Dzinapara
Becán
Xpuhil
Francisco Villa
Coyoc
Chicanná
Xpuhil
Río Bec
Tortuga
Candelaria
Chumpan
Este
Palizada
Buenavista
Escondido
Kohunlich
Candelaria
Caribe
Reserva de la Biosfera de Calakmul
365
El Tigre
Calakmul
Tomás Garrido
Azul
Chiapas
Palenque
Chablé
Nueva Coahuila
Bonampak
Yaxchilán
GUATEMALA
Neustadt
180
180D
186
261
281
24
184
1
2
16
17
18
19
20

taines dans l'hôtellerie rurale de luxe, achèveront de vous séduire.

Ce n'est un secret pour personne: la côte caraïbe du Yucatán est littéralement éblouissante. Ses plages blanches, ses flots azur et ses lagons idylliques entre Cancún et Tulum, en passant par Akumal et Tankah, ont les faveurs des visiteurs. Les tombants de corail de l'Isla de Cozumel font la couverture des magazines de plongée, alors que la minuscule Isla Mujeres qui, contrairement à son nom, accueille tant les hommes que les femmes, ménage plus d'intimité.

Parmi les vastes réserves et parcs nationaux dont s'enorgueillit la péninsule, la Reserva de la Biósfera Calakmul impressionne particulièrement, avec sa forêt vierge et sa faune d'une grande richesse. Autre territoire immense sous haute protection, la Reserva de la Biósfera Sian Ka'an englobe le récif au large. Et tandis que les uns s'émerveillent devant la richesse ornithologique – notamment en flamants roses – du Río Lagartos et des marais de Celestún, les autres s'en donnent à cœur joie dans les cénotes qui se comptent par centaines.

LES MAYAS DU YUCATÁN

Non loin des hauts lieux touristiques, les quelque 500 000 Mayas du Yucatán – locuteurs du maya yucatèque, pour la plupart – vivent souvent à la façon de leurs ancêtres, surtout dans les régions rurales reculées où ils cultivent en communauté maïs, piments et haricots comme ils l'ont toujours fait. Toutes les familles ou presque possèdent des ruches qui produisent un miel hautement réputé. Cependant, les fermiers mayas doivent trimer pour survivre, l'agriculture traditionnelle ne leur procurant que de maigres revenus. L'essor du tourisme leur ouvre néanmoins des possibilités d'emploi. Ils sont nombreux à rejoindre les stations balnéaires flambant neuves pour y travailler quelques mois sur les chantiers ou dans les hôtels avant de s'en retourner avec quelque argent.

Depuis la fin de l'hégémonie du Partido Revolucionario Institucional (PRI) en 2000, le Mexique jouit d'une relative stabilité politique, et les villageois mayas commencent à faire entendre leur voix. Cependant, le développement immobilier ne cesse de faire peser une menace sur leur droit à exploiter leurs terres, et leurs traditions culturelles ont tendance à passer pour des attractions touristiques. Bien qu'ils soient les plus mexicains d'entre les Mexicains, ils restent trop souvent exclus de la société et traités en parias sur leur propre territoire. Au Chiapas, cette situation critique conduira l'Ejército Zapatista de Liberación Nacional (EZLN) à se révolter en 1994. Les Mayas émergeront alors de nouveau des profondeurs de la jungle et s'empareront des villes.

LE NORD DE LA PÉNINSULE

Formant un triangle, l'État du Yucatán occupe la majeure partie du nord de la péninsule. Ici, le paysage est plat, sec et envahi par la broussaille. Les cénotes (gouffres ou dolines d'effondrement remplis d'eau) sacrés des Mayas constituent les seuls points d'eau douce. Après les stations balnéaires de la côte caraïbe, c'est la région qui attire le plus les touristes, en raison de sa richesse en sites archéologiques, Chichén Itzá et Uxmal en tête, ainsi que de l'agrément particulier de son mode de vie.

MÉRIDA

Camp de base idéal pour découvrir le Yucatán, **Mérida ❶**, élégante et prospère capitale coloniale qui accueillait jadis les magnats du sisal, reçoit plus de 2 millions de visiteurs chaque année.

Malgré cette effervescence, elle n'en demeure pas moins un endroit où il fait bon vivre. Son petit centre-ville, jadis ceint de remparts, a du charme à revendre avec ses rues étroites où les calèches ont disparu au profit des automobiles, et ses maisons serrées les unes contre les autres. Il est aménagé selon un plan quadrillé : les axes nord-sud portant des numéros pairs, ceux est-ouest, des numéros impairs.

AUTOUR DE LA PLAZA GRANDE

Au cœur, trône la ravissante **Plaza Grande**, délimitée par les Calles 61 et 63, et 60 et 62. La **Casa Montejo** vous y

Aux abords de la Plaza Grande, Mérida.

attend de l'autre côté de la grand-place ombragée de lauriers. Construite en 1549 pour le conquérant du Yucatán, Francisco de Montejo, et restaurée par le Banco Nacional de México, elle héberge désormais un musée (ouv. mar.-sam. 10h-19h, dim. 10h-14h ; entrée libre). Vous ne manquerez pas d'admirer son porche Renaissance aux sculptures représentant des conquistadors en armes, debout sur des têtes aux visages grimaçants.

Le nom maya de Mérida, Tihó, signifie "Cité des 5 Temples". Bon nombre des pierres de ces derniers ont servi à bâtir la **Catedral de San Ildefonso**, à l'angle nord-est de la place. Construite entre 1562 et 1598, il s'agit de la deuxième cathédrale édifiée sur le continent américain, après celle de Santo Domingo, en République dominicaine. Elle a pour voisin l'ancien archevêché, qui abrite à présent le **Museo Fernando García Ponce-Macay** (tél. 999-928 3258 ; www.macay.org ; ouv. mer.-lun. 10h-18h ; entrée libre). Unique musée d'art contemporain de Mérida, il possède une remarquable collection d'œuvres d'artistes locaux et nationaux.

Au nord, le Pasaje Picheta mène à une petite cour où les tables de café s'invitent sous une verrière. Le **Palacio de Gobierno** (1892) se trouve juste à côté. L'enfant de la ville, Fernando Castro Pacheco (1918-2013), consacrera 25 ans de sa vie à la réalisation de ses fresques. L'élégante façade à colonnades du 18e siècle du Palacio Municipal de Mérida (hôtel de ville) domine la place à l'ouest, tandis que le chic et moderne **Centro Cultural Olimpo** (tél. 999-942 000 ; ouv. lun.-sam. 10h-20h) siège à l'angle de la Calle 61. Plus haut dans la Calle 62, au n° 495, le **Teatro Armado Manzanero** réunit des salles de spectable et un bar dans un édifice Art déco restauré.

LA CALLE 60

Beaucoup de choses intéressantes à voir se trouvent aux abords de la Calle 60, rue principale de Mérida qui longe la Plaza Grande par l'est, au pied de la cathédrale. Ainsi, le **Mercado Lucas de Gálvez** installé dans la Calle 65 ne manquera pas de vous surprendre par la diversité de ses boutiques et étals : des broderies, panamas et hamacs traditionnels aux

L'ÂGE D'OR DU YUCATÁN

À la fin du 19e siècle, le Yucatán va connaître une prospérité sans précédent grâce à l'or vert, en l'occurrence l'*Agave sisalana*, ou sisal *(henequén)*, dont on fait de la corde. La demande des marchés agricoles, maritimes et industriels nord-américains et européens est telle que le Yucatán ne tarde pas à devenir l'État le plus prospère du Mexique. À l'aube du 20e siècle, Mérida détient le record mondial de richesse par habitant, un boom que les hommes politiques qualifient de "triomphe du progrès". Des voies ferrées sont construites pour l'exportation du sisal et une large avenue baptisée Paseo Montejo est tracée pour accueillir de somptueuses demeures de style européen. Ayant livré leur cargaison de sisal, les bateaux reviennent à vide, lestés de briques et de tuiles, matériaux qui serviront à la construction des propriétés. Les riches planteurs mènent grand train ; leurs enfants fréquentent les meilleures écoles d'Europe, et leurs épouses s'habillent selon le dernier chic parisien.

Tout cela aux dépens de la main-d'œuvre maya, traitée peu ou prou en esclave et souvent payée en jetons valables uniquement dans les boutiques détenues par les planteurs. La situation du Mexique rural sous le régime dictatorial de Porfirio Díaz sera dénoncée par le journaliste américain John Kenneth Turner, dans son livre *Barbarous Mexico* publié en 1900. Et le *London Daily Mail* de s'en faire l'écho, déclarant que si le Mexique est, ne serait-ce que moitié moins barbare que ne le dépeint Turner, il est plus souillé par l'esclavage que Santhome (Inde) ou le Pérou et, qu'en conséquence, tous les peuples libres du monde doivent le considérer comme un pays infréquentable.

Aujourd'hui, la plupart des *haciendas* se trouvent dans un triste état de délabrement. Ce n'est néanmoins pas le cas de Yaxcopoil (www.yaxcopoil.com), reconvertie en hôtel-restaurant. Une double arche géante de style mauresque vous accueille sur la Carretera Federal. La maison de maître se compose de pièces spacieuses, décorées de mobilier d'époque. À côté de la chapelle au sol dallé de marbre, une cuisine à l'ancienne ouvre sur un jardin d'agrumes et de bananiers. D'autres *haciendas*, dont Temozón (entre Mérida et Uxmal) ou San José Cholul (en direction d'Izamal), font désormais partie de l'hôtellerie de luxe locale.

À CITER

"Si le nombre, la noblesse et la beauté de ses édifices entraient autant en ligne de compte pour la notoriété et la réputation que l'or, l'argent et d'autres richesses l'ont fait dans certaines régions des Indes, le Yucatán serait devenu aussi célèbre que le Pérou et la Nouvelle-Espagne."

Frère Diego de Landa

énormes marmites et matériel électronique, l'on y trouve de tout. À l'angle des Calles 65 et 56, l'ancienne poste héberge désormais le **Museo de la Ciudad de Mérida** (tél. 999-924 4264 ; ouv. mar.-ven. 9h-18h, w-e 9h-14h ; entrée libre).

Une rue au nord de la cathédrale, le Parque Hidalgo fait face à l'**Iglesia de la Tercera Orden**. Achevée en 1618, cette église bâtie par les jésuites renferme une peinture illustrant la rencontre, en 1542, entre Montejo et Tutul Xiú, premier souverain maya converti au catholicisme. En remontant la Calle 60, vous rejoindrez le **Teatro Peón Contreras** (à l'angle de la Calle 57), inauguré en 1900. Ce bâtiment coiffé d'un dôme abrite un superbe escalier en marbre. L'œuvre est signée de l'architecte italien Enrico Deserti, également l'auteur du musée d'anthropologie de la ville. En face, se tient l'**Universidad Autónoma de Yucatán**.

UXMAL

Quelque 80 km séparent Mérida d'**Uxmal** ❷ (ouv. tlj. 8h-17h ; entrée payante), au sud. Ces ruines, parmi les plus impressionnantes du monde maya, sont inscrites au Patrimoine mondial de l'Unesco. Cité la plus importante des Puuc en son temps, Uxmal connaîtra son apogée entre 800 et 1000, et son architecture est là pour le prouver. En 1840, l'explorateur américain John Lloyd Stephens comparera son **Palacio del Gobernador** aux plus beaux monuments grecs, romains ou encore égyptiens. Il écrira : "Les motifs sont étranges et incompréhensibles, très élaborés, parfois grotesques, mais souvent simples, beaux et de bon goût." Le palais, dont l'imposante façade ne mesure pas moins de 100 m de longueur, siège sur une terrasse. Dans le plus pur style des Puuc, les murs comblés de gravats étaient enduits de mortier, et l'ensemble de l'édifice s'ornait de panneaux de mosaïque en pierre calcaire – 20 000 en l'occurrence.

Au nord du palais, la **Pirámide del Adivino** (pyramide du Devin) s'élève à 39 m de hauteur. À en croire la légende, elle aurait été construite en une seule nuit par un *alux*, un esprit engendré par une sorcière. Mais en réalité, il faudra plusieurs générations de bâtisseurs (Uxmal signifie "trois fois construit") pour l'achever. Elle a pour voisin le **Cuadrángulo de las Monjas** (quadrilatère des Nonnes), 4 bâtiments comprenant 74 salles au total et disposés, selon le père espagnol Diego López de Cogolludo qui baptisera les principaux édifices d'Uxmal, à la manière d'un couvent. L'ensemble, d'une grande élégance, repose sur une plateforme artificielle. Ses frises sont parfaitement représentatives du style architectural des Puuc, inspiré de la cabane maya en bois, au toit pointu en palmes, ou *na*. Au sud, le Juego de Pelota (jeu de balle) précède la **Casa de las Tortugas** (maison des Tortues), laquelle partage la terrasse du palais. L'édifice doit son nom aux tortues sculptées ornant la corniche, un animal que les Mayas associaient à la pluie.

À l'ouest de la pyramide du Devin, se tient la **Casa de las Palomas** (maison des Colombes), et au sud-est du palais du Gouverneur, se dresse une autre

Détail du Cuadrángulo de las Monjas, Uxmal.

pyramide baptisée la **Casa de la Vieja** (maison de la Vieille), en l'occurrence, la mère de l'*alux* auquel la légende maya attribue la construction d'Uxmal.

Le Parador Turístico comprend une boutique, un musée et un restaurant. Un spectacle son et lumière, avec commentaires traduits en français – pensez à vous procurer un casque – a lieu à 19h (nov.-mars) ou à 20h (avr.-oct.). Au départ de Mérida, une liaison régulière par car dessert le site, lequel fait aussi partie d'un circuit incluant les autres grandes cités des Puuc.

CHICHÉN ITZÁ

Situé environ 116 km à l'est de Mérida via la Carretera Federal 180, **Chichén Itzá** ❸ (www.chichenitza.inah.gob.mx ; ouv. tlj. 8h-17h ; entrée payante) est le plus connu des sites mayas. Élue "nouvelle merveille du monde moderne" en 2007 lors d'un vote organisé par la New Seven Wonders Foundation, et ce parmi une sélection de 200 monuments, la cité est également classée au Patrimoine mondial de l'humanité depuis 1988.

Elle se démarque nettement des autres sites mayas par le style de ses édifices monumentaux – dont la Pirámide de Kukulkán (El Castillo) et le Templo de los Guerreros – qui présente des similitudes frappantes avec celui de l'architecture du centre du Mexique. Les archéologues ont longtemps cru que Chichén Itzá était authentiquement maya lors de sa fondation et que, vers l'an 1000, elle a subi l'invasion de guerriers toltèques venus du Mexique central, auxquels auraient succédé les Itzá, un autre peuple non maya. Les lacunes de l'histoire maya se comblant au fil des découvertes, et aucune date établie ne coïncidant avec lesdites invasions, cette théorie ne prévaut plus. Tout laisse à penser, au contraire, que Chichén Itzá a hébergé, dès ses débuts, une communauté mixte composée de Mayas et d'immigrants des Hautes Terres centrales. Elle ne s'est développée qu'à la fin de l'Époque classique, aux environs de l'an 700, puis, à partir du 9e siècle, elle a régné sur la région septentrionale du Yucatán central jusqu'à ce qu'elle finisse par sombrer dans l'oubli, vers 1200, après un déclin plus lent que celui des autres cités mayas.

À PROPOS

Le Français Désiré Charnay fait partie de ceux qui ont le plus compté parmi les précurseurs de l'exploration des sites mayas. Il a été le premier à photographier Palenque, Uxmal et Chichén Itzá. Ses superbes images et lithographies ont montré la voie aux expéditions scientifiques.

El Castillo, Chichén Itzá.

El Osario, Chichén Itzá.

MONUMENTS DE CHICHÉN ITZÁ

Dès l'entrée, le regard est attiré par la **Pirámide de Kukulkán** **A** (El Castillo), qui culmine à 24 m. Dotée de 4 escaliers de 91 marches, auxquels s'ajoute une plateforme sommitale, soit un total de 365 marches, celle-ci traduit dans la pierre le calendrier maya. Ses 18 terrasses réparties sur 9 niveaux – les 9 mondes souterrains – représentent les 18 mois de l'année, de 20 jours chacun. Chaque côté présente 52 panneaux qui correspondent aux 52 années du cycle cosmique, point où se rejoignent les 2 calendriers mayas, la fin d'un cycle annonçant le début d'un nouveau.

Deux têtes de serpent géantes encadrent l'escalier nord-nord-est. Le jeu d'ombre et de lumière au coucher du soleil donne l'impression que le reptile descend la pyramide à l'équinoxe de printemps, période des semailles, et qu'il la remonte à l'équinoxe d'automne, moment des récoltes. Les 21 mars et 21 septembre, des milliers de visiteurs se pressent pour assister à la "descente (ou à l'ascension) de Kukulcán", nom en maya de la divinité Quetzalcoatl, le Serpent à plumes. L'illusion dure plus de 3 heures. Les autres soirs de l'année, un spectacle Luz y Sonido (son et lumière), plus bref, reproduit le phénomène (nov.-mars 19h, avr.-oct. 20h).

Les trois petites plateformes sur la place centrale, au nord de la pyramide, servaient aux sacrifices rituels. Il s'agit de la **Plataforma de Venus** **B** (temple de Vénus), dont les 4 escaliers sont gardés par des serpents à plumes, de la **Plataforma de Águilas y Jaguares** (temple des Aigles et des Jaguars), dont les bas-reliefs figurent des aigles et des jaguars dévorant des cœurs humains, et de **Tzompantli** (temple des Crânes), où étaient exposées les têtes des victimes. Des bandeaux sculptés sur chaque côté représentent des crânes à l'expression grimaçante.

Côté est de la place, trône le **Templo de los Guerreros** **C** (temple des Guerriers), l'un des édifices les plus imposants de Chichén Itzá. Vous ne pourrez hélas plus grimper à son sommet pour admirer de près la célèbre statue Chac Mool, son accès étant interdit. Le temple doit son nom à sa colonnade où figurent, sculptés en bas relief, plus de 200 guerriers, prêtres et autres

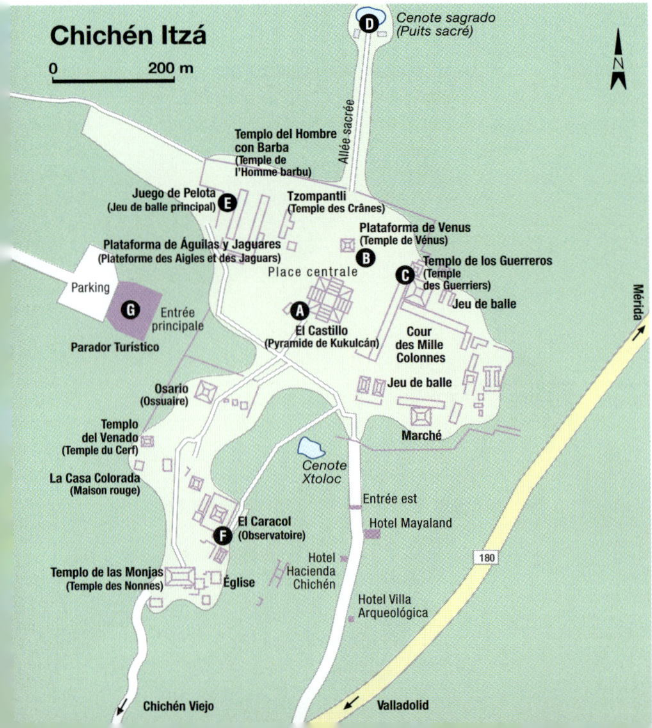

personnages, telle une galerie de portraits. Cette forêt de colonnes communique avec un vaste quadrilatère baptisé **Grupo de las Mil Columnas**, vraisemblablement un ancien grand marché ou un forum. Un *sacbé* (chemin surélevé) part à gauche du temple des Guerriers pour rejoindre le **Cenote Sagrado** Ⓓ, cénote sacré de 60 m de diamètre et de 35 m de profondeur.

Long de 96 m et large de 30 m, l'immense **Juego de Pelota** Ⓔ (jeu de balle), achevé en 864, est le plus grand de son genre en Méso-Amérique – infiniment plus vaste que ceux des autres cités mayas. Des anneaux en pierre sont fichés en hauteur dans les murs de part et d'autre du terrain : les ancêtres des paniers de basket, sans doute, mais destinés à une balle en latex bien dure. Chichén Itzá compte plusieurs autres édifices, notamment au sud de la place principale : la pyramide de 10 m de hauteur baptisée l'**Osario** (Ossuaire), qui pourrait presque avoir servi de modèle au Castillo et renferme une sépulture somptueuse, d'où son autre nom de "tombe du Grand Prêtre" ; la **Casa Colorada**, ou Maison rouge, couleur de la fresque qui en orne le porche ; le **Caracol** Ⓕ, fascinant observatoire pourvu d'une tour ronde en forme de coquille d'escargot – d'où son nom – et coiffée d'un dôme percé de fentes permettant des observations astronomiques d'une remarquable précision ; et, tout au sud, le **Templo de las Monjas** (temple des Nonnes), dans le plus pur style maya avec ses délicates frises sculptées, ses masques de Chac (dieu de la pluie) en pierre et ses Bacabs (les 4 frères de la mythologie maya). Boutiques, restaurants et musée du **Parador Turístico** Ⓖ vous accueillent à l'entrée du site. Outre les cars de touristes qui, chaque jour de l'année, déversent une armée de visiteurs, les bus réguliers Mérida-Valladolid marquent un arrêt au village voisin de **Pisté**, situé 1,5 km avant les ruines. De là, la course en taxi vous coûtera 3 $US.

VALLADOLID

Quelque 40 km à l'est de Chichén Itzá, **Valladolid** ❹ (56 000 hab.), qui s'appelait jadis Zaci, jusqu'à la prise de la cité maya par les Espagnols en 1545. Comment imaginer que cette paisible localité a été le théâtre d'un horrible

Céramique peinte exposée au Museo de San Roque, Valladolid.

LA PLUIE ET LE FEU

Au Yucatán, les 2 principales fêtes villageoises célèbrent la pluie et le feu. La première, du nom de Cha-Chaac, se déroule quand le maïs commence à pousser (fév.), sous la conduite d'un chaman *(h'men)*. Celui-ci prépare le traditionnel *balche*, un breuvage légèrement grisant, confectionné avec du miel, de l'eau et des racines de plantes restées secrètes. Les participants consomment cette boisson censée détenir des pouvoirs magiques avant d'entamer les danses et les chants rituels. La seconde, Tumbul Kak (Feu nouveau), remonte aux origines de la civilisation maya. Un nouveau cycle du calendrier maya s'ouvre tous les 52 ans. Ce passage d'un cycle à l'autre correspond à une période très dangereuse, car le Soleil risque alors de s'éteindre, mettant fin à toute vie sur Terre. Aussi, à l'apparition de la planète Vénus, le chaman allume-t-il un feu, qui est ensuite porté dans chaque foyer, dans une volonté de partage du feu et de la vie entre tous les membres de la communauté.

Comme bon nombre de pratiques religieuses mayas, ce rituel s'est adapté à la foi chrétienne apportée par les missionnaires espagnols. Il a désormais lieu le samedi de Pâques, moment où, selon l'Évangile, Jésus est mort sur la Croix et n'a pas encore ressuscité. Un exemple parmi tant d'autres de la faculté de la culture maya à transformer les apports étrangers pour leur donner un sens bien à elle.

À PROPOS

Après la Conquête, les Espagnols s'emploieront à convertir la population indigène. Au Yucatán, les franciscains vont se servir de la main-d'œuvre maya pour bâtir des monastères d'une austère simplicité. Ces constructions de taille imposante mais d'ornementation modeste se conformaient aux principes d'ascétisme de l'ordre. Si le bois d'œuvre manquait, il y avait abondance de pierres, et, dans bien des cas, les frères n'hésiteront pas à se fournir dans les temples "païens".

carnage ? Et pourtant, la plupart de sa population blanche et métisse sera massacrée lors de la guerre des Castes, la grande rébellion des Mayas née non loin de là, en 1847.

Aujourd'hui, églises et demeures distillent une atmosphère très coloniale. Situé au bout de la Calle 41-A (Calzada de los Frailes, "chaussée des Frères") bordée de maisons coloniales, le **Convento de San Bernardino de Siena** possède l'une des plus anciennes églises du Yucatán (1552). À l'est du couvent, le **Museo San Roque** (Calle 41 ; ouv. tlj. 9h-21h) expose une collection intéressante d'antiquités locales. Si Valladolid peut se vanter d'avoir son propre cénote, le **Cenote Zaci** (à l'angle des Calles 36 et 39 ; ouv. tlj. 8h-18h) – parfait pour se rafraîchir malgré une eau pas très limpide –, celui-ci ne saurait rivaliser avec le **Cenote Dzitnup**, un des plus remarquable du Yucatán, sis 7 km à l'ouest de la ville.

LA CÔTE CARAÏBE

La côte caraïbe mexicaine doit surtout sa renommée à **Cancún** ❺, ville balnéaire par excellence avec ses complexes hôteliers géants et ses plages mirobolantes, ainsi qu'à la Riviera Maya, au sud, qui s'étire sur 130 km, de rubans de sable en stations touristiques de tailles diverses et variées, jusqu'aux ruines mayas de Tulum. Ici, les eaux turquoise, le sable blanc et le soleil aidant, la haute saison dure toute l'année, et ce ne sont ni les loisirs de plein air ni les divertissements nocturnes qui manquent. Sans compter l'attraction que suscitent auprès des visiteurs les îles paisibles comme l'Isla Mujeres, les sites archéologiques comme Tulum et Cobá, ou encore les réserves naturelles telle Sian Ka'an.

La ville moderne de Cancún est née suite à la mission, confiée à l'agence gouvernementale Fonatur, d'identifier des sites à fort potentiel touristique. Avant le lancement de ce chantier colossal, en 1969, il n'y avait là que la jungle et un cordon de sable entourant les eaux saumâtres de la Laguna de Nichupté. Le hameau situé à la pointe nord-est de cette île en forme de 7 ne tarde pas à se métamorphoser en une ville destinée à loger le personnel employé par les futurs grands hôtels – le premier sera

Côte de la Zona Hotelera, Cancún.

inauguré en 1971–, et des ponts sont construits à chaque extrémité de l'île pour la rallier au continent. Depuis, les travaux se poursuivent, des mastodontes de l'hôtellerie remplaçant peu à peu les établissements initiaux. À ce jour, Cancún compte plus de 720 000 habitants et reçoit quelque 6 millions de visiteurs chaque année.

DE LA ZONA HOTELERA À CIUDAD CANCÚN

Envie de vacances paresseuses et dorées, de faire bronzette sur des plages de sable blanc et de nager dans des eaux turquoise ? Alors Cancún est tailler pour vous. Les établissements hôteliers se succèdent sans discontinuer le long du boulevard Kukulcán, où les adresses sont identifiées par des indications kilométriques et non des numéros. La plupart ont tout d'une "ville dans la ville" et proposent des formules tout compris. Et même si vous n'y venez pas en lune de miel, vous ne serez guère tenté de vous aventurer en dehors de votre hôtel. Restaurants, galeries marchandes, piscines, bars dans des atriums vertigineux, night-clubs et front de mer : tout est là à votre disposition.

En matière de style architectural et de décoration, il y en a pour tous les goûts : du hall d'entrée verdoyant du **Paradisus Cancún** Ⓐ (Km 16,5), dont les plantes luxuriantes drapant les balcons créent une ambiance tropicale, au Dreams Sands Cancún Resort & Spa (Km 9,5), résolument moderniste.

Le **Centro de Convenciones** Ⓑ (KM 9) se trouve juste avant que le boulevard ne marque l'angle du "7". Presque en face de ce centre dédié aux concerts et autres événements culturels, le centre commercial **Forum by the Sea** Ⓒ (Km 9,5) concentre l'essentiel de la vie nocturne locale, avec ses franchises – Hard Rock Café en tête – et ses night-clubs géants – parmi les plus grands du monde –, comme The City Nightclub ou le Coco Bongo. Chaque soir, les noctambules y convergent pour s'imprégner de l'énergie ambiante, se déhancher au rythme de musiques variées, assister aux différents spectacles… et profiter de la climatisation.

Mais envers et contre tout, quelques sites mayas ont réussi à survivre. Le principal d'entre eux, **El Rey** Ⓓ, a désormais pour voisin le golf du Hil-

À SAVOIR

Les violents éclairages des grandes enseignes et des panneaux publicitaires donnent par endroits à la Riviera Maya des airs très citadins. Cette urbanisation effrénée a pourtant pris par surprise bien des créatures sauvages, comme les jaguars qui rôdent encore parfois dans les bois bordant Playa del Carmen, ou les pumas qui s'aventurent à l'occasion dans les quartiers résidentiels au sud de Cancún.

Fiesta au Coco Bongo.

LE REVERS DE LA MÉDAILLE

L'essor du tourisme a certes apporté une richesse qui faisait cruellement défaut, mais à quel prix ?

Avec ses eaux si turquoise qu'elles semblent concentrer le rêve caribéen, ses kilomètres de plages enchanteresses et son climat tropical par excellence, comment s'étonner que l'île déserte de Cancún se soit métamorphosée en un temps record en une superstation balnéaire ? Difficile d'imaginer, aujourd'hui, le territoire vierge qu'était cette région dans les années 1960. Les chiffres relatifs à Cancún et à la Riviera Maya – toponyme créé de toutes pièces en 1998 et qui, désormais, lui colle à la peau – donnent le vertige. S'il est de notoriété publique que, depuis l'apparition de ses premiers hôtels il y a presque 50 ans, Cancún a connu une croissance démographique exponentielle pour atteindre les 720 000 habitants, rares sont ceux qui savent que Playa del Carmen, encore considérée en 1995 comme un paisible satellite de Cancún, a vu sa population multipliée par plus de 5 en à peine plus d'une décennie. Cancún est le fruit d'une mûre réflexion au terme de laquelle le gouvernement mexicain a estimé que le nord de la côte du Quintana Roo était l'un des plus beaux endroits de la Terre, qui plus est facile d'accès pour les Nord-Américains et les Européens. L'essor foudroyant de la Riviera Maya a changé la donne urbaine pour Ciudad Cancún, conçue à l'origine comme une ville dortoir destinée aux employés des hôtels, et pour Playa del Carmen. Dorénavant, la péninsule du Yucatán ne saurait se passer de sa locomotive économique qu'est le tourisme. Tout le monde ou presque en profite, des loueurs de voitures issus de la classe moyenne aux paysans mayas travaillant quelques mois par an sur les chantiers. En revanche, la manne financière ne bénéficie qu'à un très petit nombre.

Outre cette iniquité flagrante, d'autres problèmes découlent de la course effrénée au développement que se livrent les promoteurs immobiliers. Beaucoup semblent partir du principe que la croissance du tourisme n'a pas de limite. Malgré les critiques dont elle fait l'objet, Cancún a un impact moins significatif sur l'environnement que la myriade de résidences hôtelières qui envahit la côte, bloquant l'échange vital de nutriments entre les mangroves et les récifs. Par ailleurs, toute cette population – touristes et habitants – produit un volume de déchets considérable. À présent, la Riviera compte plus d'une dizaine de golfs alors qu'elle figure parmi les régions qui s'y prêtent le moins, le cocktail de produits chimiques nécessaire à l'entretien des terrains pénétrant dans le sous-sol calcaire, avant de s'épandre dans la mer.

Il existe d'autres façons de profiter de la région que de s'enfermer dans une résidence hôtelière à peine sorti de l'aéroport, et nombreux sont les petits prestataires proposant des alternatives : expéditions de plongée, découverte de la faune, etc. Ils se trouvent souvent dans les environs des réserves naturelles et collaborent étroitement avec les communautés mayas locales, en vue d'une répartition plus équitable des dollars générés par le tourisme.

Selon les écologistes ayant les pieds sur terre, 3 mesures s'imposent pour préserver la Riviera Maya : régler son problème de déchets ; interdire toute nouvelle construction à moins de 500 m de la côte ; respecter les normes sanitaires en matière de traitement des eaux usées. Ce littoral n'aura d'avenir assuré que s'il continue de séduire ses visiteurs par la beauté de son environnement et que tous les habitants y trouvent leur compte. #

Bain de foule à Playa del Carmen.

ton. La majeure partie d'El Rey date de l'Époque postclassique ayant précédé de peu l'arrivée des conquistadors.

Ceux que le strass et les paillettes n'attirent guère ou dont le budget n'est pas extensible séjournent de préférence à Ciudad Cancún (centre-ville), dans l'un des hôtels bon marché proches du grand magasin Sanborns et de la gare routière, là où l'Avenida Uxmal croise l'artère principale arborée, Avenida Tulum. Dans les rues adjacentes, vous dénicherez toute une ribambelle de restaurants des plus authentiques. Le quartier compris entre le **Monumento a la Historia de México**, à l'extrémité de la gare routière, et le **Monumento Diálogo Norte-Sur** (dédié au dialogue Nord-Sud) recèle tout ce dont vous pouvez avoir besoin : marchés, boutiques, bureaux de change, hôtels, bars et offices de tourisme. Les bus de la ligne Hotel Zone-Downtown (R-1) assurent une navette permanente entre la Zona Hotelera et le centre-ville. Sinon, vous trouverez des taxis – moyen de locomotion incontournable compte tenu des distances – à tous les coins de rue. La tarification fonctionne par zone. Une course coûte environ 5 $US en centre-ville, et près de 15 $US du centre au bastion des noctambules (Km 9,5).

ISLA MUJERES

Une atmosphère radicalement différente vous attend à l'**Isla Mujeres ❻** (île aux Femmes). Cette île de près de 8 km de longueur et de tout au plus 1 km de largeur ne possède que 2 artères principales. Contrairement à ce qui s'est colporté au fil des siècles, elle ne doit pas son nom au fait que des pirates du 17e siècle y séquestraient leurs femmes, mais à la multitude des représentations d'Ixchel, déesse maya de la Fertilité, que les premiers conquistadors ont découvertes sur place. D'ailleurs, les ruines qui se trouvent à la pointe sud de l'île sont celles du Templo de Ixchel.

Au départ de Puerto Juárez (nord de Cancún), les ferrys de Magaña et d'Ultramar y débarquent leurs passagers toutes les 30 minutes environ (départ 5h-23h30 ; retour 5h30-0h). La traversée dure 20 minutes. Les car-ferrys appareillent de Punta Sam, à quelque

Quiétude de la Playa Norte, Isla Mujeres.

8 km au nord de Cancún (5 liaisons par jour ; départ 7h15-20h15 ; retour 6h-19h15).

Bon nombre de visiteurs passent le plus clair de leur temps à la **Playa Norte**, où l'eau est très peu profonde. D'autres lui préfèrent, 2 km au sud, le **Parque Natural de Arrecifes Garrafón** (www.garrafon.com.mx ; ouv. tlj. 10h-17h l'hiver, jusqu'à 18h l'été), qui renferme des récifs parfaits pour le snorkeling. Malgré la présence partout dans l'île de taxis, la location de voiturettes de golf remporte un franc succès. Il n'y a pas de meilleur spot de plongée et de snorkeling à proximité de Cancún que l'Isla Mujeres.

Dans les eaux transparentes de **Los Manchones**, un récif ancré à la pointe sud de l'île, a été immergé un crucifix en bronze de 3 m de hauteur, placé là en 1994 pour le 140e anniversaire de l'accession de l'île au statut de municipalité. La **Cueva de los Tiburones Dormidos** (grotte des Requins dormeurs), engloutie au large de la côte sud-est, doit son nom au fait que les requins peuvent y rester immobiles durant des heures. Ce phénomène étrange a une explication : à cet endroit, une rivière souterraine se jette dans la mer.

ISLA HOLBOX

À quelques encablures du Cabo Catoche, cap où se rencontrent la mer des Caraïbes et le golfe du Mexique, l'**Isla Holbox** ❼ se résume à une étroite bande de mangrove et de sable. L'île n'abrite qu'un seul village aux rues sablonneuses où circulent surtout des bicyclettes et des voiturettes de golf. Simples ou luxueux, les hôtels coiffés de palmes qui bordent la plage affichent une plaisante décontraction.

Ce havre de paix a plus d'un atout dans sa manche, car vous pourrez y pêcher à la mouche, observer les oiseaux, pratiquer le snorkeling – notamment autour de l'**Isla de Pájaros** dans la Laguna de Yalahão, entre Holbox et le continent –, mais aussi et surtout assister au rassemblement des requins-baleines (mai-sept.), les plus grands poissons du globe, venus se repaître de plancton et d'alevins de thon. Pour vous rendre à Holbox, vous prendrez le ferry au petit port de Chiquilá, à 160 km de Cancún, soit

Un style très local pour l'Hotel La Palapa, Isla Holbox.

2 heures et demie de route (départ environ toutes les 2 heures).

COZUMEL

Cozumel ❽, au sud de l'Isla Mujeres, est une île de 47 km de longueur pour 16 km de largeur. Un phare est posté à chaque extrémité. Haut lieu de pèlerinage maya à l'Époque post-classique, elle abrite plusieurs sanctuaires dédiés à Ixchel. Le site de **San Gervasio** (ouv. tlj. 8h-16h30 sept.-mai, jusqu'à 17h juin-août ; entrée payante), principal témoignage de cette époque, se situe dans le nord, à l'intérieur des terres. D'un style comparable à celui de Tulum et d'autres cités mayas post-classiques, il occupe un vaste espace boisé et fleuri, peuplé d'oiseaux. Vous y découvrirez notamment le complexe de **Chichán Nah** où résidait vraisemblablement le seigneur de Cozumel.

Attirés par la richesse de ses récifs, les touristes – à commencer par les amateurs de plongée et de pêche – ont découvert Cozumel avant même que Cancún ne voie le jour. Un secret bien gardé jusqu'à l'essor touristique de la nouvelle station balnéaire. Aujourd'hui, l'île reçoit près de 400 000 visiteurs par an qui, pour la plupart, y viennent en bateau de croisière, mais aussi en avion et en ferry (liaisons régulières avec la **Playa del Carmen**, et car-ferrys – moins nombreux – au départ de **Puerto Calica**, un peu plus au sud).

Plus de 20 récifs bordent la côte ouest de Cozumel, pour le plus grand bonheur des plongeurs novices ou chevronnés. Un simple équipement de snorkeling permet déjà d'admirer ces trésors sous-marins, que vous pouvez également découvrir à bord d'un bateau à fond de verre. Les plongeurs sous-marins ont une prédilection pour les récifs plus au large, comme celui de **Palancar**, si souvent filmé par Cousteau, de **San Francisco** ou encore de **Santa Rosa**, réputé pour ses parois impressionnantes. Le long de ce littoral s'égrènent aussi quelques joyaux balnéaires, dont la **Playa San Francisco** qui s'étire sur 3 km.

Seule localité de l'île, située sur la côte ouest, **San Miguel de Cozumel** s'est développée le long de l'Avenida Rafael Melgar qui borde le front de mer. Le dimanche soir, des musiciens se produisent sur la Plaza del Sol où s'invitent les terrasses de petits restaurants. San Miguel de Cozumel possède aussi un charmant musée, le **Museo de la Isla de Cozumel** (ouv. tlj. 8h-17h ; entrée payante), qui a élu domicile dans un ancien hôtel bordant la plage, et propose des expositions consacrées aux Mayas, aux pirates, aux ouragans ainsi qu'à la faune et à la flore locales (informations en espagnol et en anglais).

La partie orientale de l'île semble abandonnée en dehors des plages et du **Faro Celarain** (phare) posté à la pointe sud, dans une réserve naturelle. Quant au nord-est, il reste à l'état sauvage, exception faite du phare de la Punta Molas et de la piste qui y conduit.

Œuvre de Gonzalo Guerrero au Museo de la Isla de Cozumel.

LA RIVIERA MAYA

La Carretera Federal 307 qui, au départ de Cancún, pique vers le sud, épouse la côte sans quasiment s'en éloigner de

Départ pour une sortie de snorkeling au large de Cozumel.

Hôtel les pieds dans l'eau, Playa del Carmen.

Virée shopping à Playa del Carmen, la mecque du tourisme.

plus de 2 ou 3 km. Des complexes hôteliers aux entrées plus sophistiquées les unes que les autres jalonnent cet axe. À 36 km de Cancún, **Puerto Morelos** ❾ était l'unique village de cette côte avant l'avènement du tourisme. Il a su conserver tout le charme d'antan, comme l'atteste sa petite place donnant sur la plage et où jouent les enfants tandis que les pêcheurs s'apprêtent à prendre la mer.

Des routes secondaires rejoignent les plages de sable blanc, toutes ou presque bordées désormais de constructions. Ainsi, d'opulentes résidences ont fait leur apparition le long de la ravissante **Playa del Secreto**, et les plages autrefois accessibles via des pistes en terre à peine praticables de la **Punta Bete** – là où la côte dessine une courbe – sont aujourd'hui desservies par des routes bitumées, parsemées d'hôtels haut de gamme. Les 2 complexes hôteliers sans doute les plus luxueux de la Riviera se trouvent plus au sud. Il s'agit du gigantesque **Mayakoba** (5 hôtels et un golf digne des professionnels, le tout dans un parc paysagé) et de l'**Hacienda Tres Ríos**.

PLAYA DEL CARMEN

Quelque 68 km, en direction du sud, séparent Cancún de **Playa del Carmen** ❿, plus surprenante encore que la capitale de la Riviera. Jugez plutôt : en 1980, elle comptait près de 1 000 habitants, contre plus de 150 000 à l'heure actuelle. Parallèle à la plage, son unique rue sablonneuse d'alors s'est transformée en Calle Quinta Avenida (5e Avenue), une voie piétonne pavée, prise d'assaut par les restaurants, bars, boutiques et hôtels, qui relie les nouveaux quartiers de la ville et où déambulent les touristes de jour comme de nuit

Deuxième plus grande station balnéaire de la Riviera, Playa del Carmen affiche un style différent de celui de Cancún. S'étant développée avec la plage pour point d'ancrage, elle ne s'étend pas sur des kilomètres comme la Zona Hotelera, de sorte qu'elle s'explore aisément à pied. Des auberges pour backpackers aux établissements haut de gamme, en passant par les charmants petits lodges, Playa del Carmen vous donne l'embarras du choix en matière d'hébergement. Vous y trouverez aussi plusieurs centres de plongée

d'un excellent niveau. Des ferrys ralliant Cozumel appareillent fréquemment du quai situé dans le prolongement de l'Avenida Constituyentes.

Les mastodontes de l'hôtellerie se concentrent à Playacar. Implanté au sud du centre-ville, ce quartier abrite des immeubles d'appartements, un parcours de golf 18-trous et les ruines mayas de ce qui était autrefois un point d'embarquement pour les pèlerins se rendant à Cozumel. De là, il ne vous faudra pas longtemps pour rejoindre **Xcaret** (tél. 998-883 3143 ; www.xcaret.com ; ouv. 8h30-22h30), l'une des principales attractions touristiques de la Riviera. L'ancien port naturel maya formé par un lagon s'est métamorphosé en un parc de loisirs pour petits et grands, au cœur d'une réserve écologique réunissant un zoo, un jardin d'orchidées, une serre à papillons, un aquarium, un théâtre en plein air et plusieurs restaurants. Pour connaître les horaires des cars qui le desservent au départ de Cancún, contactez le 998-883 3143.

DE PUERTO AVENTURAS À XEL-HÁ

À 20 km de Playa del Carmen, la Carretera Federal 307 traverse **Puerto Aventuras**, village balnéaire à vocation touristique dont les villas et hôtels s'agencent autour d'une superbe marina et d'une plage qui n'a rien à lui envier. Elle rejoint ensuite les 7 anses de **Xpu-Ha**, lesquelles se classent parmi les plus beaux joyaux de la Riviera Maya.

À hauteur de Xpu-Ha, l'intérieur des terres abrite plusieurs cénotes où les visiteurs peuvent se baigner et pratiquer le snorkeling. Le modeste **Ecopark Kantun-Chi** (ouv. tlj. 9h-17h) n'en possède pas moins de 4 avec, en prime, un petit zoo et un circuit de promenade dans la forêt.

Les eaux transparentes de la Laguna Yal-Ku, dans laquelle a sombré le galion *El Matancero* en 1741, communiquent avec la mer aux portes septentrionales d'**Akumal** ⓫. Cette localité a le privilège de donner sur des baies d'une beauté exceptionnelle, notamment la Bahía de la **Media Luna** (Demi-lune), au nord. Presque aussi récente que Puerto Aventuras, Akumal s'est néanmoins bâtie autour d'un village préexistant, ce qui lui confère une atmosphère plus authentique et plus décontractée. En maya, son nom signifie "lieu des Tortues". Un toponyme mérité car ses plages, ainsi que celles de Xcacel (au sud), figurent parmi les principales aires de reproduction (mai-août) des caouannes ainsi que des tortues vertes et imbriquées. L'été, le refuge et centre de recherches **Centro Ecológico Akumal** (tél. 984-875 9095 ; www.ceakumal.org) organise des sorties nocturnes pour observer ses hôtes.

À **Xel-Há** ⓬ (tél. 998-884 7165 ; www.xelha.com ; ouv. tlj. 8h30-18h), le snorkeling est à la portée de tous ou presque. À cet endroit, les rivières souterraines se jettent dans un lagon naturel, au cœur d'un parc écologique qui fait partie du même groupe que Xcaret. Assez cher, le ticket d'entrée, valable pour une journée, comprend la location de l'équipement, la baignade avec les dauphins et des balades à bicyclette dans la forêt environnante.

Petit coin de paradis tropical à Xcaret.

Le sud de la Riviera Maya se classe en tête des sites mondiaux pour la plongée souterraine, les cénotes permettant d'accéder à plusieurs réseaux de grottes sous-marines spectaculaires, dont le célèbre **Dos Ojos** (à 2 km de Xel-Há) qui s'étend sur 61 km voire plus, à une profondeur de 118 m.

TULUM ET SIAN KA'AN

Perché au sommet d'une falaise calcaire dominant une plage de sable blanc et fin, le site de **Tulum** ⓭ vous donne rendez-vous à quelque 27 km au sud d'Akumal. À l'origine, il s'appelait Zama (Aube), car il est tourné vers le soleil levant, et représentait le plus important port de commerce le long de la côte entre le 14e siècle et la conquête espagnole, dernière partie de l'Époque postclassique. À l'arrivée des conquistadors, la population de Tulum s'élevait àenviron 600 habitants seulement, selon les estimations. Prêtres et nobles résidaient à l'intérieur des murailles qui délimitent toujours les 6,5 ha de la citadelle ceinte sur 3 côtés. Le seigneur, ou Halach Uinich, avait la haute main sur le conseil composé des familles dirigeantes, celui-ci ayant pour mission de collecter les impôts, de lever des troupes et de négocier des alliances avec les communautés voisines.

De toutes les anciennes cités mayas encore présentes à ce jour, Tulum est sans conteste celle qui jouit du plus beau panorama. Le mur d'enceinte est percé de 5 portes et jalonné de ce qui semble avoir été des tours de guet. Le **Templo de las Pinturas** (temple des Fresques) s'élève sur 2 niveaux, avec des colonnes au rez-de-chaussée surmontées d'une salle d'une taille nettement plus petite. Il s'orne d'une fresque illustrant des personnages dans un style qui évoque le centre du Mexique, ainsi que de mascarons du dieu Chac aux angles. À gauche de la plateforme, le **Templo del Dios Descendente** se distingue par l'effigie – en assez bon état – de cet étrange personnage. Les sculptures au-dessus des porches sont abritées par un auvent en chaume *(palapa)*. Le Templo fait face à l'édifice le plus imposant du complexe : El Castillo. Précédé par des colonnes ornées de serpents, et bâti sur 2 pyramides plus anciennes, celui-ci devait autant servir de tour de guet et de

Histoire et plaisirs balnéaires à Tulum.

CÉNOTES

De tout temps, la péninsule du Yucatán est marquée par l'évanescence de l'eau. Pas un seul cours d'eau ne coule en surface au nord de Champotón, sur la côte ouest, ni dans le centre de la presqu'île. L'eau de pluie s'infiltre directement à travers le sol rocheux, percé de multiples grottes et cénotes dont le réseau souterrain est le plus long du monde.

Formées à la suite de l'effondrement de terrains calcaires, ces dolines karstiques remplies d'eau et ces puits naturels revêtent depuis toujours une importance religieuse fondamentale pour les Mayas, qui les associent au dieu de la Pluie Chac.

En découvrant un cénote, l'explorateur John L. Stephens ne manquera pas de s'extasier devant ce spectacle d'une infinie beauté. Un endroit parfait, selon lui, pour le bain de Diane et de ses nymphes.

phare que de temple. Son fanal brûlant de jour comme de nuit ne manquera pas d'impressionner les conquistadors de l'expédition menée par Juan de Grijalva, en 1518. À l'instar de la plupart des monuments de Tulum, le Castillo est aujourd'hui interdit d'accès par mesure de protection.

Mais Tulum abrite un autre trésor : sa plage qui s'étire sur 11 km jusqu'à l'entrée de la réserve de Sian Ka'an. Avant que sa beauté ne la propulse sous les feux de la rampe, elle recevait surtout des babas cool, qui y séjournaient dans des *cabañas* coiffées de palmes. Aujourd'hui, c'est plutôt la jet-set qui se presse dans ses "bikini bootcamps", ses centres de yoga et ses hôtels au chic écolo qui font fuir les backpackers. Pour autant, elle conserve quelques endroits reculés propices à la quiétude, et maintient certaines "traditions" locales. Ainsi, l'électricité n'y fonctionne que par intermittence, ce qui a contraint les établissements hôteliers à investir dans des groupes électrogènes et l'énergie solaire.

De même, Tulum Pueblo, légèrement en retrait de la côte, comptait parmi les communautés mayas les plus traditionnelles du nord de Quintana Roo jusque dans les années 1990. Tourisme oblige, il est devenu depuis un petit bourg au développement rapide et désordonné.

Au sud de Tulum, la route côtière ne tarde pas à rejoindre la **Reserva de la Biósfera de Sian Ka'an** ⓮, 500 000 ha inhabités de forêt tropicale, de mangroves, de marais, de récifs et de lagunes d'eau douce hébergeant une faune fantastique : 300 espèces d'oiseaux, des jaguars, des pumas, des ocelots, des cerfs de Virginie, des crocodiles, des tapirs, des singes... Le **Community Tours Sian Ka'an** (siankaantours.org) y organise des excursions d'une journée au départ de Tulum, avec exploration des lagunes en bateau. La piste qui accède à la réserve et la parcourt est semée de nombreuses ornières, surtout après les pluies.

COBÁ

Du carrefour principal de Tulum, une route monotone quasiment rectiligne part en direction de Valladolid, au nord-ouest, et conduit à Cobá. Tout au long des 45 km de trajet, vous rencontrerez

Xaibé (carrefour), ainsi nommé car cet édifice semi-circulaire marque la croisée de 4 sacbés*, Cobá.*

quelques villages et plusieurs cénotes. L'occasion de voir de multiples spécimens de maisons mayas traditionnelles, à la base en pierre et au toit de palmes soutenu par des piliers de bois qui se terminent en Y. Leurs toitures sont rudement secouées par les ouragans, mais en comparaison à d'autres plus solides en apparence, elles résistent mieux. À l'intérieur des habitations règne une fraîcheur bienfaisante, les portes restant en permanence ouvertes et la brise soufflant entre les piliers.

Les temples et les pyramides de **Cobá** ⓯ (ouv. tlj. 8h-17h) s'éparpillent dans une forêt luxuriante peuplée d'oiseaux, et l'exploration du site suppose de marcher un bon moment, à moins que vous ne louiez un vélo ou un taxi-tricycle à l'entrée. Avec un peu de chance, vous surprendrez le vol délicat de papillons ou de loriots. Les occasions d'y voir des toucans et des serpents sont rares ; en revanche, vous n'aurez aucun mal à repérer des crocodiles dans les lacs.

CAMPECHE

L'État du Campeche constitue la région la moins connue de la péninsule du Yucatán. Pourtant, il déploie autant d'énergie à développer le tourisme qu'il en consacre à la pêche et à l'exploitation pétrolière. Et il ne manque pas d'atouts, les principaux étant la beauté de ses sites mayas – dont certains mis au jour en partie seulement – et la pittoresque citadelle qui lui sert de capitale. C'est aussi là que les conquistadors, menés par Francisco Hernández de Córdoba, ont foulé le sol mexicain pour la première fois, le 20 mars 1517 – si l'on exclut leur bref passage à l'Isla Mujeres.

Son voisin méridional, le Chiapas, recèle aussi quelques joyaux mayas – Bonampak, Yaxchilán et, surtout, Palenque –, sertis dans un écrin de jungle. Contrastant avec le reste de la péninsule, la majeure partie de son territoire se compose de montagnes cachant des cours d'eau d'une transparence cristalline et des chutes d'eau qui se précipitent dans des gorges vertigineuses. Plus d'un million de Mayas vivent dans cet État, répartis en 8 groupes ethniques différents, ayant chacun sa propre langue et sa propre culture.

Ascension sportive de la pyramide Nohoch Mul, Cobá.

CARNET DE VOYAGE

L'explorateur et écrivain américain John L. Stephens, ainsi que l'artiste et architecte anglais Frederick Catherwood débarquent en Amérique centrale en 1839, après avoir lu le récit de l'expédition du capitaine Antonio del Río à Palenque, en 1786. Cette lecture a, comme l'écrira Stephens dans sa prose dénuée de fioritures, "éveillé leur curiosité". Durant 3 ans, les 2 hommes vont sillonner la région, affrontant les maladies et les dangers liés aux guerres civiles. Ils visitent des dizaines de cités mayas connues, dont Chichén Itzá, Quiriguá et Copán, et en décrivent d'autres qu'aucun étranger n'a encore "découvertes", comme Kabah, Sayil et Tulum. Fascinés par ces sites fabuleux, ils feront partie des premiers à attribuer ces merveilles à la population maya et non à des Égyptiens ou des Grecs qui se seraient hasardés à traverser l'Atlantique.

En 1841, Stephens publie *Incidents of Travel in Central America, Chiapas and Yucatán*, l'ouvrage étant illustré avec maestria par Catherwood. Au terme d'une deuxième expédition, le tandem fait paraître *Incidents of Travel in Yucatán* (1843). Ces 2 livres, toujours disponibles (en version originale), passent aujourd'hui pour de grands classiques de la littérature de voyage. Stephens et Catherwood ne réussiront pas à déchiffrer les glyphes, mais ils attireront l'attention du monde entier sur cette culture indigène qui, depuis, n'en finit pas de passionner les experts.

CAP VERS CAMPECHE

Quittant Chetumal, à la frontière du Belize, la Carretera Federal 186 traverse la péninsule et pénètre dans l'État du Campeche. La région, chaude et humide, a été partiellement repeuplée aux abords de cet axe de communication majeur reliant le centre du Mexique à la Riviera Maya. Il y a quelque 1 500 ans, celle-ci accueillait l'un des centres de la civilisation maya. La plupart de ses sites, dont **Xpuhil** et **Becán**, bordent la route, tandis que la vaste cité de **Calakmul** se niche en plein cœur de la forêt, plus au sud.

S'étendant de part et d'autre de la 186, la **Reserva de la Biósfera de Calakmul** occupe la majeure partie du sud du Campeche. Première réserve de forêt tropicale humide du Mexique par la superficie, elle abrite une faune d'une grande richesse – singes, tatous, tapirs, jaguars et autres félins –, que vous croiserez à coup sûr lors de votre visite de ruines – notamment celles de Calakmul. Ses jungles rejoignent celles de la Reserva de la Biósfera Maya, au Guatemala, et de la Río Bravo Conservation Area, au Belize, formant un immense territoire de forêt subtropicale d'une importance vitale pour l'environnement.

La principale cité antique maya, **Calakmul** ⓰ (ouv. tlj. 8h-17h ; entrée payante), se trouve dans le sud de la Reserva de la Biósfera de Calakmul. Vous y accéderez par une route sinueuse de 60 km qui part de la 186 à la hauteur de Conhuas (52 km à l'ouest de Xpuhil) – où vous acquitterez le droit d'entrée à la réserve. Attendez-vous à ne pas rencontrer âme qui vive au cours du trajet, hormis des dindons sauvages et des toucans perchés dans les arbres. N'oubliez pas d'emporter de l'eau et un répulsif contre les insectes.

Calakmul est la plus vaste cité maya répertoriée à ce jour. Elle ne réunit pas moins de 6 000 structures, dont 2 pyramides géantes (Structures 1 et 2) mesurant près de 50 m de hauteur. La cité date du 5e siècle av. J.-C., mais elle ne connaîtra la prospérité qu'à partir de l'an 350, au début de l'Époque classique.

La 186 vous conduira ensuite à Escárcega, où vous bifurquerez vers le nord afin de rallier la capitale éponyme du Campeche, située 150 km plus loin. Fondée en 1540 par Francisco de Mon-

Palette de couleurs dans une rue de Campeche.

tejo sur le territoire maya du nom d'Ah Kin Pech, **Campeche** ⓱ va subir 200 ans durant les attaques répétées des pirates convoitant les richesses transportées par galions entiers jusqu'en Espagne. La Couronne espagnole décidera alors de protéger la ville derrière d'imposantes fortifications, édifiées entre 1685 et 1704. Épaisses de près de 3,5 m, les murailles – parallèles à l'actuelle Avenida Circuito de los Baluartes – mesuraient à l'origine 2 536 m de longueur, faisant de Campeche l'une des rares citadelles du continent américain, un bastion hexagonal gardé par 8 tours et un port devenu inexpugnable, ce qui finira par décourager les flibustiers.

Vous débuterez votre exploration de la vieille ville, classée au Patrimoine mondial, à la **Puerta de Mar** d'où la Calle 59 rejoint la Puerta de Tierra et le musée consacré aux pirates, le **Museo de los Piratas** (ouv. tlj. 9h-17h). Ici, la vie s'organise autour de la **Plaza Principal** Ⓐ. Juste à côté, le **Baluarte de la Soledad** Ⓑ (bastion de la Solitude) héberge le **Museo de Arquitectura Maya** (ouv. mar.-dim. 8h-17h) qui renferme de jolies stèles sculptées et autres vestiges mayas découverts au Campeche.

La **Casa Seis** Ⓒ (ouv. tlj. 9h-21h ; entrée gratuite), à l'ouest de la place, appartenait à un marchand du 19e siècle. Restaurée avec soin et convertie en centre culturel, elle possède de ravissants patios ombragés et accueille l'office de tourisme principal de Campeche. De l'autre côté de la place se dresse la **Catedral de la Concepción** Ⓓ, avec ses 2 clochers, son dôme et ses arcs-boutants. Autres exemples d'architecture dignes d'intérêt, l'**Iglesia de San Francisco** (Calle de Escobedo), bâtie en 1540, et la **Mansión Carvajal** Ⓔ (Calle 10), ancienne demeure d'un riche propriétaire d'hacienda, laquelle se distingue par le style mauresque de ses arcades, les damiers de ses sols carrelés et l'originalité de son escalier.

Le marché se tient au début de l'Avenida Gobernadores, à côté du **Baluarte de San Pedro** Ⓕ qui héberge un **petit musée** dédié à l'artisanat (ouv. mar.-sam. 9h-20h, dim. 9h-13h ; entrée gratuite). Non loin de là, le **Baluarte de Santiago** Ⓖ abrite le **Jardín Botánico X'much Haltún** (ouv. lun.-sam. 8h-14h

Trésor maya exposé au Museo de Arqueología Maya de Campeche.

et 17h-20h, dim. 8h-14h) et sa végétation tropicale luxuriante.

MUSÉES FORTIFIÉS

Les 2 plus grands musées de Campeche ont élu domicile dans 2 forts espagnols spectaculaires édifiés entre 1779 et 1801, sur les collines au nord et au sud de la ville. Celui se trouvant au sud, le **Museo de Arqueología Maya** (Escénica ; ouv. mar.-dim. 8h30-17h), occupe le **Fuerte de San Miguel** qui domine l'avenue longeant le bord de mer. Il détient la plus riche collection de vestiges mayas du Mexique, notamment des masques funéraires en jade découverts à Calakmul dans les années 1990 – il les prête souvent à d'autres musées. Pour vous y rendre, prenez un taxi ou le bus touristique El Guapo (départ de la Plaza Principal).

Le fort posté au nord de la ville, le **Fuerte de San José el Alto**, en impose tout autant, mais les expositions sur l'histoire maritime et coloniale de son musée, le **Museo de Barcos y Armas** (ouv. mar.-dim. 8h-20h), présentent moins d'intérêt. Un bus touristique le dessert plusieurs fois par jour.

LE CHIAPAS

Situé à la base de la péninsule du Yucatán, à l'ouest du Guatemala, l'État du Chiapas recèle également de fascinantes cités mayas enfouies au cœur de la forêt tropicale.

Émergeant de la jungle du Chiapas, à 355 km de Campeche, les ruines de la cité maya de **Palenque** ⓲ (ouv. tlj. 8h-17h) pourraient justifier à elles seules un voyage au Mexique. Elles forcent encore plus le respect lorsque l'on sait que la zone actuelle ne représente qu'une infime partie de ce qu'était Palenque à son apogée, au 7e siècle. "Palenque" signifie "palissade" en espagnol. À l'origine, la cité s'appelait vraisemblablement Lakam Ha (Grandes Eaux), mais elle portera aussi le nom de Bak (royaume des Os). Il s'agit de la cité maya la plus étendue et la plus puissante de la région du Río Usumacinta à partir de l'an 400 environ. Elle connaîtra cependant un déclin brutal vers 800, avec l'extinction de la dynastie au pouvoir. Il s'agit aussi du premier site maya à avoir fait l'objet de fouilles archéologiques, les prêtres espagnols ayant commencé à l'explorer dès les années 1770.

À SAVOIR

Au Chiapas, les rebelles zapatistes défient les autorités depuis 1994, confrontations et violences se produisant de manière sporadique. Ces dernières années, la situation a néanmoins évolué vers une sorte de statu quo pacifique, et les visiteurs n'ont plus grand-chose à craindre. Cela dit, l'armée mexicaine effectue des contrôles d'identité réguliers sur les routes. Ayez toujours votre passeport sur vous.

Canon pointé vers le golfe du Mexique au Fuerte de San Miguel.

Une fois franchi l'ultime rideau épais de végétation qui masque ses trésors, vous butez presque contre les 2 plus beaux et plus imposants joyaux de Palenque : le **Palacio** en forme de pagode et, à sa droite, le **Templo de las Inscripciones**, superbe spécimen d'architecture de l'Époque classique, couronné par une crête faîtière typique.

Ce dernier est, en réalité, une pyramide surmontée d'un temple qui, perché à 26 m de hauteur, domine l'ensemble du site. Il doit son nom aux glyphes inscrits sur les murs et qui fournissent la liste détaillée et datée des rois de Palenque. En 1952, l'archéologue mexicain Alberto Ruz Lhuillier y découvrira un passage condamné menant à une chambre mortuaire, 25 m plus bas. Celle-ci renfermait la sépulture du roi Pakal (règne : 615-683). Couverte de bijoux de jade, la dépouille du plus illustre de tous les souverains de Palenque portait un masque funéraire en mosaïque de jade, avec des coquillages et de l'obsidienne à la place des yeux. Le public n'a plus accès au tombeau de Pakal, ni au reste du Templo de las Inscripciones, mais le musée (entrée comprise dans le prix) situé à 1 km des ruines, via la route d'accès au site, expose une reconstitution grandeur nature de la tombe, la **Sala Tumba de Pakal**. En revanche, vous pourrez visiter le **Templo XIII** voisin, lequel abrite la **Tumba de la Reina Roja**. Constitué de 3 salles, le tombeau de la Reine rouge abrite le sarcophage (découvert en 1994) d'une femme – sans doute la reine Tzakbu Ajaw, épouse de Pakal –, fortement teinté de cinabre, un pigment rouge symbolisant la renaissance chez les Mayas.

Presque en face de la pyramide, le **Palacio** se compose d'un ensemble d'édifices, de cours, de passages et de tunnels agencés autour d'une tour carrée qui s'élève sur 4 niveaux. Les murs s'ornent de panneaux en stuc finement ouvragés, tandis que les murets extérieurs sont décorés de glyphes et de sculptures représentant des personnages gigantesques.

Dans une clairière herbeuse au nord du palais, se trouvent le **Juego de Pelota** (jeu de balle) ainsi que des pyramides plus modestes, baptisées le **Grupo del Norte**. À l'est, un sentier franchit un

Le Templo de las Inscripciones, Palenque.

ruisseau pour rejoindre les 3 grands temples formant le **Grupo de las Cruces**, édifiés par le fils de Pakal, Kan B'alam II (règne : 684-702), en hommage à lui-même, à son père et à leur dynastie. Le plus imposant du trio, le Templo de la Cruz, présente une frise montrant le père qui remet les attributs royaux au fils. Au cours des 25 dernières années, les archéologues ont fait de nombreuses découvertes majeures dans le périmètre situé au sud de la Plaza de la Cruz et baptisé le **Grupo del Sur**.

Des navettes parcourent plusieurs fois par jour les 8 km qui séparent la localité actuelle de Palenque de sa Zona Arqueológica. La forêt alentour fait partie du Parque Nacional Palenque, auquel vous accéderez moyennant un modeste supplément.

BONAMPAK, LACANJÁ ET YAXCHILÁN

Les 2 autres joyaux mayas du Chiapas, Bonampak et Yaxchilán, se cachent au cœur de la jungle du Río Usumacinta, qui marque la frontière avec le Guatemala. Une route parallèle à la vallée du fleuve relie Palenque à **Bonampak** ⓳ (ouv. tlj. 8h-16h45), 140 km au sud-est. À la hauteur de San Javier, prenez l'embranchement en direction de la Zona Arqueológica. Au bout de 9 km, vous parviendrez à **Lacanjá**, village des Lacandón qui gèrent cette réserve. Ce peuple, qui se nomme lui-même Hach Winik (Vrais Hommes), représente les derniers descendants de la civilisation maya et les pyramides de Bonampak sont leur principal site sacré. Aussi, aucun autre véhicule que les leurs n'est autorisé à accéder au site.

La découverte de Bonampak en 1946 a permis de mettre au jour des fresques parfaitement conservées datant de 790, qui témoignent d'une cité très évoluée dans le domaine artistique. Ce sont les seuls exemples du genre à avoir survécu.

Pour parfaire votre connaissance de la civilisation maya, rendez-vous ensuite à **Yaxchilán** ⓴. Cette ancienne cité, plus étendue que Bonampak, bénéficie d'un cadre exceptionnel, sur les versants qui dominent le fleuve Usumacinta. Vous devrez prendre la bifurcation à 20 km au-delà de San Javier pour atteindre, au bout de 19 km, le village de Frontera Corozal. Là, des *lancheros* (bateliers) vous conduiront en bateau aux ruines (1 heure de trajet). Sinon, les prestataires de Palenque proposent des excursions aux 2 sites archéologiques.

Ce périple dans le sud du Mexique s'achèvera par la visite de **San Cristóbal de las Casas**, une ville coloniale des plus pittoresques, juchée à plus de 2 100 m d'altitude et qui bénéficie, de ce fait, d'un climat tempéré. Très fréquentée, elle réunit toutes les prestations nécessaires : boutiques, restaurants, cafés et hôtels au charme historique. La place principale a un cachet particulier avec ses élégants édifices, dont une cathédrale baroque monumentale. Ne manquez pas d'aller faire un tour à **Na Bolom** (ouv. tlj. 10h-19h ; visites guidées en anglais à 16h30), une ravissante maison du 19e siècle ceinte de jardins.

Vous pourrez, par ailleurs, visiter les villages indigènes alentours. #

À PROPOS

À son arrivée à Palenque, en 1840, John L. Stephens se verra proposer les ruines par le préfet local, moyennant la somme de 1 500 $US. Toutefois, seuls les citoyens mexicains ou leurs épouses avaient le droit, à l'époque, d'acquérir des terres au Mexique. Stephens ne trouvera aucune femme indigène qu'il se sentira prêt à épouser.

Art pictural à Bonampak.

Semuc Champey, Guatemala.

Lago de Atitlán (Panajachel) avec le Volcán Tolimán à l'arrière-plan.

LE GUATEMALA

Au fil de ses vénérables pyramides mayas, de son architecture coloniale préservée avec soin, de ses montagnes majestueuses et de ses lacs étincelants, le Guatemala vous embarque dans une aventure mémorable.

Le Guatemala a toujours été, et demeure, le cœur du monde maya. Plus de 6 millions de Mayas y vivent, soit plus du tiers de sa population. Leur culture, pleine de vitalité et d'originalité, confère à cette nation, parmi les moins latines de tous les pays latino-américains, son trait le plus distinctif. Car, plus de 500 ans après l'arrivée des conquistadors, leurs coutumes, leur langue, leur religion et leurs traditions vestimentaires y perdurent vivement. Sur ce territoire d'une superficie modeste, la diversité des paysages a de quoi étonner. Tandis que d'immenses forêts tropicales tapissent le Petén, la région peu peuplée du nord, mais riche en vestiges mayas et à la faune remarquable, l'est du pays offre une mosaïque d'écosystèmes, avec ses forêts de nuages, ses gorges vertigineuses et son littoral caribéen humide.

Quant au sud, il se caractérise par ses reliefs et ses volcans. Dans l'Altiplano (Hautes Terres), la population rurale est majoritairement indigène, et la vie s'y déroule selon des traditions ancestrales. La plupart des Mayas se revendiquent des Églises catholique ou évangélique, ce qui n'empêche pas ceux de l'Altiplano d'observer les croyances et les pratiques spirituelles héritées de leurs ancêtres. Le maïs reste la principale culture et conserve son caractère sacré car, selon la mythologie maya, l'homme a été créé à partir de son épi.

Le Guatemala est le siège d'un pouvoir qui rayonne sur l'Amérique centrale depuis l'Époque préclassique avec l'émergence de grandes cités prospères comme El Mirador ou Kaminaljuyú. Tikal dominera la région durant la période suivante. À leur arrivée du Mexique, en 1523, les conquistadors choisiront d'y établir leur première capitale coloniale avant de s'aventurer dans le reste de l'isthme, faisant d'Antigua l'une des villes les plus magni-

NE MANQUEZ PAS

Antigua *p. 140*
Chichicastenango *p. 148*
Ciudad de Guatemala *p. 137*
Cobán *p. 155*
Lago de Amatitlán *p. 140*
Panajachel *p. 146*
Petén *p. 158*
Quetzaltenango *p. 150*
Santa Cruz del Quiché *p. 149*
Tikal *p. 160*

Cartes p. 144, plans p. 136, 141 et 162

Tenue traditionnelle guatémaltèque.

Ciudad de Guatemala
0
500 m
N
Palacio Nacional de la Cultura
PARQUE CENTRAL
Catedral Metropolitana
Mercado Central
Correos
Iglesia de San Francisco
PARQUE CONCORDIA
Casa Mima
Museo del Ferrocarril
Teatro Nacional
CENTRO CÍVICO
Estadio Mateo Flores
Inguat
CUATRO GRADOS NORTE
Iglesia Yurrita
JARDÍN BOTÁNICO
Torre del Reformador
Politécnica
PARQUE CENTRO AMÉRICA
Plazuela España
Museo Popol Vuh de Arqueología
Museo Ixchel del Traje Indígena
Parque Zoológico La Aurora
Museo Nacional de Arqueología y Etnología
PARQUE AURORA
Museo Nacional de Arte Moderno
Museo Nacional de Historia Natural
Aeropuerto International La Aurora
Los Próceres
ZONA 1
ZONA 3
ZONA 4
ZONA 5
ZONA 8
ZONA 9
ZONA 10
ZONA 13
ZONA VIVA
Diagonal 5 Avenida del Cementerio
Avenida Centroamerica
Avenida Elena
Avenida Bolívar
Diagonal 9 (Avenida del Ferrocarril)
Voie ferrée désaffectée
Avenida La Reforma
Avenida la Castellana
Diagonal 12
Diagonal 6
Calle Mariscal Cruz
Negro
5 Avenida
6 Avenida
7 Avenida
10 Avenida
18 Calle
24 Calle
26 Calle
27 Calle
2 Calle

fiques – avec Mexico et Lima – de tout le continent américain. Aujourd'hui, avec ses quelque 16,5 millions d'habitants, le Guatemala est le plus peuplé des 7 pays centraméricains.

CIUDAD DE GUATEMALA

Prise d'une agitation frénétique et permanente, **Ciudad de Guatemala ❶**, alias "Guate", est à bien des égards l'antithèse du reste du pays. Les rues du centre surprennent par leur état de vétusté, mais de plus en plus de quartiers de la vieille ville bénéficient d'une cure de jouvence. Dans les banlieues huppées au sud, l'atmosphère change radicalement. Pour autant, là aussi, les bougainvillées qui habillent les façades des résidences s'entremêlent aux barbelés destinés à dissuader les intrus. Cependant, pour bien prendre la mesure de la complexité et des inégalités propres à cette nation, un séjour d'une journée ou deux à Guate s'impose. D'ailleurs, bon nombre de visiteurs ne détestent pas la poussière et le vacarme qui y règnent, offrant un contraste saisissant, et urbain par excellence, avec les richesses naturelles et culturelles du pays. Ils apprécient également la clémence du climat de cette ville située à 1 500 m d'altitude. Autre avantage, les sites intéressants se concentrent dans un périmètre relativement restreint : la Zona 1 (nord), la Zona 4 (centre) et les Zonas 9, 10 et 13 (sud). Comme la plupart des capitales latino-américaines, Guate est agencée selon un plan quadrillé. Toutes les rues *(calles)* sont orientées d'est en ouest ; toutes les avenues *(avenidas)*, du nord au sud.

Commencez par déambuler dans le **Parque Central** (Plaza de la Constitución), cœur géographique non seulement de la ville mais aussi du pays, toutes les distances étant calculées à partir de cet endroit. Puis, promenez-vous le long de La Sexta (6a Avenida, 6e Avenue) bordée de boutiques, dans le centre historique, avant de côtoyer l'élite de la Zona Viva (partie de la Zona 10, à l'est de l'Avenida de La Reforma), fief cosmopolite de restaurants, bars et clubs.

LA ZONA 1 ET LE PARQUE CENTRAL

Une belle collection d'édifices aussi vénérables que prestigieux entoure le

SÉCURITÉ À GUATE

Les visiteurs se trouvent parfois confrontés à des problèmes de sécurité à Ciudad de Guatemala. Aussi, les précautions d'usage s'imposent pour éviter d'être délesté de ses objets de valeur, à commencer par son smartphone. Malgré son allure délabrée, la Zona 1 ne présente généralement aucun risque durant la journée et en début de soirée.

La Zona Viva (Zona 10) est un quartier nanti, et sa multitude de cafés et de restaurants vous garantit une certaine sécurité, sauf peut-être à une heure très tardive.

Quant au réseau de bus Transmetro, s'il constitue un moyen de locomotion sûr et efficace, préférez les taxis au-delà de 20h. La compagnie Amarillo Express (tél. 2470-1515 ; véhicules équipés d'un compteur) se distingue par sa fiabilité.

Vue plongeante sur la Zona 10, ou Zona Viva, Ciudad de Guatemala.

À SAVOIR

Dans la cour ouest du Palacio Nacional, le Patio de la Paz s'orne de 2 grandes mains en laiton tenant une rose fraîche. Celles-ci commémorent la signature, en 1996, de l'accord de paix mettant fin à la guerre civile. En règle générale, la garde dépose une nouvelle fleur tous les jours à 11h, l'ancienne étant lancée à une spectatrice.

Parque Central. Présidant du côté nord, le **Palacio Nacional de la Cultura** Ⓐ (tél. 2239-5000 ; ouv. tlj. 9h-16h ; visites guidées en anglais et en espagnol) est l'œuvre de l'architecte Rafael Pérez de León, sous la dictature d'Ubico. Ce bâtiment monumental construit entre 1939 et 1943 hébergera le siège de la présidence jusqu'en 1998. Sa façade sobre de pierre gris-vert contraste avec la décoration intérieure qui marie influences mudéjar (mauresque) et néoclassique. Dans le grand escalier, les immenses fresques d'Alfredo Gálvez Suárez présentent une vision idéalisée de l'histoire du pays. Ne manquez pas les 2 ravissantes cours intérieures mauresques, plantées de palmiers.

La silhouette tout aussi imposante de la **Catedral Metropolitana** Ⓑ (cathédrale Saint-Jacques de Guatemala ; ouv. tlj. 7h-12h, 15h-19h ; entrée libre) se dresse à l'est du Parque Central. Bâtie entre 1782 et 1809 – son dôme bleu et ses clochers datent de 1868 –, elle affiche un style métissé de baroque et de néoclassique. Le **Mercado Central** Ⓒ (ouv. tlj. 6h-18h), derrière la cathédrale, vend de tout : textiles, articles en cuir, vannerie et autres créations artisanales. Au niveau intermédiaire dédié à l'alimentation, des étals de restauration servent *caldos* (soupes) et encas. Le bâtiment rose saumon de l'Edificio de Correos (poste principale ; 12 Calle) et sa grande arche qui enjambe la rue attirent le regard juste au sud du Mercado Central. Une *cuadra* (pâté de maisons) plus au sud, la **Casa Mima** Ⓓ (8a Avenida 14-12 ; tél. 2253-4020 ; www.casamima.org ; ouv. lun.-sam. 10h-17h) occupe une belle demeure du 19e siècle décorée de meubles et d'objets d'époque. Quant à l'ancienne gare, elle accueille le **Museo del Ferrocarril** Ⓔ (9a Avenida 18-03 ; tél. 2232-9270 ; museofegua.com ; ouv. mar.-ven. 9h-16h30, w-e 10h-16h30), consacré à l'histoire du chemin de fer guatémaltèque. Vous y verrez plusieurs superbes spécimens de locomotives à vapeur ainsi qu'une petite collection de wagons anciens et d'équipements ferroviaires.

Du musée, prenez la 18 Calle en direction de l'ouest, puis la Sexta Avenida vers le nord. Cette partie de la 6e Avenue est piétonnière et vous conduira, au-delà des cafés et de beaux immeubles du 19e siècle et Art nouveau, jusqu'à l'**Iglesia de San Francisco** Ⓕ (tél. 2332-3625 ; ouv. tlj. 9h-17h30). De style néoclassique italien, cette église commencée en 1800 a été construite à l'aide d'un mortier constitué de lait, de sirop de sucre de canne et de blanc d'œuf. Elle renferme une étonnante collection de portraits de martyrs et de reliques, dont le Sacré-Cœur de Trujillo. Son petit musée (ouv. tlj. 9h-12h, 15h-18h) expose les effets personnels du franciscain Francisco Vásquez.

L'histoire du rail au Museo del Ferrocarril.

LE CENTRO CÍVICO – ZONA 4

Enserrée entre le vieux quartier de la Zona 1 et ceux plus cossus des Zonas 9 et 10, la Zona 4 réunit un ensemble de bâtiments en béton baptisé le Centro Cívico. Parmi eux, le Centro Cultural Miguel Ángel Asturias abrite l'élégant **Teatro Nacional** Ⓖ (tél. 2208-7777 ; ouv. lun.-ven. 9h-16h30 et lors des spectacles), aménagé dans les remparts du vieux fort espagnol de San José. De là, le panorama sur la ville et les montagnes environnantes, dont le Volcán de Pacaya, est fabuleux. Ce complexe culturel comprend aussi un amphithéâtre extérieur ainsi qu'un auditorium consacré à la musique de chambre. La Zona 4 accueille par ailleurs l'Inguat, siège de l'office national du tourisme, dans la 7 Avenida.

LES ZONAS 9 ET 10

L'Avenida La Reforma, un élégant boulevard arboré, sert de frontière entre les Zonas 9 et 10. Elle aboutit, au sud, à la Plaza del Obelisco où se dresse un obélisque monumental commémorant l'indépendance du pays. À l'ouest de cette artère, la Zona 9 héberge un ensemble d'entreprises, de restaurants de moyenne gamme et d'hôtels. Elle se distingue surtout par sa **Torre del Reformador H**, copie miniature de la tour Eiffel érigée en l'honneur du libéral Justo Rufino Barrios, président réformateur du Guatemala de 1873 à 1885. Hôtels, restaurants et clubs luxueux, ainsi que d'excellents musées se concentrent dans la Zona 10, haut lieu de l'élite fortunée. Au **Jardín Botánico I** (Avenida La Reforma 0-63 ; tél. 2331-0904 ; ouv. mar.-ven. 8h30-15h), vous découvrirez près de 1 000 espèces végétales guatémaltèques et un petit musée, le Museo de Historia Natural, qui réunit un ensemble de plantes, d'oiseaux – dont des quetzals – et autres animaux endémiques.

La Zona 10 a aussi le privilège d'accueillir, sur le campus verdoyant de l'Universidad Francisco Marroquín, les 2 joyaux culturels de la ville : le **Museo Ixchel del Traje Indígena J** (tél. 2361-8081 ; www.museoixchel.org ; ouv. lun.-ven. 9h-17h, sam. 9h-13h) et son voisin, le **Museo Popol Vuh de Arqueología K** (tél. 2338-7896 ; www.popolvuh.ufm.edu ; ouv. lun-ven. 9h-17h, sam. 9h-13h). Installé dans un bâtiment spectaculaire inspiré de l'architecture maya, le premier se consacre à la culture maya, avec un accent particulier mis sur les textiles. Il possède une superbe collection de *huipiles* (amples blouses portées par les femmes) et vous explique en détail les méthodes de tissage ainsi que

Le Centro Cívico (Zona 4) et ses bâtiments administratifs.

l'importance symbolique des motifs et des couleurs. Sa boutique vous donne l'embarras du choix pour vos cadeaux à rapporter. Le second s'intéresse, pour sa part, à l'archéologie au travers de différents vestiges précieux, exposés par époque : préclassique, classique, postclassique et coloniale. Les passionnés pourront également se rendre au **Museo Nacional de Arqueología y Etnología** ❶ (tél. 2475-4010 ; www.munae.gob.gt ; ouv. mar.-ven. 9h-16h, w-e 9h-12h, 13h30-16h), situé dans le Parque Aurora (Zona 13, au sud de la Zona 9), pour y admirer de splendides témoignages de l'art maya : costumes, masques et objets en jade.

LAGO DE AMATITLÁN ET VOLCÁN DE PACAYA

La Carretera del Pacífico mène au **Lago de Amatitlán**, situé à une trentaine de kilomètres au sud de Ciudad de Guatemala. Ce lac ravissant est dominé par le **Volcán de Pacaya** ❷, l'un des plus actifs d'Amérique centrale. Celui-ci offre un spectacle son et lumière exceptionnel, surtout le soir lorsque ses immenses panaches de gaz et ses gerbes de lave colorent le ciel de tons orangés. Plusieurs tour operators de Ciudad de Guatemala et d'Antigua y organisent des excursions guidées.

ANTIGUA

Son charme colonial et son écrin de pics volcaniques colonisés par la forêt valent à la paisible ville d'**Antigua** ❸ les faveurs des touristes. Car l'ex-capitale du Guatemala réserve à ses visiteurs de belles surprises, à commencer par un patrimoine architectural colonial de toute beauté. Autre atout : ses trésors culturels et gastronomiques se concentrent dans un périmètre assez restreint, à explorer au gré de pittoresques rues pavées. Trois géants se dressent au sud d'Antigua : le Volcán de Agua qui, en 1541, détruira la première capitale guatémaltèque ; le Volcán de Fuego, qui ne cesse d'expulser des panaches de gaz ; et le Volcán Acatenango, le plus imposant mais le moins dangereux du trio.

Antigua s'organise autour du Parque Central. De jour comme de nuit, habitants et visiteurs viennent humer son atmosphère, flâner autour de sa fon-

Jeunes garçons d'Antigua avec, en arrière-plan, l'Arco de Santa Catalina.

taine centrale ornée de sirènes aux seins nus d'où jallit l'eau, et admirer les vénérables édifices coloniaux qui l'entourent. À l'épicentre du pouvoir espagnol en Amérique centrale durant plus de 200 ans, ces bâtiments hébergent aujourd'hui le siège de la municipalité ainsi que des musées.

La **Catedral de San José (Santiago) A** (ouv. tlj. 7h-18h, sam. jusqu'à 19h30), à l'est de la place, a été bâtie en 1669 sur des ruines datant de 1543. Après avoir survécu au séisme de 1717, elle ne résistera pas à celui de 1773. Aujourd'hui, il ne reste plus qu'un tiers environ de l'édifice initial qui mesurait près de 100 m de longueur et comportait un dôme de 21 m de hauteur, 2 clochers, 3 nefs et 8 baies. À l'intérieur, tout n'était que marbre, bronze et écailles de tortue. Aujourd'hui, la cathédrale est nettement plus sobre – ruines à l'arrière et intérieur plutôt austère. Elle abrite néanmoins plusieurs cryptes, les vestiges de la chapelle royale et, semble-t-il, les sépultures de nombreux personnages historiques, dont Pedro de Alvarado, Francisco Marroquín et Bernal Díaz de Castillo.

Côté nord, l'**Ayuntamiento B** (hôtel de ville) se distingue par sa double rangée d'arcades en pierre de style toscan. Il n'a guère changé depuis sa construction en 1740, malgré les séismes de 1773 et de 1976. À l'intérieur, le petit **Museo del Libro Antiguo** (tél. 7832-5511 ; ouv. mar.-ven. 9h-16h, w-e 9h-12h, 14h-16h ; entrée payante) est consacré au livre ancien et renferme notamment une réplique de la première presse d'imprimerie d'Amérique centrale. La façade, également à double colonnade, du **Palacio de los Capitanes Generales C** (tél. 7832-2868 ; ouv. mer.-dim. 9h-16h30) se dresse en face. Construit en 1761, ce bâtiment abritera le siège du pouvoir colonial en Amérique centrale pendant plus de 2 siècles, ainsi que la Cour de justice, l'hôtel des Monnaies, une prison et une garnison. Il accueille dorénavant un centre culturel (expositions, concerts...) et le **Museo de Armas de Santiago de los Caballeros** (ouv. lun.-ven. 9h-16h, w-e 10h-16h).

L'**Arco de Santa Catalina**, monument emblématique de la ville, a été bâti en 1693 pour relier le couvent de Santa

À DÉCOUVRIR

Durant la Semaine sainte, fête majeure du calendrier local, Antigua n'en devient que plus belle. Les costumes sont de sortie, et les processions défilent dans les rues du centre où a été artistiquement répandue de la sciure colorée. Difficile de trouver une chambre d'hôtel durant cette période ; séjournez de préférence à Ciudad de Guatemala, voire au Lago de Atitlán.

Catalina aux vergers et jardins situés de l'autre côté de la rue. Ainsi, les moniales pouvaient s'y rendre sans crainte d'être contaminées par le monde extérieur. L'arche bénéficiera d'une restauration au 19e siècle. Au bout de 5 Avenida, vous attend l'Iglesia de **La Merced** **D** (ruines ouv. tlj. 8h30-17h30, église ouv. tlj. 7h-12h, 15h-20h), dont la façade entièrement restaurée est la plus élégante d'Antigua, avec sa teinte jaune particulière, rehaussée de blanc. À l'intérieur, une sculpture de Jésus de Nazareth réalisée par Alonso de la Paz en 1650 se tient à l'extrémité de la nef sud. Les vestiges du cloître adjacent entourent une fontaine considérée comme l'une des plus grandes d'Amérique centrale.

Mais les ruines les plus pittoresques de tout Antigua sont sans doute celles de **Las Capuchinas** **E** (à l'angle de 2 Avenida Norte et de 2 Calle Oriente ; ouv. lun.-ven. 9h-16h ; entrée payante), dans le nord de la ville. Branche dissidente des franciscains, l'ordre des capucins respectait une doctrine très stricte. Les moniales n'avaient pas le moindre contact avec le monde extérieur. La particularité de ce lieu – et sa principale curiosité – est sa Torre del Retiro (tour de la Retraite), une cour circulaire entourée de 18 minuscules cellules où les moniales venaient vraisemblablement se retirer. Ne quittez pas cet endroit sans avoir visité le musée consacré à l'art religieux et aux objets ecclésiastiques.

L'ancien monastère de **Santo Domingo** **F** (3a Calle Oriente ; www.casasantocomingo.com.gt ; ouv. lun.-sam. 9h-18h, dim. 12h-18h) a été reconverti en un hôtel haut de gamme, un centre culturel et un complexe muséal. Ce site, offert aux dominicains en 1541, était le plus vaste occupé par des ecclésiastiques. Ce monastère va devenir le plus riche de la ville, et y sera fondé un collège de théologie, de philosophie, d'art, de latin et de maya, appelé à devenir en 1676 l'Universidad de San Carlos. Santo Domingo paiera un lourd tribut au séisme de 1773, mais renaîtra de ses décombres grâce à une restauration remarquable. Ses différents musées recèlent, entre autres, des trésors religieux de l'époque coloniale, des objets et des céramiques mayas, des cryptes fascinantes et la reconstitution d'une

La Merced et sa façade baroque au décor de stuc fut reconstruite aux 18e et 19e siècles à la suite de plusieurs séismes. Des épis de maïs, sacrés pour les Mayas, ornent ses murs.

des premières pharmacies. Au nord du monastère, le parc culturel et artistique Santo Domingo del Cerro expose des sculptures contemporaines et jouit d'une vue magnifique sur Antigua.

Quant à l'imposante **Iglesia de San Francisco** ❻ (à l'angle de 7 Calle Oriente et de Calle de los Pasos ; ouv. tlj. 9h-16h30), elle se distingue surtout par la tombe et le sanctuaire du frère Pedro de Betancourt qui non seulement enseignait, mais se vouait sans répit aux pauvres et aux malades, créant hôpitaux et maisons de convalescence. On lui attribue des miracles, et des centaines de Guatémaltèques lui rendent visite aujourd'hui. L'église possède aussi des ruines intéressantes et un petit musée.

ENVIRONS D'ANTIGUA

La campagne environnante dissimule parmi ses pins, ses caféiers et ses volcans, des sites et de nombreux villages indigènes et ladinos dignes d'intérêt. Pour l'explorer, rien ne vaut des excursions d'une demi-journée ou d'une journée au départ d'Antigua. Plus qu'à son marché du mardi, **San Andrés Itzapa** ❹ doit de recevoir des visiteurs au sanctuaire du saint païen Maximón. Il est de coutume d'allumer 1 ou 2 cierges dans la chapelle qui lui est dédiée (ouv. tlj. 6h-18h) afin de s'attirer ses faveurs, mais vous pouvez aussi, moyennant finances, demander à l'une des employées fumeuses de cigares de bénéficier d'une *limpia* (purification de l'âme) – ce qui suppose de boire de l'*aguardiente* (eau-de-vie) et d'être fouetté vigoureusement avec une brassée d'herbes.

Au nord de la Transaméricaine, 3 villages méritent le détour. **San Martín Jilotepeque** ne manquera pas de vous séduire, et vous trouverez sur son marché dominical de beaux *huipiles* de facture locale. **Comalapa**, à l'ouest, perpétue la tradition ancestrale de la *pintura primitiva* (peinture naïve), et la façade baroque de son église, bien que décrépite, attire le regard. Ici, le marché hebdomadaire a lieu le mardi. Situé à l'opposé, en direction de Ciudad de Guatemala via la Transaméricaine, **Santiago Sacatepéquez** est connu dans tout le pays pour ses cerfs-volants géants fabriqués par les villageois à

L'art du métier à tisser dans une boutique de textile d'Antigua.

ANTIGUA : UNE HISTOIRE EN DENTS DE SCIE

Peu de villes ont eu une genèse aussi tourmentée que celle d'Antigua, née du chaos puis secouée de catastrophes sismiques. Antigua sera, en fait, la troisième capitale du Guatemala. Les Espagnols vont commencer par s'établir à proximité de la ville actuelle de Tecpán, non loin de la cité-État de leurs alliés mayas, les Cakchikel, avant de fonder leur capitale près de Ciudad Vieja, en 1527.

Mais le malheur ne tarde pas à s'abattre sur cet endroit. Après une pluie diluvienne, une gigantesque coulée de boue provenant du Volcán de Agua engloutit la localité, tuant la veuve du conquistador Pedro de Alvarado. Le site choisi pour y bâtir la nouvelle capitale, à 5 km de la précédente dans la vallée de Panchoy, est celui où Antigua se trouve aujourd'hui.

Baptisée Santiago de los Caballeros de Guatemala à sa fondation, en 1543, la cité s'étoffe peu à peu jusqu'à devenir la plus grande ville entre Mexico et Lima. De prestigieux édifices publics y sont érigés, tandis que les ordres religieux édifient quantité d'églises, de monastères, de couvents et d'écoles. Une imprimerie, la troisième des Amériques, est fondée en 1660. Santiago poursuivra son expansion après le séisme de 1717 qui détruira les bâtiments les moins solides et obligera à consolider ceux qui auront résisté. Bon nombre d'édifices coloniaux locaux datent de cette époque, d'où leurs murs monumentaux qui leur donnent un style baroque trapu, unique en son genre.

Antigua renoue avec la prospérité. Elle héberge près de 75 000 habitants quand, en 1773, une série de séismes s'acharne durant 6 mois contre elle. Dégâts et épidémies contraignent le gouvernement à quitter les lieux. La Couronne d'Espagne ordonne alors le transfert de la capitale en un nouveau lieu (Ciudad de Guatemala), situé à quelque 45 km de là, dans la vallée de l'Ermita.

Mais Antigua ne sera jamais complètement abandonnée, d'autant que les versants alentour s'avèrent parfaits pour la culture du café et l'élevage de cochenilles. De riches passionnés entreprennent de rénover les demeures coloniales, et une classe moyenne s'installe de nouveau.

Aujourd'hui, Antigua figure parmi les villes les plus internationales du continent américain. Le tourisme et l'enseignement des langues représentent au moins 80 % de son économie.

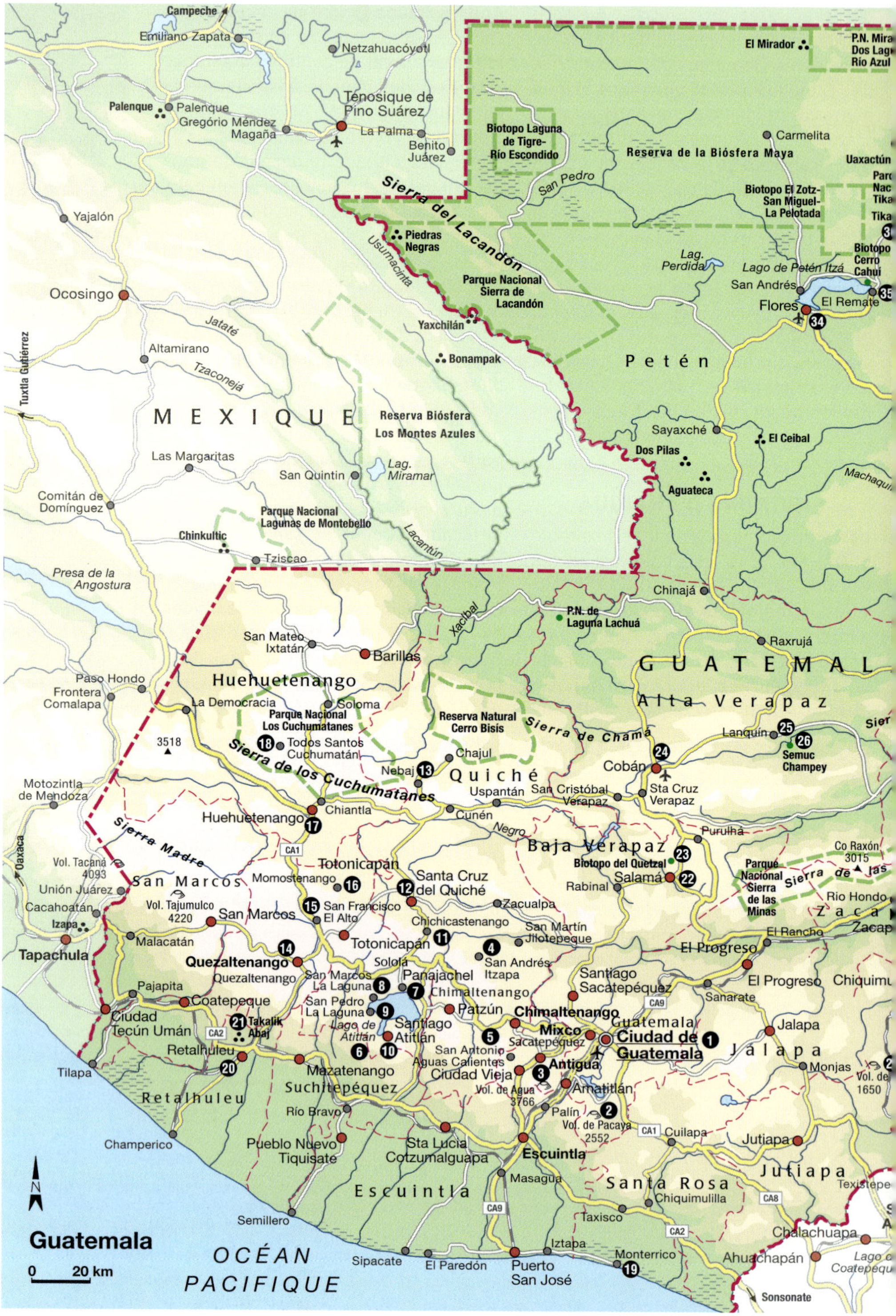
Guatemala
0 20 km
N
OCÉAN
PACIFIQUE
MEXIQUE
GUATEMAL
Campeche
Emiliano Zapata
Netzahuacóyotl
Tenosique de
Pino Suárez
Palenque
Palenque
Gregório Méndez
Magaña
La Palma
Benito
Juárez
El Mirador
P.N. Mira
Dos Lag
Río Azul
Biotopo Laguna
de Tigre-
Río Escondido
Carmelita
Reserva de la Biósfera Maya
Uaxactún
San Pedro
Sierra del Lacandón
Biotopo El Zotz-
San Miguel-
La Pelotada
Piedras
Negras
Usumacinta
Lag.
Perdida
Lago de Petén Itzá
San Andrés
Flores
El Remate
34
35
Biotopo
Cerro
Cahuí
Parque Nacional
Sierra de
Lacandón
Yajalón
Ocosingo
Jataté
Yaxchilán
Bonampak
Petén
Altamirano
Tzaconejá
Tuxtla Gutiérrez
Reserva Biósfera
Los Montes Azules
Sayaxché
El Ceibal
Dos Pilas
Aguateca
Machaquil
Las Margaritas
San Quintín
Lag.
Miramar
Comitán de
Domínguez
Parque Nacional
Lagunas de Montebello
Lacantún
Chinkultic
Tziscao
Presa de la
Angostura
Chinajá
P.N. de
Laguna Lachuá
Xacibal
Raxrujá
San Mateo
Ixtatán
Barillas
Huehuetenango
Paso Hondo
Frontera
Comalapa
La Democracia
Soloma
Parque Nacional
Los Cuchumatanes
Reserva Natural
Cerro Bisis
Sierra de Chamá
Alta Verapaz
Lanquín
25
26
Semuc
Champey
3518
18
Todos Santos
Cuchumatán
Sierra de los Cuchumatanes
Chajul
Nebaj
13
Quiché
Cobán
24
Sta Cruz
Verapaz
Uspantán
San Cristóbal
Verapaz
Motozintla
de Mendoza
Huehuetenango
17
Chiantla
Cunén
Negro
Purulhá
Sierra Madre
Baja Verapaz
Biotopo del Quetzal
23
Co Raxón
3015
Vol. Tacaná
4093
CA1
Totonicapán
Salamá
22
Rabinal
Parque
Nacional
Sierra
de las
Minas
Sierra de las
San Marcos
Momostenango
16
12
Santa Cruz
del Quiché
Unión Juárez
Vol. Tajumulco
4220
San Marcos
15
San Francisco
El Alto
Zacualpa
Rio Hondo
Cacahoatán
Izapa
Tapachula
Malacatán
Chichicastenango
San Martín
Jilotepeque
El Rancho
Zacap
14
Totonicapán
11
4
El Progreso
Quezaltenango
Quezaltenango
Sololá
San Andrés
Itzapa
San Marcos
La Laguna
Panajachel
8
7
Santiago
Sacatepéquez
El Progreso
Chiquimu
Sanarate
Pajapita
Coatepeque
San Pedro
La Laguna
9
Chimaltenango
CA9
Chimaltenango
Patzún
Guatemala
Ciudad
Tecún Umán
21
Takalik
Abaj
CA2
Lago de
Atitlán
Santiago
Atitlán
5
Mixco
Sacatepéquez
Ciudad de
Guatemala
1
Jalapa
Retalhuleu
6
10
San Antonio
Aguas Calientes
Antigua
3
Jalapa
Monjas
Tilapa
20
Mazatenango
Ciudad Vieja
Vol. de Agua
3766
Amatitlán
Vol. de
1650
Retalhuleu
Suchitepéquez
Río Bravo
Palín
2
Vol. de Pacaya
2552
CA1
Cuilapa
Champerico
Pueblo Nuevo
Tiquisate
Sta Lucía
Cotzumalguapa
Escuintla
Jutiapa
Jutiapa
Masagua
Escuintla
Santa Rosa
Texistepe
Chiquimulilla
CA8
CA9
Taxisco
Semillero
CA2
Chalchuapa
Iztapa
Monterrico
Ahuachapán
Lago
Coatepequ
Sipacate
El Paredón
Puerto
San José
19
Sonsonate

l'occasion de la Toussaint. Certains mesurent jusqu'à 7 m de diamètre, et leur envol symbolise la libération des âmes des défunts. Du sommet des 3 volcans – **Agua**, **Fuego** et **Acatenango** –, la vue est imprenable sur les paysages alentour. De nombreux tour operators et spécialistes de sports extrêmes basés à Antigua organisent des randonnées en compagnie d'un guide, avec ascension des sommets.

Et si vous êts amateur de belles étoffes, rendez-vous à **San Antonio Aguas Calientes** ❺ (2 km de Ciudad Vieja). Capitale régionale du textile, ce village assez étendu et majoritairement maya héberge plusieurs coopératives et boutiques qui vendent les productions locales un peu partout au Guatemala. Le *huipil* de la région se caractérise par sa combinaison de motifs floraux et géométriques sur un fond où le rouge domine.

L'ALTIPLANO OCCIDENTAL

Vous voici au cœur du territoire maya guatémaltèque. À l'abri de ces reliefs abrupts qui cachent les plus beaux paysages du pays à en croire bon nombre de visiteurs, les traditions indigènes se pratiquent au quotidien. La nature est à l'égal de la culture – fascinante –, avec sa chaîne de volcans spectaculaire, le Lago de Atitlán qui se classe parmi les plus pittoresques au monde, sa Sierra Cuchumatanes au nord et les sources chaudes voisines de Quetzaltenango.

La vitalité de sa culture maya se manifeste partout, au travers des costumes, des fêtes, des rituels religieux et des langues – pas moins d'une douzaine de dialectes différents sont parlés dans ces montagnes. N'hésitez pas à flâner sur les marchés. Figurent en tête de leur palmarès celui haut en couleur de Chichicastenango, celui plus paisible de Chajul et, enfin, celui de San Francisco El Alto à l'incroyable effervescence.

De toutes les merveilles naturelles que compte le Guatemala, l'écrin volcanique du **Lago de Atitlán** ❻ est probablement la plus belle. Le lac, long de 19 km environ et large de 12 km au maximum, est festonné de multiples baies et criques qui lui donnent des contours irréguliers. Dominées par 3 volcans imposants, ses eaux à la profondeur abyssale par endroits (jusqu'à 350 m) chatoient de mille couleurs.

Un chapelet de villages mayas émaille ses rives. Parmi eux : Panajachel, la localité principale ; Santa Cruz La Laguna, un havre de paix qui invite à la détente ; San Pedro La Laguna, le lieu de prédilection des backpackers ; Santiago Atitlán, pétri de traditions ; San Marcos La Laguna, un centre spirituel ; San Juan La Laguna, dont la population s'implique dans divers projets touristiques de qualité ; enfin, Santa Catarina Palopó et San Antonio Palopó, tous deux spécialisés dans l'artisanat du tissage.

Il semble que les Mayas se soient implantés autour du Lago de Atitlán vers 2000 av. J.-C., formant de petites communautés de paysans et de pêcheurs. L'histoire volcanique de la région remonterait à au moins 12 millions d'années, époque où une caldeira bien plus vaste que le lac actuel s'étendait sur plusieurs kilomètres vers le nord. Une série d'éruptions ayant débuté il y a environ 9 millions d'années creusera un autre cratère plus petit, de forme arrondie.

L'actuel contour du Lago de Atitlán est le résultat d'une troisième explosion volcanique survenue il y a 85 000 ans. Cette éruption a bloqué tout accès à la mer, de sorte que les 3 rivières qui se déversaient dans la caldeira ont fini par former ce lac immense, perché à quelque 1 562 m d'altitude.

Surnommé Gringotenango – de l'espagnol *gringo* (étranger) et du maya *tenango* (ville) –, car pris d'assaut par une horde de touristes et une armée de bars et de cafés, **Panajachel ❼**, ou "Pana" pour les intimes, ne cesse de croître depuis le début des années 2000. Pour autant, son charme tient beaucoup plus à son cadre et à son atmosphère à nulle autre pareille qu'à sa multitude de boutiques de textiles artisanaux, hôtels, restaurants, cafés et prestations "new-age" en tous genres. Services réguliers de cars, navettes assurant la liaison avec la Transaméricaine et bateaux reliant les villages lacustres entre eux : Pana est particulièrement bien desservi.

LES ÉGLISES D'ANTIGUA

Véritables joyaux de l'architecture coloniale, les nombreuses églises baroques d'Antigua se caractérisent par leurs murs épais s'appuyant sur de colossales fondations et renforcés par d'énormes contreforts. Elles illustrent les efforts dérisoires des habitants pour protéger leur cité des innombrables secousses telluriques qui ont marqué son histoire.

Aujourd'hui encore, la ville semble tout droit sortie du 18e siècle. Quelques rares éléments architecturaux antérieurs à cette époque ont survécu, mais le style prédominant est le baroque ibéro-américain, s'exprimant dans l'exubérance flamboyante de la décoration des façades de toutes les églises ou presque.

Parfois appelé "churrigueresque", en référence aux œuvres des Churriguera, sculpteurs sur bois et architectes espagnols, ce style n'est cependant pas du goût de tout le monde, et d'aucuns l'ont qualifié d'ostentatoire et de kitsch. En tout état de cause, les églises restaurées de La Merced et de Santa Cruz représentent de somptueux témoignages de la fluidité et de la théâtralité du baroque ibéro-américain. Leurs remarquables façades ont été réalisées par l'application, sur les maçonneries extérieures, de couches successives de plâtre et de stuc, selon la technique dite *ataurique*. La maçonnerie elle-même est composée de briques et de terre. Quant à la pierre, elle a été peu utilisée dans la région pour la construction, le basalte, d'origine volcanique, étant extrêmement dur à équarrir et à tailler.

La concentration de bâtiments religieux à Antigua a de quoi étonner. Les abords du Parque Central en comptent plus de 30. Au milieu du 17e siècle, toutes les principales congrégations et de nombreuses autres, mineures, y étaient présentes. Les ordres religieux jouissaient alors d'un pouvoir et de privilèges immenses, notamment l'exonération de taxes et l'octroi de vastes terres fertiles, propices à la production du sucre, du tabac, du blé et, plus lucratif encore, des cochenilles et de l'indigo.

Ils disposaient, en outre, d'une abondante main-d'œuvre indigène pour cultiver les champs et bâtir leurs majestueux édifices. Ces Mayas parviendront à introduire leur imagerie sacrée sur certaines des plus belles façades d'église. Celle de La Merced s'enrichit ainsi d'épis de maïs, tandis que des nénuphars blancs ornent l'Iglesia de San Francisco.

Assez peu peuplée, la rive nord du lac se prête idéalement à une cure de repos. Les bateaux se rendant à San Pedro La Laguna marquent une première escale à **Santa Cruz La Laguna**, juché sur les hauteurs mais dont les hôtels vous reçoivent les pieds dans l'eau. Ici, vous pourrez pratiquer toutes sortes d'activités de plein air, du kayak à la randonnée, vous divertir le soir si le cœur vous en dit et découvrir les vieilles recettes mayas remises au goût du jour par une nouvelle génération de restaurants privilégiant les produits bio locaux. L'endroit parfait pour séjourner avant de partir, dès l'aube, à l'assaut du sommet du **Volcán San Pedro**.

San Marcos La Laguna ❽ éclipse ses voisins par la beauté de son cadre, ce qui lui vaut, il va sans dire, d'accueillir de très nombreux visiteurs, notamment ceux en quête de spiritualité. Au cœur d'une végétation dense et odorante composée de pruniers d'Espagne, de bananiers, de manguiers et d'avocatiers, vous attendent un centre de méditation et de yoga ainsi que plusieurs hôtels d'un excellent rapport qualité-prix. Dans la localité de San Juan La Laguna, la population gère une coopérative de tissage et s'emploie avec brio à promouvoir l'art et l'artisanat régionaux. Non loin de là, **San Pedro La Laguna** ❾ peut se targuer de rivaliser avec Panajachel en termes de fréquentation touristique, et ses établissements hôteliers au bord du lac ne désemplissent pas. Au programme : randonnée, kayak et snorkeling.

De Pana, une route longe le lac par l'est pour rejoindre, 4 km plus loin, le village de **Santa Catarina Palopó**, connu pour ses étoffes. Les *huipiles* turquoise et violets confectionnés ici sont vendus sur tous les marchés de l'Altiplano. À part cela, le village lui-même n'offre guère d'intérêt, mais le spectacle des volcans y est particulièrement saisissant.

Peuplé de Mayas Tz'utujil, **Santiago Atitlán** ❿ est posté au sud du lac, à l'extrémité d'une crique profonde, tapie au pied du versant occidental du Volcán Tolimán. Comptez 20 minutes pour y accéder en *lancha* (vedette rapide) au départ de Pana. Là, un sanctuaire rend hommage à Maximón, mi-Judas mi-idole païenne, sorte de synthèse entre

À SAVOIR

Si vous vous trouvez à Santiago Atitlán au moment de Pâques, vous pourrez assister à la confrontation symbolique entre Jésus-Christ et Maximón (divinité maya). Elle a lieu sur la place, le Vendredi saint.

Santa Cruz La Laguna, Lago de Atitlán.

À PROPOS

Flore, faune et formes géométriques inspirent les motifs des tenues portées dans l'Altiplano (Hautes Terres). Certains, dont ceux du cheval, du paon et du poulet, sont postérieurs à la Conquête, ces animaux ayant été apportés sur le continent par les conquistadors. D'autres, comme les cervidés, serpents et oiseaux bicéphales, figurent dans le bestiaire maya. Il semble que les zigzags symbolisent Chac, le dieu de la Pluie. Les singes sont associés aux catastrophes, tandis que le quetzal est le protecteur spirituel des souverains.

San Simón, Judas Iscariote et Pedro de Alvarado, le conquistador. Ne partez pas sans avoir visité l'église et le petit musée dédié au tissage, à gauche de l'embarcadère.

LE BERCEAU DES K'ICHE'

Le département montagneux de Quiché s'étend de Chichicastenango à la frontière mexicaine, au nord. Ce territoire est le fief des K'iche', groupe maya le plus nombreux au Guatemala. Son histoire est ponctuée d'une longue litanie de drames sanglants : de la conquête espagnole marquée par le massacre des guerriers mayas par les conquistadors d'Alvarado en 1524, lors de la bataille décisive de K'umarkaaj (près de Santa Cruz del Quiché), à la politique de la terre brûlée menée par des factions paramilitaires dans les années 1980, durant lesquelles des milliers de civils mayas seront exterminés. Plusieurs chaînes de montagnes barrent le département, et il faut compter plus de 2 heures pour parcourir les 81 km séparant Santa Cruz del Quiché de la région des Ixil, au nord, par des routes escarpées.

CHICHICASTENANGO

Paisible ville de montagne au passé fascinant, **Chichicastenango** ⓫ fait aujourd'hui partie des principales destinations touristiques de l'Altiplano. Deux fois par semaine (jeu. et dim.), le marché le plus renommé de la région maya vient troubler le calme habituel. Les commerçants arrivent au beau milieu de la nuit pour installer leurs étals à la lueur des bougies, et, dès l'aube, remorques, camionnettes et *camionetas* (minibus) encombrent les rues. Une occasion rêvée pour s'offrir de belles créations artisanales.

La jolie **Iglesia de Santo Tomás** (ouv. tlj.) aux murs blanchis à la chaux domine la place principale de "Chichi", du haut de son escalier de pierre en demi-lune. Ici, l'air est saturé du parfum entêtant du copal, encens à base de résine de pin. Bâtie vers 1540, cette église – l'une des plus intéressantes du pays – a derrière elle un long passé de syncrétisme entre croyances religieuses mayas et foi catholique. Vous y pénétrerez par la porte latérale, la porte centrale étant réservée aux prêtres et aux *cofrades* (membres des

Au marché du jeudi, à Chichicastenango.

¿HABLAS ESPAÑOL ?

Antigua compte plus de 50 écoles de langues qui s'adressent autant aux débutants qu'à ceux cherchant à parfaire leur niveau, moyennant des tarifs plus qu'abordables. Elles proposent différents types de cours et d'hébergement, dont des séjours chez l'habitant en pension complète ou des maisons d'hôtes – comptez 170-230 $US la semaine. Vous trouverez aussi d'autres écoles dans le Quetzaltenango, le Petén et la région du Lago de Atitlán.

Antigüeña Spanish Academy, 1a Calle Poniente 10 ; tél. 5735-4638 ; www.spanishacademyantiguena.com ; **Centro Lingüístico Maya**, 5a Calle Poniente 20 ; tél. 7832-0656 ; www.centrolinguisticomaya.com ; **Ixchel Spanish School**, 9a Calle Oriente 5 ; tél. 7832-3440 ; www.ixchelschool.com ; **Ixquic**, 7 Av. Norte 74A ; tél. 7832-2402 ; www.ixquic.edu.gt ; **San José El Viejo**, 5a Av. Sur 34 ; tél. 7832-3028 ; www.sanjoseelviejo.com

confréries religieuses). Le dimanche, il y règne une atmosphère très particulière. Venus en famille ou entre amis, les fidèles s'y pressent, apportant des cierges, des flacons d'*aguardiente* enveloppés dans des feuilles de maïs et des fleurs qu'ils déposent sur des dalles à même le sol et des autels dédiés aux âmes des défunts.

L'édifice voisin est celui de l'ancien monastère où, vers 1702, un prêtre espagnol du nom de Francisco Ximénez a découvert le *Popol Vuh*, livre sacré des K'iche' décrivant la genèse du monde et les aventures des jumeaux Hun Ahpu et Xbalamque. Cet ouvrage se classe parmi les chefs-d'œuvre de la littérature précolombienne.

SANTA CRUZ DEL QUICHÉ

Chef-lieu du département, **Santa Cruz del Quiché** ⓬ se trouve au nord de Chichicastenango et reçoit beaucoup moins de visiteurs que la dynamique Chichi, même à l'occasion du marché qui s'y tient le jeudi et le dimanche. Les touristes lui préfèrent, en effet, **K'umarkaaj** (ou Utatlán), ex-capitale des Mayas K'iche' située à 4 km de là. Comme toutes les anciennes grandes cités mayas de l'Altiplano, K'umarkaaj occupe le sommet d'un éperon rocheux, cerné de ravins et de pins. De sa splendeur d'antan, il ne reste que quelques ruines, peu impressionnantes. Et pourtant, il s'agit de la citadelle où Pedro de Alvarado et les conquistadors ont brûlé vif 2 rois K'iche' en 1524 afin d'affirmer la suprématie espagnole sur l'Altiplano. Aujourd'hui, K'umarkaaj continue d'accueillir de nombreuses cérémonies religieuses, notamment sous l'esplanade herbeuse où un long tunnel conduit à une salle souterraine.

LE TRIANGLE IXIL

Délimité par les 3 localités principales de Nebaj, Chajul et Cotzal, le triangle Ixil – du nom de la langue locale – est non seulement une région extrêmement belle et traditionnelle, mais aussi le théâtre où se sont déroulés certains des épisodes les plus sanglants de la guerre civile, durant les années 1970 et 1980. Désormais, le calme est revenu dans ce territoire pétri de traditions qui attire particulièrement les randonneurs.

La ville de **Nebaj** ⓭, la plus grande des trois, occupe une superbe vallée évasée et verdoyante, encerclée de versants montagneux abrupts. Ce qui attire tout d'abord le regard, c'est la tenue traditionnelle des femmes *ixil*. Elle se compose d'un *huipile* rouge, vert et blanc finement tissé, maintenu par une ceinture, ainsi que d'une jupe *(corte)* rouge vif et d'une coiffe en tissu torsadé ornée de pompons en laine. Visitez le pittoresque marché dominical, mais achetez plutôt vos étoffes dans les coopératives installées sur la place principale ou aux femmes qui font la tournée des *hospedajes* pour y vendre leurs créations. Vous ferez de meilleures affaires. Plusieurs prestataires proposent des randonnées guidées dans les collines environnantes. L'une d'elles vous conduira, après 2 heures de marche, au "village modèle" d'**Acul**, dont la population se compose de personnes déplacées

À CITER

"C'est le premier livre, écrit anciennement ; mais sa vue est cachée à celui qui voit et qui pense."

Popol Vuh - Introduction du chapitre premier

Chez les Ixil de Nebaj, tout est dans le pompon !

À PROPOS

Lauréate du prix Nobel de la paix, la Maya Rigoberta Menchú a grandi dans les montagnes au nord de la ville d'Uspantán, dans le département du Quiché. Elle évoque sa région dans certains chapitres de son autobiographie *Moi, Rigoberta Menchú*.

durant la guerre civile. Située non loin de là, l'Hacienda San Antonio y Mil Amores (www.haciendasanantonio.webs.com), une *finca* italo-guatémaltèque, fabrique – et vend - d'excellents fromages.

QUETZALTENANGO

Le département de Quetzaltenango et son chef-lieu éponyme sont perchés en altitude sur une chaîne montagneuse. Deuxième centre urbain le plus important du pays, **Quetzaltenango** ⓮, alias Xela (du maya Xelajú), n'a cessé de disputer le rang de première place économique, financière et culturelle à la capitale. À l'aube du 20e siècle, il s'agissait d'une cité puissante qui devait sa prospérité à son rôle pivot dans le commerce du café et au chemin de fer la reliant directement au port de Champerico, sur la côte pacifique. Cependant, en 1902, un séisme majeur aura raison de son faste architectural. Depuis, Quetzaltenango se trouve reléguée au rang de ville de province. Si elle a perdu sa stature de métropole de premier plan, la capitale de l'Altiplano, tapie dans l'ombre du majestueux Volcán Santa María et de son cône volcanique aux proportions quasi parfaites, n'en possède pas moins un certain cachet ainsi qu'une atmosphère plus sympathique et moins frénétique que sa rivale d'antan.

La cité s'articule autour du vaste **Parque a Centro América** qui réunit une précieuse collection d'édifices, dont la Municipalidad (hôtel de ville), la Catedral del Espíritu Santo (ouv. tlj. en général) et, au centre de la place, un kiosque à colonnes de style grec dont la présence a de quoi surprendre. De sa splendeur passée, la cathédrale, siège de l'évêché de l'Altiplano, n'a conservé que sa façade, le reste de l'édifice étant en béton. À l'intérieur, le retable conserve une statue du Padre Eterno dans une châsse en argent ciselé. Au sud de la place, la **Casa de la Cultura de Occidente** (tél. 7888-5200 ; ouv. lun.-ven. 8h-12h, 14h-18h, w-e 9h-13h, 14h-17h) héberge plusieurs musées, dont le Museo de Historia Natural et ses vestiges précolombiens, ainsi que le Museo de Arte qui renouvelle régulièrement ses expositions d'œuvres locales.

Le **Museo del Ferrocarril de los Altos** (ouv. lun.-sam., horaires aléa-

Jeune ambassadrice de la mode traditionnelle, San Andrés Xecul.

L'HABIT FAIT LE MOINE

Les Mayas s'identifient plus à leur village qu'à leur tribu d'origine. Pour autant, leurs dialectes respectifs correspondent toujours à la répartition géographique tribale ancestrale. Les mariages intercommunautaires restent l'exception. L'appartenance à tel ou tel village se manifeste aussi au travers des vêtements, surtout chez les femmes.

Il en existe de 3 sortes : ceux de tous les jours, ceux réservés aux grandes occasions, et les habits de cérémonie des *cofradías* (confréries religieuses). Si coloris, motifs et façons de la porter varient d'une localité à l'autre, la tenue féminine se compose des éléments suivants : *huipil* (ample blouse), jupe, écharpe servant de ceinture, rubans pour les cheveux et *tzut* (pièce d'étoffe multi-usages) ou châle. Chacun est tissé sur un métier à courroie dorsale ou à pédale.

Seuls quelques villages, notamment autour du Lago de Atitlán et dans les montagnes de Huehuetenango, perpétuent les traditions vestimentaires masculines. Les Mayas du Lago de Atitlán se reconnaissent à leur pantalon rayé, orné de motifs pastoraux et retenu par une ceinture ; ceux de Todos Santos et les personnalités de Sololá, à leur surpantalon noir fendu ; ceux de San Juan Atitlán, à leur *capixay* qui ressemble à la soutane des religieux espagnols. Quant aux hommes de Santiago Atitlán, ils brodent eux-mêmes leur pantalon d'oiseaux ou de glyphes mayas.

toires) est dédié au chemin de fer qui reliait autrefois la ville à la côte Pacifique. Installé dans le même bâtiment, le **Museo Ixkik'** (ouv. tlj. 9h-13h, 15h-18h) présente les costumes mayas traditionnels de l'Altiplano.

Quelques rues au nord du Parque a Centro América, l'imposante bâtisse du **Teatro Municipal** affiche un style néo-classique. L'esplanade qui le précède s'orne de sculptures, dont le buste du premier poète lauréat guatémaltèque, Osmundo Arriola (188&-1938).

ENVIRONS DE QUETZALTENANGO

La localité de **San Francisco El Alto** ⓯ accueille le plus grand marché de la région maya. Celui-ci se tient le vendredi matin et réunit des milliers de marchands venus vendre et acheter un peu de tout, des porcs qui n'en finissent pas de couiner aux étoffes les plus raffinées. Les textiles sont ensuite revendus partout dans le pays. Vous pourrez aussi réaliser de bonnes affaires dans les nombreuses boutiques de tissus locales.

À quelque 19 km de là, **Momostenango** ⓰ doit sa renommée à ses *chamarras* (couvertures en laine) et à ses tapis. Ici aussi, le marché (mer. et dim.) propose des textiles de qualité. Ce bourg constitue, par ailleurs, un centre religieux maya de premier plan, où les chamans enseignent leur savoir à des étudiants venus des 4 coins du Guatemala.

LA SIERRA DE LOS CUCHUMATANES

Les reliefs découpés de la Sierra de los Cuchumatanes, à l'extrême ouest du Guatemala, offrent des paysages encore plus spectaculaires. La silhouette colossale de l'Altiplano (hautes plaines) domine le département de Huehuetenango et son chef-lieu du même nom. Dans cet environnement hostile où le froid empêche les arbres de se développer, la végétation se fait rare.

L'enclavement que créent ces montagnes a contribué à épargner à ses habitants mayas les transformations qu'ont subies les villages plus proches de la Transaméricaine, et dans bien des localités, les calendriers mayas *haab* et *tzolk'in* continuent de rythmer le quotidien et d'ordonner les rituels religieux. Circuler dans la région n'est pas toujours chose aisée, et la plupart des hôtels ou restaurants s'avèrent plutôt sommaires.

À DÉCOUVRIR

Environ 8 km au nord-est de Quetzaltenango, San Andrés Xecul recèle la plus vieille église d'Amérique centrale. Celle-ci a pourtant une allure toute pimpante avec sa façade jaune vif ornée d'anges et de plantes grimpantes aux couleurs éclatantes, et son dôme dont les rayures évoquent celles d'un ballon de plage.

L'église de San Andrés Xecul.

À SAVOIR

Momostenango doit son surnom de "Citadelle des autels" aux nombreux autels disséminés dans la ville et les collines environnantes. Autant de témoignages d'une ferveur religieuse bien ancrée chez ses habitants.

Autant de menus désagréments que la beauté sauvage de la nature environnante compense largement.

Huehuetenango ⓱, surnommée "Huehue", ne manque pas d'agrément, mais ce sont les ruines mayas de **Zaculeu**, à 5 km de là, qui séduisent le plus les visiteurs. Ex-capitale de la communauté indigène des Mam – parmi les plus farouches adversaires des conquistadors –, Zaculeu était très bien défendue, à l'instar des autres grandes cités mayas de l'Altiplano. Elle résistera 6 semaines durant avant de tomber aux mains des Espagnols.

Si les temples enduits, lors du chantier de restauration en 1947, d'un stuc terne dépourvu de toute ornementation manquent de lustre, le site mérite malgré tout le détour, ne serait-ce que pour son cadre – il est cerné par des ravins sur 3 côtés –, et pour son petit musée (ouv. tlj. 8h-17h) présentant des vestiges funéraires.

TODOS SANTOS CUCHUMATÁN

Une cinquantaine de kilomètres, en direction du nord-ouest, séparent Huehue de **Todos Santos Cuchumatán** ⓲, une localité blottie dans une vallée profonde, au pied du Chemal (3 837 m d'altitude), et connue pour sa Fiesta de Todos Santos *(voir encadré p. 153)*. Ici, la culture maya des Mam affiche la couleur. Les femmes portent de superbes *huipiles* violet et bleu marine au tissage serré, mais c'est la tenue vestimentaire des hommes qui attire le plus le regard : pantalon rayé rouge et blanc assorti d'une chemise en coton épais à large col violet ou rose vif.

Les randonneurs chevronnés aiment se mesurer à la nature autour de Todos Santos, notamment via le circuit qui dépasse les modestes ruines de Tojcunanchén, puis part vers le sud à l'assaut de la crête de la Sierra de los Cuchumatanes, avant de rejoindre le village *mam* traditionnel de San Juan Atitlán, au terme de 6 heures de marche. À Todos Santos, des guides expérimentés proposent leurs services – renseignez-vous auprès de votre hôtel ou auberge.

LA CÔTE PACIFIQUE

Sur la carte, les 300 km de littoral le long du Pacifique pourraient faire croire que c'est l'endroit idéal pour se

Les hommes de Todos Santos Cuchumatán.

la couler douce sur une plage frangée de palmiers. Mais ce n'est pas du tout le cas, alors optez plutôt pour la côte caraïbe, car soumise à une moiteur étouffante, la région qui borde le Pacifique est comme le poumon agricole du pays. Un territoire envahi par d'immenses *fincas* dédiées corps et âme à la culture de la canne à sucre, du coton et de la banane, ainsi qu'à l'élevage.

Avec un peu d'obstination, vous y découvrirez néanmoins bon nombre de sites archéologiques mayas et olmèques cernés par des plantations, notamment à Takalik Abaj et aux alentours de Santa Lucía Cotzumalguapa. Certes plus modestes que les temples-pyramides du Petén et du Yucatán, certains recèlent néanmoins d'impressionnantes sculptures, à commencer par La Democracía et ses têtes de pierre colossales.

Axe routier le plus rapide du pays et très fréquenté par les cars, la Carretera del Pacífico suit une trajectoire parallèle à la côte. Toutefois, pour explorer la région de fond en comble, mieux vaut disposer de son propre moyen de locomotion, car les plages et un bon nombre de sites dignes d'intérêt se trouvent à une distance respectable de cette route principale.

MONTERRICO ET SA RÉSERVE

Lieu propice à un séjour sur la côte, le village de **Monterrico** ⑲ vous reçoit sans chichis dans une poignée d'hôtels en front de mer. De là, vous accéderez aux zones humides classées réserve naturelle nationale. Le **Biotopo Monterrico-Hawaii** constitue un habitat de premier plan pour les hérons, aigrettes et autres oiseaux migrateurs, ainsi que pour les iguanes, alligators, opossums, ratons laveurs et fourmiliers. Mais ce qui le distingue surtout, ce sont les 3 espèces de tortues marines qui viennent s'y reproduire.

Retalhuleu ⑳, ou Reu (prononcer "Rai-ou"), séduit ses visiteurs par sa décontraction, sa place ombragée et son Museo de Arqueología y Etnología (ouv. lun.-ven. 8h30-17h), riche en photographies anciennes et en figurines anthropomorphes. À l'ouest, près du petit village d'El Asintal, **Takalik Abaj** ㉑ (ouv. tlj. 7h-17h) vous donne rendez-vous avec des temples de style olmèque et maya, des stèles et des autels. Il s'agit sans doute du site archéologique le plus important de la côte pacifique. Bien que modeste, son musée mérite une visite.

L'EST DU GUATEMALA

Lacs splendides, précieuses stèles sculptées de Quiriguá et de Copán, réserve de quetzals et culture fascinante de la côte caraïbe : l'est du Guatemala cumule les atouts... et s'emploie à les préserver. Plusieurs réserves ont été créées pour protéger ses écosystèmes où cohabitent notamment lamantins et quetzals. Dommage, cependant, que ces efforts soient trop peu souvent soutenus.

Le Río Motagua qui traverse le cœur de cette région avant de se jeter dans la mer des Caraïbes a longtemps joué un rôle essentiel dans les échanges commerciaux. Non loin de ses rives se trouvaient, en effet, les gisements de

Balade dans les marais du Biotopo Monterrico-Hawaii.

LA FIESTA DE TODOS SANTOS

De toutes les fêtes célébrées au Guatemala – et il y en a ! -, de loin la plus importante est la Fiesta de Todos Santos. Fin octobre, les Todosanteros (hommes originaires de Todos Santos Cuchumatán) affluent des quatre coins du pays à l'occasion de la Toussaint (Todos Santos).

Les festivités commencent la semaine précédant la course hippique, laquelle a lieu le 1er novembre au matin. Musiques et danses sont à l'honneur le 31 octobre, les participants portant déjà la tenue de mise le lendemain. Le jour J, les cavaliers qui, pour la plupart, ont bu de l'alcool fort toute la nuit, doivent faire plusieurs fois le tour de la ville, s'arrêtant à chaque tour pour avaler une bonne lampée d'*aguardiente* et s'agrippant pour ne pas tomber de cheval. L'épreuve finit par ressembler davantage à une cavalcade qu'à une course, les cavaliers bien imbibés éperonnant leurs pauvres montures comme s'ils étaient possédés par le Diable. La victoire revient à celui qui réussit à rester en selle, mais tous les concurrents sont chaudement félicités.

Fête des morts oblige, tout le monde se rend au cimetière le 2 novembre pour des libations et commémorer la vie des chers défunts entre 2 gorgées et 2 bouchées. La musique des marimbas, qui anime le centre-ville durant des jours, est aussi de la partie, de même que de nombreuses danses traditionnelles, dont celle des conquistadors.

jade les plus riches de tout le territoire maya, contrôlés non sans heurts par les villages de Quiriguá et de Copán, dont les ruines forcent toujours l'admiration.

LES VERAPACES ET SALAMÁ

Si l'on excepte la ville de Flores, les départements jumeaux de Baja Verapaz et d'Alta Verapaz (la basse et la haute "Paix véritable") ont été les derniers bastions guatémaltèques à tomber sous le joug des Espagnols. Ce n'est, en effet, qu'en 1538 que les dominicains, à l'initiative du frère Bartolomé de las Casas, finiront par avoir raison de la résistance farouche des tribus indigènes achi par la méthode douce.

Par endroits, les Verapaces et leurs fabuleux paysages évoquent la Suisse alpine, avec leurs forêts de nuages abritant le discret quetzal. Ils se classent aussi parmi les meilleures terres à café au monde.

Quelque 60 km séparent la capitale du Guatemala, au sud, du chef-lieu du département de Baja Verapaz, **Salamá** ㉒. Les environs offrent un charmant mélange de cultures (orangers, oliviers, etc.) et de forêts de pins, réunis dans une large vallée fluviale. Cette ville, qui s'anime le dimanche à l'occasion du marché, a un long passé derrière elle, et son église coloniale du 17e siècle est un pur joyau recelant pas moins de 14 autels dorés.

LE BIOTOPO DEL QUETZAL

Talisman spirituel des seigneurs mayas devenu depuis l'emblème national, le quetzal a son sanctuaire : le **Biotopo del Quetzal** ㉓ (ouv. tlj. 7h-16h). Aussi beau que timide, cet oiseau se fait de plus en plus rare en Amérique centrale.

Ce biotope se compose d'une forêt où règne une humidité permanente et où prospèrent fougères, épiphytes, mousses et lichens. La meilleure période pour voir les quetzals se situe avant et après la saison de la reproduction (mars-juin), et le meilleur moment de la journée, à l'aube, quand les oiseaux se gavent de fruits d'*aguacatillo* (avocatier sauvage). Les 2 pistes de la réserve vous permettront aussi d'observer 87 autres espèces d'oiseaux, voire plus.

L'univers souterrain de Lanquín.

TORTUES

Les tortues vertes et olivâtres viennent pondre à Monterrico entre juillet et novembre ; les tortues luths, entre mi-octobre et février. Toutes se hissent sur la plage à la faveur de la nuit pour y enfouir entre 80 et 100 œufs chacune. Un effort laborieux qui les épuise. Le statut protégé de la réserve n'empêche pas les prédateurs humains de faire main basse sur les œufs, considérés comme aphrodisiaques en Amérique centrale. Les écologistes ont cependant implanté 2 écloseries et ont réussi à convaincre les dénicheurs de leur donner une part de leur butin. Les œufs seront alors sous bonne garde jusqu'à leur éclosion. Près de 100 000 jeunes tortues marines sont ainsi lâchées dans leur milieu naturel chaque année. L'on estime à quelques dizaines seulement le nombre de celles qui atteindront l'âge adulte et reviendront pondre à Monterrico.

COBÁN

Le centre économique des Verapaces se trouve à **Cobán** ㉔. Cette localité, fondée par Las Casas en 1538, va rester dans l'anonymat jusqu'à la fin du 19e siècle avec l'arrivée de nombreux immigrants allemands, qui se voient attribuer des concessions pour cultiver le café dans l'Alta Verapaz. Une activité prospère qui cessera lors de la Seconde Guerre mondiale avec l'expulsion des Allemands sous la pression américaine.

Cobán constitue une excellente base pour explorer la région, car elle héberge quelques cafés et hôtels de qualité. De plus, vous pourrez grimper à la Iglesia El Calvario, charmante église datant de 1599, très fréquentée par les Q'eqchi' et les Poqomchi', avant de visiter le petit **Museo El Príncipe Maya** (ouv. lun.-sam. 9h-18h), riche en sculptures et objets anciens, ou encore participer à une visite guidée de la **Finca Santa Margarita** (ouv. lun.-ven. 8h-12h30, 13h30-17h, sam. 8h-12h), une plantation de caféiers installée au sud-est de la place. Vous vous y familiariserez avec le processus de production du café, de la culture du caféier à la torréfaction des grains, que vous pourrez ensuite acheter sur place, après dégustation d'arabicas.

LANQUÍN ET SEMUC CHAMPEY

Quelque 65 km en direction de l'est séparent Cobán du ravissant village de **Lanquín** ㉕, et de ses gigantesques **Grutas de Lanquín** (ouv. tlj. 7h-18h), un réseau de grottes de plusieurs kilomètres qui enchante les spéléologues... et les tour operators. Lanquín bénéficie d'un autre atout, et non des moindres : il a pour voisin **Semuc Champey** ㉖, l'une des plus fabuleuses merveilles naturelles du Guatemala. Jugez plutôt : un chapelet de piscines turquoise et émeraude s'égrène dans un écrin de forêt tropicale luxuriante. Le Río Cahabón, qui se jette dans le Lago de Izabal, y a creusé dans la roche calcaire un tunnel long de près de 300 m et dont la voûte forme, à la surface, un pont émaillé de vasques alimentées par la pluie et une petite rivière. Un endroit magique, propice à la détente – gardez néanmoins un œil sur vos affaires –, où il fait bon barboter.

EL ORIENTE

S'étendant au sud de la Carretera al Atlántico, El Oriente est la région la plus chaude du pays, une terre sans concession où le thermomètre frôle souvent les 38 °C. Bien que plus petits et plus érodés que leurs confrères de l'Altiplano occidental, quelques vieux volcans éteints disséminés dominent l'horizon.

Chiquimula ㉗ est caractéristique des villes importantes de la région : chaude, poussiéreuse et sans beaucoup d'âme. Elle possède, en revanche, un atout majeur : elle est bien desservie et bien lotie en matière d'hébergement de moyenne gamme, parfait pour une ou deux nuits. Située à la lisière, son église coloniale, l'Iglesia Vieja, a été gravement endommagée en 1765. Aujourd'hui, il n'en reste plus que des ruines.

Au sud de Chiquimula, le vénérable **Volcán de Ipala** ㉘ culmine à 1 650 m.

À DÉCOUVRIR

Avis aux passionnés d'orchidées : chez le pépiniériste Orquigonia (tél. 4740-2224 ; **www.orquigonia.blogspot.com** ; ouv. tlj. 7h-17h), vous pourrez admirer des milliers de plantes, dont plus de 600 espèces d'orchidées. Orquigonia organise aussi diverses activités – visites guidées, ateliers, etc. – et loue des bungalows.

Semuc Champey.

Son sommet érodé et cerné de forêts abrite un ravissant lac de cratère. Vous y accéderez au terme d'une randonnée assez facile de 2 heures, au départ d'Agua Blanca, le village le plus proche. Sinon, rejoignez le hameau d'El Sauce en voiture, via la route Ipala-Agua Blanca, et poursuivez à pied par le sentier qui part à hauteur du Km 26,5, non loin d'une buvette. Comptez également 2 heures de marche.

ESQUIPULAS

À proximité de la frontière salvadorienne, **Esquipulas** ㉙ doit sa renommée à son Cristo Negro, qui en fait le principal lieu de pèlerinage d'Amérique centrale. À l'intérieur de la basilique blanche et colossale qui abrite le Christ noir (ouv. tlj., horaires variables), flottent un lourd parfum d'encens et l'odeur de fumée dégagée par les cierges, tandis que les pèlerins, souvent à genoux et récitant des prières, se succèdent devant la statue de bois, en quête de sa bénédiction. La sculpture est l'œuvre du fameux Quirio Cataño, à la fin du 16e siècle. L'origine du pèlerinage daterait, cependant, d'avant l'arrivée des conquistadors. Le pèlerinage majeur a lieu le 15 janvier ; un autre, plus modeste, le 9 mars.

Stèle J, à Quiriguá.

LE DÉPARTEMENT D'IZABAL

Bordées par la mer des Caraïbes, et prises en sandwich entre le Belize au nord et le Honduras au sud, les plaines du département d'Izabal offrent un contraste saisissant avec le reste du pays. La population se compose d'un melting-pot polyglotte de *ladinos*, de Garífunas, de Caraïbes et de Mayas *q'eqchi'*. Le paysage, lui aussi, s'en démarque nettement avec sa luxuriance et cette chaleur humide éprouvante qui crée une atmosphère tropicale indolente tout au long de l'année.

Izabal est cerné par les montagnes : au sud, la Sierra del Merendón qui marque la frontière avec le Honduras ; au sud-ouest, la Sierra de las Minas ; au nord, la Sierra de Santa Cruz. Au centre du département se trouve le **Lago de Izabal**, le plus grand lac guatémaltèque, relié à la mer des Caraïbes par la superbe gorge du Río Dulce.

LES RUINES DE QUIRIGUÁ

Dans une belle clairière, à deux pas de la Carretera al Atlántico, les ruines de **Quiriguá** ㉚ (ouv. tlj. 8h-16h30) doivent à leurs remarquables stèles de grès sculptées et à leurs énormes blocs de roche zoomorphes d'avoir été classées au Patrimoine mondial. Ce site, somme toute modeste, aurait été fondé, au début de l'Époque classique, par une élite venue des plaines septentrionales mayas. Il passera sous la domination de Copán et le restera jusqu'en 737, date à laquelle son chef Cauac Cielo (ou Ciel à deux jambes) capturera et sacrifiera le souverain de Copán, 18-Conejo.

Pour célébrer sa victoire, Cauac Cielo va entreprendre de rebâtir Quiriguá. Il fait alors sculpter les plus grandes stèles de la civilisation maya, disposées autour d'une place monumentale fermée sur 3 côtés par une acropole.

La plus haute de toutes, la Stèle E, ne mesure pas moins de 8 m. Elle représente le roi Cauac Cielo arborant une coiffe raffinée. La Grande Place réunit 10 autres stèles, une petite acropole au sud et un terrain de jeu de balle. Juste sous l'acropole se trouvent 6 fabuleux blocs de roche sculptés figurant des grenouilles, des tortues, des jaguars et des serpents.

LE LAC D'IZABAL

Vaste étendue d'eau douce située au nord de Quiriguá, le **Lago de Izabal** s'ouvre peu à peu au tourisme. À l'ouest, les abords du lac font partie du Parque Natural Bocas del Polochic. Ils abritent des alligators, des iguanes et une multitude d'oiseaux aux couleurs spectaculaires. Les visiteurs séjournent de préférence sur la rive orientale du plan d'eau, à **Río Dulce** ❸❶. Installée de part et d'autre du pont, cette localité qui mise avant tout sur le transport manque singulièrement d'attrait, mais recèle dans ses environs des hôtels d'un charme étonnant.

Les pirates britanniques ayant semé le chaos dans la région aux 16e et 17e siècles, les autorités espagnoles décideront d'édifier le **Castillo de San Felipe de Lara** (ouv. tlj. 8h-16h ; entrée payante), à 3 km de la ville. Mais les rives du lac abritent beaucoup d'autres merveilles, à commencer par les chutes d'une source chaude qui se précipitent de 12 m de hauteur dans un bassin profond, non loin de la Finca El Paraíso.

LIVINGSTON

À l'embouchure du Río Dulce dans la Bahía de Amatique siège la localité garífuna de **Livingston** ❸❷ (La Buga, dans le dialecte des Garífunas). Ce village a ceci de particulier que l'atmosphère qui y règne évoque davantage la Jamaïque ou les Islas de la Bahía que l'isthme centraméricain. Qu'il s'agisse de culture ou de géographie, elle se tient à l'écart du reste du pays, n'étant accessible qu'en bateau depuis Puerto Barrios, le Belize ou le Honduras.

Ses environs ménagent des excursions intéressantes – votre hôtel vous recommandera les meilleurs tour operators locaux –, notamment aux cascades de Siete Altares, plus impressionnantes encore durant la saison des pluies, à la Playa Blanca, l'une des plus belles plages du Guatemala, et à

Joli coup de filet sur le Río Dulce.

À DÉCOUVRIR

Les croisières sur El Golfete (en général, au départ de Livingston) font souvent escale aux sources chaudes qui alimentent le lac. Un endroit idyllique où vous barboterez dans des eaux chaudes et sulfureuses, à l'abri des arbres et entouré par une jungle luxuriante.

la lisière du récif bélizien où vous pourrez pratiquer le snorkeling.

PUERTO BARRIOS

Sur la côte sud-est de la Bahía de Amatique, **Puerto Barrios** ㉝ se résume peu ou prou à un lieu de passage pour les touristes embarquant à destination de Punta Gorda, au Belize, ou se rendant à Livingston. Il n'en a pas toujours été ainsi, car pendant de nombreuses années, cette ville a constitué le plus important port du Guatemala. Aujourd'hui, elle se voit reléguée au second plan par le port moderne de Santo Tomás de Castilla, 11 km plus à l'ouest.

Fondée par le président Rufino Barrios à la fin du 19e siècle, Puerto Barrios n'a vraiment pris son essor qu'au siècle suivant, à l'initiative de la United Fruit Company qui lui avait attribué le monopole de ses exportations de bananes. L'UFC aménagera la ville sur le modèle urbain nord-américain, d'où ses larges avenues et son plan quadrillé.

À présent, la majorité de ses vieux édifices caribéens en bois se trouvent dans un état de délabrement avancé, et des immeubles en béton quelconques les remplacent peu à peu. Le souvenir des jours plus glorieux n'a pas disparu pour autant, comme en témoigne le pittoresque et remarquablement préservé Hotel del Norte, posté sur le front de mer.

LE PETÉN

Ce vaste département septentrional recèle quelques trésors mayas, le plus précieux de tous étant sans conteste la cité de Tikal.

Entre 750 av. J.-C. et l'an 900 environ, la civilisation maya – indiscutablement la plus avancée de toutes les cultures précolombiennes – s'est développée dans ces forêts subtropicales de basse altitude jusqu'à atteindre un degré de perfection impressionnant, avant de s'effondrer. C'est, en effet, dans les jungles et les savanes du Petén, lesquelles couvrent un tiers du territoire guatémaltèque, que les cités États mayas ont accompli de véritables prouesses : un système calendaire d'une grande précision, d'une astronomie très élaborée, un système d'écri-

Port de pêche de Livingston.

ture complexe, un art et une architecture époustouflants.

Si divers facteurs sociaux et environnementaux évidents – surpopulation, guerres, révoltes, etc. – ont concouru à l'effondrement du monde maya, les raisons exactes de cette fin désastreuse font toujours l'objet de débats entre spécialistes. Une chose est sûre en tout cas, c'est que la jungle a repris ses droits, envahissant temples, places et palais. À l'arrivée des explorateurs au 19e siècle, ces édifices étaient ensevelis sous plus d'un millénaire de croissance végétale.

Le Petén demeure le territoire le plus sauvage aux confins du Guatemala. Transports, communications, hôtels et restaurants se révèlent, en général, plutôt rudimentaires, hormis à Flores, le chef-lieu du département. Se rendre sur les sites mayas comme El Mirador requiert du temps – à moins d'y aller en hélicoptère ! –, de l'organisation et le recours à une assistance locale. Plusieurs prestataires professionnels réputés encadrent des expéditions à destination de ces ruines isolées. Ici, chaleur et humidité sévissent tout au long de l'année. Les précipitations peuvent s'éterniser jusqu'en décembre et couper l'accès par la voie terrestre aux régions reculées, ce qui n'est néanmoins le cas ni de Tikal ni de Flores.

FLORES

La vieille ville de **Flores** ㉞ a élu domicile sur une île du Lago de Petén Itzá reliée au rivage par une chaussée de 500 m. Cette petite localité paisible dépend désormais largement des revenus du tourisme. Et pour cause : elle est de loin le centre urbain le plus plaisant du département ! Elle s'est implantée sur les ruines de Tayasal. L'ancienne capitale des Mayas Itzá recevra la visite de Hernán Cortés en 1525 mais, ne suscitant pas la convoitise des Espagnols peu enclins à vivre en pleine jungle, elle ne tombera sous leur coupe qu'en 1697. Et jusqu'à ce que l'amélioration du réseau routier ne la "rapproche" du reste du Guatemala, à la fin du 20e siècle, Flores entretiendra des relations plus étroites avec le Belize et le Mexique qu'avec son propre pays.

La meilleure manière d'explorer toute la vieille ville – prévoyez au total une quinzaine minutes – consiste à emprunter la voie qui fait le tour de l'île. Au détour des ruelles et des rues pavées, vous découvrirez de vénérables maisons en bois et en adobe aux couleurs pimpantes, de nombreux hôtels peints dans des tons pastel harmonieux, sans oublier une jolie place centrale où trône une cathédrale coiffée de 2 clochers.

De l'autre côté de la chaussée, Santa Elena et San Benito ne sauraient offrir un contraste plus saisissant, avec leurs rues poussiéreuses et crasseuses, typiques d'une ville frontalière sans âme.

AUTOUR DE FLORES

À 30 km de Flores/Santa Elena et facile d'accès depuis la frontière bélizienne par la Carretera 13, **El Remate** ㉟ est idéalement situé pour visiter Tikal. D'où le nombre croissant d'hôtels

À DÉCOUVRIR

Site archéologique parmi les plus impressionnants de l'Amérique centrale, Copán *(voir p. 229)* recèle de véritables trésors. Cette cité maya restaurée repose sur les rives du Río Copán, au Honduras, à 12 km de la ville frontalière guatémaltèque d'El Florido. Ceux qui visitent le Guatemala sont de plus en plus nombreux à franchir la frontière pour aller admirer ces ruines et leurs stèles sculptées, considérées comme les plus belles du patrimoine maya répertorié à ce jour.

LE POUVOIR DE LA BANANE

Principal employeur en Amérique centrale et surnommée El Pulpo (la Pieuvre), la United Fruit Company aura dicté les choix économiques et politiques du Guatemala durant plus de 50 ans. Tout commence en 1901, avec la culture et le négoce de la banane guatémaltèque. Très vite, l'UFC obtient des concessions et une exonération quasi totale de charges, moyennant quoi elle s'engage à achever le chantier de la ligne de chemin de fer Ciudad de Guatemala-Puerto Barrios. En 1930, la pieuvre aux tentacules jaunes pèse 215 millions de dollars, et a la mainmise sur le réseau ferroviaire du pays ainsi que sur Puerto Barrios, port de premier plan. Elle ne tardera pas à contrôler l'ensemble des exportations nationales.

Cette hégémonie va perdurer jusqu'en 1952, date à laquelle le président Jacobo Árbenz Guzman redistribue les terres aux paysans pour une partie de leur valeur réelle. Voyant les intérêts américains menacés par cette réforme, la CIA – dont le directeur Allen Dulles siège au conseil d'administration de l'UFC – décide d'appuyer les forces rebelles guatémaltèques exilées au Honduras. En 1954, Árbenz est chassé du pouvoir.

Carlos Castillo Armas, le nouvel homme fort soutenu par la CIA, restitue à la compagnie les terres qui lui avaient été confisquées. Dans les années 1960, l'UFC fusionnera avec United Brands avant de quitter le Guatemala en 1972, vendant son patrimoine foncier à Del Monte.

dans ce village peu peuplé mais assez étendu géographiquement.

À quelque 3 km du centre du village, la petite réserve naturelle du **Biotopo Cerro Cahuí** (ouv. 8h-crépuscule) réunit une collection remarquable d'espèces végétales (acajous, fromagers, sapotilliers, orchidées, épiphytes) et animales (atèles, alouates, tatous, ocelots). Elle se démarque surtout par son exceptionnelle richesse ornithologique. Elle accueille, en effet, des centaines d'espèces d'oiseaux différentes.

TIKAL, TRÉSOR DE L'ÉPOQUE CLASSIQUE

Enfouies au cœur de la jungle où le hurlement des alouates fait vibrer l'air à intervalles réguliers, les ruines monumentales et phénoménales de **Tikal** ❸❻ s'inscrivent parmi les merveilles du continent américain. Jugez plutôt : 5 temples-pyramides imposants s'élèvent au-dessus de la canopée tandis que, sur la place, autels et stèles remarquablement sculptés chantent le glorieux passé de ces lieux. Les monuments s'ornent de masques en stuc géants, et des chaussées pavées conduisent à d'autres cités en ruines, plus perdues encore.

Tikal surprend par sa démesure. Près de 100 000 habitants vivaient là, durant l'Époque classique. Des routes commerciales reliaient alors la cité à Teotihuacán (Mexico) ainsi qu'aux côtes caraïbe et pacifique. De cette période faste datent le Temple IV coiffé de son imposante crête faîtière et qui culmine à près de 65 m, les sculptures, bijoux, céramiques et masques de jade d'une beauté exquise, les jeux de balle, les bains de vapeur, les palais royaux colorés et quelque 4 000 autres ouvrages destinés à héberger artisans, astrologues, fermiers et guerriers de la plus prodigieuse cité de la civilisation maya de l'époque.

Beaucoup s'accordent à dire que nul autre site maya ne suscite une aussi forte impression visuelle. Un conseil : consacrez-lui plus d'une journée et séjournez dans l'un des hôtels installés à proximité des ruines. Vous pourrez ainsi constater combien l'ambiance devient électrique à l'aube et au crépuscule, quand les appels des toucans, grenouilles, singes et autres mammifères résonnent dans la jungle. En toute saison, il règne ici une chaleur et une humidité difficiles à supporter. Aussi, prévoyez de l'eau en quantité suffisante et un répulsif contre les insectes.

Flores, ville coloniale siégeant sur son île.

PARENTHÈSE HISTORIQUE

Tikal est l'un des plus anciens sites mayas ; seuls quelques-uns du bassin d'El Mirador et Cuello (Belize) le précèdent dans l'Histoire. Il se trouve dans une zone centrale de basse altitude, envahie par la forêt subtropicale et considérée comme le berceau de la civilisation maya. Les premiers signes de présence humaine à Tikal remontent à 700 av. J.-C. environ (Époque préclassique). Deux cents ans plus tard, des édifices rudimentaires ont été construits, mais Tikal se résumait encore à un village modeste, la cité de Nakbé, située à quelque 55 km au nord, dominant alors la région.

L'édification des premières grandes structures cérémonielles (l'Acropole Nord et la Grande Pyramide), vers 200 av. J.-C., marque l'émergence de puissantes cités, notamment celle, monumentale, d'El Mirador, 64 km au nord, reliée à Tikal par une *sacbé* (chaussée de pierres surélevée).

En l'an 250 (début de l'Époque classique), El Mirador et Nakbé ne sont plus que l'ombre d'elles-mêmes, tandis que Tikal fait désormais partie des cités mayas les plus influentes, avec Uaxactún. Après la victoire du roi de Tikal, Jaguar-Grande-Griffe, et de son général Grenouille-Fumante contre Uaxactún en 376, s'ouvre une période de lutte de pouvoir entre 2 "superpuissances" en quête d'hégémonie territoriale : Tikal et Calakmul. Celle-ci durera 2 siècles. Pendant ce temps, sous le règne de Ciel-Orageux (426-457), des progrès majeurs sont réalisés dans les sciences de l'astronomie, du calendrier et de l'arithmétique. La situation va néanmoins basculer avec la défaite de Double-Oiseau face au souverain de la jeune cité de Caracol (Belize), laquelle s'est ralliée à Calakmul. Pendant 120 ans, plus aucune stèle ne sera gravée à Tikal.

Celle-ci devra sa résurrection à Ah Cacao, ou Seigneur-Chocolat (règne : 682-734), puis au fils de ce dernier, Caan Chac, alias Souverain B, qui bâtiront la plupart des grands temples encore présents aujourd'hui. Caan Chac reprendra également le contrôle du territoire stratégique maya, éclipsant ainsi son ennemi juré de Calakmul. Tikal va alors connaître une période de stabilité et de prospérité inégalées jusqu'au 9e siècle où, comme toutes ses consœurs des Basses Terres, elle déclinera rapidement.

VISITE GUIDÉE

Commencez par faire un tour au **Visitor Center** Ⓐ du Parque Nacional Tikal (www.parque-tikal.com ; ouv. tlj. 6h-18h ; *voir aussi p. 36*). Vous y trouverez le **Museo Lítico** qui présente une belle collection de stèles et de sculptures. Non loin de là, le **Museo Morley** Ⓑ expose notamment des céramiques, des objets en jade, les ornements funéraires d'Ah Cacao et la Stèle 29, la plus ancienne découverte sur place.

À SAVOIR

Officiellement, le ticket d'entrée à Tikal n'est valable qu'une journée, mais si vous vous présentez après le coucher du soleil, il sera automatiquement validé pour le lendemain.

FAUNE DU PETÉN

Malgré les importants dommages infligés à l'environnement, la forêt du Petén, en grande partie préservée, abrite l'une des faunes les plus spectaculaires d'Amérique centrale.

Plusieurs parcs nationaux et réserves y ont été créés à ce titre – ils forment la Reserva de la Biósfera Maya –, afin de protéger l'habitat subtropical de 4 000 espèces végétales et animales, parmi lesquelles jaguars, crocodiles, tapirs, ocelots, pécaris à collier, tatous, boas constrictors, morphos bleus, et 450 oiseaux, migrateurs ou non.

Même si vous ne visitez que Tikal, vous entendrez le hurlement assourdissant de l'alouate, apercevrez les toucans et les perroquets en train de se chamailler dans la canopée et, repérerez peut-être dans les sous-bois un dindon ocellé ou un renard gris d'Amérique.

Temple I, Tikal.

Encensoir maya de l'Époque classique représentant une divinité tenant un crâne humain, Tikal.

Centre névralgique de la cité durant 1 500 ans, la **Grand-Place** Ⓒ est encadrée par les Temples I et II aux proportions parfaites (respectivement à l'est et à l'ouest), l'Acropole Nord et l'Acropole Centrale (au sud). À l'Époque classique, ces monuments de grès arboraient des couleurs vives (rouge pour les édifices ; bleu, jaune et vert pour les décors). Des sacrifices humains étaient souvent inscrits au programme des cérémonies civiles et religieuses dirigées du haut des plateformes supérieures par les prêtres et les souverains, au milieu des fumées d'encens.

Le **Temple I** Ⓓ, également baptisé "temple du Grand-Jaguar" en raison du félin sculpté sur le linteau de la porte, rendait hommage à Ah Cacao, enterré sous cet ouvrage de 44 m de hauteur avec une impressionnante collection d'objets précieux désormais exposés au Museo Morley.

De l'autre côté de la Grand-Place, le **Temple II** Ⓔ, ou temple des Masques, est un peu plus petit (38 m) et moins imposant, car il lui manque une partie de sa massive crête faîtière. Les 2 monuments datent d'environ 740.

Une double rangée de stèles et d'autels – une soixantaine au total – borde le nord de la place. Sculptés pour bon nombre d'entre eux durant l'Époque classique et provenant d'autres endroits du site, ils n'ont été transférés ici que pendant l'Époque postclassique, probablement dans le but d'insuffler un regain de piété. La Stèle 5 se distingue par l'élégance de ses glyphes. À l'arrière, l'**Acropole Nord** Ⓕ donne une impression de chaos. Cet ensemble disparate se compose de quelque 16 temples bâtis sur une centaine d'édifices en ruines, dont certains figurent parmi les plus anciens de Tikal (250 av. J.-C.).

L'**Acropole Centrale** Ⓖ se dresse au sud de la place. Cet ensemble labyrinthique, organisé autour de 6 petites cours, aurait fait office de palais royal avec, en face, un petit terrain de jeu de balle et, au sud, le réservoir royal ainsi que le **Temple V** Ⓗ, un ouvrage restauré de 58 m de hauteur. Un escalier très raide – parfois interdit au public après de fortes pluies – permet d'accéder au sommet, d'où s'offre au regard une vue à couper le souffle sur Tikal.

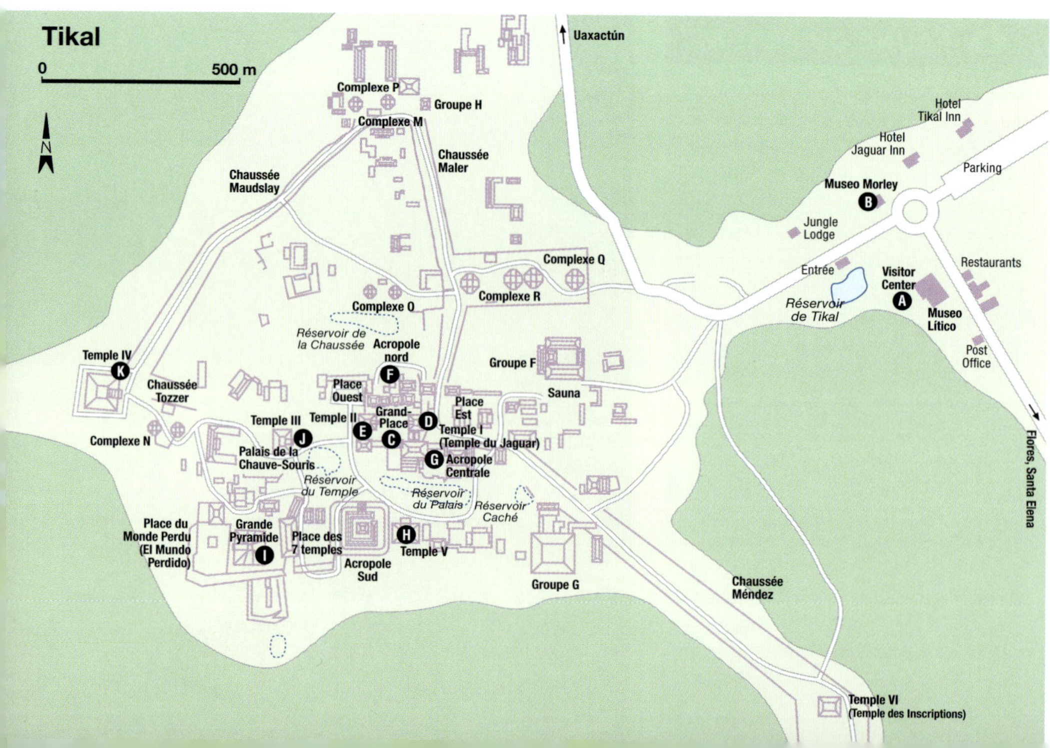

EL MUNDO PERDIDO
Du Temple V, un sentier conduit à El Mundo Perdido, un "Monde perdu" idéalement situé pour contempler le lever et le coucher du soleil. Ce superbe et pittoresque complexe architectural a l'insigne honneur de receler la plus ancienne structure recensée à Tikal : la majestueuse **Grande Pyramide** ❶, qui culmine à 32 m et remonte à l'Époque préclassique. Au nord, le **Temple III** ❶, cerné par la jungle, la domine du haut de ses 55 m, mais le record de hauteur revient incontestablement au **Temple IV** ⓚ. Celui-ci semble d'autant plus vertigineux que ses abords ont été défrichés. Il mesure près de 64 m (70 m en comptant la plateforme), ce qui en fait la deuxième structure précolombienne la plus élevée, après le temple Danta d'El Mirador. Il faut s'aventurer sur une échelle pour parvenir au sommet, mais le panorama – un océan d'arbres d'où émergent par endroits les crêtes faîtières d'autres temples – mérite largement que vous preniez ce risque.

RESERVA DE LA BIÓSFERA MAYA

Dans l'extrême nord du Guatemala, la dense jungle de la Reserva de la Biósfera Maya cache des dizaines d'autres ruines mayas, pour la plupart presque ensevelies. La plus facile d'accès se trouve à **Uaxactún** ㊲, reliée à Tikal par une piste en terre de 15 km et desservie par un car au départ de Flores/Santa Elena, une fois par jour. Au début de l'Époque classique, une forte rivalité opposera les 2 voisins durant de nombreuses années, jusqu'à la défaite militaire d'Uaxactún le 16 janvier 378. Aujourd'hui, l'ancienne cité constitue une vitrine intéressante de la culture maya, avec ses 3 temples bâtis côte à côte (Groupe E) et sa riche collection de stèles.

Située à 2 km seulement de la frontière mexicaine, la métropole préclassique d'**El Mirador** est aussi étendue que Tikal, voire plus. À moins que vous ne dépensiez une fortune pour une excursion en hélicoptère, vous devrez vous y rendre *pedibus cum jambis* !

Également à la frontière mexicaine, mais à l'autre bout quasiment de la Reserva de la Biósfera Maya, le site de **Piedras Negras** joue les ermites au bord du Río Usumacinta, dont il domine la rive guatémaltèque. Vous y accéderez en bateau uniquement, dans le cadre d'excursions organisées au départ de Ciudad de Guatemala. C'est ici qu'ont été sculptés des spécimens de stèles parmi les plus remarquables du monde maya. Vous y découvrirez un escalier mégalithique et d'imposantes ruines, dont un bain de vapeur et une acropole impressionnante, composée de multiples salles et cours.

YAXHA

Quelque 73 km à l'est de Flores, les ruines de **Yaxhá** ㊳ font l'objet d'une restauration progressive. Le Temple 216, qui culmine à 30 m, est la structure la plus impressionnante du site, lequel comprend aussi un bel ensemble de temples de l'Époque préclassique, avec 3 grandes pyramides formant un groupe triadique et 2 masques de stuc géants. #

Vue du Temple V, Tikal.

Great Blue Hole, au large des Turneffe Islands.

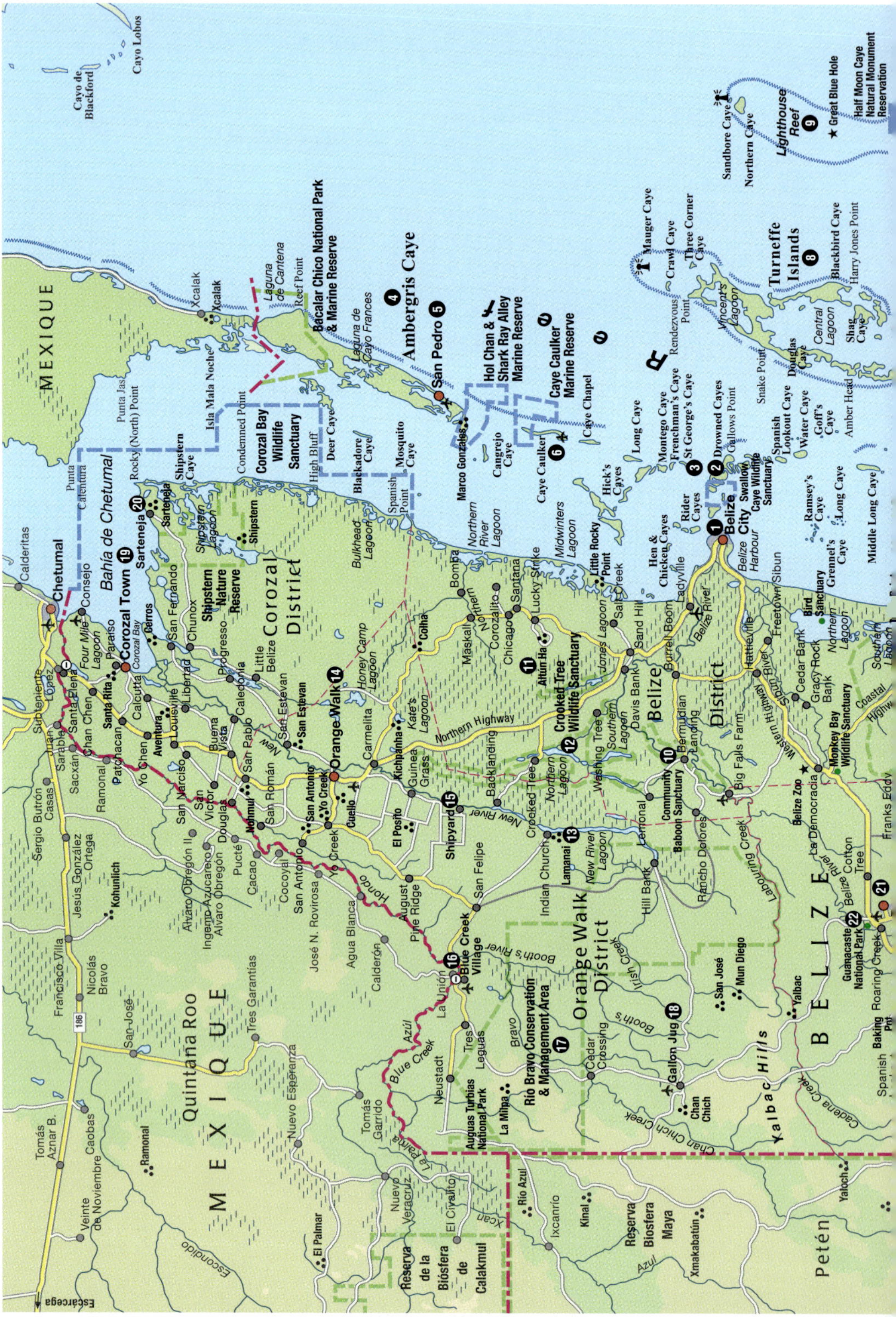
MEXIQUE
Quintana Roo
BELIZE
Chetumal
Bahía de Chetumal
Corozal Town
Corozal District
Sarteneja
Shipstern Nature Reserve
Corozal Bay Wildlife Sanctuary
Bacalar Chico National Park & Marine Reserve
Ambergris Caye
San Pedro
Hol Chan & Shark Ray Alley Marine Reserve
Caye Caulker Marine Reserve
Caye Caulker
Caye Chapel
Belize City
Belize District
Turneffe Islands
Lighthouse Reef
Great Blue Hole
Half Moon Caye Natural Monument Reservation
Orange Walk
Orange Walk District
Lamanai
Crooked Tree Wildlife Sanctuary
Altun Ha
Community Baboon Sanctuary
Belize Zoo
Monkey Bay Wildlife Sanctuary
Guanacaste National Park
Río Bravo Conservation & Management Area
Blue Creek Village
Gallon Jug
Chan Chich
La Milpa
Aguas Turbias National Park
Yalbac Hills
Reserva de la Biosfera de Calakmul
Reserva Biosfera Maya
Petén
Northern Highway
New River
Río Hondo
Kohunlich
Escárcega

Belize
0
20 km
MER
DES
CARAÏBES
Golfo de Honduras
Bahía de Amatique
GUATEMALA
MAYA MOUNTAINS
Cayo District
Stann Creek District
Toledo District
Izabal
Glover's Reef
Glover's Reef Marine Reserve
Long Caye
Northeast Caye
Middle Caye
Southwest Caye
Tobacco Reef
Sapodilla Cayes
Sapodilla Caye Marine Reserve
Hunting Caye
Nicholas Caye
Lime Caye
Laughing Bird Caye National Park
Ranguana Caye
Silk Cayes
Spider Caye
South Water Caye
Tobacco Caye
Carrie Bow Caye
Wee Wee Caye
Crow's Nest Caye
Man-O'-War Caye
Bird Sanctuary
Columbus Caye
Cross Caye
Mosquito Caye
Sandfly Cayes
Southern Long Cayes
Dangriga
Hopkins
Sittee Point
Riversdale
Maya Beach
Seine Bight
Placencia
Independence
Big Creek
Mango Creek
Monkey River Town
Punta Gorda
Cattle Landing
Forest Home
Barranco
Puerto Barrios
Livingston
Punta Manabique
Biotopo Punta de Manabique
Hummingbird Highway
Southern Highway
Manatee Highway
Cockscomb Basin Wildlife Sanctuary
Chiquibul Forest Reserve & National Park
Vaca Plateau
Caracol
Caracol Natural Monument Reserve
Mountain Pine Ridge Forest Reserve
Bladen River Nature Reserve
Deep River Forest Reserve
Columbia River Forest Reserve
Payne's Creek National Park
Maya Mountain Forest Reserve
Victoria Peak
1120
Richardson Peak
1000
Baldy Sibun
San Ignacio
Benque Viejo del Carmen
Melchor de Mencos
Xunantunich
San Antonio
Lubaantun
Nim Li Punit
Uxbenka
Hokeb Ha Cave
Blue Creek Village
San Pedro Columbia
San Miguel
Santa Cruz
Pueblo Viejo
Jalacte
Aguacate
Laguna
Santa Ana
Santa Theresa
San Lucas
San Benito Poite
Pusilhá
Sarstoon Temash National Park
Sarstoon Delta Wildlife Sanctuary
Naj Tunich
Poptún
Sacul
Ixcún
Ucanal
Flores & Tikal
Yaxhá

Plage du Laughing Bird Caye National Park.

LE BELIZE

Modeste par la taille, ce pays aspire néanmoins aux superlatifs avec, notamment, la plus longue barrière de corail de l'hémisphère Nord et les plus remarquables sites mayas.

Forêts pluviales enchevêtrées qui ensevelissent des grottes remontant à la nuit des temps, cours d'eau rugissants, piscines naturelles cristallines et *cayes* où, les doigts de pieds en éventail, il fait bon siroter un cocktail au rhum sur la plage : au Belize, Dame Nature exprime toute sa générosité. Séjournez-y un jour ou deux et vous risquez, comme tant d'autres, d'attraper le virus !

Effervescence et cacophonie règnent sur Belize City, synthèse par excellence d'une nation tout entière. Au nord de ce port de la mer des Caraïbes qui a connu des jours meilleurs, les localités installées le long des *ríos* sortent peu à peu de la léthargie dans laquelle les avait plongées l'abandon de l'industrie forestière dans les années 1960, pour insuffler une nouvelle vie aux trésors qui les environnent. Ici, vous rencontrerez plus d'animaux sauvages en une seule journée que n'importe où ailleurs, ou presque, en un an.

À l'ouest s'élèvent les Maya Mountains où la température se fait plus clémente, sans doute la raison pour laquelle de plus en plus de lodges élisent domicile en pleine jungle autour de San Ignacio. Cette région, dominée par le Victoria Peak (1 120 m), conserve la grande cité maya de Caracol, devenue le principal centre du tourisme vert au Belize. Sur la côte sud, Placencia et ses plages d'une beauté inégalée reçoivent également de nombreux visiteurs, mais la population locale n'a pas changé son rythme de vie nonchalant d'un iota pour autant. À l'extrême sud, l'intérieur des terres accueille l'unique véritable forêt tropicale humide du pays, où les villages mayas ne font qu'un avec la nature environnante, et ce depuis des millénaires.

La perle de cette collection de trésors reste sans conteste le chapelet de *cayes* qui s'égrènent tout le long de la barrière de corail. Ces îlots magiques sont, pour certains, des hauts lieux du tourisme où règne une ambiance

Aux marches de Lamanai.

NE MANQUEZ PAS

Cartes p.166, plan p. 170

Belize City
0
500 m
N
Municipal Airport
Moho Caye
University of Belize
Marion Jones Sports Complex
St Matthew Street
St Mark St
St Luke St
St Charles Street
Princess Margaret Drive
St John's College
New Library
Lizarraga Avenue
Gentle Avenue
Meighan Avenue
19th St
18th St
17th Street
15th St
Ramada Belize City Princess Hotel
NEWTOWN BARRACKS
8th St
7th St
6th Street
4th Street
3rd Street
1st Street
St Thomas Street
St Peter Street
Hopkins Street
Landiver Street
Baymen Avenue
Newtown Barracks Road
Barracks Road
Karl Heusner Memorial Hospital
National Library
Haulover Bridge, Northern Highway, Bella Vista
Pickwick Club
BTL PARK
St Joseph Street
Simon Lamb Street
Nurse Seay Street
Princess Hotel & Casino
MER
DES
CARAÏBES
Flag Monument
San Cas Plaza
Fire Station
Freetown Road
Mexico-Belize Cultural Institute
Belcan Bridge
Wilson Street
Eve Street
Cinderella Plaza
Kelly Street
Hunter's La.
Cran Street
Cleghorn Street
Haulover Creek
Mopan Street
Castle St
Clock Tower
Marine Parade Boulevard
Douglas Jones St
Mahogany Street
Sarstoon Street
Nargusta Street
Ebony Street
Victoria Street
New Road
Pickstock Street
Craig St
Daly Street
Eve Street
Gaol Lane
Central Bank Building
North Front Street
Belchina Bridge
Hydes Lane
Barracks Road
Museum of Belize
Gabourel Lane
Vernon Street
Mortuary Lane
Handyside St
Logwood Street
Banak Street
Lakeview Street
Magazine Road
Regent Street West
Queen Street
Hutson St
Former Mexican Embassy
Belmopan, Western Highway
Swing Bridge
Marine Terminal
Image Factory
Eyre Street
North Park Street
MEMORIAL PARK
Cemetery Road
Orange Street
Canal Street
Commercial Center (Municipal Market)
Glyn St
Church St
BATTLEFIELD PARK
Court House and Treasury
Belizean Handicraft Market Place
Gibnut Street
Roger's Stadium
Hiccatee St
Bliss Institute
Cork St
Fort Street
Belize Tourism Village
Radisson Fort George Hotel and Marina
Old Belize Cultural & Historical Center, Belize Zoo
Central American Boulevard
Seagull Street
Curassow Street
Dolphin St
West Collet
East Collet Canal Street
Amara Avenue
Euphrates Avenue
Tigris Street
West Street
George Street
West Canal Street
King Street
Prince St
Foreshore
Belize Harbour
Racoon Street
Basra Street
Dean St
Belize Tourism Board
Belize Welcome Sign
Baron Bliss Lighthouse
Allenby St
Albert Street
Regent Street
South St
Southern
Rectory Lane
Kut Avenue
Fairweather Street
St John's Cathedral
House of Culture
YARBOROUGH CEMETERY
Racecourse Street
Queen Charlotte St
BTL ALBERT PARK
Neal's Pen Road
Kraal Road
Fabers Road
Caesar Ridge Rd
Bird's Isle

festive ; pour d'autres, des paradis déserts, parfaits pour la plongée sous-marine, le snorkeling et la pêche.

BELIZE CITY

De prime abord, **Belize City** ❶ apparaît comme une ville vouée à la pagaille. Elle n'en recèle pas moins les meilleurs musées du pays – notamment d'histoire et d'archéologie –, de vénérables édifices coloniaux superbement restaurés et un remarquable centre dédié aux arts du spectacle.

Pour la plupart, les touristes n'en voient qu'une facette, et certes pas la plus reluisante : l'aéroport, où ils ne s'attardent pas, s'empressant de sauter dans le premier avion en partance pour les *cayes* ou autre destination tout aussi séduisante. Cependant, si vous souhaitez connaître les différents visages du Belize, un bref séjour s'impose dans ce qui fut sa capitale et demeure son cœur culturel.

AU NORD DE HAULOVER CREEK

Centre névralgique de la ville et point de repère le plus connu, le **Swing Bridge** Ⓐ est l'un des trois ponts qui relient les quartiers nord et sud. À vocation essentiellement piétonnière à ses débuts en 1923, il a l'insigne honneur d'être le dernier pont tournant manuel encore en service sur le continent américain. Il ne faut pas moins de 4 hommes pour actionner le cabestan, mécanisme qui le fait pivoter. Une opération laborieuse désormais réservée au passage des gros bateaux et aux occasions spéciales. Quoi qu'il en soit, ce pont offre un beau panorama sur la ville et le spectacle pittoresque des bateaux de pêche dansant sur le Haulover Creek.

Dans le domaine de la culture, la palme locale revient au **Museum of Belize** Ⓑ (MOB, Gabourel Lane ; tél. 223 4524 ; nichbelize.org ; ouv. lun.-jeu. 8h30-17h, ven. 8h30-16h30) qui occupe Her Majesty's Prison (la prison de Sa Majesté). Cet ancien centre pénitentiaire a été construit en 1857 avec les "London Stocks", les briques qui lestaient les navires anglais venus charger leurs cales de cargaisons béliziennes. Après avoir fermé ses portes au début des années 1990, il sera converti en musée consacré à l'histoire du pays, dont celle des Mayas. Vous y

Swing Bridge, Belize City.

découvrirez notamment des céramiques ainsi que des objets et bijoux en jade, dont une copie de la célèbre tête en jade d'Altún Ha.

Redescendez Gabourel Lane vers l'estuaire jusquà l'hôtel de ville où vous prendrez à droite dans North Front Street pour parvenir à **Image Factory** **C** (10 North Front Street ; tél. 223 4903 ; www.imagefactorybelize.com ; ouv. lun.-ven. 9h-17h, sam. 9h-12h). Cette galerie d'art présente les œuvres de très nombreux artistes, locaux ou non, ainsi que des expositions sur l'histoire culturelle et naturelle du pays.

Tout le secteur entre Fort Street et l'embouchure de l'estuaire n'est qu'une vaste zone maritime, le Marine Terminal, où bateaux-taxi et ferries embarquent régulièrement leurs lots de passagers à destination de Caye Caulker et San Pedro (Ambergis Caye). Le coloré Fort Street Tourism Village (Terminal 1 ; ouv. lun.-ven. 6h30-17h) permet aux croisiéristes et voyageurs en transit de faire du shopping dans la trentaine de boutiques hors taxes ou de souvenirs, telle celle de MOHO, le chocolatier bio du pays.

North Park Street vous conduira ensuite au **Belizean Handicraft Market Place** **D** (2 South Park Street ; tél. 223 3627 ; ouv. lun.-ven. 8h-17h, samedi 8h-16h30), où les innombrables créations artisanales béliziennes en bois dur côtoient vannerie maya, sauces piquantes et épices.

En 1924, une entreprise américaine du bâtiment a assaini des terrains le long de Cork Street pour y construire plusieurs ravissantes maisons coloniales, dont beaucoup ont survécu. Celles-ci ont pour voisin le **Memorial Park** **E** qui commémore la bataille de St George's Caye en 1798 et rend hommage aux soldats béliziens des Première et Seconde Guerres mondiales. Le parc accueille des concerts en plein air et constitue l'un des principaux points de rassemblement lors de la fête nationale (10 sept., jour de la bataille de St George's Caye) et de la fête de l'indépendance (21 sept.). Marine Parade, large boulevard bordé d'une promenade en front de mer, mène à la pointe, surnommée le Fort, où sont concentrés une partie des guest-houses et des hôtels, dont l'un

Masques en mosaïque de jade provenant de Corozal (300-150 av. J.-C.), Museum of Belize.

des plus grands de la ville, le Radisson Fort George Hotel & Marina. Les Béliziens viennent s'y promener en famille ou en amoureux le dimanche après-midi, jusqu'au **Belize Welcome Sign** **F** et au phare **Baron Bliss Lighthouse** **G**, posté à l'embouchure du fleuve Haulover Creek et au pied duquel se trouve la tombe du baron. Ce phare a été construit avec l'argent légué par le fortuné homme d'affaires britannique, le baron Bliss *(voir* À propos *ci-contre)*.

RIVE DROITE

L'héritage de ce même baron a permis de financer la construction du **Bliss Institute** **H**, face au Puerto de Belice, non loin du palais de Justice. Ce bâtiment héberge le Bliss Centre for the Performing Arts (Southern Foreshore ; tél. 227 2110 ; nichbelize.org ; accueil : ouv. lun.-jeu. 8h-17h, ven. 8h-16h30, spectacles : 18h-21h en général), un complexe ultramoderne doté d'un théâtre de 600 places.

De là, Regent Street, bordée des représentants les mieux conservés de l'architecture en vogue au 19e siècle et au début du 20e, conduit à la **House of Culture** **I** (ex-Government House ; 71 Regent Street ; tél. 277 3050 ; nichbelize.org ; ouv. lun.-jeu., sam. 8h-17h). Résidence des gouverneurs britanniques jusqu'en 1961 lorsque, suite au passage désastreux de l'ouragan Hattie, le gouvernement décide de s'installer par sécurité à Belmopán, cette élégante demeure coloniale de 1812 sert à présent d'écrin aux cours de musique, disciplines artistiques, expositions d'art, concerts, représentations théâtrales et même aux défilés dispensés et organisés par le National Institute for Culture & History.

De l'autre côté de la rue, se dresse la doyenne des églises anglicanes centraméricaines, **St John's Cathedral** **J** (86 Regent Street ; ouv. tlj. 6h-18h). Construite en seulement 8 années par les esclaves avec les briques servant de ballast aux bateaux britanniques, la cathédrale sera achevée en 1820. Ce vénérable sanctuaire a eu le privilège de témoigner, entre 1816 et 1845, des sacres de 3 souverains du royaume des Mosquitos. Ce peuple amérindien de la Costa de Mosquitos – région située sur le littoral est du Nicaragua et nord-est du Honduras – s'était allié au Honduras britannique, refusant de se soumettre à la Couronne espagnole.

Non loin de là dans Yarborough Street, à l'ouest, **Yarborough Cemetery** **K** doit son nom au propriétaire du terrain qu'il occupe, James Dundas Yarborough, magistrat de son état. Durant près d'un siècle (1787-1882) y seront enterrées les principales personnalités de la colonie, puis le commun des mortels.

LES *CAYES*

Du spectaculaire Blue Hole (Trou Bleu) aux stations balnéaires à la mode d'Ambergris Caye, les *cayes* (atolls coralliens) demeurent en tête d'affiche des destinations touristiques béliziennes.

Si la vedette revient à cette petite île baignée de soleil du nom d'Ambergris, chaque *caye*, à commencer par Caye Caulker ou Turneffe Islands, a un charme qui lui est propre et qui

À PROPOS

Le **baron Henry Edward Ernest Victor Bliss** (1869-1926), paralysé par la poliomyélite, décide à l'âge de 42 ans de se retirer des affaires et de consacrer sa vie à la pêche et la navigation dans les Antilles. Il arrive au Honduras britannique sur invitation de son ami Willoughby Bulloc, alors gouverneur de l'État. Il décédera à bord de son yacht sans jamais avoir mis le pied à terre, mais il aura eu le temps de tomber amoureux des eaux béliziennes pour décider de léguer en fiducie aux Béliziens près de 1 million de livres sterling. En sa mémoire, le pays déclarera le 9 mars jour férié national.

Port de Belize City.

LE BELIZE ZOO

S'il y a bien un endroit au Belize où vous êtes sûr de rencontrer les créatures les plus particulières du pays, ce ne peut être qu'au Belize Zoo.

Peu de visiteurs savent que la probabilité de repérer de grands animaux terrestres au Belize est faible, l'enchevêtrement et l'épaisseur de la végétation empêchant de voir à plusieurs mètres devant soi. Qui plus est, bon nombre de créatures tropicales ne sortent qu'à la faveur de la nuit. À l'exception de la vision fugace d'un pelage ou du craquement d'une branche et du froissement du feuillage, l'expérience se résume le plus souvent à découvrir l'habitat et non ceux qui y ont élu domicile.

Pour mettre toutes les chances de votre côté, rendez-vous au Belize Zoo (Mile 29 Western Highway, La Democracia ; www.belizezoo.org ; ouv. tlj. 8h30-17h). Cette oasis de forêts et de fleurs, émaillée de points d'eau et implantée au cœur de la savane, 47 km à l'ouest de Belize City, protège plus de 45 espèces natives du Belize, dont le jaguar et le tapir, dans de vastes enclos naturels.

Si possible, visitez le zoo en tout début de matinée ou en fin d'après-midi, quand les animaux sont les plus actifs. Vous aurez sans doute l'impression de vous trouver en pleine forêt en train de guetter à travers l'entrelacs de lianes et de broussailles les signes de la présence d'un puma, d'un jaguarondi ou d'un ocelot. Armez-vous de patience, et vos efforts seront récompensés par l'apparition furtive d'un jaguar patrouillant sur son territoire, celle moins discrète d'une troupe de kinkajous ou par un face-à-face avec un jabiru d'Amérique. Parmi les hôtes illustres du zoo, figure aussi un couple de harpies féroces. Cet aigle, l'un des plus grands au monde, a quasiment disparu d'Amérique centrale.

Dans la partie réservée aux reptiles, vous ferez la connaissance des serpents du Belize dont le boa constrictor et le très venimeux fer de lance. Les programmes éducatifs du Belize Zoo visent à sensibiliser les visiteurs sur l'utilité des reptiles, lesquels contrôlent la population des rongeurs.

Pensionnaires et environnement font l'objet de soins attentifs. Des panneaux décrivent avec humour l'habitat de chaque espèce et son statut sur la liste rouge de l'UICN, rappelant aux visiteurs que la faune a elle aussi le droit de vivre en paix. Des chaussées en gravier parcourent les paysages naturels de pinède et de savane ainsi qu'une forêt tropicale humide transplantée. Car le Belize Zoo est autant un sanctuaire botanique que faunique, mettant l'accent sur les enjeux écologiques du pays, notamment sur le compost et le recyclage.

Ancienne dompteuse de lions en Roumanie et dans un cirque au Mexique, la Nord-Américaine à l'origine du projet, Sharon Matola, fondera le zoo pour y recueillir les animaux ayant figuré dans un documentaire sur la faune sauvage auquel elle avait participé. Aujourd'hui, le Belize Zoo se concentre sur la recherche et la sauvegarde des espèces au travers de divers programmes visant, par exemple, à informer les écoliers sur les mœurs et le sort de la harpie féroce, ou à organiser la journée nationale du tapir.

Il occupe 12 ha d'un domaine qui héberge aussi le Tropical Education & Research Center ainsi que le Belize Zoo Jungle Lodge. Séjournez-y et vous aurez ainsi l'occasion de visiter le zoo de nuit. Une expérience d'autant plus enrichissante que bon nombre d'animaux sont nocturnes, notamment les félins et la plupart des mammifères. #

Margay (Leopardus wiedii) *ou chat-tigre du Belize Zoo.*

mérite le détour. Outre les ferries, des vols réguliers au départ de Belize City desservent Ambergris Caye et Caye Caulker, d'où vous prendrez un bateau-taxi ou louerez un voilier pour rallier d'autres îlots paradisiaques.

HISTOIRES PITTORESQUES

Les noms que portent ces *cayes* remontent au temps des pirates, forbans, boucaniers et autres écumeurs des mers. Ainsi, près de Belize City, les **Drowned Cayes** ❷ (*cayes* engloutis) portent des noms évocateurs, comme Frenchman's Caye (*caye* du Français) ou Spanish Lookout (Nid-de-pie espagnol).

Le chenal Bannister Bogue doit le sien à un pirate reconverti à la fin du 17e siècle dans le bûcheronnage, tandis qu'à Gallows Point (pointe de la Potence), criminels et flibustiers étaient pendus haut et court. Le bateau du pirate John Colson mouillait plus au sud, à proximité d'un îlot baptisé depuis **Colson's Caye**, où les pêcheurs de langoustes et de homards dénichent dans les mangroves un butin d'un tout autre genre. **Robinson's Point**, jadis locomotive de la construction navale bélizienne, accueillait le chantier naval des familles Hunter et Young. De cet âge d'or, il ne conserve qu'un vieux phare.

ST GEORGE'S CAYE

Ancré à 14 km au large de Belize City, **St George's Caye** ❸ – identifiable à sa forme de croissant – est le plus historique des *cayes* béliziens. En 1638, le pirate écossais Peter Wallace établit son camp de base sur cet îlot alors nommé Cayo Cocina. Peu à peu naît une véritable colonie britannique qui deviendra capitale du Honduras britannique – jusqu'au jour où Belize City lui volera la vedette.

Toutefois, les Espagnols, qui dominent la région, ne voient pas ce changement d'un bon œil et ils tenteront à maintes reprises de récupérer leur terre. L'ultime bataille de St George's Caye en 1798 (*voir* À propos *ci-contre*) mettra un terme à leur revendication. Les seuls témoignages de cet épisode capital se résument à un canon sur la plage et à un petit cimetière où reposent les héros ordinaires de cet épisode historique.

À PROPOS

Le 10 septembre 1798, une armada de 32 navires espagnols attaque la petite flotte de 3 sloops de la colonie. Devant une telle disparité, colons, Baymen (ex-pirates), miliciens et esclaves se mobilisent et se ruent dans la bataille à bord de tout ce qui flotte. Il ne leur faudra que 2 heures pour mettre en déroute les assaillants, sans doute désamparés par ces méthodes peu conventionnelles. Après quoi, les Espagnols cesseront définitivement leurs attaques sur le Belize. Ce jour glorieux sera déclaré fête nationale en 1898.

Invitation au farniente, Ambergris Caye.

À PROPOS

Il semble qu'Ambergris Caye ait été baptisée ainsi au 17e siècle, lorsque les pirates, cherchant à se faire un peu d'argent, récoltaient sur les grèves l'ambre gris – concrétion intestinale du cachalot – utilisé comme fixateur dans les parfums.

Le luxueux **St. George's Caye Resort** (www.st-georgesresort.com) vise surtout une clientèle de passionnés de snorkeling et de plongée sous-marine.

AMBERGRIS CAYE

À mesure que vous vous rapprochez en bateau des côtes frangées de palmiers ou que vous survolez cette île verdoyante, festonnée de plages de sable doré et cernée d'eaux cristallines, vous comprenez mieux pourquoi Madonna s'est inspirée d'**Ambergris Caye** ❹ pour sa célèbre chanson *La Isla Bonita*. Ce *caye* reçoit plus de 50 % des touristes venus visiter le Belize. Et il s'en donne les moyens. Située à 56 km de Belize City, la plus grande des îles (40 km de longueur) est accessible en bateau-taxi (2 heures) ou en petit avion (20 min).

La majorité de la population d'Ambergris (env. 14 000 âmes) est concentrée à **San Pedro** ❺, ancien port de pêche métamorphosé en station balnéaire – animée de nuit comme de jour. Les grands resorts, clubs-hôtels et lodges haut de gamme ne cessent d'essaimer au nord de la ville, le long de la côte au vent, balayée par la douce et rafraîchissante brise des alizés. Vous trouverez une ambiance plus authentique et plus calme dans la partie sud de l'île.

Au début des années 1980, San Pedro vivait encore essentiellement de la pêche, d'où son nom (saint Pierre, patron des pêcheurs). Désormais, les pêcheurs utilisent surtout leurs bateaux en acajou, de facture locale, pour emmener les touristes sur la barrière de corail. Le centre-ville rayonne autour de Central Park sur Barrier Reef Drive, avec de part et d'autre l'**hôtel de ville** et **San Pedro Church** dont les grandes fenêtres sont équipées de jalousies afin que la brise marine rafraîchisse la congrégation.

Le rythme de vie à Ambergris reste nonchalant et vous pourrez circuler pieds nus partout ou presque. Une décontraction qui a séduit plus d'un Nord-Américain. Ces résidents venus d'ailleurs tiennent aujourd'hui des hôtels, boutiques de cadeaux, restaurants et bars de plage où se retrouvent les noctambules venus faire la fête.

Les quartiers sous le vent – ouvrant sur la lagune, à l'ouest – de San Pedro, longtemps négligé, ne comptent qu'une

Véhicules légers dans la grand-rue de San Pedro.

poignée de restaurants et quelques lotissements résidentiels disséminés en pleine nature. Cependant, depuis l'achèvement du projet ambitieux du San Pedro Sunset Boardwalk & Water Taxi Terminal inauguré en 2016, ils commencent à se développer.

Le pont Sir Barry Bowen Bridge relie le centre au quartier chic et résidentiel de Tres Cocos, en plein boom immobilier. En 2015, une piste cahoteuse traversait ce faubourg. À présent elle a été goudronnée afin de rallier la cohorte d'hôtels installés sur le littoral.

Au sud de San Pedro, un certain nombre d'établissements hôteliers au chic rustique, tels le Xanadu Island Resort (www.xanaduislandresort.com) soucieux de l'environnement, et la luxueuse Victoria House (www.victoria-house.com) de style colonial, jalonnent le front de mer. Le soir, une armée de bars en plein air s'emploie à créer l'animation.

HOL CHAN & SHARK RAY ALLEY MARINE RESERVE

Île tropicale par excellence, Ambergris Caye s'ancre au cœur du plus grand récif corallien de l'hémisphère Nord. Les eaux cristallines de sa côte au vent, face au large, dévoilent un véritable paradis marin où tous les adeptes de la natation, du snorkeling, de la plongée et de la pêche se donnent rendez-vous ; tandis que celles sous le vent, peu profondes et tapissées d'herbiers, appellent plutôt les fervents du farniente et de la contemplation.

À la pointe sud de l'île, les Mayas découvriront un passage naturel, où cohabitent une multitude d'espèces marines, qu'ils baptiseront Hol Chan (Petit Chenal). En 1987, toute la zone est classée en réserve, la **Hol Chan & Shark Ray Alley Marine Reserve** (www.holchanbelize.org), et constitue à présent, l'un des sites majeurs de snorkeling et de plongée sous-marine d'Ambergris (rens. Visitor Center, San Pedro ; ouv. tlj. 9h-17h). Les 7,8 km² de la réserve sont divisés en 4 zones extrêmement bien balisées, chacune représentant un type d'habitat marin du Belize : A-récif, B-herbier, C-mangrove et D-Shark Ray Alley. Quelque 160 espèces de poissons, 40 de coraux, 8 d'algues et 5 d'éponges y ont été identifiées ainsi que 3 dauphins – commun à bec court *(Delphinus delphis)*, tacheté de l'Atlantique *(Stenella frontalis)* et tacheté pantropical *(Stenella attenuata)* –, 3 tortues marines – imbriquée *(Eretmochelys imbricata)*, caouanne *(Caretta caretta)* et verte *(Chelomia mydas)* sans oublier le lamantin caraïbéen *(Trichechus manatus manatus)*.

Si chacune de ces zones ménage des tableaux aquatiques spectaculaires, celle de **Shark Ray Alley**, située 2 km au sud de Hol Chan, reste la préférée des férus de gros poissons, car ce n'est autre que le royaume des requins pointe noire *(Carcharhinus limbatus)*, des requins nourrices *(Ginglymostoma cirratum)*, des raies pasternagues américaines *(Dasyatis americana)* et autres élasmobranches, ces sentinelles de la mer situées au sommet de la chaîne alimentaire, sensibles à la moindre perturbation du milieu. Les plongées à Hol Chan & Shark Ray Alley se font obligatoirement en compagnie d'un guide professionnel.

El Pescador, au nord de San Pedro.

Rien de plus rafraîchissant qu'une eau de noix de coco, préparée spécialement pour vous, Caye Caulker.

CAYE CAULKER

"Doucement le matin, pas trop vite le soir" : une devise qui colle parfaitement au rythme de vie de **Caye Caulker** ❻. Vous en apprécierez la pleine mesure au bout de quelques jours passés à paresser, barboter ou naviguer mollement, en attendant le moment où, une bière Belikin bien fraîche à la main, paisiblement installé dans un fauteuil adirondack, vous contemplerez le coucher du soleil.

Le village de pêcheurs fondé par des *mestizos* (métis espagnol-amérindien) fuyant la guerre des Castes au Yucatán (Mexique), au milieu du 19e siècle, héberge aujourd'hui quelque 1 500 personnes, métisses pour la plupart. La population croît de façon exponentielle le week-end et durant les congés scolaires, des centaines d'habitants de Belize prenant d'assaut les petits hôtels et guest-houses de l'île. La haute saison correspond aux vacances d'hiver et à Pâques. Un conseil : réservez longtemps à l'avance. Quoi qu'il en soit, il est souvent possible de trouver une chambre à la dernière minute, à condition ne pas être trop exigeant.

À la sortie nord du village, le Split, chenal élargi par l'ouragan Hattie en 1961, scinde l'île. Cette passe fait partie des endroits les plus prisés de Caye Caulker. Vous y trouverez une zone de baignade très agréable – gare néanmoins aux courants et aux hors-bords – ainsi qu'un bar en plein air, The Lazy Lizard.

Mais, à l'exemple de ses confrères, le vrai point fort de Caye Caulker, c'est la proximité de la barrière de corail. De nombreux tour operators proposent des sorties à la journée de plongée, snorkeling, navigation de plaisance ou kayak à destination de cet univers multicolore. Cependant, l'essor du tourisme exerce une pression croissante sur l'environnement. Après s'être battus pendant près de 10 ans, les pêcheurs locaux et les écologistes obtiendront enfin gain de cause en 1999, le gouvernement classant en réserve la majeure partie du récif voisin de Caye Caulker.

À la pointe nord du *caye*, les Caye Caulker Forest & Marine Reserves abritent des palétuviers, gommiers rouges et arbres empoisonnés *(Meto-*

LE MONDE RÉCIFAL

Une immersion dans un univers spectaculaire peuplé de coraux, de poissons tropicaux, de raies géantes, de barracudas, de requins et de tortues : voilà ce que vous réserve la barrière de corail du Belize, classée au Patrimoine mondial depuis décembre 1996. Une aventure féerique dans l'un des plus beaux paradis de la plongée sous-marine et du snorkeling.

Cette barrière corallienne, qui comprend la partie centrale du Grand Récif maya s'étendant entre le Yucatán et le Honduras, se divise en plusieurs segments séparés par des chenaux assez profonds. L'oxygène et le plancton apportés par la marée deux fois par jour affluent vers la zone côtière bélizienne, via ces passes, nourrissant ainsi des milliards de polypes affamés et autres créatures récifales. D'où l'abondance des espèces de poissons qui viennent également profiter de la manne. Elles sont des centaines à fréquenter les récifs. Sauf dans les secteurs ayant subi une forte pression de pêche sous-marine, la plupart font peu de cas de leurs visiteurs. Il existe néanmoins des exceptions, comme les barracudas qui, curieux de nature, ont la fâcheuse manie de s'approcher, voire de suivre les nageurs, mais qui se sauvent généralement à la moindre alerte. En revanche, ne vous avisez pas de déranger les murènes dont la morsure peut être grave. Quant aux requins, ils détectent la présence des plongeurs bien avant que ceux-ci ne les aperçoivent, et ils s'éloignent presque toujours. Restez cependant sur vos gardes, car même le requin-nourrice peut devenir agressif s'il se sent menacé.

Trois des plus beaux atolls de toutes les Caraïbes s'ancrent à 16 km seulement au large de la barrière corallienne *(voir* Atolls *p. 179)* : Turneffe Islands, Glover's Reef et Lighthouse Reef, qui totalisent quelque 225 km de récifs coralliens.

Ceux-ci partagent leur territoire avec les mangroves bordant la majeure partie du littoral, les *cayes* et les estuaires, ainsi que les herbiers marins tapissant les fonds entre les récifs et la côte et dont les plantes ondulent au gré du courant. Mangroves et herbiers ne sauraient rivaliser avec la beauté des récifs, mais ces gigantesques pépinières marines n'en sont pas moins les garantes de la bonne santé et de la longévité de l'écosystème côtier.

pium toxiferum). Dans cette forêt cohabitent diverses espèces, parmi lesquelles l'iguane noir *Ctenosaura similis*, appelé ici le *wishwilly*, le gecko, et différentes familles de crabes terrestres. Des tour operators locaux organisent des excursions guidées sur demande.

TOBACCO REEF

Bien au sud de Caye Caulker s'égrènent, telles les perles d'un chapelet, les îlots de Tobacco Reef au cœur de la South Water Caye Marine Reserve. Qu'il s'agisse de Carrie Bow Caye, de South Water Caye, de Tobacco Caye, Twin Cayes ou des autres, tous sont festonnés de superbes plages de sable et plantés de cocotiers. La traversée au départ de Dangriga (à une vingtaine de kilomètres) ne dure pas plus d'une heure. Au large de ces *cayes*, des formations de coraux spectaculaires, immergées à faible profondeur, font le bonheur des amateurs de snorkeling qui, outre les poissons tropicaux multicolores, y repèrent souvent murènes, tortues et requins-nourrices.

South Water Caye ❼, le plus facile d'accès, n'est pas bien grand, mais il prend particulièrement soin de ses hôtes. Vous pourrez notamment y séjourner au Blue Malin Beach Resort (bluemarlinbeachresort.com), installé sur la pointe nord de l'île, dans d'agréables *cabañas* où vous vous offrirez une cure de fruits de mer, et, à l'extrême sud, au Pelican Beach Resort (www.pelicanbeachbelize.com) où vous paresserez dans un hamac à l'ombre des palmiers, sur sa plage privée.

ATOLLS

Les accros à la pêche et à la plongée ne manqueront pas de s'aventurer jusqu'aux 3 atolls béliziens – sur les 4 que compte l'hémisphère occidentale. Bien que la plupart des activités nautiques s'y pratiquent depuis des bateaux, l'engouement pour ces récifs coralliens en partie émergés a incité à y construire quelques complexes hôteliers. Turneffe Islands et Lighthouse Reef sont accessibles depuis Belize City ; le troisième atoll, Glover's Reef, s'ancre au large de South Water Caye.

Le plus grand du trio, **Turneffe Islands** ❽, s'étire sur environ 48 km du nord au sud. Vous y découvrirez plu-

Le Lazy Lizard, un bar où paresser et siroter en contemplant le Split, Caye Caulker.

À PROPOS

Le **Great Blue Hole** n'a de cesse de titiller la curiosité des chercheurs. Fin 2018, Fabien Cousteau, le petit-fils du Pacha, rejoint l'équipe scientifique d'Ocean Unite – organisation pour la surveillance des océans, fondée en 2015 par l'homme d'affaires Richard Branson – pour explorer, à bord de sous-marins, les fonds de ce célèbre cénote.

sieurs lagons peu profonds, 2 hôtels haut de gamme et 2 phares : l'un posté à la pointe septentrionale, sur **Mauger Caye** (Maigre, en créole), et qui date de 1885 ; l'autre, à l'extrême sud, sur **Caye Bokel** (Coude, en néerlandais). Pour vous y rendre, vous aurez l'embarras du choix.

Gare aux coraux de **Lighthouse Reef** ❾ ; les abords de cet atoll sont dangereux ! Ici aussi, 2 phares montent la garde : l'un sur **Sandbore Caye** ; l'autre – bâti en 1828, puis remplacé en 1848 – sur **Half Moon Caye**, l'un des fleurons du Belize. La richesse de la faune marine de cette île en forme de demi-lune lui vaut d'avoir été la première à décrocher le titre de Natural Monument, en 1982. Quelque 4 000 fous à pieds rouges viennent y nidifier – la seule autre colonie de ce type se trouve à proximité de Tobago, dans l'est des Caraïbes. Ils ont ceci de particulier que leur plumage est blanc et non brunâtre, comme la plupart de leurs congénères. Une plateforme permet de les observer à l'envi, de même que quelques-unes des 98 autres espèces d'oiseaux recensées sur l'île.

GREAT BLUE HOLE

L'un des spots de plongée les plus célèbres de la planète – et l'un de ses plus beaux joyaux naturels – se tient 11 km au nord de Half Moon Caye. Il s'agit du **Great Blue Hole**.

Vu d'avion, ce "grand trou bleu" ressemble à une piscine bleu marine sertie dans un écrin turquoise. Il a acquis sa notoriété quand, en 1971, le commandant Cousteau en a exploré les entrailles à bord de sa *Calypso*. Il s'agit, en réalité, d'un cénote créé par l'effondrement d'une caverne sous-marine. D'un diamètre supérieur à 300 m et profond de 125 m, il occupe la troisième place en record de profondeur, derrière Dean's Blue Hole (202 m), aux Bahamas, et Dragon Hole (300 m), en mer de Chine méridionale. Il comporte d'énormes stalactites surgissant de grottes calcaires englouties à une profondeur de 30 à 45 m.

Si la faune se fait plutôt rare dans ce puits géant, les formations géologiques et les coraux alentour forcent l'admiration. Requins et tortues abondent tout autour, mais leur apparition est souvent imprévisible. La plongée y est

Gorgones Subergorgia *et* Muricea *colonisant un récif à faible profondeur, Turneffe Islands.*

réservée aux aventuriers certifiés, et encadrée par un guide-moniteur.

Le Great Blue Hole siège au centre du **Blue Hole Natural Monument**, une zone protégée de 414 ha que gèrent conjointement la Belize Audubon Society et le gouvernement bélizien depuis l'atoll Lighthouse Reef.

LE NORD DU BELIZE

Alors qu'il s'invite partout dans le reste du pays, du district de Cayo aux *cayes*, le tourisme néglige en grande partie le nord du Belize. Ce qui contribue dans une large mesure au charme de cette région rurale et paisible, coiffée par le Mexique. Vous voici sur le territoire des latinos et des *mestizos*, où l'on parle autant l'espagnol que le créole, et où les localités ont un style bien à elles. L'influence latino se retrouve aussi en cuisine, dans un mariage succulent de saveurs mexicaines et béliziennes. Ici, la canne à sucre continue de faire sa loi ; toutes les familles ou presque l'exploitent d'une manière ou d'une autre.

N'espérez donc pas y trouver les mêmes "écolodges" qu'à San Ignacio ou les mêmes bars animés qu'à San Pedro. En revanche, si vous êtes épris d'authenticité et passionné par les mystères mayas, vous apprécierez à leur juste valeur la nonchalante localité d'Orange Walk et celle, plus indolente encore, de Corozal.

COMMUNITY BABOON SANCTUARY

Projet hautement populaire et couronné de succès, le **Community Baboon Sanctuary** ⓾ (www.belizehowlermonkeys.org ; ouv. tlj. 8h-17h) a vu le jour en 1985. Il est le fruit de la collaboration entre des écologistes soutenus par le WWF – sous l'égide de la Belize Audubon Society – et des propriétaires terriens créoles locaux. Sa vocation : sauver la population centraméricaine en déclin des singes hurleurs noirs *(Alouatta caraya)*, appelés babouins au Belize. Ailleurs, ces primates ne se rencontrent plus que dans les plaines fluviales du Guatemala et du sud du Mexique où la déforestation galopante menaçait leur survie.

Le sanctuaire dépend du village de **Bermudian Landing**, campement de bûcherons britanniques au 17e siècle, transformé depuis en une paisible communauté créole. Vous y trouverez un Visitor Center ainsi qu'un petit musée inauguré en 1989 et consacré à l'histoire naturelle – le premier du genre au Belize –, ainsi qu'un parcours de découverte. Vous pourrez séjourner dans l'un des 2 resorts, sous la tente ou chez l'habitant. Également au programme des activités : balades en canoë, randonnées équestres et excursions pour observer les crocodiles.

ALTÚN HA

Qu'il connaisse ou non l'origine de son nom, chacun à Belize reconnaît le Temple of Masonry Altars (temple aux Autels maçonnés ou temple du dieu Soleil) d'**Altún Ha** ⓫ (nichbelize.org ; ouv. tlj 8h-17h). Et pour cause : il figure sur les billets de banque, manuels scolaires et, peut-être plus significatif encore pour certains, il sert de logo à la marque de bière nationale Belikin.

Altún Ha (rocher de l'Étang, en maya) a été mis au jour en 1957, mais les

À PROPOS

Les Mayas, comme les Olmèques du Mexique et autres cultures précolombiennes, tenaient le jade pour la plus précieuse des matières. Ils avaient une prédilection pour le jade vert qu'ils considéraient comme sacré, ses teintes brillantes évoquant les feuilles de l'épi de maïs, symbole de vie. Voilà pourquoi, seuls les souverains et les divinités avaient le droit d'en porter.

Temple des Autels ou temple du Soleil (Plaza B), Altún Ha.

À DÉCOUVRIR

Crooked Tree n'est pas seulement connu pour sa richesse ornithologique. Au Belize, son nom rime depuis longtemps avec cajou – noix de cajou, vin de cajou ou encore compote de pommes de cajou. Le village lui rend hommage chaque année, en mai, avec le Cashew Festival. Au menu, noix de cajou grillées et préparées à toutes les sauces, mais aussi spécialités culinaires locales, le tout en musique.

fouilles n'ont vraiment débuté qu'après la découverte d'un pendentif en jade, en 1963. C'est ainsi que les archéologues ont exhumé, dans le temple des Autels maçonnés, la sculpture de jade maya la plus volumineuse répertoriée à ce jour : une tête de 15 cm de hauteur, 46 cm de diamètre et de 4,4 kg, qui représente le dieu Soleil maya, Kinich Ahau.

Ce centre cérémoniel s'étend sur 8 km² et se compose de 2 esplanades entourées de temples. Vous déboucherez sur la Plaza A. Sous le Temple A-1 s'en trouve un autre, baptisé le temple du Tombeau vert. Cette structure magnifique recelait plus de 300 objets : jade, bijoux, silex et peaux de jaguar.

L'édifice religieux le plus imposant du lot borde la seconde esplanade, ou Plaza B. Il s'agit du temple des Autels maçonnés, ou Temple B-4 (le fameux logo de la bière Belikin).

CROOKED TREE WILDLIFE SANCTUARY

À l'ouest d'Altún Ha, via la Northern (Philip Goldson) Highway, une piste en terre part sur la gauche et rejoint, 19 km plus loin, le **Crooked Tree Wildlife Sanctuary** ⓬ (www.belizeaudubon.org ; ouv. tlj. 8h-16h30), inscrit au Patrimoine mondial en 1998. Ce chapelet de 4 lagunes reliées par des marais et des rivières compte parmi les habitats les plus riches en faune aviaire du Belize. Vous y croiserez des centaines d'espèces dont des aigrettes, des onorés et des spatules rosées, sans oublier la plus impressionnante et pourtant la plus discrète de toutes : le jabiru d'Amérique. Cet oiseau, le plus grand du continent américain, possède une envergure de 2,4 m.

Fondé en 1984 par la Belize Audubon Society, le sanctuaire est désormais confié aux soins des habitants de **Crooked Tree**. Vous devrez tout d'abord vous présenter au Visitor Center, situé à la sortie du village, l'un des premiers campements établis par les bûcherons britanniques au 17e siècle. Avant la construction de la chaussée dans les années 1980, Crooked Tree n'était accessible qu'en bateau. La zone humide, souvent inondée durant la saison des pluies, forme un réservoir naturel dans la vallée du fleuve Belize.

L'équipe du sanctuaire se tient à la disposition des visiteurs pour leur fournir toutes les informations sur l'histoire du site, ses hôtes à plumes et les parcours de découverte. Un conseil : participez à un safari en bateau dans les marais et les lagunes (réservations auprès du Visitor Center ou des hôtels de Crooked Tree). La meilleure saison pour observer les oiseaux – au crépuscule – se situe en avril-mai, époque où éclosent les couvées. La plupart des oiseaux migrateurs arrivent en novembre, et beaucoup repartent avant les premières pluies de juillet. Il existe une liaison quotidienne par car au départ de Belize City (3 navettes par jour).

LAMANAI

Le trajet jusqu'à **Lamanai** ⓭ (nichbelize.org ; ouv. tlj. 8h-17h), sur les rives du New River Lagoon, marque tout autant que les ruines elles-mêmes car, au départ d'Orange Walk, il convient d'emprunter une piste en terre caho-

Partie de pêche sur le New River Lagoon, Lamanai.

teuse ou de remonter en bateau le cours sinueux du New River perdu en pleine jungle. Des tour operators organisent également des excursions au départ de Belize City et des *cayes*.

Le fleuve et les marais environnants abritent une faune abondante, à commencer par de très nombreux crocodiles de Morelet auquel le site doit son nom – en maya Lamanai signifie "crocodile immergé" – et qui, bien qu'inoffensifs pour l'homme, n'incitent pas à la baignade. Afin de pimenter l'aventure, les pilotes des bateaux s'amusent à heurter les troncs d'arbre creux sur les berges, réveillant ainsi une nuée de minuscules chauves-souris affolées qui s'envolent, frôlant au passage les cheveux des passagers. De quoi se prendre pour Indiana Jones !

Cette impression se renforcera quand, en atteignant les ruines, vous découvrirez un site quasiment désert, exception faite de quelques maisons aux toits de chaume où logent les gardes, à la hauteur du débarcadère, d'une aire de pique-nique couverte et d'un petit musée regorgeant de vestiges mayas.

L'histoire de Lamanai remonte à environ 3 millénaires, et ses temples principaux ont été édifiés à l'Époque préclassique, vers l'an 100 av. J.-C. Des siècles plus tard, la population locale était passée de 20 000 à 50 000 personnes. À l'arrivée des conquistadors assoiffés d'or, au 16e siècle, Lamanai avait perdu les trois quarts de ses habitants, et ses temples les plus spectaculaires se trouvaient dans un état de délabrement avancé, mais la cité restait habitée.

Désireux de convertir les païens, les missionnaires espagnols ne tarderont pas à y bâtir une église, que les rebelles mayas incendieront dans les années 1640. Bien que les maladies importées d'Europe aient eu tôt fait de décimer la communauté, les colons britanniques trouveront encore sur place, au 19e siècle, une poignée d'irréductibles indigènes qu'ils chasseront vers le Guatemala afin de récupérer leurs terres pour y cultiver la canne à sucre.

La structure la plus connue et la plus imposante de Lamanai est sa pyramide N10-43, haute de 34 m. Celle-ci a atteint ses dimensions actuelles – une

À ESSAYER

La présence du luxueux Belize Boutique Resort & Spa (40.5 Miles Old Northern Highway, Maskall ; **belizeresortandspa.com**) surprend agréablement dans cette région assez peu développée. Un programme de soins thérapeutiques et un excellent restaurant vous y attendent après une visite dans la forêt pour découvrir les ruines mayas de Colha, juste au nord de Maskall, d'Altún Ha et de Lamanai.

À l'assaut du temple de Lamanai.

taille record à l'époque sur le continent américain – vers 100 av. J.-C. Certes plus basse que les pyramides ultérieures de Xunantunich et de Caracol *(voir p. 190 et 191)*, elle dépasse nettement n'importe lequel des bâtiments modernes béliziens. À l'instar de la plupart des structures mayas, elle a subi de multiples transformations.

Si vous souhaitez séjourner sur place, optez donc pour le Lamanai Outpost Lodge (www.lamanai.com). Vous y dormirez dans des *cabañas*, et vous dégusterez de savoureux mets locaux en contemplant la lagune.

ORANGE WALK

Au carrefour des grands axes routiers desservant le nord du Belize, **Orange Walk** ⓮ manque un peu d'intérêt, de confort et de dynamisme. Il s'agit pourtant de la principale localité de la région. Ici, les sites à visiter se comptent sur les doigts de la main. Y figure notamment la **Banquitas House of Culture** (nichbelize.org/houses-of-culture ; ouv. lun.-ven. 8h30-17h30), modeste musée doublé d'un centre culturel, situé au nord de la ville. Ses expositions retracent l'histoire d'Orange Walk et de l'industrie forestière, avec en prime quelques vestiges mayas.

Les habitants d'Orange Walk l'ont surnommée la Sugar City, car elle siège au cœur de l'industrie sucrière du Belize septentrional. Vous y trouverez malgré tout diverses possibilités d'hébergement de qualité, dont El Gran Mestizo Riverside Cabins (www.elgranmestizo.com) qui possède l'un des meilleurs restaurants des environs, le Maracas Bar & Grill, réputé pour ses ceviches de crevettes et ses cocktails tropicaux.

Si la ville n'a guère de cachet, la région réserve, en revanche, quelques bonnes surprises. À 5 km environ d'Orange Walk, en direction de l'ouest, vous attend le site archéologique de **Cuello**. Doyen des centres cérémoniels mayas du district, il serait vieux de 2 600 ans ou presque. Pour le visiter, vous devrez en demander l'autorisation à la distillerie de rhum, propriétaire du terrain qu'il occupe.

La route qui relie Orange Walk à Blue Creek Village n'a toujours pas été bitumée depuis que les *mestizos* et les Mayas yucatèques fuyant le Mexique et

Jeunes mennonites d'Orange Walk District.

la guerre des Castes l'ont aménagée. Bon nombre de villages portent encore des noms d'origine maya comme Yo Creek ou Chan Pine Ridge. Au cours des années 1950, de nouveaux immigrants, les mennonites *(voir encadré)*, feront leur apparition. Ils finiront par se scinder en 2 communautés distinctes : l'une, très conservatrice, à **Shipyard** ⓯ ; l'autre, plus progressiste, à **Blue Creek Village** ⓰, sur une rive escarpée du Río Bravo, dans le nord-ouest du district d'Orange Walk. Au sein de la première, baptisée Old Colony, les femmes portent de longues robes noires et de larges chapeaux de paille, tandis que les hommes préfèrent la salopette au pantalon et les bretelles à la ceinture.

LA RÉSERVE DE RÍO BRAVO

Fondée en 1988 dans le cadre du Programme for Belize (PfB), avec le soutien de la Massachusetts Audubon Society, la **Río Bravo Conservation & Management Area** ⓱ (www.pfbelize.org) s'étend sur pas moins de 121 000 ha, à l'extrême nord-ouest du district d'Orange Walk. L'appel aux dons et le succès de ce projet dédié à la recherche et à la sauvegarde de l'environnement ont dépassé toutes les espérances.

Avec plus de 240 espèces d'arbres, 390 d'oiseaux et plus de 70 de mammifères recensées à ce jour, la réserve de Río Bravo réunit l'une des biodiversités les plus riches du pays. Pour optimiser les recettes, le programme s'est lancé dans l'écotourisme. Deux stations de recherche situées chacune à une extrémité de la réserve, La Milpa et Hill Bank Field Station, se sont dotées d'une infrastructure d'hébergement et de restauration. Vous y logerez dans des *cabañas* et des "dortoirs écolos".

RÉSERVE PRIVÉE

Magnat de l'industrie et personnalité politique bélizienne, Barry Bowen (1945-2010) a créé une réserve d'environ 52 000 ha de forêt tropicale à **Gallon Jug** ⓲ (www.chanchich.com), à la lisière sud de la Río Bravo Conservation & Management Area. Une petite partie de ce territoire est vouée à la culture intensive de maïs, de soja, de café, de cacao et de cardamome. Pour autant,

Chambre double au Chan Chich Lodge.

LES MENNONITES DU BELIZE

Les mennonites appartiennent à une secte religieuse évangélique anabaptiste non-violente, fondée par un ancien prêtre catholique frison Menno Simons (1496-1561) – d'où leur nom.

Blonds, les yeux bleus, il leur est difficile de se fondre dans la masse ; et leurs tenues vestimentaires n'ont que faire de la chaleur tropicale. Les hommes portent des salopettes en jean et des chapeaux de paille ; les femmes, des robes à manches longues, qui leur descendent à la cheville, et un chapeau à large bord, ceint d'un foulard noir. Ils vivent dans des communautés rurales isolées et se qualifient de "*Stillen im Lande*", littéralement les "calmes à la campagne". De fait, ils se montrent polis, réservés, et n'élèvent jamais la voix. Ils parlent le plautdietsch, une variante de bas allemand prussien, refusent que l'État se mêle de leurs affaires et sont des pacifistes convaincus.

Le Belize est la dernière étape d'une odyssée qui aura duré 3 siècles, leurs croyances leur valant souvent des persécutions. Ils quitteront les Pays-Bas pour la Prusse au 17e siècle, puis le sud de la Russie où ils demeureront jusqu'à ce que le projet de conscription les incite à s'exiler dans le Manitoba au Canada, dans les années 1870. À l'issue de la Première Guerre mondiale, le gouvernement canadien va exiger que seul l'anglais soit enseigné dans les écoles mennonites et, l'antigermanisme aidant, reconsidérer le système de conscription. Une fois de plus, les mennonites plieront bagage. Destination : le Mexique, qui tente alors de les intégrer dans son nouveau système de sécurité sociale. En 1958, si quelque 80 000 mennonites décident de rester, notamment ceux installés au Campeche, plus de 1 700 déménageront au Honduras britannique (le futur Belize) où ils s'installeront là où la terre est potentiellement exploitable. Leur expertise agricole leur réussit. À l'époque coloniale, peu de Béliziens cultivent la terre ; même les œufs proviennent de l'étranger. Aujourd'hui, les mennonites fournissent la majeure partie des denrées alimentaires – œufs, volailles, produits laitiers, légumineuses, miel… – ainsi que du mobilier fabriqué localement.

Si vous leur rendez visite, sachez que les plus orthodoxes refusent de se faire prendre en photo, car ils estiment qu'aucune trace ne doit subsister d'une personne après sa mort.

À SAVOIR

Corozal doit son toponyme au grand palmier cohune *(Attalea cohune)* qui se plaît dans les sols fertiles et symbolisait la fécondité chez les Mayas. Son nom dériverait de *cojones* (testicules, en espagnol), les noix de forme ronde du palmier rappelant ces attributs masculins.

ce domaine doit davantage sa notoriété à son spectaculaire Chan Chich Lodge, implanté – avec la bénédiction des autorités compétentes – sur l'esplanade inférieure d'une ancienne cité maya. Conçu pour limiter au maximum son impact sur le site archéologique – qu'il protège contre les éventuels pillages – et la nature environnante, le lodge reçoit ses hôtes dans de luxueuses *cabañas* coiffées de chaume, avec bar-restaurant cosy aux murs lambrissés de différentes essences de bois locales, piscine et jacuzzi.

Ici, les chasseurs sont *personae non gratae*, de sorte qu'une faune particulièrement abondante y vit en toute quiétude. Divers animaux peu farouches, dont des cervidés et des renards, partagent la forêt avec une multitude d'oiseaux et des jaguars y font des apparitions régulières.

COROZAL

Aux confins septentrionaux du Belize, le district de Corozal semble n'avoir guère changé depuis l'époque coloniale, voire – avec un peu plus d'imagination – celle des Mayas. La population, peu nombreuse, y vit dans des petits villages disséminés, en proie à une léthargie certaine. Desservie par une route cahoteuse qui longe peu ou prou les cours du New River et de la Freshwater Creek, toute la moitié est se compose de savane marécageuse, tandis qu'à l'ouest, le littoral – l'une des zones les plus cultivées du pays – est envahi par les plantations de canne à sucre.

Le chef-lieu du district, **Corozal Town** ⓳, donne directement sur la Bahía de Chetumal. Une digue brise-lames court le long du front de mer, et sert souvent de plongeoir aux amateurs de baignade.

Pour en savoir plus sur la ville et sa région, faites un tour à la **Corozal House of Culture** (1st Avenue ; tél. 422 0071 ; nichbelize.org ; ouv. lun.-ven. 8h-17h). Cette maison de la culture occupe des halles restaurées datant de 1886 et son musée expose notamment des œuvres d'art locales et des vestiges mayas.

SARTENEJA ET SHIPSTERN NATURE RESERVE

Le nom de **Sarteneja** ⓴, village de pêcheurs qui coule des jours paisibles sur la péninsule éponyme, désigne un "trou dans un rocher plat" – c'est-à-dire un cénote. Ce puits naturel jouait sans nul doute un rôle vital dans une région où il pleut nettement moins que dans le reste du pays. Sarteneja mérite que vous lui consacriez une demi-journée. Le soleil qui n'en finit pas de darder ses rayons a délavé les couleurs pastel des façades et la mer prend souvent une teinte laiteuse.

Mais ce qui attire surtout les visiteurs dans cette modeste bourgade, c'est sa proximité avec la **Shipstern Conservation & Management Area** (tél. 632 7467 ; www.visitshipstern.com ; ouv. tlj. 8h-17h). Cette réserve créée en 1988 protège une vaste zone de lagunes aux eaux saumâtres et peu profondes, aire de reproduction de toutes sortes d'oiseaux, dont des aigrettes roussâtres et des tantales d'Amérique.

Bac permettant de traverser le New River entre Corozal Town et Copper Bank.

LE CENTRE DU BELIZE

Forêts pluviales montagneuses autour de San Ignacio, depuis longtemps au cœur de l'écotourisme bélizien, piscines naturelles enfouies dans la jungle, cavernes gigantesques taillées dans la roche calcaire, ruines mayas les plus vastes du pays ou chutes les plus hautes d'Amérique centrale : d'ouest en est, la région centrale du Belize surprend par sa diversité et séduit par la beauté de sa nature.

BELMOPÁN

Fondée en 1971, **Belmopan** ㉑ est la Brazilia bélizienne : une capitale artificielle qui n'a jamais vraiment pris la mesure de son rôle. C'est ici que siègent les ministères, mais la plupart des hommes politiques préfèrent résider à Belize City.

Vous y trouverez néanmoins, parmi les immeubles occupés par les administrations, une poignée de monuments historiques dont vous aurez fait le tour, via le Ring Road (périphérique), en une dizaine de minutes. Parmi eux : **Market Square**, centre névralgique de la ville où convergent toutes les lignes de car du pays et se concentrent plusieurs banques et restaurants, ainsi que des étals vendant, entre autres, de savoureux *tamales* au poulet.

GUANACASTE NATIONAL PARK

Besoin de fraîcheur ? Rien de tel que le **Guanacaste National Park** ㉒ (www.belizeaudubon.org ; ouv. tlj. 8h-16h30). Au carrefour de la Western (George Price) Highway et de la Hummingbird Highway, ce parc recèle non seulement des arbres majestueux et des parcours de découverte en pleine nature, mais aussi un lieu de baignade paradisiaque. À cet endroit, le fleuve Belize s'écoule paisiblement sur les rochers. Au cas où vous auriez oublié votre maillot de bain, sachez que la population locale y barbote tout habillée. Des cars au départ de Belize City, Belmopán ou autres localités plus au sud vous déposent juste à l'entrée du parc.

BLUE HOLE NATIONAL PARK

La Hummingbird Highway conduit à un autre parc national, le **St Herman's Blue Hole National Park** ㉓ (www.belizeaudubon.org ; ouv. tlj. 8h-16h30), situé

Siège de l'Assemblée nationale à Belmopán.

À SAVOIR

Depuis les temps anciens, les Mayas connaissent les vertus du sapotillier qu'ils utilisaient à des fins médicinales. Aujourd'hui encore, le latex blanc, ou chiclé, qu'il produit entre dans la confection des chewing-gums.

21 km au sud-est de Belmopán. Deux entrées permettent d'y accéder : l'une proche du "Trou bleu" tapi au pied d'un long escalier ; l'autre, au Visitor Center, non loin de la grotte St Herman's Cave. La doline provoquée par l'effondrement du sol karstique mesure 9 m de diamètre et près de 31 m de profondeur. Une véritable merveille que ce bassin naturel d'un bleu pur, cerné de vert. Lors de la saison sèche, les roches calcaires souterraines rendent l'eau glaciale. La Belize Audubon Society gère ce parc qui abrite aussi plus de 250 espèces animales.

CAYO DISTRICT

Le Cayo doit son nom à celui de "caye" donné par les Espagnols à ces îlots coralliens au large de la côte bélizienne. Un nom souvent attribué aussi à la localité de **San Ignacio** (El Cayo). En baptisant ainsi cette région de l'ouest, les premiers colons ont sans doute voulu transcrire son isolement, avant qu'une route ne la désenclave dans les années 1930. Auparavant, il fallait une dizaine de jours pour rejoindre Belize City en bateau, et 2 à 4 semaines à cheval.

Parfait antidote contre la chaleur et l'effervescence de Belize City, le district de Cayo réunit la panoplie complète des paysages et des cultures du pays. L'air y est plus frais, les gens plus calmes et le rythme de vie plus lent. Au centre, la chaîne montagneuse du Mountain Pine Ridge vous ouvre les portes d'un monde naturel fantastique, sur les contreforts des majestueux monts Mayas (Maya Mountains).

Des dizaines de lodges, pour la plupart assez luxueux, ont investi ces lointaines immensités où les cris perçants des oiseaux tropicaux donnent le tempo, tandis que les iguanes, les pacas et les moufettes parcourent les sentiers bien balisés. Contre toute attente, l'insecte honni au Belize brille par son absence dans les forêts tropicales humides : le moustique.

La population de ce district frontalier du Guatemala se compose majoritairement de *mestizos* hispanophones et de paysans mayas. Les Créoles se classent en deuxième position, devant le groupe composite habituel, constitué de Chinois, de Libanais et d'immigrés de l'Inde orientale. Cultivateurs dans l'âme,

Chez Eva, restaurant et office de tourisme à la fois, San Ignacio.

les mennonites y sont aussi largement représentés. Vous les remarquerez forcément : ils circulent en voiture à cheval sur les grands axes routiers.

De l'autre côté de la frontière, se trouvent les ruines de l'une des plus somptueuses cités antiques d'Amérique centrale : Tikal *(voir p. 38)*. De nombreuses agences de voyages béliziennes proposent cette excursion – renseignez-vous auprès de votre hôtel. À noter : Crystal Auto Rental *(voir p. 344)* fait partie des rares loueurs de voitures qui acceptent que vous vous rendiez au Guatemala à bord de leurs véhicules.

SAN IGNACIO

Installée dans une vallée pittoresque, au bord d'une gorge où coule la rivière Macal, la ville de **San Ignacio** ㉔ est reliée au village voisin de **Santa Elena** par un pont suspendu, le **Hawkesworth Suspension Bridge**, modèle miniature du Brooklyn Bridge. En raison de l'altitude, la température bien qu'élevée s'avère supportable et les soirées peuvent presque être qualifiées de fraîches.

San Ignacio se trouvait aux confins de l'un des territoires les plus reculés de la Couronne britannique, et plusieurs de ses édifices conservent de cette époque un charme colonial désuet. Un calme proche de la somnolence règne dans ses rues étroites, au point qu'on en oublierait presque qu'avec leurs quelque 14 000 habitants, San Ignacio et Santa Elena constituent, ensemble, la plus grande métropole de l'ouest du Belize. San Ignacio attire, en outre, une foule de visiteurs étrangers et béliziens qui crée l'animation, notamment le week-end. D'autant que les fermiers des alentours viennent y vendre leurs produits frais au marché du samedi.

Mais le principal atout de San Ignacio, c'est la proximité des ruines de **Cahal Pech** (nichbelize.org ; ouv. tlj. 8h-17h), l'un des sites mayas les plus anciens de la région – il restera habité environ de 1200 av. J.-C. à l'an 800. Son toponyme, qui signifie "lieu des Tiques", lui a été donné dans les années 1950 quand les vaches y paissaient encore. Pour le visiter, adressez-vous à un tour operator de San Ignacio.

Repas créole traditionnel servi chez Eva, à San Ignacio : poulet, riz, haricots et banane plantain frite.

LE LONG CHEMINEMENT VERS L'INDÉPENDANCE

Il faudra au Belize de nombreuses années pour acquérir son indépendance. Au 17e siècle, les communautés mayas locales ayant décliné, les colons britanniques, appelés Baymen (hommes de la baie), et leurs esclaves afro-caribéens vont occuper le territoire. Ces nouveaux venus, qui s'intéressent au bois des forêts béliziennes, s'installent sur St George's Caye.

Les relations avec les dirigeants espagnols du pays voisin, le Guatemala, sont alors tendues, et elles le resteront durant le 18e siècle, car les bateaux de pirates britanniques trouvent refuge dans les eaux abritées du Belize entre 2 attaques de galions espagnols. Conséquence de la guerre d'indépendance des États-Unis, l'Espagne déclare la guerre à la Grande-Bretagne et, en 1779, ses troupes attaquent St George's Caye, tentative qu'elles répètent en 1798. Malgré leur nette supériorité en armement, les Espagnols essuieront une défaite cuisante lors d'une bataille navale décisive *(voir p. 175)*.

En 1862, le pays devient une colonie du Honduras britannique puis, 9 ans plus tard, colonie de la Couronne. En 1992, le Guatemala reconnaît officiellement le Belize, ce qui conduit à l'évacuation définitive de la garnison britannique, en 1993. La lutte pour l'indépendance va véritablement commencer après la Seconde Guerre mondiale. Le People's United Party (PUP, Parti uni du peuple) voit le jour en 1950, à l'initiative de son leader, George Price.

Le 31 octobre 1961, l'ouragan Hattie dévaste le pays, notamment Belize City, sa capitale depuis le 18e siècle. Les autorités décident alors d'en bâtir une à l'intérieur des terres, et la baptisent Belmopán : "bel" pour Belize, "mopán" en hommage à la tribu maya ayant résisté aux conquistadors. Belmopan ne tarde pas à symboliser le nouveau Belize indépendant, même si la ville, considérée comme un centre administratif, a peine à prendre ses marques.

Les Britanniques finissent par accorder l'indépendance au Belize en 1981, et George Price est élu Premier ministre de cette démocratie parlementaire. Depuis lors, le PUP et son rival plus conservateur, le United Democratic Party (UDP, Parti démocratique uni), se livrent une bataille acharnée. Dean Barrow (PDU) sera le premier homme de couleur à accéder à la fonction de Premier ministre, en 2008, exploit qu'il réitérera en 2012 et en 2015.

XUNANTUNICH

Xunantunich ㉕ (nichbelize.com ; ouv. tlj. 8h-16h) est accessible depuis San José Succotz, un village situé à quelques kilomètres au sud-ouest de San Ignacio, où un bac actionné par un treuil manuel vous permettra de traverser la rivière Mopán.

Ce site maya figure parmi les plus impressionnants du Belize, et la vue du sommet de sa plus haute structure est à couper le souffle. Il s'agit de la pyramide baptisée **El Castillo**, ou **A-6**, qui culmine à près de 40 m et détenait, semble-t-il, le record national de hauteur jusqu'à la construction du temple Caana, à Caracol, qui la dépasse d'environ 2 m. En 2016, les archéologues ont découvert à Xunantunich l'un des plus grands tombeaux jamais mis au jour au Belize. La chambre funéraire renfermait de précieux trésors : la dépouille d'un homme, des objets de jade, des ossements d'animaux et des vases en céramique

ACTUN TUNICHIL MUKNAL CAVE

Réseau souterrain dont les proportions forcent le respect, **Actun Tunichil Muknal Cave** (ATM ; Tapir Mountain Nature Reserve) se compose d'un ensemble de salles vertigineuses, traversées par une rivière, et recelant d'extraordinaires vestiges mayas, dont les squelettes calcifiés de victimes de sacrifices humains. ATM ne s'explore que dans le cadre de visites guidées, pour la plupart au départ de San Ignacio ou de Belmopán – renseignez-vous auprès de votre hôtel ou de l'office de tourisme local.

Ian Anderson's **Caves Branch Adventure Company & Jungle Lodge** (www.cavesbranch.com) propose, outre la visite d'ATM, plusieurs programmes amusants, adaptés à vos envies – ornithologie, aventure, jungle, mariage, etc. –, et une variété d'hébergement allant de la *cabaña* sur la plage à la cabane perchée dans les arbres et équipée d'un jacuzzi. Quant au **Green Hills Butterfly Ranch** (green-hills.net ; ouv. tlj. 8h-16h, dernière visite guidée à 15h30), il élève plus d'une trentaine d'espèces endémiques de lépidoptères sur les 90, dont les flamboyants *Agraulis vanillae* et *Dryadula phaetusa*, l'élégant *Heliconius cydno* ou encore le très grand *Caligo eurilochus* (hibou). Une visite incontournable pour tous les amateurs de papillons.

El Castillo, à Xunantunich.

MOUNTAIN PINE RIDGE FOREST RESERVE

En termes de fréquentation touristique, c'est néanmoins à la **Mountain Pine Ridge Forest Reserve** ㉖ que revient la palme. La présence insolite de cette forêt de pins constitue, en soi, une véritable anomalie géologique. Selon les experts, ce terrain composé d'un socle de granite et d'un sol pauvre en nutriments s'explique par le soulèvement d'un massif granitique, il y a des millénaires, ou celui d'une île de la mer des Caraïbes lors de la formation de l'isthme sous-jacent.

Bien qu'appelées parfois les Thousand Feet Falls (chutes des Mille pieds), les **Hidden Valley Falls** (chutes de la Vallée cachée) ne plongent pas d'une hauteur de 1 000 pieds (304,8 m), mais de 1 600 (soit plus de 480 m). De l'aire de pique-nique, vous les verrez se précipiter le long de la paroi rocheuse avant de disparaître dans la dense forêt en contrebas. De nombreuses autres cascades, plus modestes mais plus pittoresques, comme les **Big Rock Falls** ou, peut-être plus charmantes encore, les **Butterfly Falls**, lui font concurrence.

À 18 km de là, en direction du sud-ouest, vous attendent les **Río On Pools**, ensemble de piscines naturelles creusées dans la roche et de petites cataractes dévalant d'énormes rochers de granite. La bifurcation menant à la **Río Frío Cave** 27 se trouve 8 km plus au sud. Il s'agit de la plus grande grotte du Belize, et de la plus facile d'accès. À la saison sèche, il est possible de suivre le cours de la rivière souterraine, de l'entrée béante de la cavité jusqu'à la sortie. Gare néanmoins à ne pas glisser. À l'intérieur, vous découvrirez de curieuses formations rocheuses colorées, des stalactites, sans oublier une colonie de chauves-souris. Ceux qui ont encore de l'énergie à dépenser pourront se mesurer au circuit de randonnée – comptez 45 minutes.

Divers établissements vous reçoivent dans les environs, notamment Blancaneaux (www.thefamilycoppolahideaways.com), l'ancien repaire de Francis Ford Coppola qu'il a transformé dans les années 1990 en un luxueux lodge.

CARACOL

Le **Chiquibul Forest Reserve & National Park** doit surtout son succès aux ruines de **Caracol** 28 (nichbelize.com ; ouv. tlj. 8h-17h). Jusqu'en 1993, cette ancienne cité maya n'était accessible que par l'une des pires routes du Belize. Depuis, un axe routier bitumé a réduit le temps de voyage à 2 heures, trajet qui demeure néanmoins difficile, particulièrement quand il pleut.

Vous passerez par le Vaca Plateau où la végétation plus familière de la forêt tropicale humide prend le relais des pins. Ce plateau livre de belles vues sur les montagnes et les vallées fluviales environnantes. Ses entrailles cachent l'un des réseaux de grottes les plus étendus d'Amérique centrale : le **Chiquibul Cave System**. Il a fallu attendre 1971 pour que le spéléologue Tom Miller débusque ce site. Financé

JOUR DE FÊTE

Une ambiance de carnaval s'empare de Dangriga à l'occasion du Garífuna Settlement Day, le 19 novembre, qui commémore l'arrivée du chef Elijio Beni et de son aéropage à l'embouchure du North Stann Creek River. Pour ce jour férié le plus important du calendrier local, les Garífunas affluent en masse de toute l'Amérique centrale et des États-Unis. Tous en tenue traditionnelle, ils chantent, dansent, suivent les joueurs de tambour de maison en maison jusqu'à l'aube, moment où tout le monde se rassemble sur les berges du fleuve pour la reconstitution de cet événement mémorable. Ils se rendent ensuite en procession à l'église catholique romaine du Sacré-Cœur pour assister à la messe en garífuna, rythmée par les tambours. Bon nombre de restaurants et de bars concoctent pour cette occasion des boissons et des menus spéciaux.

Clôture de fortune pour ces maisons traditionnelles de Dangriga.

À SAVOURER

Sur toutes les tables du pays, la bouteille de sauce au piment de la marque Marie Sharp's figure en bonne place. Il s'agit de la sauce piquante préférée des Béliziens. À Dangriga, vous pourrez vous approvisionner directement à l'usine, Marie Sharp's Factory (www.mariesharps-bz.com ; ouv. lun.-ven. 7h-16h), qui occupe un terrain de 162 ha, 12 km au nord-ouest de la ville, non loin de la Melinda Forest Station. Avant de passer à la boutique, vous visiterez les installations ainsi que les champs et les vergers.

par le National Geographic, il entreprendra 3 expéditions qui lui permettront de cartographier les 50 km de réseau et les 4 grottes : Actun Kabal, Actun Tun Kul et Cabada Cave au Belize, et Xibalbla au Guatemala. Ces grottes restent encore peu explorées malgré l'intérêt suscité par la découverte de fossiles préhistoriques.

STANN CREEK DISTRICT

Le Stann Creek District, berceau de la culture garífuna et de la musique *punta rock*, abrite quelques grottes magnifiques à l'intérieur des terres et d'idylliques *cayes* au large.

Son nom de "Colibri", la Hummingbird Highway reliant Belmopán à Dangriga le mérite amplement au vu de la beauté exceptionnelle des paysages tropicaux qu'elle traverse, et notamment de la forêt de palmiers cohunes, baptisée localement Cohune Ridge.

Principale ville du district, **Dangriga** ㉙ (Eaux stagnantes en garífuna) profite de la quiétude des rives du fleuve North Stann Creek (Gumaragaru en garífuna), dont l'eau est célèbre pour sa fraîcheur et son goût – sans conteste la meilleure du Belize. D'ailleurs, selon un dicton bélizien, quiconque en boit, revient à Dangriga.

Dangriga doit sa fondation, au début du 19e siècle, aux Garífunas, alias Garínagu ou Caraïbes noirs, issus du métissage d'esclaves africains fugitifs et d'Amérindiens caribéens. Ici, tout, jusqu'à l'ambiance qui y règne, évoque le passé : les maisons sur pilotis en planches délavées, les bateaux de pêche traditionnels à fond plat amarrés le long du rivage, à côté des ferries protégés par des bâches, ou encore les hommes qui s'activent pour décharger la pêche du jour.

D'ailleurs, elle se veut l'ambassadrice de la culture garífuna, comme en atteste particulièrement le **Drums of Our Fathers Monument**, du sculpteur nigérian Stephen Okeke, érigé dans la partie sud de la localité et qui rend hommage au rôle crucial des tambours à travers l'histoire des Garífunas.

Le fleuve **North Stann Creek** coupe la ville en deux. Sur la rive gauche, se trouvent l'hôtel de ville et un petit marché ; sur la rive droite, le bureau de poste. Pour vous familiariser avec la

LA CULTURE GARÍFUNA

Profitez de votre visite dans le sud du Belize pour découvrir la culture garífuna, omniprésente dans les villages du littoral des Stann Creek et Toledo Districts. S'ils ne représentent que 4 % de la population bélizienne, soit 22 000 âmes, les Garífunas *(voir p. 67)*, arrivés au Belize en 1635, perpétuent avec ferveur leurs traditions ancestrales – elles sont d'ailleurs listées au Patrimoine culturel immatériel depuis 2008.

La peinture garífuna, naïve et colorée, est surtout portée aujourd'hui par Pen Cayetano. Ses œuvres, empreintes de primitivisme, s'exposent souvent aux États-Unis et en Europe. Vous pourrez en avoir un bel aperçu dans sa galerie de Dangriga, la **Pen Cayetano Studio Gallery** (3 Aranda Crescent ; www.cayetano.de), logée dans une vieille maison coloniale.

Artiste complet, Cayetano est également le pionnier, avec Andy Palacio, du *punta rock*, une variante beaucoup plus rythmée que la musique traditionnelle garífuna. Quoi qu'il en soit, l'instrument de base reste le tambour. Vous l'entendrez résonner à toute heure de la journée, les jeunes pratiquant leur doigté sur un *primero* dans le but d'être sélectionnés, le jour venu, pour la grande fête du Garífuna Settlement Day, qui se déroule le 19 novembre.

Et pour parachever vos connaissances, ne manquez pas de déguster une spécialité culinaire telle que le *hudut*, un poisson cuit au lait de coco, accompagné de *futu* (purée de plantain et manioc).

culture locale, faites un tour au **Gulisi Garífuna Museum** (George Price Drive ; ngcbelize.org ; ouv. lun.-ven. 8h-17h, sam. 8h-12h). Vous y apprendrez tout ce qu'il faut savoir – ou presque – sur l'histoire, l'art, les tenues vestimentaires, etc., des Garífunas. Et pour mieux vous mettre dans l'ambiance locale, invitez-vous dans l'un des hôtels d'entrée de gamme, des restaurants animés et des bars tapageurs qui se partagent le centre-ville. Plus calme, le Pelican Beach Resort (www.pelicanbeachbelize.com) tire un parti optimum de son site en front de mer.

HOPKINS

Si Dangriga héberge la principale communauté garífuna du Belize, il en existe d'autres, plus modestes, disséminées le long de la côte, à commencer par celle d'**Hopkins** ㉚. Pour vous y rendre de Dangriga, deux options s'offrent à vous : la traversée de la baie de Commerce Bight, ou la voie terrestre, via la Southern Highway où une bifurcation vous conduira, 7 km plus loin, à l'entrée de la localité. Une armée de grands cocotiers plantés dans des dunes de sable fin colonise le littoral d'Hopkins, tandis que des filets étendus entre des piquets en palmier nain sèchent au soleil à côté des doris remontés sur le sable. Construites aussi en palmier nain et coiffées de palmes selon la tradition maya, les maisons sur pilotis bénéficient de vues superbes, qu'elles soient orientées vers le large, à l'est, ou les montagnes envahies par la jungle, à l'ouest. Hopkins, sans doute plus que tout autre village, a accueilli le tourisme à bras ouverts, comme en atteste le nombre croissant de guest-houses, *cabañas*, restaurants, bars et boutiques d'artisanat.

COCKSCOMB BASIN WILDLIFE SANCTUARY

Sur les images satellites, le Cockscomb Basin ressemble à un cratère géant creusé par la chute d'une météorite au cœur des monts Mayas. Il s'agit en réalité d'un bassin montagneux envahi par une forêt tropicale vierge et parcouru de ruisseaux. Il abrite l'une des plus fortes concentrations de jaguars d'Amérique centrale, d'où la création de la toute première réserve de jaguars au monde, le **Cockscomb**

À SAVOURER

L'incontournable manioc fait partie intégrante du patrimoine garífuna. Il entre dans la composition de nombreuses recettes, de la miche de pain cuite au four à la boisson très appréciée, appelée *hiu*, dans laquelle il est mixé avec du gingembre, du sucre et de la patate douce.

Tobacco Caye.

Basin Wildlife Sanctuary ㉛ (www.belizeaudubon.org ; ouv. tlj. 8h-16h30). Mais ce sanctuaire sauvage a aussi vocation à protéger une multitude d'espèces menacées. Connu pour être un havre de paix pour les grands rapaces, dont l'aigle noir et blanc et la buse solitaire, il héberge environ 300 oiseaux différents, parmi lesquels l'ara rouge, le grand hocco, le toucan à carène et le sarcoramphe roi. Outre le jaguar, 4 autres félins rôdent dans les forêts du bassin : le puma, l'ocelot, le margay et le jaguarondi. Et bonne nouvelle, le cri du singe hurleur noir s'y fait de nouveau entendre depuis les années 1990.

LE SUD DU BELIZE

Depuis quelque temps, **Placencia** ㉜ occupe la deuxième place du classement du tourisme balnéaire au Belize, derrière Ambergris Caye. Un succès qu'elle doit à ses plages de sable immaculées, à l'entrain de sa vie sociale et au dynamisme de sa scène artistique. La ville offre une mixité architecturale entre les maisons traditionnelles en bois sur pilotis et les villas et hôtels dernier cri qui gagnent de plus en plus de terrain. Malgré son essor touristique, Placencia reste avant tout un village de pêcheurs, une activité mise à l'honneur lors de la Lobsterfest, en juillet. Quant au Sidewalk Arts Festival, qui a lieu en février vers la Saint-Valentin, il attire des artistes des quatre coins du pays.

Entre copines, sur la plage de Placencia.

TOLEDO DISTRICT

Les habitants du Toledo District, au sud du Belize, qualifient souvent leur région de "terre oubliée". Or, c'est précisément son relatif manque de succès touristique qui en fait une destination privilégiée pour les visiteurs en quête d'aventure, avec sa forêt pluviale primaire, ses grottes colossales et ses ruines enfouies dans la jungle. En dehors de Punta Gorda, seule ville à proprement parler, les restaurants s'avèrent assez rudimentaires. Le Toldedo District est avant tout un fief maya. Plus de la moitié de sa population appartient à l'un des 2 groupes mayas : les Mopan ou les Q'eqchi'.

PUNTA GORDA

Chef-lieu du Toledo District, **Punta Gorda** ㉝ – PG pour les intimes – est la ville la plus méridionale du Belize. Si elle reçoit moins de visiteurs que d'autres, elle n'en séduit pas moins par son authenticité, son caractère typique, et la pureté de son air due, sans doute, aux 4 000 mm de pluie annuelle. La ville s'étire le long d'un escarpement calcaire d'une hauteur allant de 4,5 m à 6 m au-dessus du niveau de la mer. Sur les plages de sable sombre et de galets, les bateaux de pêche attendent de prendre le large. Plus au sud, la mer des Caraïbes sape progressivement la côte, balayant les vieilles maisons et les anciens cimetières sous ses assauts.

Même les Béliziens, pourtant peu stressés de nature, vous diront que le rythme de vie à PG est lent. Avec ses rues à l'ombre de manguiers imposants, ses vérandas fleuries, ses façades en bardeaux tapissées de lichen et ses jardins envahis d'herbes folles, Punta Gorda mériterait aussi le qualificatif de cité-jardin. Vous trouverez également sur place des hôtels et des restaurants de bon aloi ainsi que d'excellents professionnels du tourisme.

HOKEB HA CAVE

Au palmarès des sites naturels les plus impressionnants du district figure la **Hokeb Ha Cave** ㉞, ou Blue Creek Cave, située non loin de Blue Creek Village. Au sommet d'un versant, la bouche béante de la grotte expulse la rivière Blue Creek qui tombe en cascade sur les rochers calcaires en contrebas avant de se perdre dans les profondeurs de la forêt tropicale humide qui lui sert d'écrin. Les archéologues ont découvert à l'intérieur de cette cavité de nombreuses céramiques mayas datant de l'Époque classique tardive ainsi qu'un autel, indice prouvant que cette grotte était un centre cérémoniel. Elle fait partie de la Blue Creek Preserve (www.preservationparks.com/parks/blues-creek/ ; ouv. nov.-fév. : 8h-19h, mars-oct. : 8h-21h), une réserve privée dotée d'un hébergement. Et si vous ne souffrez pas du vertige, aventurez-vous sur la passerelle suspendue au-dessus de la rivière à 24 m de hauteur.

SITES MAYAS

Site maya parmi les plus étendus du Toledo District, **Lubaantun** ㉟ (lieu des Pierres tombées ; nichbelize.org ; ouv. tlj. 8h-17h) couronne une crête qui domine la vallée fluviale de la Columbia, non loin du village de San Pedro Columbia. Les ruines ont été mises au jour en 1915, et des fouilles ultérieures donnent à penser que les édifices étaient construits sans mortier, chaque pierre taillée sous forme de brique assez plate étant ajustée à la voisine avec une précision admirable. Particularité de cette cité maya : elle ne s'orne d'aucune stèle sculptée.

En revanche, le centre cérémoniel de **Nim Li Punit** (Grand Chapeau ; nichbelize.org ; ouv. tlj. 8h-17h), dominant Indian Creek Village plus à l'est, n'en collectionne pas moins de 26, dont 8 sculptées. Il doit son nom au personnage portant une coiffe imposante qui apparaît sur la Stèle 14, la plus haute découverte à ce jour au Belize. Celle-ci, ainsi que plusieurs autres, sont exposées au Visitor Center situé à l'entrée. #

Lubaantun et ses pierres tombées.

ÉCOTOURISME AU BELIZE

Peu peuplé et manquant d'industries, le Belize est longtemps resté à la traîne dans la course au développement. Ce handicap est devenu un atout majeur avec l'avènement de l'écotourisme.

Depuis quelques décennies déjà, le Belize fait figure de champion de l'écotourisme dans cette région du globe. Ce titre, il le doit à ses espaces sauvages et à sa barrière de corail, la plus grande de l'hémisphère Nord. Dès le milieu des années 1980, le gouvernement a pris conscience qu'un tourisme contrôlé et respectueux de l'environnement était la clé d'une croissance économique stable. Plutôt que d'opter pour un tourisme de masse, comme à Cancún, au Mexique, il a opté pour une formule qui permet aux Béliziens de profiter de cette manne.

Bénéficiant de conditions optimales – ensoleillement, chaleur et humidité –, les forêts pluviales du Belize se distinguent par la diversité de leur faune. Un vrai bonheur pour les passionnés d'ornithologie, et d'animaux en général, qui les visitent de préférence au lever du soleil, quand l'air est plus frais et que retentissent les chants et les cris d'oiseaux.

Le jaguar *(Panthera onca)* est sans doute le chouchou des hôtes de ces lieux. Le Belize a d'ailleurs été le premier au monde à créer un sanctuaire pour le protéger *(voir p. 193)*. Rôdant sous la canopée de la forêt tropicale humide et sur les berges des cours d'eau de montagne, 4 autres félins partagent son territoire : le jaguarondi *(Puma yagouaroundi)*, le margay *(Leopardus wiedii)*, l'ocelot *(Leopardus pardalis)* et le puma *(Puma concolor)*. Autant d'espèces menacées partout où elles vivent, sauf au Belize. Figurent aussi au palmarès des stars de la forêt, le tapir de Baird, surnommé localement la vache des montagnes, et l'alouate ou singe hurleur noir *(Alouatta caraya)* – communément appelé babouin au Belize – dont le hurlement agressif, souvent confondu avec le rugissement du jaguar, s'entend à quelque 15 km à la ronde. Il possède même son propre sanctuaire : le Community Baboon Sanctuary *(voir p. 181)*, où les propriétaires gèrent leurs domaines en ne perdant jamais de vue l'intérêt des primates.

Depuis son inscription, en 1996, sur la liste du Patrimoine mondial, la barrière de corail du Belize a vu nombre de ses écosystèmes être classés en réserves marines.

Le tourisme bénéficie aux pêcheurs locaux qui emmènent les fans de snorkeling aux récifs les plus proches. Interdiction de prélever des coquillages ou des coraux !

L'attrait particulier du Belize en matière d'ornithologie ne se résume pas à sa diversité exceptionnelle – 574 espèces recensées –, mais aussi au fait que ces créatures à plumes se montrent volontiers, des aigrettes aux pélicans, en passant par les toucans, l'emblème national.

Crépuscule à Tobacco Caye.

Ses innombrables réserves et parcs nationaux font du Belize un véritable paradis de l'écotourisme.

BELIZE AUDUBON SOCIETY

Fondée en 1969, la Belize Audubon Society (BAS ; www.belizeaudubon.org) est l'organisation écologique phare au Belize. Elle a pour objectif de maintenir un équilibre entre les besoins de la nation et l'environnement, grâce à une gestion durable des ressources naturelles et à différents programmes visant à éduquer le public. La BAS veille à la protection de plus de 77 000 ha répartis sur 9 zones, dont le Crooked Tree Wildlife Sanctuary, le Guanacaste National Park, le St Herman's Blue Hole National Park, le Cockscomb Basin Wildlife Sanctuary, le Blue Hole Natural Monument et le Victoria Peak National Monument. Si vous souhaitez participer à cet effort, sachez que la BAS propose des postes de bénévoles un peu partout dans le pays ; portez-vous candidat via son site Internet.

À cheval, à VTT ou à pied ? À vous de choisir ce qui vous convient le mieux pour explorer le Belize de fond en comble, en compagnie d'un guide qui saura vous faire découvrir la faune et la flore, des lieux secrets et de superbes panoramas.

Ruta de las Siete Cascadas à Juayúa, Salvador.

Sur la plage de la Punta Jesús María avec, en toile de fond, le Volcán Concepción, Nicaragua.

LE CENTRE DE L'ISTHME

Forêts de nuages peuplées d'une faune abondante, plantations de caféiers drapées de brume, îles tropicales débordantes d'énergie : cette région a tout pour plaire. Pourtant, rares sont ceux qui l'explorent.

Copán, Honduras.

Malgré leurs paysages aussi variés que ceux du Costa Rica, leur flore et leur faune aussi riches que celles du Panamá et leurs plages aussi idylliques que celles de Cancún, les pays du centre de l'isthme ne font pas la une de l'actualité touristique mondiale. Affaiblis par des années de guerre civile et de corruption, le Salvador, le Honduras et le Nicaragua restent à la traîne. Faites-leur néanmoins l'honneur d'une visite ; ils vous le rendront au centuple.

Côté mer, le Pacifique se distingue par ses plages de sable blanc et ses excellents spots de surf, sans oublier les luxueux complexes hôteliers qui ont élu domicile au nord de San Juan del Sur. La mer des Caraïbes n'a rien à lui envier avec ses Islas de la Bahía et ses Corn Islands, anglophones, où le reggae donne le tempo et dont la culture tourne autour de la plongée, de la pêche et du tourisme. Jalonnée de plantations de bananiers et de mangroves, la côte nord du Honduras commence à faire parler d'elle, grâce à ses écolodges uniques en leur genre et à un projet hôtelier ambitieux destiné à métamorphoser son image.

Plage digne d'une carte postale, à Roatán, Honduras.

Côté terre, vous découvrirez la cité maya de Copán, remarquable par ses stèles gravées et son escalier orné de glyphes, ainsi que Joya de Cerén, un village salvadorien enseveli sous des cendres volcaniques – ce qui lui vaut le surnom de Pompéi d'Amérique –, sans oublier 2 plans d'eau riches en biodiversité : le Lago de Yojoa, au Honduras, et le lac Nicaragua où s'ancre l'île d'Ometepe coiffée de ses volcans jumeaux.

Également au Honduras, la forêt tropicale humide et la savane plantée de pins de La Moskitia constituent les plus vastes espaces sauvages d'Amérique centrale. Là, des zones naturelles comme la réserve de biosphère du Río Plátano abritent l'une des plus fortes concentrations d'espèces végétales et animales de la région, dont le jaguar et l'aigle forestier, la harpie féroce *(Harpia harpyja)*. Des groupes ethniques peu connus, dont les Mosquitos, les Pech et les Sumo, y vivent le long de lagunes et de cours d'eau isolés, tandis que les vestiges de cités perdues émergent peu à peu de la jungle.

#

Moto-taxi dans une rue de Suchitoto.

EL SALVADOR

Des rouleaux qui défient les surfeurs aguerris, des forêts de nuages épargnées par l'homme, une Pompéi version maya : le petit Salvador n'a rien à envier à ses voisins.

D'une taille encore plus modeste que le Belize, le Salvador a connu des séismes à répétition et une histoire tumultueuse, marquée par une guerre civile sanglante. Il peut néanmoins se vanter d'avoir l'une des économies les plus solides d'Amérique centrale, grâce notamment à la présence des centres d'appel de multinationales, favorisant ainsi la croissance d'une classe moyenne.

Doté d'une bonne infrastructure routière, le plus petit pays centraméricain se compose de 2 zones bien distinctes : une région montagneuse qui occupe la majeure partie du territoire, et une plaine côtière bordant le Pacifique, où il règne une chaleur accablante.

Sa capitale, San Salvador, siège sur la Meseta Central (plateau central). Cette métropole dynamique n'est pas à un contraste près, le plus frappant étant sans doute celui entre, d'une part, le luxe des centres commerciaux et la modernité des fast-foods américains et, d'autre part, la pauvreté des *barrios* périphériques, souvent gangrenés par la criminalité. Au nord, la localité coloniale de Suchitoto et ses rues pavées n'ont rien à envier à Antigua, si ce n'est sa fréquentation touristique.

À l'ouest de San Salvador, via la Ruta de las Flores en direction de la frontière guatémaltèque, plusieurs volcans, dont le Santa Ana et l'Izalco, ont enrichi le sol, fournissant ainsi les conditions idéales pour la culture du café. Les chaînes montagneuses alentour s'émaillent de petits lacs de cratère et de réserves naturelles qui se prêtent à la randonnée et à l'observation de la faune. Parmi elles : le Parque Nacional Los Volcanes et le Parque Nacional Montecristo. Cette région s'illustre aussi par ses ruines de Joya de Cerén, un village maya vieux de 1 400 ans, enseveli sous les cendres et surnommé la Pompéi d'Amérique.

Le littoral alterne plaines côtières, mangroves, estuaires et montagnes

NE MANQUEZ PAS

Costa del Bálsamo *p. 217*
Joya de Cerén *p. 208*
Parque Nacional Los Volcanes *p. 210*
Parque Nacional Montecristo *p. 213*
Suchitoto *p. 212*

Carte p. 204, plan p. 207

Portrait d'un habitant de Perquín.

Défilé militaire du 15 septembre lors de la fête de l'Indépendance du Salvador.

tombant directement dans l'océan. Bien que largement sous-estimées, les plages volcaniques de sable noir et or attirent de plus en plus de surfeurs venus se mesurer aux vagues de Punta Roca et d'El Sunzal. En matière d'hébergement, il y en a pour tous les goûts et toutes les bourses, des grands resorts aux formules *all-inclusive* aux paillottes offrant en guise de lits des hamacs tendus entre 2 palmiers.

L'APRÈS-GUERRE CIVILE

Les accords de paix de Chapultepec, signés en 1992, vont mettre fin à une guerre civile qui sévit depuis 1979. Ils prévoient la réduction des effectifs de l'armée ainsi que la dissolution de la police nationale, de la garde nationale et autres forces de sécurité. En 1980, l'ancien groupe rebelle, le Frente Farabundo Martí para la Liberación Nacional (FMLN), se convertit alors en parti politique. Toutefois, il aura peine à s'imposer sur le devant de la scène politique – scène tenue depuis 1989 par les membres de l'Alianza Republicana Nacionalista (ARENA), parti conservateur fondé en 1981.

Ses échecs répétés à chacune des échéances présidentielles incitent le FMLN à choisir un ancien journaliste du nom de Carlos Mauricio Funes Cartagena comme candidat aux élections de 2009. Une idée judicieuse. Celui-ci devient le premier président de gauche de l'histoire du Salvador, et obtient quelques succès au cours de son mandat, dont l'amélioration du système scolaire et une baisse du taux de pauvreté de 6 points. Cela n'empêchera pas Salvador Sánchez Cerén, membre lui aussi du FMLN et ancien chef de la guérilla, de remporter les élections suivantes en 2014.

ÉCONOMIE MIGRATOIRE

Le pays doit en partie son décollage économique aux fonds envoyés par sa diaspora, soit 2 millions d'expatriés répartis entre les États-Unis, le Canada, le Mexique, le Guatemala, le Costa Rica, l'Australie et la Suède, et une manne estimée à 2 milliards de $US par an qui représente 17 % du PIB. Cependant, les gouvernements de Barack Obama et de Donald Trump ont expulsé, entre 2014 et 2018, plus de

350 000 Salvadoriens illégaux.Un rude coup porté à une nation déjà fragilisée.

La fermeté des Américains en matière d'immigration a eu pour effet d'aggraver la criminalité, les *maras* (gangs) ayant déjà sévi un peu partout dans le pays. Et les programmes de répression comme *La Mano Dura* ou *La Mano Superdura* ne réussiront guère à juguler la montée en puissance de la violence. Par ailleurs, ceux ayant vécu aux États-Unis depuis leur plus tendre enfance se sentent étrangers dans leur pays natal. Bilingues, ils trouvent néanmoins souvent des postes dans les centres d'appel que les groupes internationaux implantent au Salvador depuis une dizaine d'années. Ils y gagnent un bon salaire et participent ainsi au développement de l'économie nationale.

SAN SALVADOR

Nulle part les disparités sociales au Salvador ne se manifestent autant qu'à **San Salvador ❶**. Installée au pied du volcan éponyme, dans le Valle de las Hamacas – un doux nom qui cache une réalité plus sinistre, car les conquistadors l'ont baptisé ainsi en raison de l'activité tectonique dans la région –, la capitale tentaculaire héberge un tiers de la nation salvadorienne. Les banlieues verdoyantes où vivent les nantis du pays et la vertigineuse ribambelle de chaînes multinationales détonnent comparées aux quartiers moins reluisants de la ville, notamment ceux à l'est où les touristes ont intérêt à ne pas s'aventurer. De toute façon, la plupart ne s'attardent à San Salvador que le temps d'un bon dîner et d'une nuit confortable avant de rejoindre la côte ou la montagne, tout proches l'une comme l'autre.

CENTRO HISTÓRICO

La ville a vu le jour en 1545, le peuple autochtone des Pibil s'étant opposé à la création d'une capitale à Suchitoto, au nord. Elle s'organise autour de la Plaza Libertad, là où ont retenti les premiers appels à l'indépendance en Amérique centrale, en 1811 et en 1814. Au cours des décennies suivantes, les considérables revenus générés par le café contribueront à sa croissance et financeront la construction de palais, d'églises et de théâtres.

Plaza Libertad, San Salvador.

À PROPOS

Pour les Salvadoriens, la **Catredral Metropolitana** constitue un haut lieu de pèlerinage car elle renferme la tombe de Mgr Óscar Romero *(voir p. 215)*, assassiné en pleine messe le 24 mars 1980 par un groupe d'extrême-droite pour avoir dénoncé les exactions perpétrées par la junte militaire. Un gisant en bronze du sculpteur italien Paolo Borghi représente l'évêque "dormant du sommeil du juste", protégé par les 4 évangélistes. Jean-Paul II s'y est recueilli par 2 fois : en 1983 et en 1996. Il sera canonisé par le pape François en 2018.

Le centre historique ne s'en est pas aussi bien sorti que celui d'autres capitales centraméricaines, les catastrophes naturelles l'ayant empêché de se développer pleinement. En 1873, un séisme détruira la majeure partie de la ville et, alors que les chantiers de reconstruction n'étaient pas encore achevés, le volcan San Salvador entrera en éruption, en 1917. Dans les années 1960, le Salvador s'était hissé à la troisième place mondiale des pays exportateurs de café. La cité va bénéficier de cette prospérité jusqu'à ce qu'un nouveau tremblement de terre, en 1986, provoque des dégâts majeurs, incitant les riches à déserter le centre pour s'installer à la périphérie. Quant à la classe moyenne, elle préférera se tenir éloignée de ce secteur particulièrement touché par la violence de la guerre civile. Aujourd'hui, l'étroit damier de rues délabrées du Centro Histórico est peu à peu restauré.

La plupart des édifices les plus remarquables de la ville bordent la **Plaza Cívica Capitán General Gerardo Barrios** Ⓐ, située une rue à l'ouest de la Plaza Libertad.

Un marché de la capitale.

Le **Palacio Nacional** (ouv. lun.-ven. 8h-16h) y trône majestueusement sur tout le côté occidental, gardé par les statues de Christophe Colomb et d'Isabelle la Catholique, offertes par Alphonse XIII en 1924. Achevé en 1911 par l'ingénieur José Emilio Alcaine, il supplante l'original détruit par un incendie en 1889. Son style éclectique mêlant néogothique, Renaissance et néoclassique lui confère une élégance réservée. Ce "palais Café" – ainsi surnommé du fait qu'il sera financé par les revenus issus de l'exportation de cet or noir – dispose d'une centaine de pièces dont 4 principales aux couleurs distinctives : le Salón Amarillo (Jaune) abritera le bureau présidentiel, le Salón Rojo (Rouge) accueillera les cérémonies officielles, le Salón Rosado (Rose) logera la Cour suprême, puis le ministère de la Défense et le Salón Azul (Bleu) réunira le Parlement jusqu'en 1974. Faites une pause rafraîchissante dans le verdoyant patio où 5 immenses araucarias symbolisent les 5 nations historiques de l'Amérique centrale.

Sur le côté nord de la place, se dresse l'altière **Catedral Metropolitana** Ⓑ (tél. 2221-0003 ; ouv. tlj. 6h-18h), siège de l'archidiocèse de San Salvador. Tout comme le palais, l'originale a été détruite par un incendie, en 1950. Il faudra attendre 49 ans pour qu'elle soit reconstruite et 2 ans de plus pour qu'elle soit consacrée. Ce sera la dernière cathédrale au monde construite au 20e siècle et la première inaugurée au 21e.

Le **Teatro Nacional** Ⓒ (tél. 2222-5689 ; www.cultura.gob.sv ; ouv. lun.-ven. 13h-16h ; visites guidées en espagnol gratuites : mer. 8h30-15h30 ; entrée gratuite) arbore avec prestance son style Renaissance française dans Calle Delgado, à l'est de la cathédrale. Ce théâtre peut se targuer d'être à la fois l'un des plus beaux et le doyen d'Amérique centrale. Si sa conception est française, signée Daniel Beylard (1891-1969), sa décoration intérieure est l'œuvre d'artistes salvadoriens, dont la fresque de la coupole réalisée en 1977 par le maître Carlos Cañas (1924-2013), considéré comme le précurseur de l'art abstrait au Salvador.

Au centre de la Plaza Libertad trône le Monument aux Héros commémorant le centenaire du "Premier cri d'indépendance", au sommet duquel l'Ange de la Liberté tend ses couronnes de lauriers. Juste en face, l'**Iglesia El Rosario D** (tél. 2222-2171 ; ouv. tlj. 8h30-16h30) peut surprendre. En effet, sa silhouette rappelle plus un hangar demi-lune à avions qu'une église. Elle résulte du terrain tout en longueur attribué pour sa construction qui ne permettait pas un plan cruciforme conciliaire. En 1964, l'architecte Rubén Martínez proposera ce projet unique que le Vatican finira par accepter. L'aspect le plus impressionnant – outre son intérieur radicalement moderne – réside dans l'arc-en-ciel de lumière naturelle qui traverse les claires-voies en verre polychrome du toit voûté. Reposent dans ce sanctuaire 3 héros de l'Indépendance, les frères Aguilar.

Quelque 500 m au sud-ouest du Palacio Nacional se tient le **Mercado Central E** (entre 7 Avenida Sur et Calle 12 Poniente ; tél. 7442-2557 ; ouv. tlj. 7h-17h), vaste marché couvert où la multitude d'étals offre un choix phénoménal, de l'alimentation aux vêtements, en passant par l'électronique ou les articles de sport. Une visite s'impose ne serait-ce que pour son ambiance.

À L'OUEST DU CENTRE-VILLE

La **Zona Rosa F**, dans la banlieue ouest, les Colonia San Benito et Colonia Escalón concentrent le fleuron de l'hôtelerie et de la restauration ainsi que quelques-uns des meilleurs musées.

Le **MUNA G** – Museo Nacional de Antropología Dr. David J. Gusmán de son nom complet – (tél. 2243-3750 ; ouv. mar.-sam. 9h-17h, dim. 10h-18h ; entrée payante) a pour mission de présenter l'histoire culturelle du pays. Ce qu'il réussit à faire au moyen d'une efficace scénographie. Si vous souhaitez approfondir vos connaissances sur les cultures précolombiennes, rendez-vous dans la Sala América Precolombina, divisée en 3 sections : Amérique du Sud, Méso-Amérique et Amérique du Nord. Vous y verrez des artefacts des cultures Maya, Chavín, Moche,

Jeu de lumières à l'intérieur de l'Iglesia El Rosario.

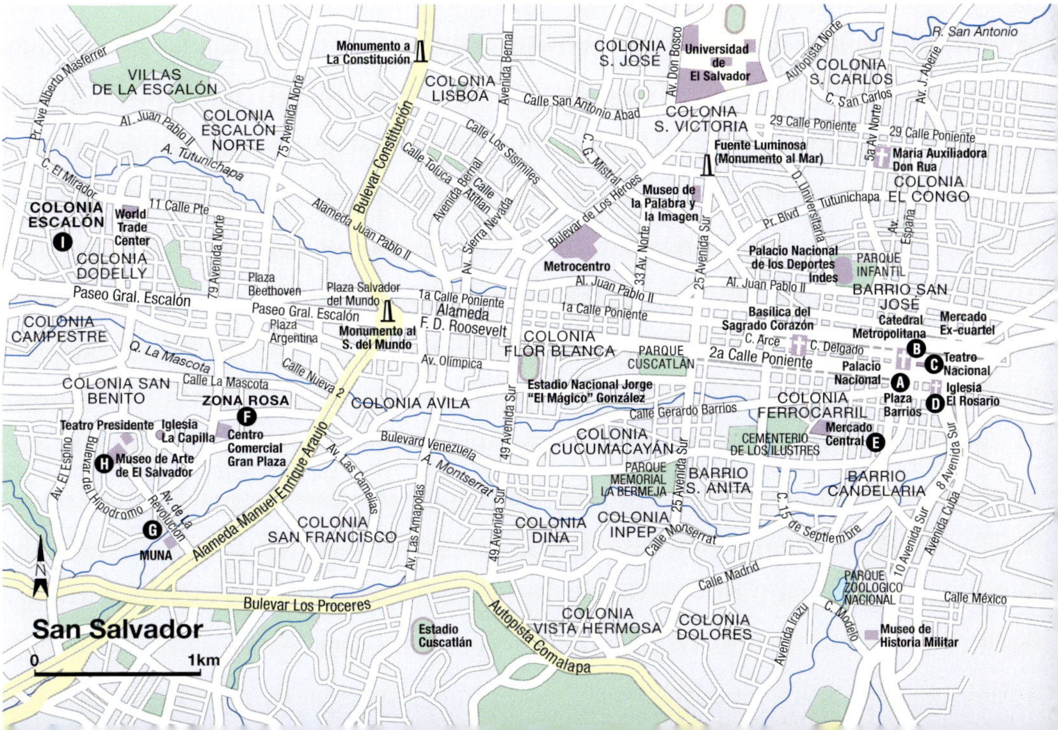

À SAVOIR

Les 28 km² du **Lago de Ilopango** ménagent des sensations fortes aux plongeurs qui explorent grottes, cheminées hydrothermales et formations volcaniques, sans oublier *Las Tres Virgenes*, des statues de pierre de 3 m de hauteur, sculptées à la main. Pour toute aventure sous-marine, adressez-vous au centre PADI La Libertad Diving (www.la-libertad-diving.com) qui vous organisera des plongées selon votre niveau.

Tiahuanako, Chimu et Inca, dont la fameuse momie de Paracas.

Au bout de l'Avenida de la Revolución se trouve le **Museo de Arte de El Salvador** H (tél. 2243 6099 ; www.marte.org ; ouv. mar.-dim. 10h-18h ; entrée payante sauf dim.). Les quelque 400 œuvres de ce musée vous permettront de découvrir – ou de redécouvrir – les artistes salvadoriens tels que Rosa Mena Valenzuela, Dagoberto Nolasco, Carlos Cañas ou encore Pedro Ángel Espinoza.

La **Colonia Escalón** I se tient plus à l'ouest. La guerre civile a épargné en grande partie cette enclave de l'élite de San Salvador, de même que la Colonia San Francisco et la Colonia Maquilishuat, sauf lors de l'offensive de 1989 connue sous le nom d'*Ofensiva hasta el tope*. Il s'agit de la zone la plus sûre de la métropole, et bon nombre de ses vieilles maisons ont été converties en appartements, restaurants et galeries d'art.

ENVIRONS DE SAN SALVADOR

Aux portes sud de la ville, la AP 5 vous mène à **Los Planes de Renderos**, destination très fréquentée, au cœur de collines verdoyantes, avec une vue imprenable sur San Salvador. Les Salvadoriens y viennent en famille, entre amis, pour se détendre et pratiquer des activités sportives dont la varappe. Pour le réconfort, ne manquez pas de goûter les *pupusas* (crêpes de farine de maïs farcies) au Parque de Balboa.

Au sud-ouest de San Salvador, **Santa Tecla** évoque un village. Cette localité assez étendue servira pourtant de capitale nationale de 1855 à 1859, pendant la reconstruction de San Salvador, ravagée par un séisme. Cafés et restaurants s'alignent le long de la voie piétonne Paseo El Carmen. Une escapade très appréciée des habitants du centre-ville. Vous trouverez des étals vendant des encas traditionnels et des bonbons à tous les coins de rue, et il y a toujours des musiciens pour venir jouer sur la Plaza de la Música.

De Santa Tecla, une route grimpe vers le nord durant 13 km pour rejoindre le sommet du Volcán San Salvador (1 800 m) et le **Parque Nacional El Boquerón**. Ici, la star c'est le cratère d'un diamètre de 5 km et d'une profondeur de 558 m, où les forêts de pins, sillonnées de pistes de randonnée, sont peuplées de cervidés, tatous et autres mammifères.

Mais le plus grand lac de cratère du Salvador, le **Lago de Ilopango**, se trouve 22 km à l'est de San Salvador. Il a été formé lors d'une explosion volcanique en 240 ap. J.-C., l'une des plus fortes au monde avec elle du Krakatoa (Indonésie). L'île qui orne le centre du lac, quant à elle, est née au cours d'une autre éruption, au 19e siècle. Vous pourrez y pratiquer la plongée sous-marine *(voir* À savoir *ci-contre)* et, d'avril à novembre, du parapente.

JOYA DE CERÉN

Desservi par la Panaméricaine, le **Parque Arqueológico Joya de Cerén** 2 (tél. 2401-5782 ; ouv. mar.-dim. 9h-16h) – l'un des plus fascinants d'Amérique centrale – vous donne rendez-vous 33 km au nord-ouest de San Salvador. Si elle manque peut-être d'esthétisme comparée à d'autres ruines du pays,

SANS FOI, NI LOI

Bien que la Mara Salvatrucha, ou MS-13, ait vu le jour à Los Angeles, la majorité de ses membres est originaire du Salvador. *National Geographic* n'a pas hésité à la qualifier de "gang le plus dangereux au monde" dans un documentaire de 2005. La MS-13, dont le nom s'inspire de la guerre civile salvadorienne, s'est implantée, telle une pieuvre, dans les zones urbaines nord-américaines et étend ses tentacules jusqu'en Australie. Le gang est si nombreux – entre 30 000 et 50 000 membres au total – qu'il a développé ses propres codes culturels et communique avec son propre langage des signes. Le plus courant, car très employé lors des concerts de heavy metal, est celui des "cornes du diable" qui, à l'envers, représente un "M". Autres marques d'appartenance, les tatouages couvrent souvent l'ensemble du corps, voire le visage. Il semble néanmoins que cette tradition se perde pour des raisons de discrétion.

Connu pour ses méthodes d'une extrême violence, le gang est impliqué dans le trafic de drogue et le proxénétisme. Une préoccupation majeure que le gouvernement américain a tenté de régler en durcissant sa politique d'immigration. Or, les expulsions vers le Salvador de milliers de membres de la MS-13 et d'autres ayant des accointances avec elle n'ont fait que déplacer le problème, les métropoles salvadoriennes enregistrant depuis quelques années un taux de criminalité et une instabilité records.

cette Pompéi américaine donne un bon aperçu du mode de vie des paysans mayas, il y a plus de 1 400 ans. Joya de Cerén a été ensevelie sous 7 m de cendres crachées par le volcan Laguna Caldera vers l'an 600. Contrairement à ceux de Pompéi, les habitants ont eu le temps de fuir, abandonnant tout derrière eux, dont des outils agricoles et des plats en céramique encore remplis de légumes désormais figés dans le temps. Ce site inscrit au Patrimoine mondial en 1993 a conservé la demeure d'un chaman, un *temazcal* (sauna) et diverses autres constructions. Il a été redécouvert en 1976 lors de travaux de terrassement destinés à l'implantation d'un silo à grains. Il faudra néanmoins attendre 1988 pour que des fouilles soient entreprises. Elles se poursuivent encore à ce jour. Le parc archéologique accueille aussi un musée – climatisé !

L'OUEST DU SALVADOR

Continuez sur la Panaméricaine vers l'ouest pour rallier **Santa Ana** ❸, deuxième plus grande ville du pays située 60 km au nord-ouest. La jugeant mieux tenue, bon nombre de visiteurs séduits par ses rues arborées la préfèrent à la capitale. D'autant qu'elle ne manque pas de sites intéressants aux alentours, à commencer par le site archéologique précolombien Tazumal.

La manne du café a permis de financer son essor immobilier au début du 20e siècle, les magnats faisant construire de luxueuses haciendas dans les collines voisines, et de somptueux édifices – parmi les plus beaux spécimens architecturaux du Salvador – à deux pas de la place principale, le **Parque Libertad**. Le plus imposant de tous est sans conteste la Catedral de Nuestra Señora Santa Ana, cathédrale néogothique achevée en 1913. Le **Teatro de Santa Ana** affiche, pour sa part, un style néocolonial. Il accueille souvent des spectacles, gratuits pour certains. Si le café reste une source de revenus non négligeable, l'économie locale dépend désormais avant tout des usines étrangères implantées au nord de la ville.

Au sud, le **Lago de Coatepeque** est serti dans un écrin de forêt. De riches demeures s'approprient les rives de ce lac de cratère d'un bleu profond. La

Tazumal.

À PROPOS

Au début du 20e siècle, une chute du prix du café déclenchera une révolte chez les petits producteurs – en majorité des Nahuatl – installés le long de la Ruta de las Flores. Les autorités interviendront le 22 janvier 1932 pour mater l'insurrection, faisant quelque 30 000 victimes. Ce drame est connu sous le nom de *Matanza* (Tuerie).

zone publique est investie par des restaurants et des petits hôtels.

TAZUMAL ET CASA BLANCA

Principal site archéologique maya au Salvador, **Tazumal** ❹ (Endroit où les victimes ont été brûlées ; ouv. mar.-dim. 9h-16h) vous livre ses secrets 13 km à l'ouest de Santa Ana. Les ruines, en grande partie mises au jour, s'étendent sur 10 km^2. Elles comprennent un terrain de jeu de balle, une pyramide à degrés et d'autres spécimens de l'architecture classique maya. La naissance de ce centre qui semble avoir joué un rôle commercial majeur remonte à l'an 100. Les chantiers de construction auraient été interrompus à la suite de l'éruption du Volcán de Ilopango et n'auraient repris que vers 250-650 (début et milieu de l'Époque classique) pour se poursuivre jusqu'en 1200 environ. Les vestiges exposés au musée prouvent que la cité entretenait des relations avec diverses communautés, dont certaines du sud du Mexique.

Un second site archéologique se trouve à un peu plus de 1 km au nord, de l'autre côté de la localité de Chalchuapa. Il s'agit de **Casa Blanca** (ouv. mar.-dim. 9h-16h). Vous y découvrirez notamment plusieurs pyramides de l'Époque préclassique tardive et de l'Époque classique, un musée et un atelier de teinture à l'indigo.

PARQUE NACIONAL LOS VOLCANES

Englobé dans la réserve de biosphère d'Apaneca-Llamatepec, le **Parque Nacional Los Volcanes** ❺, alias Parque Nacional Cerro Verde, protège 3 volcans : Iazalcom, Santa Ana et Cerro Verde. Ses luxuriantes forêts tropicales et de nuages, riches en oiseaux migrateurs, s'étendent à l'ouest du Lago de Coatepeque. Une courte promenade au départ du Visitor Center basé au Cerro Verde (centre du parc) vous permettra de rencontrer des toucanets émeraude ainsi que de nombreuses espèces de colibris. Si vous vous en sentez le courage, vous pourrez entreprendre l'une des 2 randonnées guidées de 4 heures (départ du parking à 11h tlj. ; prévoir un bon pourboire) qui conduisent respectivement en haut du Volcán de Izalco et du Volcán Santa Ana, ce dernier étant

Bain revigorant aux cascades de Los Chorros de la Calera.

l'un des plus actifs du Salvador et son deuxième plus haut sommet. L'une comme l'autre nécessitent une bonne condition physique.

LA RUTA DE LAS FLORES

Au départ de San Salvador, la CA-8, plus connue sous le nom de Ruta de las Flores (route des Fleurs), relie 6 villages de montagne plus pittoresques les uns que les autres, à commencer par **Nahuizalco**, spécialisé dans l'industrie artisanale en bois, sisal et osier, et **Salcoatitán**, la cité des Artistes.

Le record de fréquentation revient cependant à **Juayúa** ❻ qui charme ses visiteurs avec ses rues pavées et son célèbre Christ noir sculpté par Quirio Cataño à la fin du 16e siècle. Ancienne communauté de Nahuatl, Juayúa se retrouvera à l'épicentre de la révolte indigène dans la région, en 1932, des soulèvements vite réprimés par le gouvernement et les magnats du café. Avant de poursuivre votre route, allez vous rafraîchir sous les cascades et dans la piscine naturelle de Los Chorros de la Calera.

Deuxième localité la plus haute du Salvador, **Apaneca** est juchée à 1 455 m d'altitude. Un camp de base idéal pour partir à la conquête de la Sierra Apaneca-Ilamatepec. Elle a su conserver davantage d'authenticité que Juayúa, avec ses maisons en adobe aux couleurs pimpantes et ses boutiques d'artisanat. Son Iglesia San Andres, en grande partie détruite par un séisme en 2001, a été reconstruite. À la sortie sud de la localité, la plantation de caféiers Finca Santa Leticia (www.hotelsantaleticia.com), dotée d'un hôtel et d'un petit parc archéologique, se révèle une bonne halte pour une ou plusieurs nuits.

Quelques kilomètres plus loin, les murs en adobe de **Concepción de Ataco** s'égaient de fresques colorées au style indigène et contemporain métissé. La ville se dote depuis quelques années de boutiques et de cafés originaux qui lui donnent un petit air bohème. Quant à celle d'**Ahuachapán**, près de la frontière guatémaltèque, elle possède 2 atouts : elle a vu naître le poète salvadorien Alfredo Espino, et elle a pour voisin le Parque Nacional El Imposible.

PARQUE NACIONAL EL IMPOSIBLE

Le **Parque Nacional El Imposible** ❼ couvre 3 800 ha, ce qui en fait le plus grand parc national du Salvador. Il doit son nom à une gorge dangereuse qui a coûté la vie à plus d'un paysan transportant sa récolte de café en direction de la côte pacifique. Huit cours d'eau prennent leur source sur ce territoire qui a la particularité d'accueillir une vaste forêt tropicale sèche et dont l'altitude varie entre 250 m et 1 425 m. D'où la diversité inouïe de ses espèces végétales et animales, parmi lesquelles des pumas, des sangliers et 300 espèces différentes d'oiseaux. Vous y accéderez à proximité de Tacuba, une localité proposant un hébergement rudimentaire. De là, des sentiers conduisent au cœur des reliefs verdoyants, émaillés de cascades et de grottes gravées de pétroglyphes précolombiens. Il convient au préalable de s'inscrire auprès de l'administration du parc basée à San

Iglesia Santa Lucía, Suchitoto.

À SAVOIR

Créé par l'illustre cinéaste et résident de Suchitoto, Don Alejandro Cotto, il y a plusieurs dizaines d'années, le Festival Internacional de Arte y Cultura de Suchitoto se déroule tous les week-ends de février, un peu partout en ville. Il attire de nombreux artistes salvadoriens et étrangers.

Salvador (www.salvanatura.org), laquelle peut vous aider à trouver un moyen de transport et un guide. Sinon, adressez-vous à Imposible Tours (www.imposibletours.com), à Tacuba. Ce prestataire organise des randonnées guidées à pied ou à VTT, ainsi que la visite de plantations de caféiers.

LE NORD DU SALVADOR

Au nord de San Salvador, les collines cèdent la place aux montagnes où se cachent d'anciens bastions rebelles devenus des destinations touristiques très prisées, dont la charmante localité à l'âme artistique de Suchitoto. Celle-ci se tient sur les rives du Lago Suchitlán, ou Embalse del Cerrón Grande, l'un des endroits du pays les plus propices à l'observation des oiseaux. Elle reçoit une foule de randonneurs venus explorer les volcans et les forêts aux alentours. Le nord accueille aussi des hauts lieux de l'artisanat comme Concepción de Quezaltepeque et La Palma, ainsi que le Cerro El Pital, point culminant du Salvador et la forêt de nuages du Parque Nacional Montecristo.

Fresque murale à La Palma.

SUR LES RIVES DU LAGO SUCHITLÁN

Éphémère capitale salvadorienne, puis théâtre des horreurs de la guerre civile, **Suchitoto** ❽ – Suchi pour les intimes – a derrière elle un passé tumultueux. La petite cité coloniale a néanmoins eu la chance d'échapper aux catastrophes naturelles, conservant ainsi ses maisons blanchies à la chaux et ses rues pavées.

Les plus beaux spécimens d'architecture se concentrent autour de la place principale, le Parque Central. Ainsi, l'**Iglesia Santa Lucía** (tél. 2335-1049 ; ouv. tlj. 8h-12h, 13h-18h), bâtie en 1853, a fière allure avec sa façade ornée d'un portique à 6 colonnes ioniques et son fronton au-dessus duquel trône un clocher. Plusieurs vénérables demeures se sont converties en hôtels de charme.

Au nord-ouest du Parque Central, le **Centro Arte para La Paz** (tél. 2335-1080 ; www.capsuchitoto.org ; horaires variables ; entrée gratuite) a élu domicile en l'an 2000 dans un ancien couvent dominicain. Au centre de l'actualité culturelle locale, cette galerie doublée d'un musée reverse ses recettes aux victimes de violences conjugales. Non loin de là, la **galerie du sculpteur argentin Miguel Martino** (Casa del Sculptor ; tél. 2335-1836 ; www.miguelmartino.com ; ouv. w-e 9h-17h ; entrée gratuite) reçoit à déjeuner tous les dimanches (12h-16h30). Au menu : grillades au feu de bois et vin argentin.

La route menant au Lago Suchitlán vous conduira à la **Casa de los Recuerdos Don Alejandro Cotto** (maison des Souvenirs de Don Alejandro Cotto ; ouv. mar.-ven. 9h30-12h, 14h-17h, w-e 9h30-17h), ex-résidence du célèbre cinéaste (1929-2015). Cette demeure entourée de jardins et offrant une vue superbe sur le lac fait office de musée municipal, dédié à l'histoire culturelle de Suchitoto.

Du centre, vous vous rendrez facilement à pied (en direction de l'est) à **Los Tercios**, un bassin alimenté par une cascade qui se précipite de 9 m de hauteur. La paroi est constituée de blocs de roche verticaux et lisses, faits, semble-t-il, de lave ayant refroidi très rapidement et aujourd'hui couverts de mousse. Le week-end, des marchands vous proposent boissons et *pupusas*.

Une piscine publique et une poignée de restaurants traditionnels vous accueillent à **Puerto San Juan**. Un bateau vous emmènera faire le tour de ce lac artificiel d'une superficie de 135 km², créé en 1973 avec la construction d'un barrage sur le Río Lempa. La balade comprend souvent un arrêt à **La Isla de los Pájaros** où font escale de nombreux oiseaux migrateurs.

ANCIENS BASTIONS REBELLES

Situé à une heure à peine à l'est de Suchitoto, le petit village de **Cinquera** a conservé ses impacts de balles et de bombes, comme autant de témoignages d'un passé rebelle. Des fresques murales, autour de la place principale, dépeignent la guerre. Vous verrez aussi sur place la queue d'un hélicoptère descendu par les insurgés. Non loin de la localité, vous attend le Parque Ecológico Bosque de Cinquera d'environ 4 000 ha (ouv. tlj.), sillonné de sentiers et recelant une cascade.

Au nord du lac, le paysage se compose de collines escarpées, émaillées de parcelles de forêt sèche et de terres cultivées. La guerre civile a durement touché cette région où vous pourrez visiter un *tatú*, réseau de galeries souterraines aménagées en salles d'hôpital et en station de radio. **Concepción de Quezaltepeque** remporte aussi un franc succès. Ici, toute la population locale ou presque s'emploie à confectionner de beaux hamacs aux couleurs vives. Les uns tissent, les autres commercialisent le produit final autour de la place principale. L'animation bat son plein le week-end, quand les *hamacas* (hamacs) se vendent comme des petits pains, dans une ambiance festive.

LA PALMA ET LE CERRO EL PITAL

Perché sur un versant montagneux 50 km à l'ouest de Chalatenango, le bourg isolé de **La Palma** ❾ doit surtout sa renommée à ses fresques murales, peintes ou influencées par l'artiste Fernando Llort, qui a emménagé ici en 1972. Ces œuvres naïves représentant des personnages religieux et des villages de montagne se distinguent par leurs motifs géométriques très colorés. Avant de plier bagage, Llort a transmis son style et sa technique aux talents locaux, de sorte que La Palma est devenue l'un des fers de lance du mouvement artistique moderne au Salvador. Ces peintures ornent les galeries du centre-ville. Vous pourrez voir les artistes à l'œuvre à la coopérative de Llort, **La Semilla de Dios** (ouv. tlj.).

Cerro El Pital, point culminant du pays (2 730 m), se dresse à une trentaine de minutes de La Palma. La route conduit quasiment jusqu'à son sommet, l'ascension finale se faisant à pied – comptez 2 à 3 heures aller-retour. Une partie du sentier étant privée, attendez-vous à payer une poignée de dollars pour avoir le droit de l'emprunter.

PARQUE NACIONAL MONTECRISTO

Au nord-est de la localité provinciale de Metapán, s'ouvre la forêt de nuages du **Parque Nacional Montecristo** ❿

À PROPOS

Durant les 12 ans que dureront les violences de la guerre civile, les rebelles passaient le plus clair de leur temps réfugiés dans des *tatús*, abris semblables à ceux creusés par le Vietcong au Vietnam, et disséminés dans les régions accidentées du nord et de l'est. À l'intérieur de ces bunkers, ils avaient aménagé des hôpitaux et même une station de radio diffusant dans tout le pays.

Vallée enveloppée de nuages au pied du Cerro El Pital.

Lac de cratère aux eaux turquoise, non loin d'Alegría.

(ouv. tlj. 7h30-15h) qui s'invite également au Honduras. Fougères géantes, lichens et mousses prolifèrent dans ce parc humide, parcouru de pistes rudimentaires, que se partagent atèles et fourmiliers. Cyprès, chênes et pins y atteignent, pour certains, une hauteur de 30 m. Un paradis pour quelque 300 espèces d'oiseaux, dont des colombes des nuages, peu communes ailleurs au Salvador. Le parc comprend aussi un jardin d'orchidées et un musée présentant quelques pièces originales dans une vieille hacienda. Mieux vaut le visiter durant la saison sèche (déc.-avr.). Un 4x4 s'avère nécessaire pour rejoindre l'entrée.

L'EST DU SALVADOR

Loin d'être le lieu de prédilection du touriste lambda, cette région rurale restée dans son jus se consacre avant tout à l'élevage du bétail et à la culture de la canne à sucre. Nettement plus pauvre que l'ouest, elle a été le théâtre de certains épisodes les plus sanglants de la guerre civile. À mesure que ses plaies se referment, elle s'ouvre au monde extérieur et plusieurs de ses localités figurent désormais sur les circuits touristiques.

ALEGRÍA

Juchée à 1 200 m d'altitude entre San Salvador et San Miguel, **Alegría** passe pour la capitale salvadorienne des fleurs. Elle bénéficie d'un climat frais et jouit de vues imprenables sur la campagne et les plantations de caféiers. L'activité se concentre autour de la place centrale où trône un kiosque. Là, vous pourrez planifier vos excursions à destination du lac de cratère et des plantations, et savoir où aller admirer les centaines de fleurs qui font la réputation de la localité.

SAN MIGUEL

Principale municipalité de la moitié orientale du Salvador, **San Miguel ⓫** est une ville encombrée par la circulation, chaotique, aux marchés surpeuplés et à la criminalité record. Pas de quoi vous donner envie d'y aller. Et pourtant, cette localité fondée en 1530 recèle certains des plus beaux spécimens d'architecture coloniale du pays. Deux d'entre eux se situent à

Témoignages d'un passé sanglant au Museo de la Revolución Salvadoreña, à Perquín.

l'est du Parque Guzman : la **Catedral Nuestra Señora de La Paz**, qui date du 18e siècle, et le bâtiment néoclassique du **Teatro Nacional** (ouv. lun.-sam.) qui servira de salle de cinéma muet, puis d'hôpital. Faites aussi un tour au petit **Museo Regional de Oriente** (ouv. lun.-ven. 8h-12h, 14h-17h, sam. 8h-13h).

La Panaméricaine dessert **Quelepa**, 8 km à l'ouest. Ce site archéologique lenca comprend des dizaines de plate formes cérémonielles, non mises au jour pour la plupart. Environ 40 km au sud-est de San Miguel, vous pourrez explorer la **Laguna de Olomega** à bord du bateau d'un pêcheur local.

AU NORD DE SAN MIGUEL

Le village de **Cacaopera**, quelque 9 km à l'est de Delicias de Concepción, a une spécificité qui lui vaut de figurer au patrimoine mondial de l'Unesco depuis 1992. Il s'agirait de la toute dernière communauté des Ulua (ou Cacaopera) qui, à en juger par certains éléments linguistiques, serait originaire du sud du Salvador. Ses membres s'accrochent à leurs traditions ancestrales – agraires, architecturales et vestimentaires –, dont le petit musée ethnographique donne un aperçu intéressant.

Plus au nord, près de la frontière guatémaltèque, **Perquín** ⓬ se cache au cœur des forêts montagneuses du département de Morazán. C'est ici que le FMLN avait établi son quartier général. Vous trouverez des petites boutiques artisanales autour de la place, mais consacrez davantage de temps au **Museo de la Revolución Salvadoreña** (tél. 2680-4045 ; ouv. mar.-dim. 8h30-16h30). Celui-ci retrace avec fierté l'histoire de la guérilla, avec notamment la reconstitution de la station de radio Venceremos (Nous vaincrons), diffusée dans tout le pays durant les années 1980, et reconvertie depuis en radio commerciale (RV).

L'un des épisodes les plus tristement célèbres de la guerre civile a d'ailleurs eu lieu 8 km au sud de Perquín, dans une localité du nom d'**El Mozote**. Les 11 et 12 décembre 1981, l'armée a rassemblé un millier de villageois – dont beaucoup d'enfants – sur la place et dans l'église, puis les a exécutés avant d'incendier la majeure partie du village, de sorte que cet événement n'a été dénoncé que bien des années plus tard. Après enquête et exhumation des corps, l'ONU a reconnu officiellement ce massacre en 1992. Sur cette même place se dresse aujourd'hui un mémorial où sont inscrits les noms des victimes.

LA CÔTE PACIFIQUE

Les étrangers commencent tout juste à découvrir les attraits des plages de la côte pacifique salvadorienne. Leurs vagues, qui figurent en tête du classement centraméricain, attirent des cars entiers de surfeurs confirmés et débutants. Ces derniers se contentent de l'hébergement rudimentaire mis à leur disposition dans les criques de la Costa del Balsámo. Ceux que le surf n'intéresse pas ou qui aiment leur confort et leur sécurité ont une prédilection pour la Costa del Sol et la Costa del Balsámo, à l'est.

MONSEÑOR ROMERO

Né à Ciudad Barrios, au Salvador, le prêtre catholique Óscar Arnulfo Romero y Galdámez (1917-1980) va devenir un symbole de la défense des droits de l'homme en Amérique centrale. Témoin des persécutions à l'encontre des pauvres, il commence à s'élever contre le soutien militaire des États-Unis et appelle les soldats à désobéir aux ordres de tirer sur des civils innocents, tout en redoutant que le gouvernement finisse par s'en prendre à la religion. Il est nommé archevêque de San Salvador en 1977, une année marquée par le meurtre de son ami de longue date, le père jésuite Rutilio Grande. Le dimanche suivant le drame, il annule toutes les messes dans la capitale et exige des sanctions contre les responsables. Le nombre de ses partisans ne cesse de croître. Faute de place à l'église, ceux-ci écoutent ses sermons sur YSAX, la station de radio de l'archidiocèse. Monseigneur Romero y dénonce non seulement la violence de la guerre civile, mais aussi les injustices qui en sont à l'origine. En 1980, alors qu'il célèbre l'office à la chapelle du centre hospitalier de lutte contre le cancer où il vit, il est assassiné par un escadron de la mort, dont 2 membres formés à l'École des Amériques. Se doutant qu'il terminerait en martyr, il avait dit, un jour : "Je ne crois pas à la mort sans résurrection. S'ils me tuent, je renaîtrai dans le peuple salvadorien." Le pape François le canonisera en octobre 2018.

LA UNIÓN ET SES ENVIRONS

Anciennement baptisée Puerto San Carlos, la ville portuaire crasseuse de **La Unión** ⓭ n'offre guère de raisons de s'y attarder, hormis quelques édifices coloniaux non dénués de cachet. Les touristes ne font qu'y passer pour se rendre au Honduras ou sur les plages et dans les îles du Golfo de Fonseca.

Un chapelet de plages vierges qui, souvent, ne reçoivent que la visite occasionnelle de surfeurs, s'égrène au sud-ouest de la localité, au-delà du Parque Nacional Bosque Conchagua. La Carretera 2E vous conduira tout d'abord à la **Playa Jaguey** et à la **Playa El Tamarindo** dont les infrastructures laissent à désirer et où les résidences privées colonisent la majeure partie du front de mer.

Un peu plus loin à l'ouest, la Playa Esterón et sa voisine, la Playa El Cuco, ont au contraire misé sur le tourisme. Une armée de petits restaurants et d'hôtels pris d'assaut le week-end par les habitants de San Miguel a investi le littoral. Les établissements hôteliers haut de gamme se concentrent davantage du côté d'El Cuco. Parmi eux, Las Flores Resort (www.lasfloresresort.com), conçu par l'architecte salvadorien Rodrigo Barraza Dominguez et qui occupe 2,8 ha sur le front de mer, et Las Olas Surf Resort (www.lasolassurfresort.com), plus décontracté. Les pros du surf fréquentent Las Flores et Punta Mango la majeure partie de l'année.

Graine de champion surfant à la Playa El Tunco.

LA BAHÍA DE JIQUILISCO

Séparée du Pacifique par la Península San Juan del Gozo, la **Bahía de Jiquilisco** ⓮ présente un caractère plus sauvage. Elle est entourée de mangroves et les cocotiers ont envahi bon nombre de ses îles. La côte sud de la péninsule, frangée d'un ruban de sable blanc presque ininterrompu et martelé par les déferlantes, accueille quelques modestes villages de pêcheurs, comme **Corral de Mulas** dont le petit hôtel-restaurant fait face à la baie. Des tour operators de San Salvador, parmi lesquels Ecomayan Tours (www.ecomayantours.com), organisent des expéditions de kayak et d'observation des oiseaux dans la baie.

LA COSTA DEL SOL

La **Costa del Sol** ⓯, située à 25 minutes seulement de l'aéroport, court sur une vingtaine de kilomètres entre l'océan et une baie enclavée. Sablonneuse et épargnée par les courants forts ou les rouleaux, elle ne cesse de se développer depuis la fin de la guerre civile. De riches Salvadoriens se sont empressés d'y investir dans l'immobilier et amarrent leurs yachts dans cette anse.

Plus ou moins grands, mais tous protégés par une enceinte, des complexes hôteliers aux tarifs raisonnables, dont Bahia del Sol (www.bahiadelsolelsalvador.com), Tortuga Village (www.tortuga-village.com) et Hotel Pacific Paradise (www.hotelpacificparadise.com), se répartissent le long de cette côte. Il n'existe pas de station balnéaire à proprement parler, juste quelques restaurants disséminés tout autour. Aussi les vacanciers ne sortent-ils guère de leur hôtel. Plusieurs tour operators de la capitale proposent des formules incluant l'aller-retour ainsi que l'accès à la piscine et autres équipements de certains établissements.

LA COSTA DEL BÁLSAMO

La **Costa del Bálsamo** ⓰ commence à l'ouest de La Libertad, à la **Playa El Tunco** et la **Playa El Sunzal**, puis s'étire vers l'ouest sur 32 km festonnés de plages de sable noir réputées pour leurs vagues, parmi les meilleures d'Amérique centrale. Considéré comme dangereux à une époque, le port dynamique de La Libertad s'est racheté une conduite. Pour autant, il n'y a guère de raisons d'y séjourner. Avant de passer votre chemin, accordez-vous une promenade sur la jetée où s'amarrent les bateaux de pêche et un bon déjeuner au restaurant de fruits de mer italien La Dolce Vita (www.ladolcevita.com.sv).

La Costa del Bálsamo doit son nom aux sapins baumiers *(Abies balsamea)* qui y proliféraient autrefois. Ici, l'océan au fond rocheux abrite une faune abondante, dont des tortues de mer et des dauphins. Cependant, ce sont ses vagues infatigables qui lui valent le plus de succès. D'où la multitude de boutiques de surf et d'auberges, sans oublier les prestataires, comme Cadejo Adventures (www.cadejoadventures.com), qui organisent des sorties sur les spots plus isolés, dont Punta Roca ou La Bocana, ainsi que des sessions de parapente du haut des falaises. Le week-end, les habitants de la capitale se pressent dans les bars, clubs de plage, et petits hôtels regroupés à une dizaine de minutes à pied de la ville.

Les résidences secondaires des Salvadoriens nantis s'alignent le long des versants verdoyants du village d'**Atami** qui domine une petite crique bordée par quelques restaurants de fruits de mer, 8 km à l'ouest de la Playa El Tunco. Moins huppée, la vaste plage de la **Playa El Zonte** convient aux surfeurs débutants car les vagues y sont moins puissantes qu'ailleurs. Son village de pêcheurs coule des jours et des nuits paisibles. Hormis quelques modestes localités, le front de mer reste assez peu habité jusqu'à **Los Cóbanos**, à l'extrême ouest de la Costa del Bálsamo. Là, le récif au large se prête au snorkeling et à la plongée. L'élégant complexe hôtelier Royal Decameron Salinitas (www.decameron.com) vous donne rendez-vous entre Los Cóbanos et le port d'**Acajutla**.

BARRA DE SANTIAGO

Isolée sur son banc de sable planté de cocotiers, au nord-ouest d'Acajutla, **Barra de Santiago** ⓱ est prise en sandwich entre le Pacifique et un estuaire colonisé par les palétuviers. À 2 heures seulement de la capitale, la cité balnéaire, avec le Parque Nacional El Imposible pour toile de fond, reçoit étonnamment peu de visiteurs. Sa plage constitue pourtant l'une des principales aires de reproduction des tortues marines en Amérique centrale. D'août à novembre, vous pouvez assister à la ponte, puis au laborieux parcours de centaines de nouveau-nés pour rejoindre la mer. Les hôtels de la ville organisent des sorties pour observer ce spectacle en compagnie d'un guide, des cours de surf et des excursions en bateau dans la mangrove. #

Plage de Los Cóbanos.

Cocalto Beach, Parque Nacional Jeannette Kawas, Honduras.

La cathédrale baroque de Tegucigalpa.

LE HONDURAS

Après avoir fait la une de l'actualité pour de mauvaises raisons, le Honduras dévoile enfin son vrai visage : une nature sauvage, des plages idylliques ainsi qu'un précieux patrimoine maya et colonial.

Si ses quelque 112 000 km² placent le Honduras juste derrière le Nicaragua dans le classement par superficie des pays centraméricains, en termes de fréquentation, il figure, en revanche, en queue de peloton. Instabilité politique et insécurité se sont liguées pour faire capoter des projets d'investissement pourtant prometteurs. Dommage, car aucune autre nation de l'isthme n'offre un tel potentiel.

En effet, ce ne sont pas les destinations fascinantes qui manquent, le Honduras compensant largement son déficit en volcans par des reliefs couverts de pinèdes, des forêts de nuages et une "mini-Amazonie" aux jungles impénétrables, sans oublier ses 965 km de côtes jalonnées de stations balnéaires et de villages garífunas.

Les métropoles tentaculaires de Tegucigalpa, la capitale, et de San Pedro Sula, la locomotive commerciale, possèdent une belle collection de musées et s'emploient à séduire les noctambules. Inutile cependant de vous y attarder trop longtemps, car le vrai Honduras se trouve ailleurs, loin des centres de population souvent chaotiques et parfois dangereux.

Le tourisme bénéficie essentiellement aux Islas de la Bahía – Roatán, Útila et Guanaja –, 3 superbes petites îles anglophones des Caraïbes qui font le bonheur des plongeurs... moyennant finances ! Esclaves fugitifs, pirates et, à présent, expatriés ont contribué à y forger une culture métissée particulière. La côte caraïbe les suit de près dans le cœur des visiteurs – notamment des sportifs épris d'aventure, des passionnés d'ornithologie et des retraités nord-américains –, avec ses parcs nationaux riches en faune, dont le Pico Bonito, ses forts espagnols et ses plages familiales.

Quelques joyaux vous attendent aussi à l'intérieur des terres, à commencer par l'antique cité de Copán, sans doute le centre cérémoniel maya

Copán.

NE MANQUEZ PAS

Carte p. 222, plan p. 225

Honduras
0
50 km
MER DES CARAÏBES
BELIZE
GUATEMALA
LE SALVADOR
NICARAGUA
HONDURAS
Islas de la Bahía
Golfo de Honduras
Golfo de Fonseca
Barrier Reef
Glover's Reef
Sapodilla Cayes
Placencia Lagoon
Riversdale
Hellgate
Punta Gorda
Port Honduras
Bahía Amatique
Punta Manabique
Livingston
Puerto Barrios
Lago de Izabal
Morales
Sarstoon
R. Motagua
Bahía de Omoa
Omoa
P. Cortés
Punta Sal
Bahía de Tela
Tela
Cortés
Choloma
San Pedro Sula
El Progreso
La Lima
Santa Bárbara
Copán
La Entrada
Santa Rosa de Copán
Gracias
Lempira
Ocotepeque
La Virtud
Guarita
Intibucá
La Esperanza
La Paz
Marcala
Comayagua
Siguatepeque
Lago de Yojoa
Yoro
Morazán
Atlántida
La Ceiba
Colón
Trujillo
Tocoa
Olanchito
Balfate
Punta Caxinas
Olancho
Catacamas
Juticalpa
Dulce Nombre de Culmí
Gracias a Dios
Puerto Lempira
Mocorón
Auasbila
Rus Rus
Tegucigalpa
Danlí
El Paraíso
Choluteca
Valle
Nacaome
Monjarás
Francisco Morazán
Talanga
Cedros
Sabanagrande
Yuscarán
Oropolí
Las Trojes
Las Mangas
El Rodeo
Salamá
Manto
Gualaco
Pueblo Viejo
Sulaco
La Unión
Arenal
La Vega
Roatán
Ibans
Tusi
Patuca
Punta Patuca
Bara de Caratasca
Cabo Gracias a Dios
Laguna de Ibans
Sierra del Río Tinto
Sierra del Río Plátano
Sierra de Agalta
Sierra de Patuca
Sierra de Sulaco
Sierra de Pijol
Sierra de Comayagua
Sierra de Montecillos
Sierra de Opalaca
Sierra de Celaque
S. de las Neblinas
Sierra del Merendón
Sierra del Espíritu Santo
Cordillera Entre Ríos
Cordillera Isabelia
La Mosquitia
Costa de Mosquitos
San Salvador
San Miguel
Santa Rosa de Lima
La Unión
Sensuntepeque
Chalatenango
Zacatecoluca
Estelí
Jinotega
Matagalpa
Ocotal
Somoto
Somotillo
San Juan de Limay
San Juan Río Coco
Jalapa
Sébaco
Wasayama
Wáslala
Siuna
La Rosita
Bilwaskarma
Santa Marta
Bilwi (Puerto Cabezas)
1 Tegucigalpa
2 Parque Nacional La Tigra
3 San Pedro Sula
4
5 Parque Eco-Arqueológico Los Naranjos
6 P.N. Cerro Azul Meámbar
7 Comayagua
8 Copán
9 P.N. Cerro Azul
10 Gracias
11 Reserva Biósfera Celaque
12 Tela
13 Jardín Botánico Lancetilla
14 P.N. Jeanette Kawas
15 La Ceiba
16 P.N. Pico Bonito
17 Cayos Cochinos
18 Trujillo
19 Roatán
20 Isla de Utila
21 Isla de Guanaja
22 Reserva Biológica Río Plátano
23 Laguna de Ibans
P.N. Punta Izopo
P.N. Cusuco
P.N. La Muralla
P.N. de la Sierra de Agalta
Reserva Biológica Tawahka
Parque Nacional Patuca
Pico Bonito 2435
C. de las Minas 2870
CA1
CA3
CA4
CA5
CA6
CA7
CA11
CA11A
CA13

le plus spectaculaire de tout le continent américain, et le majestueux Lago de Yojoa, flanqué de 2 parcs nationaux. Non loin de là, se trouvent Comayagua, ville coloniale particulièrement préservée, et l'indolente Gracias, ex-capitale d'Amérique centrale devenue depuis le point de départ d'excursions à destination de plusieurs villages lenca.

Enfin, à l'extrême nord-est, la région de La Moskitia dissimule dans sa jungle épaisse des cours d'eau tumultueux, des communautés indigènes et les vestiges d'une civilisation mystérieuse qui dévoile peu à peu ses secrets.

UNE ÉCONOMIE EN DENTS DE SCIE

À son arrivée à la présidence de la république, en 1998, Carlos Roberto Flores Facussé lancera des réformes monétaires de grande envergure afin de freiner l'inflation galopante plombant la valeur du lempira face au dollar. Après des décennies d'instabilité chronique, le pays commence enfin à redresser la barre, lorsqu'en 1998, l'ouragan Mitch, le plus puissant de tous les temps, le frappe de plein fouet. Bilan : plus de 6 000 morts, 1,5 million de personnes déplacées et des milliards de dollars de dommages. L'année suivante sera consacrée à remettre tant bien que mal le pays sur pied. Aujourd'hui encore, il conserve des séquelles de cette catastrophe naturelle.

Sa promesse de doubler les effectifs de police et de réduire le prix du gaz permet à Manuel Zelaya Rosales, grand propriétaire terrien d'Olancho, de remporter les élections présidentielles en 2006. Peu après, l'entrée en vigueur de l'accord de libre-échange entre l'Amérique centrale et la République dominicaine provoque une hausse des cours des denrées alimentaires et de l'énergie. Zelaya se tourne alors vers le très controversé président vénézuélien Hugo Chávez. Il effectuera de timides réformes économiques et sociales, telles l'augmentation du salaire mensuel minimum de 157 $US à 289 $US, et la résolution de vieux litiges territoriaux opposant les paysans à l'agro-industrie. Sa politique ne produira pas toujours l'effet désiré. Incapables de payer leurs ouvriers, de nombreux industriels se verront contraints de les licencier.

INTERVENTIONNISME

Profitant du retour à un régime civil au Honduras en 1981 et de la profonde aversion du président Suazo pour le communisme, les États-Unis seront autorisés à installer une base arrière dans le pays pour entraîner les Contras, les opposants au régime sandiniste nicaraguayen. En contrepartie, les aides économiques et militaires américaines afflueront.

Cette alliance, mal perçue, déclenche des manifestations massives, une opposition que l'armée hondurienne ne parviendra pas à museler malgré les répressions avec force assassinats et kidnappings des escadrons de la mort du général Álvarez. Mais c'est l'affaire de l'Irangate, révélant le financement des Contras par la vente d'armes étasuniennes en Iran, qui contraindra, en 1984, Suazo à démettre Álvarez de ses fonctions et de rompre son accord avec les États-Unis,

Plage aux abords du Mahogany Bay Cruise Center sur l'île de Roatán.

À SAVOIR

Tegucigalpa doubel quasiment de taille quand, en 1938, elle fusionne avec Comayagüela, municipalité sur la rive droite du Río Grande o Choluteca. Si Comayagüela conserve quelques édifices coloniaux intéressants, mieux vaut éviter de s'y rendre car elle peut être assez mal famée.

"PEUT MIEUX FAIRE"

Malgré une cote de popularité en berne, Zelaya va prendre le risque d'organiser un référendum pour réformer la Constitution afin d'autoriser les présidents à effectuer 2 mandats consécutifs.

Le 28 juin 2009, quelques jours avant le scrutin, il est encore en pyjama quand l'armée fait irruption chez lui et l'expulse manu militari au Costa Rica. Le couvre-feu de 5 mois imposé par le nouveau gouvernement dans un climat de grogne populaire coûtera au pays la bagatelle de 50 millions de dollars US par jour. Au cours des semaines suivantes, Zelaya tentera vainement à 3 reprises de rentrer au Honduras. Des élections, boycottées par la majorité des électeurs et bon nombre de candidats de l'opposition, se déroulent en novembre.

Porfirio "Pepe" Lobo Sosa, du Partido Nacional, prend ses fonctions en janvier 2010 et, au grand dam des écologistes, lance une série de mesures dans les secteurs de l'exploitation minière et forestière ainsi que de l'agro-industrie.

Le Honduras n'est pas encore sorti de la spirale descendante dans laquelle l'a entraîné le coup d'État, avec pour conséquences une baisse sensible des salaires, la faillite des systèmes d'éducation et de la sécurité sociale ainsi qu'un plongeon en piqué du secteur du tourisme. Une fragilisation des institutions qui va profiter au crime organisé. Le taux de criminalité grimpe alors en flèche. En 2010, le Honduras est devenu la nation la plus violente au monde, en dehors des zones de guerre. Le narcotrafic prospère. Selon les estimations, 80 % de la cocaïne importée par avion aux États-Unis transitent par le Honduras.

Élu en 2013, puis en 2017 malgré des résultats contestés, l'actuel président de droite Juan Orlando Hernández a entrepris de remanier le système politique hondurien, créant une police militarisée et nommant des fidèles de son parti à la Cour suprême et au Congrès national. La criminalité et la corruption au sein du gouvernement restent des problèmes majeurs, ce qui n'empêche pas le tourisme de connaître un nouvel essor après des années de morosité. Des complexes balnéaires ont ouvert leurs portes et les bateaux de croisière affluent à Roatán. Certes, le progrès ne

Vue plongeante sur Tegucigalpa.

profite pas à tout le monde, loin s'en faut, et le Honduras a encore un long chemin à parcourir pour espérer rivaliser avec le Costa Rica, mais la nation peut raisonnablement croire en un avenir meilleur.

TEGUCIGALPA ET ALENTOURS

Fondée le 29 septembre 1578 dans une vallée entourée de collines riches en minéraux, **Tegucigalpa ❶** végétera jusqu'en 1880, année où le président Marco Aurelio Soto décide d'y transférer la capitale sise à Comayagua. Si le premier rôle commercial et financier échoit à San Pedro Sula, celui de centre culturel et intellectuel de la nation revient à Tegus – ainsi que la surnomment ses habitants –, et c'est là que, faute d'attraits touristiques autres, se concentrent les meilleurs musées et institutions culturelles du pays.

LE CENTRE-VILLE

Le quartier colonial de Tegucigalpa s'ancre autour du **Parque Central Ⓐ**, ou Parque Morazán. À l'angle sud-est de la place, la Catedral de San Miguel Arcángel baroque (1765-1782) abrite un magnifique maître-autel en or et argent réalisé par le guatémaltèque Vicente Galvéz. Côté ouest de la place, la Calle Peatonal (Paseo Liquidambar), rue piétonne bordée de boutiques de mode et de restaurants bon marché, conduit à la **Galería Nacional de Arte Ⓑ** (tél. 2222- 0250 ; www.galerianacionaldeartehonduras.org ; ouv. mar.-sam. 9h-14h30, dim. 10h-13h). Principal musée d'art du Honduras, la galerie nationale présente l'évolution de l'art par ordre chronologique, des civilisations précolombiennes aux œuvres contemporaines comme celles de Pablo Zelaya Sierra (1896-1933), en passant par l'art maya et colonial.

Juste en face, un autre musée, le **Museo para la Identidad Nacional Ⓒ** (MIN, tél. 2238 7412 ; www.min.hn ; ouv. mar.-sam. 9h-17h, dim. 11h-17h) a ouvert ses portes en 2006, dans l'ancien Palacio de los Ministerios. Il s'intéresse, pour sa part, à l'histoire du Honduras, de ses origines précolombiennes à nos jours, notamment au travers de photographies et de documents historiques.

En poursuivant le long de la Calle Peatonal, vous rejoindrez le superbe

Teatro Nacional Manuel Bonilla Ⓓ (tél. 2222-4366) qui s'est inspiré de l'Athénée-Théâtre Louis Jouvet à Paris. Il accueille toute l'année des spectacles d'opéra ou de ballet de haute volée.

Au nord-est, l'**Iglesia de Nuestra Señora de los Dolores** Ⓔ (ouv. tlj. 7h-12h, 15h-18h ; entrée libre), édifiée en 1732, renferme de très belles œuvres sacrées. Les passionnés d'histoire achèveront la visite du centre-ville au **Museo Histórico de la República** Ⓕ (Paseo Marco Soto ; ouv. lun.-ven. 8h-16h), installé dans l'Antigua Casa Presidencial (ex-palais présidentiel). Ici, portraits, documents et autres effets personnels d'anciens présidents illustrent l'époque de l'indépendance du pays.

Il sera ensuite temps de quitter ce quartier qui, faute d'habitations et d'hôtels, se vide en fin de journée.

LES QUARTIERS EST

Du Parque Morazán, l'Avenida Miguel de Cervantes mène à l'est à la **Colonia Palmira** et à la **Colonia San Carlos**, 2 quartiers résidentiels de la classe moyenne et de la bourgeoisie qui hébergent la plupart des hôtels et restaurants de qualité. C'est aussi là que se concentrent ambassades, bureaux des compagnies aériennes et agences de voyages.

Le secteur le plus moderne de la capitale, fief de l'élite sociale locale, se situe autour des boulevards Juan Pablo II et Suyapa. Vous y trouverez l'hôtellerie de luxe ainsi que le Multiplaza, un immense contre commercial à l'américaine réunissant les grandes marques internationales.

Statue équestre de Franscisco Morazán sur la place éponyme, alias Parque Central.

SUYAPA

En poursuivant vers l'est – jusqu'au bout du boulevard Suyapa –, vous parviendrez à **Suyapa**, une petite localité cernée par la métropole, mais qui se distingue par la présence de la plus grande basilique du pays, la **Basílica de Nuestra Señora de Suyapa** – et son **Santuario Nacional** (ouv. tlj. 6h45-18h) –, construite en 1950 pour abriter la Vierge de Suyapa. Cette petite statue en bois, haute de 6 cm, connue pour ses pouvoirs de guérison, a été découverte en 1747 par un berger, Alejandro Colindres, alors qu'il dormait à la belle étoile. Depuis le 3 février 1925, jour où le pape Pie XI l'a proclamée sainte patronne du Honduras, des milliers de fidèles de toute l'Amérique centrale y viennent en pèlerinage pour assister à la procession.

PARQUE NACIONAL LA TIGRA

Près de 32 km séparent Tegucigalpa du **Parque Nacional La Tigra** ❷ (mocaph.wordpress.com/amitigra/ ; tél. 2239-9725 ; ouv. tlj. 7h30-16h), une forêt de nuages de 238 km^2 classée en parc national depuis 1980. Celui-ci, géré par la fondation Amitigra, se remet peu à peu du déboisement sauvage pratiqué par les bûcherons et l'El Rosario Mining Company. Sept chemins de randonnée sillonnent le parc : Principal (6 km), Grandillas (0,6 km), Jucuara (1,9 km), Bosque Nublado (1,5 km), La Esperanza (2,2 km), La Cascada (2,3 km) et La Mina (2,8 km). Les niveaux de difficulté variant de modéré à difficile, il est recommandé de se faire accompagner par un guide. Les sentiers partent, pour la plupart, de l'entrée ouest, au **Centro de Visitantes y Ecoalbergue Jutiapa**, où vous trouverez également un petit camping et des bungalows. Malgré sa proximité avec la capitale, ce sanctuaire abrite une faune et une flore d'une richesse étonnante. Les mammifères, comme les pumas ou les tatous, s'y font rares, mais plus de 350 espèces d'oiseaux y ont été recensées, dont le quetzal resplendissant et le colibri d'Elliot.

SANTA LUCÍA ET VALLE DE ÁNGELES

Nombreux sont les habitants de Tegucigalpa qui profitent de leur week-end pour se rendre dans 2 villages de montagne coloniaux, perchés au nord-est de la capitale sur la Ruta 25 : **Santa Lucía** dont les petites auberges, restaurants et pépinières s'alignent le long de la route ; puis, 8 km plus loin, **Valle de Ángeles** où le climat est plus frais et où de riches *capitalinos* ont une résidence secondaire. Ce village du 16e siècle réunit une multitude de boutiques vendant des créations artisanales honduriennes pour la plupart originaires d'autres régions, à l'exception des bijoux en argent ou autres métaux extraits autrefois des mines locales. Vous y aurez plus de choix et ferez de meilleures affaires qu'à Tegucigalpa. Si vous avez des fourmis dans les jambes, la randonnée sur le Sendero Las Golondrinas qui conduit à travers une pinède jusqu'à la cascade éponyme s'impose. Le sentier part à environ 1 km du village, sur la route de San Juancito.

L'OUEST DU HONDURAS

Pour beaucoup, la région la plus authentique du Honduras est celle de l'ouest. À l'écart de la métropole de San Pedro Sula, cow-boys et ethnies indigènes comme les Lenca et les Mayas Chortí ont appris à cohabiter en bonne intelligence dans les collines plantées de pins. L'industrie du cigare y a son siège à proximité de Santa Rosa de Copán, mais l'ouest ménage aussi de belles découvertes, parmi lesquelles les ruines de Copán, ancienne capitale intellectuelle des Mayas, et le splendide Lago de Yojoa.

SAN PEDRO SULA

San Pedro Sula ❸, capitale économique du pays (500 000 hab.), ne reçoit guère de visiteurs, surtout avec la montée en puissance de la violence depuis les années 2010. Elle a récemment été sous les feux de la rampe lorsque, en octobre 2018, une caravane de plus de 7 000 migrants honduriens et salvadoriens, en proie à la misère et à la violence, a entrepris sa longue marche vers les États-Unis.

San Pedro Sula ayant végété jusque dans les années 1920 avec l'implantation de la United Fruit Company *(voir p. 53)*, son centre-ville reflète moins la période coloniale espagnole que celle américaine, en témoignent ses édifices de style Art déco et Streamline. Vous en aurez un très bel exemple avec le Palacio Municipal qui trône sur le **Parque Central**.

Trois rues au nord, le **Museo de Antropología e Historia** (tél. 2557-1798 ; lun., mer.-sam. 9h-16h, dim. 9h-15h) présente par ordre chronologique

À PROPOS

Les **Lenca** sont les descendants des Amérindiens appartenant au groupe linguistique chibcha qui ont émigré de Colombie et du Venezuela, il y a plus de 3 000 ans. Aujourd'hui, ils sont environ 100 000 au Honduras, et près de 40 000 au Salvador.

Façades pimpantes de Valle de Ángeles.

À DÉCOUVRIR

Des villages de montagne coloniaux et des étals vendant des créations artisanales en jonc jalonnent la route qui mène du Lago de Yojoa à Copán. Bon nombre de ces communautés ont été fondées au 18e siècle par des marranes, juifs de la péninsule Ibérique ayant fui les persécutions religieuses.

l'histoire de la région, de la période précolombienne à l'époque moderne avec force artefacts olmèques, mayas, garífunas...

Au nord-ouest du musée, le vaste **Mercado Guamilito** (ouv. tlj. 7h-16h) propose toutes sortes de produits exotiques et artisanaux du Honduras, dont des hamacs, des noix de coco sculptées garífunas et des poteries lenca. Ne ratez pas les étals où des femmes confectionnent des tortillas et des *baleadas* (tortillas fourrées à la purée de haricots frits) – une photo s'impose !

LAGO DE YOJOA

La Carretera 5 vous conduira de San Pedro Sula au **Lago de Yojoa** ❹, au sud. Cerné par des montagnes embrumées et des plantations de caféiers, le plus grand lac naturel du pays couvre 89 km^2. Ce sanctuaire écologique épargné par les excès du tourisme attire avant tout des passionnés d'ornithologie du monde entier, car il abrite quelque 400 espèces d'oiseaux. Plusieurs hôtels de qualité où séjournent surtout des familles honduriennes partagent ses abords avec la petite brasserie artisanale américaine D&D (www.ddbrewery.com ; balades guidées en bateau), tandis que des dizaines de restaurants servent le poisson local accompagné de *patacones* (bananes plantains frites), le long de la route bordant le plan d'eau.

Balade sur le Lago de Yojoa.

Sur la rive nord, à 3 km de la localité de Peña Blanca, s'ouvre le **Parque Eco-Arqueológico Los Naranjos** ❺ (ouv. tlj. 6h-16h). Ce site archéologique lenca qui remonte à environ 700 av. J.-C. possède, certes, quelques tertres et empilements de pierres, mais aussi et surtout 6 km de voies pavées, des sentiers et des miradors d'où vous pourrez observer les oiseaux et autres animaux. Le Visitor Center à l'entrée accueille un petit musée.

Plus sauvage, le **Parque Nacional Cerro Azul Meámbar** ❻ s'étend sur plus de 478 km^2, à l'est du Lago de Yojoa. Ses forêts magiques, émaillées de cascades, grimpent jusqu'à 2 047 m, servant de refuge à plusieurs centaines d'espèces d'oiseaux, dont le quetzal resplendissant et le toucan à carène. Moins fréquentées par l'homme, celles en altitude abritent une faune abondante, mais discrète, de mammifères (singes, jaguars, tapirs, etc.). Trois sentiers principaux, longs de 1,2 km à 8 km, partent du Visitor Center basé à Los Pinos où des guides proposent leurs services.

Une dizaine de kilomètres au nord de Peña Blanca, à San Buenaventura, les **Cataratas de Pulhapanzak** (ouv. tlj. 7h-18h) se précipitent d'une hauteur de 43 m. Malgré un succès mitigé, cette chute du Río Amapa figure très souvent sur les affiches touristiques.

COMAYAGUA

Sise quelque 71 km au sud-est du Lago de Yojoa, **Comayagua** ❼ restera la capitale du Honduras durant plus de 3 siècles avant que celle-ci ne soit transférée à Tegucigalpa. Fondée en 1537 sous le nom de Santa María de la Nueva Valladolid par l'explorateur espagnol Alonso de Cáceres, elle conserve la majeure partie de son plan quadrillé d'origine ainsi que la plupart de ses places, palais et églises, spécimens d'architecture coloniale les mieux conservés du pays.

L'un de ces chefs-d'œuvre, la **Catedral de la Inmaculada Concepción** (tél. 2772-7672 ; ouv. tlj. 8h-18h ; entrée libre), domine la Plaza Central León Alvarado. Elle a été achevée en 1711 et consacrée en 1715. Seuls 4 de ses 16 autels en bois sculptés d'origine subsistent, miraculeusement préservés. Outre sa façade délicatement ciselée et ornée de statues de saints, elle possède un élément d'exception : la plus vieille horloge mécanique du continent américain. Elle a été fabriquée en 1374 par Zyfar, un horloger de Bagdad, pour l'émir nasride Mohammed V al-Ghani (1338-1391) qui l'installera à l'Alambra de Grenade (Espagne). Bien après la Reconquista en 1492, le roi Felipe III (1578-1621), souhaitant éradiquer tout souvenir du royaume musulman, en fera don à Fray Jerónimo de Corella lorsqu'il sera ordonné évêque de Comayagua.

Dans un premier temps, elle ornera l'Iglesia de La Merced (ouv. tlj. ; entrée libre), 3 rues plus au sud. La doyenne des églises de Comayagua (1550) a été en partie reconstruite, un séisme l'ayant gravement endommagée en 1774.

À 50 m au sud de la cathédrale, le **Museo de Arte Religioso Colonial** (tél. 2772-0159 ; amcomayagua.com/museo_religioso.htm ; ouv. lun.-ven. 8h-16h, sam. 8h-12h) a élu domicile dans le Palacio Episcopal (1737). Il conserve une belle collection d'œuvres d'art sacré.

COPÁN

Le centre cérémoniel maya de **Copán** ❽ (copanhonduras.org ; ouv. tlj. 8h-18h ; visites guidées en espagnol et en anglais par l'Asociación de Guías Copán) vous donne rendez-vous non loin de la frontière guatémaltèque. La présence humaine dans les environs remonte au moins à 1400 av. J.-C. Au fil de son histoire en dents de scie, la cité aura connu 16 souverains consécutifs, à commencer par K'inich Yax K'uk' Mo' (Ara quetzal resplendissant aux yeux soleil), ainsi que le relatent les pétroglyphes. L'explorateur Diego García de Palacio, représentant de la Cour d'Espagne en Nouvelle-Espagne, sera le

À DÉCOUVRIR

Depuis 1963, les célèbres ***alfombras*** (tapis) de Comayagua, réalisés avec de la sciure de bois tintée – et aujourd'hui d'autres matériaux comme des cailloux, grains de blé ou de riz, fleurs –, parent les rues et les parvis de la ville à l'occasion de la Semana Santa. Leur durée de vie n'est qu'éphémère car ils seront dispersés lors de la procession du chemin de Croix.

La Grande Place de Copán.

À DÉCOUVRIR

Environ 24 km d'une route de montagne sinueuse séparent Copán de Luna Jaguar Spa (**www.lunajaguarspa.com**), termes ravissants dont les sources chaudes serpentent à travers une jungle dense, alimentant une douzaine de bassins. Les salons de massage se trouvent dans l'Acropole, une construction coiffée de chaume et donnant sur une cascade.

premier à découvrir les ruines en 1576 et il faudra attendre 1839 et leur redécouverte par John L. Stephens pour que commencent les fouilles.

À peine 1 km sépare le centre de **Copán Ruinas** du site archéologique. Ici, le tourisme impose sa loi. Une armée de petits hôtels, restaurants et boutiques d'artisanat a pris d'assaut les rues autour du Parque Central où trône le modeste **Museo Regional de Arqueología Maya** (tél. 2651-4108 ; ouv. tlj. 9h-21h), qui expose quelques vestiges découverts dans les ruines.

Quant au **Museo de Escultura Maya**, situé près de l'entrée principale du site archéologique, il renferme certaines des stèles et des sculptures les plus importantes retrouvées sur place, ainsi que la façade originale reconstruite à l'identique de l'un des terrains de jeu de balle. Au centre du musée trône une réplique grandeur nature du temple de Rosalila.

De l'entrée de la cité maya, le sentier conduit au **tunnel Rosalila** et au **tunnel des Jaguars**, ouverts en partie au public depuis 1999 (entrée payante en sus). Claustrophobes s'abstenir ! Ces tunnels permettent de mieux se rendre compte de la façon dont les Mayas "empilaient" les temples.

Le sentier mène ensuite au grand ensemble formé de l'**Acropole** et de 5 places. Sur la Grande Place, se dresse la structure la plus symbolique de la cité : l'**Escalier aux pétroglyphes**. Bâti sous le règne de Humo Concha (vers 749), il se compose de 64 marches larges de 100 m, les contremarches étant gravées de plus de 1 800 glyphes qui relatent l'histoire de la dynastie des rois de Copán. Beaucoup de ces inscriptions qui, à elles toutes, forment comme un livre géant, se sont effacées, et l'abri sous lequel elles se trouvent par mesure de conservation n'en facilite pas la lecture. À côté des marches, des stèles sculptées, pièces originales ou reproductions, décrivent les différents souverains ainsi que des bêtes mythiques.

Las Sepulturas, près de 2 km à l'est de la Grande Place, hébergeait l'élite dirigeante de Copán. Ce quartier résidentiel, aujourd'hui accessible par une piste, était relié à la Grande Place par une large chaussée, repérée par un satellite de la NASA.

Réplique du temple maya de Rosalila, au Museo de Escultura Maya.

ENVIRONS DE COPÁN

Copán Ruinas siège au cœur de reliefs couverts de forêts qui abritent cascades et sources chaudes, ainsi qu'une multitude d'oiseaux. À la sortie du bourg en direction de la frontière, faites une halte à la **Casa de Mariposas Alas Encantadas** (tél. 2651-4133 ; ouv. tlj. 8h-17h), un immense enclos à papillons doublé d'un jardin botanique où poussent plus de 200 espèces d'orchidées.

Accessible à pied ou à cheval (renseignez-vous en ville), **Los Sapos** (ouv. tlj. 9h-17h) réunit plusieurs sculptures de crapaud ainsi que celle d'une femme enceinte. C'est ici, sur la rive opposée du Río Copán, que les Mayas venaient donner le jour à leurs enfants. Ce petit site archéologique fait partie d'une *finca* où l'**Hacienda San Lucas** (www.haciendasanlucas.com) régale ses convives avec des menus dégustation qui mettent à l'honneur les ingrédients et les modes culinaires ancestraux.

LA ENTRADA ET EL PUENTE

À l'intersection des Carreteras 4 et 11, **La Entrada** ❾ n'a qu'un seul attrait et non des moindres : la présence à une dizaine de kilomètres du village des ruines baptisées **El Puente** (ouv. tlj. 8h-16h). Cette ancienne cité maya bâtie entre les 6e et 9e siècles est le site archéologique le plus important du Honduras, après Copán. Pourtant, il reçoit peu de visites en dehors d'excursions occasionnelles organisées en car. Seule une partie des centaines d'édifices en pierre disséminés dans le parc a été mise au jour. Le petit Visitor Center posté à l'entrée accueille un musée. De là, un sentier d'à peine 1 km conduit à l'attraction principale : une pyramide plutôt imposante.

GRACIAS

L'indolent village colonial de Gracias a Dios sera baptisé ainsi par le capitaine Juan de Chávez lorsque, après des semaines passées à franchir les montagnes, il rend grâce à Dieu d'avoir enfin trouvé une plaine accueillante. Huit ans après sa fondation en 1536, **Gracias** ❿ va accueillir le premier siège de l'Audiencia de Los Confines (Cour suprême de justice espagnole), dont la juridiction s'étend alors du Mexique au Panamá. Quatre ans plus tard, ledit tribunal déménagera à Antigua, et Gracias ne tardera pas à tomber dans les oubliettes de l'histoire.

Un passé sur lequel mise la localité pour attirer les touristes, avec ses places pavées, ses églises vieilles de 500 ans et sa petite fortification, **El Fuerte de San Cristóbal**, accrochée au versant d'une colline, ainsi que la proximité de communautés lenca et de parcs nationaux. Elle a restauré la majeure partie des témoignages de cette époque, hôtels de charme et cafés occupant désormais les maisons chaulées. La résidence d'une famille de riches colons des années 1840 héberge aujourd'hui le **Museo Casa Galeano** (ouv. tlj. 9h-18h). Sa collection d'objets, de vieux clichés et d'œuvres d'art populaire apporte un bel éclairage sur la vie à cette époque-là. Le jardin botanique adjacent compte parmi les plus anciens de la région.

Les sources chaudes des **Balneario Aguas Termales** (aguastermalesgracias.com ;

Au cœur du Parque Nacional Montaña de Celaque.

LA RUTA LENCA

Si le Guatemala dispose de sa célèbre Ruta Maya, le Honduras peut se targuer, quant à lui, de posséder sa **Ruta Lenca**, une piste qui relie les localités montagnardes, isolées sur les pentes du Cerro de las Minas, le toit du pays. Ce circuit autour du Biósfera Celaque *(voir p. 232)* vous fera découvrir les authentiques villages lenca aux maisons en adobe et, pour certains, aux majestueuses églises coloniales. La Campa, Belén Gualcho, San Manuel de Colohete, San Sebastián, Corquín et Mohaga – chacun possède un cachet particulier.

Rendez-leur visite de préférence un jour de marché (1er et 15 du mois), le jour de fête patronale ou un dimanche lorsque les Lenca, descendus en famille pour assister à la messe – les églises sont alors ouvertes –, en profitent pour vendre leurs productions et échanger les derniers potins. Une occasion pour vous de découvrir leur artisanat ancestral, méconnu même des Honduriens : nappes, écharpes, sacs et autres tissus vivement colorés, toujours réalisés à la main sur des métiers à tisser ; mais surtout les magnifiques poteries rouges ou en céramique noir et blanc. Les pots, bols, cruches et autres récipients de conservation ressemblent plus à des œuvres d'art qu'à des objets utilitaires. À La Campa, le **Centro de Interpretación de Alfarería Lenca** (ouv. tlj. 8h-16h30) sensibilise sur l'importance de cette poterie, dont les formes n'ont pas changé depuis l'époque préhispanique.

ouv. lun. 13h-23h, mar.-dim. 7h-23h), 6,5 km au sud de Gracias, attirent autant les habitués que les touristes. Au cœur d'une pinède, vous vous prélasserez dans une eau entre 33 et 35,5 °C.

BIÓSFERA CELAQUE

Onze cours d'eau alimentant de nombreux villages, jusqu'au Salvador, prennent leur source dans le **Biósfera Celaque** ⓫ (ex-Parque Nacional Montaña de Celaque), l'une des plus grandes forêts de nuages d'Amérique centrale – elle a été classée au Patrimoine de l'Unesco en 2015. Ses pins et sa brume permanente cachent une flore et une faune rares, dont des quetzals resplendissants et des ocelots. Une nature qui ne se laisse pas approcher facilement, car les sentiers du parc sont plutôt escarpés et souvent boueux.

La difficile ascension du **Cerro El Gallo** (2 849 m) prend entre 3 et 4 heures. D'autres pistes mènent à des cascades et des lacs de montagne. Si vous souhaitez grimper au sommet du **Cerro de la Minas**, le point culminant du Honduras (2 870 m), prévoyez de camper au moins une nuit en route, car l'aventure, encadrée par un guide, dure au minimum 2 jours. Certains circuits plus faciles peuvent être effectués indépendamment.

Sur les rives du Tela.

LE NORD DU HONDURAS

Avec ses nouvelles stations balnéaires chics autour de la Bahía de Tela et l'afflux de retraités nord-américains qui y élisent domicile, la côte caraïbe du Honduras renoue avec le succès, un élan qu'elle ne connaissait plus depuis l'implantation de la Standard Fruit Company. Elle compte à son actif parcs nationaux, infrastructures et réseaux routiers de qualité, villages garífunas et fortifications espagnoles qui ne demandent qu'à être découverts.

TELA ET SES ENVIRONS

Fondée le 3 mai 1524 par le conquistador Cristóbal de Olid, la future **Tela** ⓬ voit le jour sous le nom de Triunfo de la Cruz. Les Garífunas originaires de Roatán s'y installeront à partir du début du 19e siècle, et bon nombre de leurs communautés existent toujours autour de la baie. Durant la majeure partie du 20e siècle, Tela va devenir une véritable cité-ouvrière régie par la Tela Railroad Company, une filiale de la United Fruit Company. Le transfert de cette activité à La Lima (département de Cortés) en 1976 lui porte un rude coup dont elle ne commencera à se remettre qu'une trentaine d'années plus tard, grâce au projet de transformer la baie en une grande station balnéaire. La ville fait alors peau neuve et des routes s'invitent dans de fragiles écosystèmes, au grand dam des écologistes.

Le centre-ville de Tela, traversé par le fleuve éponyme, occupe le creux de la baie. Rive droite se trouve la coloniale **Tela Vieja** dont les rues disposées en damier hébergent les principaux équipements de la municipalité ; rive gauche, **Tela Nueva**, qui abrite les anciens locaux de la Tela Railroad et le Telamar Resort (www.telamarresort.com), un complexe hôtelier aménagé dans les anciens logements ouvriers de la Tela Railroad Company.

Quelque 5 km au sud du centre-ville, le **Jardín Botánico Lancetilla** ⓭ (www.facebook.com/LancetillaHN ; ouv. tlj. 7h-15h30) se classe parmi les plus vastes et les plus importants jardins botaniques au monde. Créé en 1925 à l'initiative de la United Fruit Company, il avait vocation à effectuer des recherches sur de nouvelles variétés de fruits et sur les maladies affectant les plantations. Son premier directeur, le botaniste américain William Popenoe, importera des plantes des quatre coins du globe, notamment le palmier à huile dont la culture se révélera fort lucrative, mais tout aussi destructrice. Le gouvernement prendra la relève des opérations en 1974, et gère toujours la recherche. Au départ du bureau d'entrée, des sentiers sillonnent les 1 681 ha du parc botanique que se partagent une grande bambouseraie, des centaines de variétés de palmiers et d'arbres fruitiers ainsi qu'environ 400 espèces d'oiseaux, dont des trogonidés et des toucans.

Un chapelet de communautés garífunas s'égrène de part et d'autre de Tela. À l'est, **La Ensenada** et **Triunfo de la Cruz** ; à l'ouest, **San Juan**, **Tornabé**, **Miami** et **Río Tinto**. Leurs habitants n'ont pas vu d'un bon œil le projet d'aménagement de la baie, le considérant comme une menace contre leur mode de vie. Pour autant, le tourisme fournit désormais des emplois à bon nombre d'entre eux. Installée sur un banc de sable entre mer et lagune, Miami présente davantage d'intérêt que ses voisines. Ici, il n'y a pas d'eau courante et les villageois habitent toujours dans des cabanes aux toits de chaume, comme leurs ancêtres 200 ans auparavant. Moyennant une somme dérisoire, les pêcheurs locaux vous conduiront dans les mangroves à bord d'une *lancha* motorisée. Vous pourrez aussi vous y restaurer en toute simplicité.

LES SANCTUAIRES DE LA BAIE

Ex-Punta Sal, le **Parque Nacional Jeannette Kawas** ⓮ a été rebaptisé du nom de sa fondatrice, militante écologiste assassinée peu après l'avoir créé. Ses 782 km^2 protègent 2 écosystèmes distincts : la Laguna de Los Micos et la Península de Punta Sal. Abritant la baie des vents forts appelés *nortes*, la péninsule réunit des récifs de corail vierges, une jungle épaisse peuplée d'alouates et des plages superbes. Quant à la lagune séparée de la mer par un petit banc de sable non loin de Miami, elle offre un paysage riche, parcouru de canaux et fréquenté par des centaines d'espèces d'oiseaux migrateurs. Difficile de s'y rendre par ses propres moyens, sauf si vous rejoignez Miami en voiture, puis louez un bateau.

À l'autre extrémité de la Bahía de Tela, bordé à l'est par le Río Lean dont l'estuaire consiste en une mangrove dense, le **Parque Nacional Punta Izopo** protège les caïmans, lamantins, singes et une multitude d'oiseaux. Adressez-vous aux pêcheurs d'El Triunfo de la Cruz, situé à l'ouest du parc.

LA CEIBA

Point de convergence des transports desservant la côte nord, **La Ceiba** ⓯ est aussi le chef-lieu du département d'Atlántida. Face à la mer des Caraïbes,

À SAVOIR

Pour s'aventurer dans les réserves et parcs nationaux aux alentours de Tela, vous pouvez faire appel au tour operator basé à Tela, **Garífuna Tours** (Parque Central ; tél. 2448 1098 ; www.garifuna tours.com). Par ailleurs, ils proposent des prestations allant de sorties en canoë-kayak ou des virées à moto, à la réservation de votre hôtel.

Paradis tropical par excellence à Cocalto Beach, Parque Nacional Jeannette Kawas.

avec les pics acérés du Parque Nacional Pico Bonito en toile de fond, la troisième métropole du Honduras s'étire en longueur de part et d'autre de la Carretera 13, où des fast-foods et des centres commerciaux à l'américaine ont pris position.

Le boulevard Maestros/Calle 1 longe le bord de mer aux plages souvent polluées – préférez la **Playa de Perú** à l'est, ou mieux encore, celles en dehors de la ville. Bien que le centre autour du verdoyant **Parque Central** possède un certain charme, et que la **Zona Viva** (Barrio La Isla), au nord-est, ne manque ni d'hôtels et de restaurants de qualité, ni de repaires de noctambules, La Ceiba reçoit avant tout des visites du fait de sa proximité avec plusieurs parcs nationaux et les Islas de la Bahía.

Environ 30 km à l'ouest de La Ceiba, le **Refugio de Vida Silvestre Cuero y Salado** (ouv. tlj. 6h-18h) protège les estuaires du Cuero et du Salado. Riche en flore et en faune, cet écosystème de mangrove abrite notamment des paresseux, des loutres et des sapajous capucins. Mieux vaut l'explorer en bateau, au départ du Visitor Center situé à Salado Barra, où vous trouverez aussi un café et des dortoirs. Omega Tours (www.omegatours.info) organise des safaris de ce type.

Sur les rives du Tela.

PARQUE NACIONAL PICO BONITO

Joyau de la Ceiba, le **Parque Nacional Pico Bonito** ⓰ (ouv. tlj. 8h-17h) couvre 107 000 ha, et sa biodiversité surpasse celle de n'importe quelle autre réserve naturelle du pays. Le parc compte, en effet, pas moins de 7 écosystèmes différents, étagés entre 0 m et 2 485 m, avec de vastes étendues de forêt tropicale humide et de forêt de nuages vierges, sillonnées de cours d'eau et émaillées de cascades. D'où une richesse en faune exceptionnelle. Outre les grands félins comme les jaguars et les pumas qui se cachent dans les secteurs les plus isolés, ce territoire accueille des tapirs, plusieurs espèces de singes, ainsi que des centaines d'espèces d'oiseaux, de papillons et de reptiles.

Il se divise en 2 sections. La première correspond au Lodge at Pico Bonito (www.picobonito.com), un écolodge qui se classe régulièrement dans le peloton de tête mondial de sa catégorie, grâce notamment à son restaurant gastronomique et à ses guides hautement qualifiés. De là, un réseau de sentiers entretenus avec un soin méticuleux dessert des postes d'observation des oiseaux, des baignades sur le Río Coloradito, un sanctuaire de papillons et un terrarium à serpents.

La seconde section se situe le long de la zone tampon du parc au niveau du Río Cangrejal, en amont du village de La Mangas. Après avoir franchi un pont suspendu, vous trouverez une piste conduisant à la **Cascada de Bejuco** qui plonge de 60 m de hauteur. Plus dynamique, cette partie du parc comporte une douzaine de petits écolodges. Des spécialistes de l'aventure, dont Jungle River Tours (www.jungleriverlodge.com), encadrent des expéditions de rafting sur le Cangrejal dont les rapides de classe II à V bouillonnent entre d'imposants rochers de granite, au cœur de forêts préservées.

CAYOS COCHINOS

Les **Cayos Cochinos** ⓱ (île aux Cochons) se composent de 2 petites îles tropicales, la Grande et la Menor, de 14 îlots coralliens et de bancs de sable, ancrés 30 km au nord-est de La Ceiba. L'archipel fait partie de la barrière de corail méso-américaine et bénéficie, à ce titre, d'une surveillance particulière. Ainsi, la pêche commerciale est interdite dans cette zone de 489 km^2.

Les quelque 60 sites de plongée que ménage le récif à cet endroit n'ont pas à rougir de la comparaison avec ceux des Islas de la Bahía, loin s'en faut. Plongées dérivantes, sur tombants ou épaves : les amateurs ne risquent pas de s'ennuyer. D'autant qu'ils auront sans doute la chance d'y croiser raies mantas, tursiops, requins-baleines et tortues imbriquées.

Les 2 îles principales, **Cayo Cochino Grande** et **Cayo Cochino Menor**, vous hébergent dans un petit hôtel, des cabanes ainsi que chez l'habitant. Elles ont aussi un circuit de randonnée et une station de recherche. L'unique village permanent, sur Cayo Chachahuate, accueille une communauté de Garífunas. Il n'y a ni eau courante, ni électricité, mais de petits restaurants servent des spécialités locales aux visiteurs de passage et louent des hamacs à ceux qui souhaitent y séjourner.

TRUJILLO

Juste avant de s'inviter dans la péninsule où elle achève sa course, la Carretera 13 dessert la ville de **Trujillo** ⓲, 165 km à l'est de La Ceiba. C'est ici, sur ces vastes plages bordées de forêts vierges, que Christophe Colomb lors de sa quatrième et dernière expédition a foulé le continent américain pour la deuxième fois, le 14 août 1502.

Juché sur une éminence, le centre historique est gardé par la batterie de canons de la **Fortaleza de Santa Bárbara** (www.ecured.cu/Museo_de_la_Fortaleza_de_Santa_Bárbara ; ouv. tlj. 9h-17h), bâtie au 17e siècle afin de protéger la cité contre les attaques de pirates. Le fort héberge un musée présentant à la fois des pièces d'armement britanniques et des artefacts méso-américains d'avant la période coloniale, ainsi qu'une maquette du fort à sa construction.

Autre site digne d'intérêt dans une localité qui n'en compte guère : le **cimetière**, dont les tombes vieilles de 300 ans disparaissent sous les mauvaises herbes. La plus remarquable abrite la dépouille de l'aventurier américain William Walker qui, après une tentative ratée d'invasion du Costa Rica, fuira à Trujillo et prendra la forteresse avant de se rendre aux autorités honduriennes et d'être exécuté sans plus de formalités. Voilà un bon moment que les autorités parlent de transformer Trujillo en une station balnéaire à la mode, mais, malgré les années, les ravages causés par l'ouragan Mitch en 1998 ont ralenti le projet.

Des routes non bitumées épousent la côte et rallient les communautés garífunas de **Santa Fé** et de **Guadalupe**. Santa Fé, 12 km à l'ouest de Trujillo, possède de belles plages et accueille **Come-**

Paradis tropical par excellence à Cocalto Beach, Parque Nacional Jeannette Kawas.

Afflux de visiteurs à Roatán, Islas de la Bahía.

dor Caballero, alias Pete's Place, un restaurant traditionnel garífuna qui sert les meilleurs fruits de mer de la côte nord.

Le **Parque Nacional Capiro y Calentura** et ses 4 500 ha de jungle montagneuse au sud de Trujillo manquent cruellement d'infrastructures et de personnel. Une piste en terre, à la sortie sud de la localité, rejoint le sommet du Cerro Calentura (1 235 m) en près de 3 heures.

LES ISLAS DE LA BAHÍA

Pendant les siècles de pillage en règle par les Espagnols, les Islas de la Bahía vont servir de repaire aux pirates français et anglais, dont certains aussi célèbres que Henry Morgan et John Coxon. En 1739, la guerre éclate entre l'Espagne et le Royaume-Uni. Celui-ci prend le contrôle de l'archipel et y édifie le fort de Port Royal, à Roatán. Toutefois, les îles resteront inhabitées tout le temps que vont durer les batailles, c'est-à-dire jusqu'à la fin du 18e siècle. En 1797, les Anglais débarquent quelques milliers de Garífunas à Punta Gorda, qui, pour bon nombre, finiront par s'installer à la pointe est de l'île, où leur culture prévaut aujourd'hui encore. Au cours des siècles suivants, d'autres immigrants originaires des îles Caïman arriveront, et bien que le Honduras ait obtenu la souveraineté sur les Islas de la Bahía en 1859, l'ambiance n'a rien à voir avec celle du continent.

Le port de Roatán.

ROATÁN

Le tourisme se concentre surtout à **Roatán** ⓳, la plus grande des îles (64 km de longueur), où les compagnies de croisière ont investi quelque 100 millions de dollars US pour aménager des ports modernes. À **Mahogany Bay** et à **Town Center at Port of Roatán**, des paquebots géants font escale avant de reprendre leur périple en mer des Caraïbes. L'île perd alors en grande partie son charme, les cars encombrant les routes et les visiteurs envahissant la plage de West Bay.

L'urbanisation concerne surtout la moitié occidentale de Roatán, particulièrement **West Bay Beach** qui, bordée par les eaux les plus limpides du Honduras, est l'objet depuis 10 ans de l'insatiable convoitise des promoteurs immobiliers.

Dans les collines au-dessus de West Bay, **Gumbalimba Park** (www.gumbalimbapark.com ; ouv. tlj. 8h-16h) propose toutes sortes de sports aquatiques, une île aux singes et un parcours d'accrobranche qui fait le bonheur des croisiéristes. Quant à **West End**, la doyenne du tourisme local accessible de West Bay en voiture ou en bateau-taxi, elle attire surtout la communauté des plongeurs. Ses hôtels sont plus modestes, par la taille et le niveau de prestations, que leurs confrères de West Bay. Bon nombre de ses bars et restaurants sont tenus par des expatriés.

Les bungalows d'**Anthony's Key Resort** (www.anthonyskey.com) s'invitent un peu partout à **Sandy Bay,** tandis que le centre de recherches du Roatán Institute for Marine Sciences (RIMS ; www.roatanims.org), spécialiste du tursiops, a investi **Bailey's Key**. Ce centre vous permettra de nager ou de plonger avec ces dauphins. Toujours à Sandy Bay, les **Carambola Gardens** (www.carambolagardens.com ; ouv. 8h-17h) permettent de découvrir la flore et la faune locales au gré de ses sentiers.

La majorité des habitants se concentre à **Coxen Hole**, bien desservie par les transports, mais qui, en dehors de sa proximité avec Port of Roatán où débarquent les croisiéristes, ne mérite pas le détour. La plage de sable blanc de Mahogany Bay (ex-Dixon's Cove), dont le port accueille aussi des paquebots, ne saurait rivaliser avec celle de West Bay.

Si **French Harbor** accueillait autrefois la flotte des bateaux de pêche de l'île, ses marinas sont désormais prises d'assaut par les yachts, et la localité envahie par les expatriés. Il s'agit avant tout d'une zone résidentielle qui reçoit néanmoins des touristes au **Pristine Bay** (www.pristinebayresort.com), un vaste complexe hôtelier doublé d'un golf 18 trous conçu par Pete Dye.

Plus à l'est, les villages de Jonesville et d'Oakridge hébergent une population essentiellement afro-caribéenne qui habite des maisons traditionnelles sur pilotis et emmène ses visiteurs explorer la mangrove en bateau, avec escale à l'incontournable restaurant Hole in the Wall. Punta Gorda se tient sur la côte opposée. C'est là que les premiers Garífunas ont débarqué de St. Vincent en 1797 ; là aussi que s'interrompent les routes bitumées. En dehors des plages de Camp Bay et de Paya Bay (www.payabay.com), l'endroit n'offre guère d'intérêt.

ÚTILA

C'est sans doute la plus petite des Islas de la Bahía qui se distingue le plus du trio principal. **Útila** ⓴ manque de plages, mis à part quelques rubans de sable, et ne possède qu'une localité à proprement parler, Útila ou **East Harbour**, desservie par les ferries. Les résidents descendent pour la plupart de pirates et de Garífunas originaires des îles Caïman ainsi que d'expatriés de diverses nationalités qui sont venus plonger ici et ne sont jamais repartis. Les palétuviers colonisent la majeure partie de l'île qui, à en croire certaines rumeurs, cacherait toujours le butin enterré par le capitaine Morgan au retour d'un raid au Panamá, en 1671.

Du centre, vous vous rendrez facilement à pied à **Chepes Beach** ou à **Bando Beach**, plage privée où vous

Des plongeurs nageant dans le bonheur, près des côtes de Roatán.

PLONGÉE

Voisines de la deuxième plus grande barrière de corail du globe, les **Islas de la Bahía** - Roatán, Útila, Guanaja, Barbareta et quelque 65 autres *cayes* – doivent surtout leur renommée à leur univers sous-marin, et tous les hôtels locaux ou presque proposent des packages plongée.

Il faut dire que ces îles en majorité anglophones cumulent les atouts : la certification PADI ne coûte pas trop cher et les sites présentent une très riche diversité. Jugez plutôt. À **Roatán** : requins de récif en eau profonde à Cara Point, spectaculaires canyons coralliens à Mary's Place et épave d'*El Aguila*, un cargo de 1930 gisant à 30 m de fond ; à **Útila** : requins-baleines, tombants et éponges barriques aux Duppy Waters ; à **Guanaja** : gorgones et coraux noirs du Pinnacle, riches en hippocampes, et épave du *Jado Trader*, l'un des meilleurs récifs artificiels de la région.

pourrez louer le matériel nécessaire pour la pratique du snorkeling et du kayak. Pour une expérience plus "tropicale", préférez **Water Cay**, un banc de sable planté de quelques palmiers et entouré d'eaux turquoise.

Moins chère qu'ailleurs, la pratique de la plongée et du snorkeling ménage des moments inoubliables – surtout en mars-mai et août-octobre, quand les requins-baleines font leur apparition. Des boutiques spécialisées, comme Útila Dive Center (www.utiladivecenter.com) et Alton's Dive Center (www.diveinutila.com), jalonnent la Main Street, et tous les hôtels se chargent d'organiser des sorties. La baie possède une centaine de mouillages permanents, et il ne faut pas longtemps pour rejoindre les récifs ou les épaves au large.

GUANAJA

Christophe Colomb débarquera le 30 juillet 1502 à **Guanaja** ㉑, la plus sauvage des Islas de la Bahía, ancrée 12 km à l'est de Roatán. Ici comme à Útila, la majeure partie de la population de cet ancien repaire de pirates a du sang de boucanier dans les veines. L'ouragan Mitch s'acharnera sur l'île, en 1998, arrachant les pins et balayant bon nombre de ses maisons sur pilotis. Hormis quelques habitations, des hôtels et une piste d'atterrissage, Guanaja n'a pas cédé à l'appel de la promotion immobilière. Quelques plages – toutes désertes – festonnent la côte de Guanaja dont les spots de plongée attirent de nombreux bateaux de Roatán.

En revanche, le *caye* de **Bonacca**, en face, pourrait bien être l'endroit le plus densément peuplé du Honduras. Pas moins de 10 000 personnes s'y entassent, dans un labyrinthe de maisons aux couleurs pastel, le plus souvent sur pilotis.

LA MOSKITIA

Rares sont ceux qui s'aventurent dans la plus vaste zone de forêt tropicale humide vierge d'Amérique centrale. Seule une poignée d'archéologues et d'explorateurs s'y est hasardée récemment. Bien leur en a pris, car ils ont mis au jour des cités ayant appartenu à une mystérieuse civilisation oubliée. La Moskitia occupe tout le nord-est du pays, un territoire peu peuplé à l'ex-

Coucher de soleil à Útila.

ception de quelques petites localités et de communautés isolées de Pech, Tawahka, Garífunas et Mosquitos. Le narcotrafic bénéficie du désintérêt des autorités pour cette région, stoppant net un élan touristique prometteur.

RESERVA DE LA BIOSFERA DEL RÍO PLÁTANO

Inscrite au Patrimoine de l'Unesco en 1980, la **Reserva de la Biósfera del Río Plátano** ㉒ réunit sur 525 000 ha des écosystèmes aussi rares que variés, dont l'une des rares forêts tropicales humides d'Amérique centrale, des savanes plantées de pins et de la forêt tropicale. Les quelque 2 000 habitants appartiennent aux tribus mosquitos, garífunas, pech et tawahka qui vivent toujours dans le respect de traditions séculaires. La flore et la faune locales impressionnent par leur diversité, jaguars, harpies féroces et tapirs de Baird figurant bien entendu parmi ces multiples espèces.

Autant de merveilles de la nature quasiment inaccessibles. Durant la majeure partie de la saison des pluies, il s'avère impossible de circuler dans la réserve et, à la saison sèche (fév.-mai et août-nov.), il faut conjuguer les moyens de transport (avion, bateau, 4x4) pour gagner l'intérieur des terres. Un sacré budget ! La meilleure solution consiste à atterrir sur l'une des pistes au nord du parc – Raista ou Brus Laguna, par exemple – puis, de là, participer à une expédition guidée, telle la descente en rafting du Río Plátano organisée une ou deux fois l'an par des prestataires basés à La Ceiba – comptez 10 à 14 jours.

LAGUNA DE IBANS

Séparée de la mer des Caraïbes par un banc de sable étroit, la vaste **Laguna de Ibans** ㉓ (Ebano) se trouve au cœur du projet touristique communautaire La Ruta Moskitia *(voir* À savoir *ci-contre)*. Les Mosquitos et les Garífunas ont lancé des initiatives à vocation environnementale, dont celle de protéger les tortues vertes, tortues luths et caouannes qui viennent pondre (fév.-sept.) sur les plages de la lagune. De même, quelques écolodges se sont implantés dans les villages mosquitos de Raista et de Belén. Enfin, la population indigène locale propose des excursions le long des cours d'eau Parú, Ilbila et Banaka, à la rencontre des caïmans et des singes.

LAS MARÍAS

À l'intérieur des terres, **Las Marías** est le village le plus en amont du Río Plátano auquel on peut accéder en bateau à moteur. Avec le concours d'ONG, la communauté pech qui y vit a formé des dizaines de guides et de naturalistes à l'encadrement d'excursions, comme l'ascension du **Pico Dama** (3 jours aller-retour) ou les expéditions en canoë à destination des pétroglyphes de Walpaulban Sirpi. Elle a aussi construit des *hospedajes* étonnamment confortables. À leur arrivée, les touristes sont accueillis par le chef des guides, élu pour une période de 6 mois, et chargé de coordonner activités et hébergement – les bénéfices sont répartis entre les villageois. #

À SAVOIR

L'Alliance écotouristique **La Ruta Moskitia** (Alliance LARUMO ; www.larutamoskitia.com), gérée par les 4 peuples indigènes, propose des prestations écoresponsables *all-inclusive* dans la Reserva de la Biósfera del Río Plátano, complètement organisées par les communautés. Une occasion unique de rencontrer et de vivre avec ces peuples très enthousiastes de vous faire découvrir leur région.

Une maison traditionnelle de La Marías.

DES CRÉATURES ÉTRANGES ET MERVEILLEUSES

En Amérique centrale, Dame Nature a créé un vaste paradis où cohabitent des centaines d'espèces d'oiseaux et de mammifères, ainsi qu'une faune marine haute en couleur.

Si un grand nombre de visiteurs passent le plus clair de leur temps à explorer les ruines mayas et les cités coloniales, ou à se dorer au soleil sur des plages idylliques, certains passionnés de nature viennent avant tout dans l'isthme pour découvrir son environnement terrestre et sous-marin d'une richesse exceptionnelle.

Carrefour migratoire, ce haut lieu de la biodiversité réunit un nombre d'espèces animales qui tient du miracle. Il héberge pas moins de 7 espèces de singes, dont l'atèle de Geoffroy, présent dans chacun des pays centraméricains, le hurleur à manteau ou le sapajou capucin, sans oublier les sous-espèces comme le hurleur de l'île Coïba. La population de jaguars s'y porte comme un charme, partageant son territoire avec des ocelots et les grands félins qui préfèrent des zones épargnées par l'homme, comme La Moskitia ou le bouchon du Darién. Tapirs, paresseux, fourmiliers, cabiaïs et pachas entre autres mammifères ; amphibiens, dont les dendrobates, et reptiles comme les serpents corail... la liste n'en finit pas.

Région du globe parmi les plus riches en coraux, la côte caraïbe n'est pas en reste, avec plus de 80 espèces dont 30 de gorgones. Les récifs accueillent à leur tour quelque 400 poissons différents ainsi que des centaines de mollusques, crustacés, éponges et algues. Enfin, le littoral de l'isthme, atlantique comme pacifique, constitue l'aire de reproduction de prédilection de 5 espèces de tortues marines, dont les tortues luth, olivâtre et imbriquée.

Dendrobate fraise ou grenouille des fraises, native du Costa Rica.

Basilic à plumes, vert émeraude, de Sarapiquí, province de Heredia, Costa Rica.

Atèle suspendu par sa queue préhensile qui fait office de cinquième membre, péninsule d'Osa, Costa Rica.

Paresseux tridactyle, ou aï, la star de la faune costaricaine, Parque Nacional Manuel Antonio.

Ronde de poissons tropicaux – diagrammes peints, gorettes jaunes, vivaneaux dent-chien – autour d'un corail, à la Hol Chan Marine Reserve, Belize.

Le jaguar, l'hôte de marque des forêts du Belize.

OISEAUX EN DANGER

Malgré les initiatives visant à protéger les forêts de l'isthme, certains oiseaux souffrent particulièrement de la destruction de leurs habitats, à commencer par le quetzal dont la survie dépend pour une large part d'un avocatier sauvage *(Persea caerulea)* présent uniquement dans les forêts de nuages. L'araponga tricaronculé, qui partage son territoire, paye aussi un lourd tribut à la conversion de la forêt en pâtures. Chez les aras, c'est l'ara de Buffon le plus vulnérable. Il ne vit que sur la côte caraïbe, où des fermiers – hommage leur soit rendu – veillent à préserver les *Dipteryx panamensis*, des arbres essentiels à son régime alimentaire. Il n'existe que 30 nids dans la zone de protection à cheval entre le Costa Rica et le Nicaragua.

La situation est pire encore pour le plus grand rapace de la région, la harpie féroce. Cette géante mangeuse de singes nidifie dans les forêts de la péninsule d'Osa et du bouchon du Darién où il semble, hélas, qu'elle se fasse de plus en plus rare. Quelques espèces, dont le héron garde-bœufs et la buse à gros bec, profitent néanmoins des transformations de l'environnement dues à l'homme, car elles ont besoin d'espaces ouverts où se nourrir.

Beau spécimen de quetzal resplendissant mâle occupé à sa toilette, dans la forêt de nuages de Monteverde, au Costa Rica.

San Juan del Sur, sur la côte pacifique nicaraguayenne.

PITAHAYA BAYA

Vue sur Granada et sa cathédrale, depuis le clocher de l'Iglesia de La Merced.

LE NICARAGUA

Terre de contrastes riche d'une grande diversité de paysages et de cultures, le Nicaragua est la destination touristique par excellence en Amérique centrale. Et pourtant...

Après des décennies passées dans les coulisses du tourisme, le Nicaragua, autrefois réservé aux globe-trotters téméraires, sort enfin de l'anonymat. Il faut avouer qu'il a de quoi occuper le devant de la scène, avec ses 78 zones de nature protégées – plus que le Costa Rica –, soit 20 % de son territoire, et 7 % de la biodiversité mondiale.

Malgré ses cicatrices dues aux impacts de l'insurrection sandiniste, aux décennies de dictature féroce et de guerre civile, sans oublier les nombreuses catastrophes naturelles, le Nicaragua, deuxième pays le plus pauvre du continent, a décidé de faire le pari du tourisme afin d'apporter une bouffée d'oxygène à son économie.

Sur le littoral du Pacifique, les complexes hôteliers de luxe situés au nord de San Juan del Sur, un village de pêcheurs devenu le fief des surfeurs, sont désormais plus faciles d'accès grâce à l'aménagement de l'aéroport Costa Esmeralda – un nom qui donne à rêver. Les cités coloniales, telles Granada ou León, se refont une beauté, tandis que les cafés et hôtels de charme investissent leurs rues. Échaudés par le coût prohibitif de la vie au Costa Rica, de nombreux expatriés s'y installent pour profiter de soins médicaux bon marché, du rhum et des cigares.

L'écotourisme joue aussi un rôle de premier plan. Sandboard sur les pentes du Cerro Negro, ascension jusqu'au cratère fumant du volcan Masaya, treks dans les forêts de nuages, sèches ou tropicales de basse altitude riches en faune, parcours d'accrobranche, randonnées équestres, séjours bio à la ferme au milieu de nulle part, ou encore excursions en kayak à la rencontre des caïmans... ce ne sont pas les activités qui manquent !

Un jour peut-être, un canal reliera-t-il le Lago Cocibolca (ou Lago de Nicaragua) à la mer des Caraïbes, ouvrant une voie fluviale majeure, mais pour l'heure en tout cas, l'Isla de Ometepe doit sur-

NE MANQUEZ PAS

Archipiélago de Solentiname *p. 258*
Granada *p. 252*
Islas del Maiz *p. 266*
Isla de Ometepe *p. 256*
Léon *p. 251*
San Juan del Sur *p. 259*

Carte p. 246, plans p. 248, 253

Isla de Ometepe et son Volcán Concepción.

HONDURAS
Dulce Nombre de Culmí
La Unión
Gualaco
Sulaco
Salamá
Catacamas
Juticalpa
R. Patuca
Rus
Coco
Coco Mina
Comayagua
Talanga
Las Mangas
La Paz
El Rodeo
Reserva de la Biosfera Bosawás
1130
Tegucigalpa
Danlí
Teotecacinte
Bon
La P
Yuscarán
R. Poteca
R. Bocay
La Constancia
Cerro Bana Cruz
Sabanagrande
El Paraíso
Jalapa
Ayapal
Cerro Saslaya
C. Saslaya 1599
Siuna
29
Murra
Jinotega
Santa María
Mogotón 2438
Nueva Segovia
C. Kilambé 1750
19 Ocotal
Quilalí
Wiwilí
Coco
51
Nacaome
Madriz
Cuicuina
Puerto Viejo
Liure
Choluteca
San Juan Río Coco
Cordillera Isabelia
Somoto
43
El Cua
Choluteca
Condega
San Sebastián de Yalí
El Cuá
5
Kukuinita
Waslala
Golfo de Fonseca
Monjarás
San Juan de Limay
1
Reserva Natural Miraflor
L. Apanás
Estelí
49
21B
R. Tuma
Cosigüina 872
Somotillo
38
Jinotega 17
El Tuma
Matagalpa
Wasayama
Potosí
18 Estelí
La Trinidad
NICARAGUA
Punta Cosigüina
Salinas Estero Real
R. Estero Real
Villa Nueva
Río Grande
Cordillera Dariense
San Isidro
Matagalpa 16
Río Blanco
Mechapa
24
El Sauce
Tonala
San Cristóbal 1745
Sébaco
Matiguás
12
El Limón
Bocana de Paiwas
Estero Padre Ramos
Telica 1061
León
26
Vulla Sigula
Cordillera de los Maribios
Maseta de Estrada
Las Calabazas
Muy Muy
Chinandega
Chonco 1105
Estero de Aserradores
Santa Clara 844
Larreynaga
Puertas Viejas
9
Chichigalpa
Santa Fé
Salt Gran
El Ayote
Corinto
2 León
V. del Hoyo 1050
Momotombo 1279
1
Boaco
Boaco
San Antonio
R. Siquia
Lago Xolotlán (L. de Managua)
7
Cordillera de Amerrisque
Las Peñitas
3 León Viejo
Puerto Momotombo
I. Momotombito
23B
Camoapa
Reserva Natura Isla Juan Venadol
San Benito
Sierra Amerrisque
Santo Domingo
Nagarote
Península de Chiltepe
Apoyeque 518
Tipitapa
Masapa
995
Puerto Sandino
12
Chontales
Ca de Mor
1
L. de Tisma
20 Juigalpa
Cordillera Chontaleña
Managua
Managua
Masaya 7
7
Santo Tomás
Masaya 635
Granada 4
Puerto Díaz
La Gateada
El Coral
El Chocoyero
Parque Nacional Volcán Masaya
8
6
El Carmen
L. de Apoyo
Las Isletas 5
Acoyapa
698
71
Masachapa
Jinotepe
San Ubaldo
Carazo
Granada
I. Zapatera
Las Animas
Nueva G
Nandaime
Zapatera 625
Lago Cocibolca
OCÉAN PACIFIQUE
La Boquita
1
12
Moyogalpa
I. de Ometepe 11
Puerto Morrito
La Fo
Concepción 1610
Popoyo
Tola 15
San Miguelito
Maderas 1394
Rivas 10
Bahía Manzanillo
Rivas
25
13
2
Peñas Blancas
Río San
Archipiélago de Solentiname
14 San Juan del Sur
Buena Vis
66
I. Mancarrón
9
San Carlos
Bahía de Salinas
Santa
Golfo de Santa Elena
Los Chiles
Bahía Playa Blanca
Cabo Santa Elena
Bahía Murciélago
I. San José
COSTA RICA
Golfo de Papagayo
Liberia
N
Nicaragua
0 50 km

tout sa renommée à la qualité de son café, et d'autres, comme l'Achipiélago de Solentiname, au sud, ou les îlots sauvages, au nord, restent dans leur jus. Le long de la côte caraïbe et dans les Islas del Maíz, au large, l'ambiance se veut encore plus relax, et les nuits sont rythmées par les tambours africains.

UN FRAGILE ÉQUILIBRE

Contre toute attente, les Nicaraguayens craignant une guerre, éjectent le régime sandiniste en 1990 et élisent une femme à la tête du pays – une première dans l'histoire du Nicaragua –, en la personne de Violeta Barrios de Chamorro, veuve du journaliste Joaquín Chamorro Cardenal. En proie à une profonde détresse économique et frappé par une série de catastrophes naturelles, dont un séisme majeur en 1992 et l'ouragan Mitch en 1998, le Nicaragua peine à redresser la barre.

Le sandiniste Daniel Ortega Saavedra reviendra au pouvoir en 2006 avant d'être réélu haut la main 5 ans plus tard. En 2014, l'Assemblée nationale réforme la Constitution afin de lui permettre d'effectuer un troisième mandat, ce qu'il fait au terme d'une victoire écrasante en 2016. La stabilité économique instaurée grâce aux programmes sociaux d'Ortega et à un climat favorable à l'esprit d'entreprise séduit la majorité de la population désireuse de clore le chapitre du passé. Avec une croissance 2 fois supérieure à la moyenne centraméricaine et une société épargnée par la violence qui sévit chez son voisin hondurien, le Nicaragua semble ne jamais s'être aussi bien porté. Pour autant, bon nombre d'opposants considèrent l'élection d'Ortega comme une mascarade et estiment que la dérive vers l'autocratie, instituée par la vice-présidente et épouse d'Ortega, Rosario Murillo Zambrana, empêche la république de devenir vraiment démocratique.

La colère ne tarde pas à éclater. Avril 2018 marquera le début d'une crise politique inédite. Initiée par les étudiants et les retraités de Managua, cette révolte se répandra à travers le pays

À PROPOS

Managua chevauche plusieurs lignes de faille et subit un séisme majeur tous les 50 ans ou presque. Le dernier en date remonte à 1972. Il ravagera une grande partie du centre-ville et chassera les 2 tiers de la population. En 2014 s'est produit un tremblement de terre moins violent (magnitude de 6,1), même si, avec ses répliques, il a détruit environ 2 000 habitations. Quand le prochain séisme majeur va-t-il frapper ? Ce n'est qu'une question de temps.

tout au long de l'année pour se poursuivre en 2019 en raison des violentes répressions armées gouvernementales qui feront plus de 320 victimes.

MANAGUA

Hébergeant plus de 2 millions d'habitants sur la rive sud-est du **Lago Xolotlán** – ou Lago de Managua –, **Managua ❶** détient le rôle de capitale du pays depuis 1852. Une nomination qui mettra fin à la rivalité entre León et Granada, et lancera une vaste campagne d'urbanisation appelée à durer 80 ans. Champs de ruines où la jungle reprend ses droits, certaines zones paraissent avoir été frappées par l'Apocalypse. Et c'est bien de cela dont il s'agit car, après le séisme du 23 décembre 1972 qui rasera 8 km^2 de la ville et tuera 10 000 personnes, les bombardements de la révolution vont achever cette œuvre de destruction, atomisant les édifices et chassant les riches vers Miami. Il faudra attendre le 21e siècle pour que soient réellement entrepris des efforts de modernisation de la capitale.

La plupart des voyageurs s'empressent dès leur arrivée à l'aéroport de rejoindre leur destination finale. Mais ceux qui se donnent la peine d'y séjourner un jour ou deux découvriront une grande métropole centraméricaine, dont l'Avenida Monumental, aboutissant au Parque al General Sandino et à l'Estadio Nacional Dennis Martínez (stade national de baseball), réunit la plupart des édifices des administrations.

CENTRE HISTORIQUE

Le centre historique de Managua rayonne autour de la **Plaza de la Revolución Ⓐ**, sur laquelle se dressent les monuments en hommage à Rubén Darío (1867-1916), poète et fondateur du mouvement littéraire moderniste nicaraguayen, et à Tomás Borge Martínez (1930-2012), co-fondateur du FSLN. La Catedral Vieja, ou Santiago de Managua – du moins ce qu'il en reste –, la domine à l'est. Le manque de solidité de sa structure en interdit l'accès, mais vous pouvez approcher et jeter un coup d'œil à l'intérieur aux fresques et aux statues.

Bordant la place au sud, le **Palacio Nacional de la Cultura Ⓑ** (tél. 2222-2905 ; ouv. mar.-ven. 8h-17h, sam. 9h-16h, dim. 10h-17h) a été le théâtre

d'une prise d'otages organisée par les sandinistes en 1978 pour faire libérer des prisonniers politiques. Aujourd'hui, il accueille notamment la Biblioteca Nacional et le **Museo Nacional de Nicaragua** (museonacional.inc.gob.ni), lequel expose des céramiques et autres vestiges précolombiens ainsi que divers témoignages de la révolution.

En face, côté nord, la **Casa de los Pueblos**, siège et résidence de la présidente jusqu'en 2007, abrite à présent le gouvernement et sert aux cérémonies officielles. Le **Teatro Nacional Rubén Darío** Ⓒ (www.tnrubendario.gob.ni) se tient à l'ouest de la Casa. Construit en 1969, il fait partie des rares bâtiments à avoir résisté au tremblement de terre, et continue d'accueillir concerts et spectacles de danse.

Au bout de l'Avenida Simón Bolívar, **Puerto Salvador Allende** Ⓓ anime, depuis 2008, les rives du lac d'un long chapelet d'établissements de loisirs en tout genre : boutiques, bars, restaurants, parc aquatique, circuit de karting, embarcadère pour l'Isla del Amor... Vous pourrez également visiter la réplique de la Casa-Museo Rubén Dário, le musée dédié au Pape Jean-Paul II, ainsi qu'un Boing 737 et admirer à l'échelle les édifices de l'Avenida Simón Bolívar tels qu'ils étaient avant le séisme de 1972.

AU-DELÀ DU CENTRE-VILLE

En direction du sud, l'Avenida Simón Bolívar conduit à la **Loma de Tiscapa** Ⓔ (colline) et son lac de cratère. Son sommet est couronné du plus emblématique monument de la capitale : une silhouette sculpturale du héros révolutionnaire Augusto Sandino. Les ruines du palais présidentiel de Somoza dévasté en 1972 abritent dorénavant une collection de souvenirs sandinistes : peintures, adages révolutionnaires et un tank offert par Mussolini. Le site offre une vue imprenable sur le lac et la ville et, si cela vous tente, vous pourrez redescendre en tyrolienne au-dessus de la canopée (tél. 8872-2555 ; ouv. mar.-dim. 9h-17h).

Dans le quartier d'Acahualinca, tout à l'ouest – il est conseillé de prendre un taxi pour s'y rendre –, des mineurs ont découvert en 1874 les **Huellas de Acahualinca** Ⓕ, empreintes fossilisées laissées non loin de la rive sud du lac

À SAVOURER

Sans faillir depuis des années, du lundi au vendredi, Doña Pilar installe son étal dès 6h au 10 Av. SE, à côté de la gare routière Tica, et s'active devant son gril. Ce restaurant de rue est devenu une institution locale, avec son poulet grillé, accompagné d'une montagne de *gallo pinto* (riz aux haricots rouges frits), de frites de plantain et de *coleslaw*, le tout à un prix défiant toute concurrence.

Vue aérienne sur le centre-ville de Managua, la capitale du Nicaragua, et le Lago Xolotlán.

CANAL OU PAS CANAL ?

En 2014, à l'initiative d'Ortega, l'Assemblée nationale a voté en faveur du canal interocéanique. Soutenu par HKND, un consortium chinois quasi inconnu, ce projet d'un coût estimé à 50 milliards de dollars représente pour le Nicaragua l'espoir de se doter à terme d'une économie et d'une infrastructure modernes comparables à celles du Panamá.

Selon ses concepteurs, il s'agira du plus grand chantier de déblaiement de l'histoire du globe, le canal devant mesurer 286 km de longueur et 30 m de largeur afin de permettre aux plus gros navires de franchir l'isthme entre le Pacifique et l'Atlantique. Sont aussi prévus un hôtel géant sur l'Isla de Ometepe et des ports supplémentaires, ce qui devrait fournir des centaines de milliers d'emplois plus que bienvenus.

Malgré ces promesses, il existe un sérieux doute quant à la construction dudit canal. Si le premier coup de pioche a été donné en 2014, les travaux ne progressent guère. Les propriétaires refusent de céder leurs terres, et les écologistes s'opposent à la destruction d'écosystèmes parmi les plus riches de la planète. D'autres arguent du fait qu'un tel chantier avait été envisagé avant celui du canal de Panamá, mais abandonné, les experts ayant jugé la zone trop exposée au risque de catastrophes naturelles. Qui plus est, Wang Jing, le magnat des télécoms chinoises à la tête de HKND, a perdu 85 % de sa fortune dans un krach boursier et a, depuis, tout simplement disparu.

À DÉCOUVRIR

À **Léon**, tous les samedis, du côté nord du Parque Central (Juan José Quezada), la fête municipale *Tertulia Leonesa* présente le fleuron des traditions culturelles de la ville. Les artisans vendent leurs créations, d'autres leurs spécialités culinaires, tandis que musiciens et danseurs s'emploient à divertir les badauds.

par une quinzaine d'humains et des animaux, parfaitement conservées grâce à une couche de cendres volcaniques. Datant d'environ 6 000 ans (± 140), elles sont les preuves de la première présence humaine au Nicaragua. Le **Museo Sitio Huellas de Acahualinca** (ouv. lun.-sam. 9h-16h) présente notamment des céramiques précolombiennes trouvées sur le site, outils, un crâne provenant de León Viejo *(voir p. 251)* et des empreintes de mammouth.

CÔTE NORD PACIFIQUE

La municipalité de **León** ❷ héberge plus de 200 000 habitants, ce qui en fait la deuxième plus grande ville du pays. Établie en 1524 par Francisco Hernández de Córdoba, elle sera abandonnée en 1610, une série de séismes l'ayant quasiment réduite à l'état de ruines, et transférée une trentaine de kilomètres plus loin, à l'ouest, dans une plaine où règne une chaleur étouffante. Fief libéral et centre intellectuel de longue date, elle restera aussi la capitale politique du Nicaragua de l'époque coloniale jusqu'au milieu du 19e siècle, avant que ce statut n'échoie par intermittence à la cité plus conservatrice de Granada, puis ne revienne finalement à Managua. Elle va payer cher son rôle de bastion sandiniste durant la révolution ; le régime de Somoza incendiera son marché central.

León a néanmoins conservé son patrimoine colonial, dont une bonne douzaine d'églises du 18e siècle, reliées entre elles par des tunnels qui permettaient alors d'échapper aux pirates et font aujourd'hui partie du réseau d'égouts. Édifiée entre 1747 et 1814, la **Basílica Catedral de la Asunción** (tél. 2311- 4820 ; ouv. lun.-sam. 8h-12h, 14h-16h) est la plus grande cathédrale d'Amérique centrale. Sa résistance face aux séismes et aux bombardements lui vaudra de devenir le symbole de la fierté et de l'endurance. Les cryptes abritent les sépultures de personnages illustres de l'histoire nicaraguayenne, notamment des poètes Rubén Darío et Salomón de la Selva, du père de l'indépendance Miguel Larreynaga et du compositeur José de la Cruz Mena.

Fondée en 1693 par le frère Pedro de Zúñiga, l'**Iglesia y Convento San Francisco** (horaires variables) vous donne rendez-vous 2 rues à l'ouest du Parque

Basílica Catedral de la Asunción, la plus grande cathédrale d'Amérique centrale, León.

Central. Elle figure parmi les doyennes du pays et les spécimens d'architecture coloniale les plus séduisants de León, avec ses autels de style plateresque, sa cour bordée de citronniers et ses portiques drapés de bougainvillées rouges. L'**Iglesia La Recolección** (horaires variables), 3 rues au nord-est de la place principale, remonte pour sa part à 1786. Elle arbore une façade typique du baroque mexicain et renferme de beaux retables.

En face de la cathédrale, le **Museo de la Revolución** (ouv. tlj. 9h-18h) rend hommage aux révolutionnaires qui se sont dressés contre Somoza, tandis que le **Museo Rubén Darío** (ouv. mar.-sam. 8h-12h, 14h-17h, dim. 8h-16h), installé plus à l'ouest dans la *calle* éponyme, occupe la demeure remplie de souvenirs où le poète a passé ses 14 premières années. Non loin de là, 2 maisons coloniales accueillent le **Centro de Arte Fundación Ortíz-Gurdián** (www.fundacionortizgurdian.org), et sa collection d'œuvres d'art – la plus prestigieuse du Nicaragua –, dont quelques Rembrandt et Picasso.

Au sud-ouest de León, située entre Las Peñitas et La Garita, la **Reserva Natural Isla Juan Venado** occupe une île barrière inhabitée, longue de 18 km, peuplée de mangroves et festonnée de larges plages désertes. Des prestataires basés à León organisent des balades en kayak dans le vaste réseau de chenaux, ainsi que des expéditions découverte de la faune. À Las Peñitas, entre juillet et décembre, les tortues olivâtres débarquent par milliers pour pondre. Voisin de Las Peñitas, le village de pêcheurs de Poneloya est la destination balnéaire la plus prisée de la côte pacifique septentrionale. Liaison régulière en car au départ du Mercadito Subtiaba à León dessert le village.

LEÓN LE VIEUX

Inscrit au Patrimoine mondial, **León Viejo** ❸ (ouv. tlj. 8h-17h) a traversé les siècles enseveli sous les cendres noires de l'éruption du Volcán Momotombo en 1610. Les ruines de l'ancienne capitale n'ont été découvertes qu'à la fin des années 1960. Les fouilles mettront au jour des murs de briques, la place principale et la cathédrale sous laquelle reposait la dépouille décapitée de Francisco Hernández de Córdoba. Tous les tour operators de León, dont Vapues (www.vapues.com), proposent des visites guidées d'une journée qui s'accompagnent en général de l'ascension du **Volcán Cerro Negro**, avec descente en sandboard (en option).

ENTRE LACS

L'étroite bande de terre qui sépare le Lago Xolotlán du Lago Cocibolca fait partie des régions les plus visitées du Nicaragua. Bon nombre de touristes choisissent de s'installer à Granada, dans les maisons coloniales converties en hôtels de charme le long de rues pavées tout aussi charmantes, pour explorer le reste du pays. De là, ils peuvent facilement partir en randonnée sur les versants boisés du Mombacho ou s'offrir un bain dans les sources chaudes surgissant au pied de ce volcan. D'autres, préférant la nature à la ville, séjournent dans les écolodges qui bordent la Laguna de Apoyo et ses

Jour de marché à Granada.

Spectacle de danse devant la Catedral de Granada.

eaux turquoise, ou dans les paisibles Isletas de Granada ancrées dans le Lago Cocibolca.

GRANADA

Fondée en 1524 par Francisco Hernández de Córdoba, **Granada ❹** sera la première cité européenne officiellement implantée sur le continent américain. Port important du Lago Cocibolca durant toute la période coloniale, celle à qui son style andalou mauresque vaut le surnom de Gran Sultana (Grande Sultane) constitue alors une cible privilégiée des attaques de pirates anglais, français et hollandais.

En 1856, l'aventurier américain William Walker, assiégé dans la capitale, y met le feu et plante une pancarte proclamant : "Ci-gît Granada". Cependant, malgré son histoire tumultueuse, Granada détient certains spécimens d'architecture coloniale parmi les mieux préservés d'Amérique centrale.

Le cœur historique de Granada palpite au **Parque Central Ⓐ** (Colón) où les perroquets perchés dans les hauts palmiers se disputent la vedette avec les vendeurs de *vigorón* – plat de *curtido* (salade de chou), yucca et *chicharrón* (poitrine de porc frite) enveloppé dans une feuille de bananier. De nombreux édifices coloniaux ornent les abords de la place centrale. Parmi eux : le vénérable **Hotel Plaza Colón** (www.hotelplazacolon.com), la **Catedral de Granada Ⓑ** (horaires variables), détruite et rebâtie à plusieurs reprises depuis sa construction en 1583, et la **Casa de los Leones**, une élégante demeure datant de 1720 transformée en centre culturel.

À l'angle des Calles Real Xalteva et 14 de Septiembre, l'**Iglesia de La Merced Ⓒ** (ouv. tlj. 11h-18h) a vu le jour en 1534. Cette église baroque a également fait l'objet de plusieurs rénovations, voire reconstructions, qui ne lui ont néanmoins rien ôté de sa beauté originelle. À l'intérieur, un escalier en colimaçon grimpe au clocher qui offre une vue imprenable sur la ville.

L'un des plus vieux bâtiments du Nicaragua, reconnaissable à sa façade bleu ciel, se trouve au nord-est du Parque Central. Il s'agit du **Convento San Francisco Ⓓ** (tél. 2552-5535 ; ouv. lun.-sam. 8h-16h), mis à mal par le

Les toits de Granada au crépuscule.

pirate Henry Morgan en 1679, puis par William Walker en 1856. Ses galeries abritent aujourd'hui un musée présentant une collection de statues de basalte précolombiennes originaires de l'Isla Zapatera (Lago Cocibolca).

Au **Choco Museo** Ⓔ (Calle Atravesada ; www.chocomuseo.com ; ouv. tlj. 7h-18h30), visitez gracieusement le musée, participez aux ateliers, achetez des chocolats à la boutique et faites l'excursion guidée dans une cacaoyère.

À l'est du Parque Central, la rue piétonne Calle La Calzada réunit la majorité des boutiques, restaurants et bars de la ville, ainsi que plusieurs hôtels de charme, comme l'**Hotel Dario** (www.hoteldario.com). Au sud, l'Avenida Vega conduit aux halles néoclassiques du **Mercado Municipal** Ⓕ, dont les étals débordent dans les rues voisines. Le **Cementerio Municipal**, un peu plus à l'ouest, mérite le détour pour ses pierres tombales de la fin du 19e siècle – 6 d'entre elles accueillent la sépulture d'anciens présidents du Nicaragua –, mais aussi pour sa **Capilla de Animas** néoclassique qui n'est pas sans évoquer La Madeleine, à Paris.

À l'est, la Calle La Calzada aboutit sur la rive du **Lago Cocibolca** Ⓖ dont la promenade bordée de quelques bars est envahie le week-end.

ENVIRONS DE GRANADA

Aux portes sud de Granada, 354 minuscules îlots étoilent la presqu'île couverte de jungle de **Las Isletas** ❺. Si bon nombre d'entre eux appartiennent à des nantis de Managua qui y ont fait construire des maisons de maître, d'autres restent humbles et se contentent de cabanes en bois rustiques, mais charmantes. Les liaisons en bateau, avec escale au petit fort espagnol de San Pablo, partent de l'extrémité sud du **Complejo Turístico Cocibolca**.

LAGUNA DE APOYO

Vingt minutes à l'ouest de Granada, la **Laguna de Apoyo** ❻ est le plus grand lac volcanique du Nicaragua : plus de 6 km de diamètre pour 200 m de profondeur. Elle s'entoure de forêts luxuriantes où toucans et sapajous capucins se montrent volontiers. Quelques restaurants, écolodges et loueurs de

À ESSAYER

Si vous tombez sous le charme de **Las Isletas**, faites escale au Jicaro Island Lodge (www.jicarolodge.com). Construit avec des matériaux locaux, cet hôtel de charme est considéré comme le meilleur de l'archipel. Il finance en partie une *finca* adepte du bio installée sur un autre îlot et soutient plusieurs écoles.

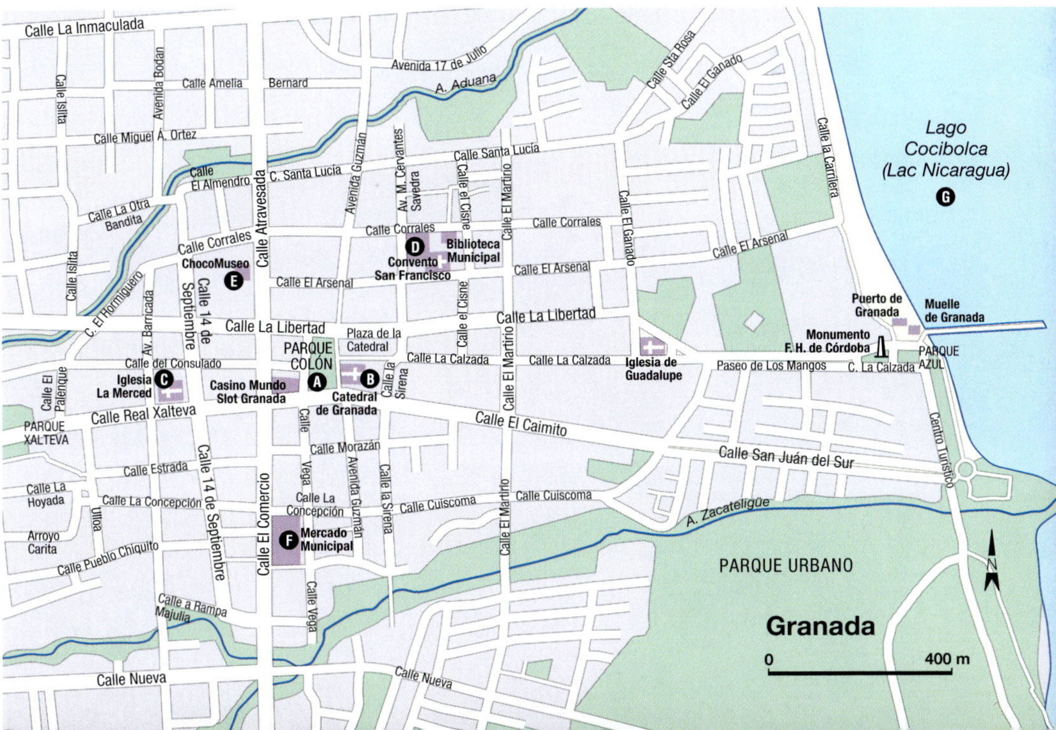

kayaks se sont implantés sur une partie de la berge nord-ouest, même si la majorité des visiteurs n'y viennent que pour la journée.

Gérée par la Fundación Cocibolca qui y a aménagé 3 parcours de randonnée, un jardin à papillons et une *finca de café* bio, la jungle luxuriante de la **Reserva Natural Volcán Mombacho** (www.mombacho.org), au sud de Granada, protège 3 espèces de singes et quelque 200 d'oiseaux.

MASAYA

À peine 9 km séparent Granada de la capitale nicaraguayenne du folklore, **Masaya** ❼. Entourée de volcans à l'humeur capricieuse et de hameaux ruraux connus pour leurs talents artisanaux, Masaya héberge plus de 140 000 habitants. Les marchés, ateliers d'artisanat et vieilles églises ont assez bien résisté au séisme de l'an 2000. Les visiteurs ont un faible pour le **Mercado de Artesanías de Masaya** qui vend hamacs, poteries, objets en bois sculpté, cuirs...

Et si vous préférez vous approvisionner directement auprès des artisans, rendez-vous dans les ***pueblos blancos*** (villages blancs) de Nindiri, Niquinohomo, Masatepe, Catarina, Diria et Diriomo disséminés dans un rayon de 15 km autour de la ville et ayant chacun sa spécialité.

PARQUE NACIONAL VOLCÁN MASAYA

Le **Parque Nacional Volcán Masaya** ❽, le premier et le plus vaste des parcs nationaux nicaraguayens (54 km²), protège 5 cratères et 2 caldeiras. Celle du Masaya, surnommée à juste titre *la Puerta al infierno* (la Porte de l'enfer), a explosé pas plus tard qu'en décembre 2015. Un nouvel évent s'est ouvert, qui éructe régulièrement cendres et vapeur. En raison des fluctuations de son niveau d'activité, le parc ferme souvent ses portes par sécurité.

À mi-chemin de la route NN222 qui mène au sommet, faites une halte au Centro de Visitantes et au **Museo Volcán Masaya** (ouv. tlj. 9h-16h, 17h-19h) dont les expositions relatent l'histoire éruptive de ce volcan et les dioramas montrent la faune environnante. La route s'achève au parking sis au bord du cratère d'où vous pourrez à loisir observer la lave bouillonnante au fond du chaudron – n'y restez

La bouche peu attirante du Volcán Masaya.

pas trop longtemps à cause des émanations de dioxyde de soufre ; de là partent divers sentiers longs de 1,4 km à 5,9 km.

À l'est du volcan, la **Reserva Natural El Chocoyero-El Brujo** occupe 184 ha à moins de 30 km au sud de Managua. Outre la luxuriante végétation peuplée de toucans, de 2 espèces de singes et d'autres petits mammifères, elle protège l'une des principales sources d'alimentation en eau de la capitale, 2 cascades : El Brujo et El Chocoyo. Vers 15h, des *chocoyos*, perruches vertes apparentées à la conure de Ridgway *(Psittacara strenuus)*, volent en nuée le long des parois verticales du canyon, non loin de la cascade El Chocoyo. Ces volatiles ont la particularité de nicher dans les parois du volcan Masaya.

LAGO COCIBOLCA (LAC NICARAGUA)

Le Lago Cocibolca a la quasi superficie du lac Titicaca en Amérique du Sud, ce qui lui vaut le surnom de Mar Dulce (Mer douce) donné par les conquistadors. L'île d'Ometepe et l'archipel bohème de Solentiname, très fréquentés, constituent un haut lieu de l'écotourisme. Un environnement qui risque fortement de changer si le projet du canal *(voir p. 249)* voit le jour.

SAN CARLOS

La dynamique ville portuaire de **San Carlos** ❾ ne présente guère d'intérêt touristique, si ce n'est son emplacement stratégique, à la pointe sud-est du Lago Cocibolca, là où le Río San Juan quitte le lac pour rejoindre la mer des Caraïbes. Une position privilégiée, et reconnue comme telle depuis des siècles, car le cours d'eau relie presque les 2 océans, Atlantique et Pacifique. Après sa fondation en 1526, San Carlos va se développer rapidement sans pour autant devenir une cité puissante. En effet, les attaques des pirates et l'opposition farouche de la population indigène locale contre les magnats du caoutchouc freineront son essor.

La plupart des voyageurs ne font qu'y passer et, tandis qu'ils attendent d'embarquer pour les îles de **Solentiname**, ils tuent le temps dans les bars et les restaurants installés en front de lac, dans des maisons en bois sur pilotis. La ville possède néanmoins une

LE REQUIN DU LAC

Assez peu profond, le Lago Cocibolca est le dernier endroit où l'on s'attendrait à trouver un requin bouledogue. Et pourtant… Surpris, les scientifiques ont d'abord cru à une espèce endémique *(Carcharhinus nicaraguensis)*, mais en 1976, une opération de marquage a prouvé que ces requins étaient capables de remonter le cours du fleuve San Juan, de son embouchure jusqu'au lac, soit 193 km. Désormais adaptés à l'eau douce, ils mesurent jusqu'à 3 m de longueur. Sous le régime de Somoza, une pêcherie japonaise d'ailerons de requins s'implantera près de Granada et, bien qu'elle ait fermé ses portes en 1970, la population de requins bouledogues peine toujours à s'en remettre. Elle pourrait même disparaître complètement du fait de la destruction de son habitat, surtout si le projet de canal voit le jour.

Balade vespérale sur le Lago Cocibolca.

promenade agréable sur les rives ainsi qu'un vieux fort de 1724, petit mais impressionnant, posté sur une éminence dominant la ville et qui offre une vue imprenable sur le lac et le fleuve.

Vous pourrez faire une excursion sur le Río San Juan au fil duquel se sont établis plusieurs hôtels originaux, comme les bungalows sur pilotis du **Sabalos Lodge** (www.sabaloslodge.com), niché au cœur de sa réserve privée. Vous découvrirez aussi **El Castillo** (ouv. tlj.), une forteresse espagnole plus imposante que celle de San Carlos, construite en 1673 après les sacs répétés de Granada par les flibustiers.

À 20 minutes de route, toujours en direction de l'est, vous parviendrez à la **Reserva Biológica Indio-Maíz**, deuxième plus grande forêt tropicale humide du pays avec ses 2 606 km^2. Si seuls les scientifiques ont accès à la majeure partie de la réserve qui s'étire jusqu'aux rives de la mer des Caraïbes, vous pouvez aussi profiter de cette nature préservée en séjournant dans l'un des nombreux lodges, tel le **Río Indio Ecolodge** (www.therioindiolodge.com), de San Juan de Nicaragua, postés le long du Río Indio.

L'un des jumeaux volcaniques de l'Isla de Ometepe.

REFUGIO DE VIDA SILVESTRE LOS GUATUZOS

Contigu au Refugio de Vida Silvestre de Caño Negro, de l'autre côté de la frontière costaricaine, le **Refugio de Vida Silvestre Los Guatuzos** (www.losguatuzos.com) constitue l'un des écosystèmes les mieux sauvegardés du Nicaragua, avec plus de 400 espèces d'oiseaux et une population de jaguars en pleine forme. La seul moyen pour atteindre le refuge est par bateau au départ de San Carlos. Vous aurez le choix parmi toute une série de prestations : découverte de la faune aviaire, des caïmans du Papaturro, de la culture du cacao ou encore rencontre avec les descendants des Zapotes et des Guatuzos qui vivent dans de modestes communautés de pêcheurs.

RIVAS

Traversée par la Panamericana, la municipalité de **Rivas** ⑩ se situe 104 km au sud-est de la capitale. Que la large artère bordée d'immeubles modernes et de stations-service ne vous dissuade pas d'aller jeter un coup d'œil au Parque Central et à la charmante Iglesia San Pedro, église du 18e siècle au cœur du centre historique colonial. C'est ici que le flibustier William Walker a essuyé un échec retentissant alors qu'il tentait d'envahir la cité ; ici aussi qu'a vu le jour l'ancienne présidente Violeta Chamorro à qui l'on attribue la réunification du pays déchiré par la guerre civile, dans les années 1990.

Puis prenez la Ruta 221 pour rallier la rive du Lago Cocibolca où le port et la plage tout en longueur de **San Jorge** permettent d'embarquer pour Ometepe.

ISLA DE OMETEPE

Malgré son terrain plutôt accidenté et son manque d'infrastructures, **Ometepe** ⑪ figure parmi les endroits les plus visités du Nicaragua. Et pour cause : il s'agit non seulement de la plus grande île volcanique au monde postée au beau milieu d'un lac d'eau douce, mais la vision de ses pics jumeaux – le Volcán Concepción et le Volcán Maderas, parfaitement coniques et couverts de forêt – reliés par un isthme où coule le Río Istian force l'admiration. La plupart des touristes arrivent en ferry, en provenance de San Jorge (près de Rivas), certains prennent un vol au départ de Managua.

Dans le sol très fertile d'Ometepe, tout pousse ou presque, à commencer par les caféiers, les bananiers et les avocatiers. Des pétroglyphes précolombiens et des sculptures rupestres ont été mis au jour, mais il reste sans doute pléthore d'autres trésors enfouis sous la jungle.

Principale localité d'Ometepe, **Moyogalpa** ⓬ ne manque pas de charme avec son damier de rues dominé par la silhouette massive du Concepción et ses maisons chaulées aux toits de tuiles. Du terminal des ferries, la Calle Santa Ana, artère principale bordée de magasins, tour operators et restaurants de poisson, grimpe pour rejoindre la route 64 qui fait le tour de la moitié nord de l'île.

L'ascension du volcan se fait par un sentier dont le point de départ se situe 4 km au nord de Moyogalpa. Votre guide – obligatoire pour atteindre le sommet (1 610 m) – vous ouvrira la route. Comptez au minimum 6 heures A/R car quelques pauses s'imposeront, histoire d'admirer la faune et la flore.

Au sud-est de Moyogalpa, la **Reserva Natural Chico Verde** protège un petit lac vert cerné par la jungle. Un enclos à papillons et une poignée d'hôtels et restaurants sans chichi bordent la plage adjacente, à l'ouest.

Au nord-est du volcan, **Altagracia** se trouve non loin du débarcadère des ferries en provenance de Granada. Deuxième plus grande localité de l'île, elle possède le Museo de Ometepe (horaires fantaisistes) qui expose les céramiques précolombiennes découvertes sur l'île.

Plus sauvages, l'isthme et les environs du **Volcán Maderas** offrent davantage de diversité en termes d'écotourisme. Les plages de **Santo Domingo** et de **Santa Cruz** sur la côte orientale de l'isthme sont les plus belles de l'île. Quelques hôtels et restaurants vous y reçoivent sans manières.

Le réseau routier entre Santa Cruz et Balgüe ainsi qu'au sud, vers San Ramón, s'est nettement amélioré, ouvrant au tourisme les forêts tropicales, forêts de nuages et plantations

☺ À ESSAYER

Envie de zénitude ? Les **fermes d'Ometepe** vous proposeront séances de yoga, massages, balades équestres, fabrication de pain, cours de poterie… Toute une panoplie de services pour retrouer votre bien-être. Vous n'aurez que l'embars du choix, dont : **Zopilote** (www.ometepezopilote.net), **Totoco** (www.totoco.com.ni), **Finca Magdalena** (www.fincamagdalena.com) et **Café Campestre** (www.campestreometepe.com).

Archipiélago de Solentiname, à l'extrémité sud du Gran Lago de Nicaragua.

À PROPOS

En 2006, l'agent immobilier américain Eric Volz est condamné à 30 ans de prison pour le meurtre de son ex-petite amie nicaraguayenne Doris Jimenez. Le jugement sera cassé un an plus tard, une enquête complémentaire prouvant qu'il s'agissait d'une erreur judiciaire, mais le ressentiment à l'encontre des envahisseurs *gringos* mettra plus de temps à s'atténuer.

de caféiers sur le versant nord du Maderas. Plusieurs spécialistes de la culture bio et de la permaculture proposent des programmes touristiques, dont certains ont recours au volontariat.

ARCHIPIÉLAGO DE SOLENTINAME

Ancrées paisiblement dans le sud-est du Lago Cocibolca, les 36 petites îles tropicales qui forment l'**Archipiélago de Solentiname** ⓭ sont devenues, contre toute attente, le centre du mouvement de l'art naïf. Cet élan est né dans les années 1960, à l'initiative du prêtre et poète Ernesto Cardenal, lequel a encouragé la population de l'archipel à peindre la faune et la flore locales. D'autres artistes ont afflué, de même que des équipes de télévision venues immortaliser le phénomène.

Aujourd'hui, bon nombre du millier d'habitants gagnent leur vie grâce à leurs tableaux et à leurs sculptures en bois de balsa. Les rares aménagements touristiques se concentrent dans l'**Isla Mancarrón**. C'est là que, dans l'**Iglesia Nuestra Señora de Solentiname**, toute chaulée, siégeait la pittoresque paroisse du père Cardenal. Non loin, le modeste **Museo Arqueológico Ernesto Cardenal** (ouv. tlj. 8h-17h) abrite néanmoins quelques belles pièces précolombiennes.

CÔTE SUD PACIFIQUE

L'attention internationale dont fait l'objet le Nicaragua depuis quelques années est surtout due au sud du pays, en particulier à l'étroite bande de terre qui sépare le littoral pacifique du Lago de Cocibolca. Un intérêt qui n'a rien de nouveau pour les voyageurs en quête d'une nouvelle destination balnéaire d'exception car, après avoir écumé celles du Costa Rica, ils avaient déjà découvert San Juan del Sur, les villages de pêcheurs et de surfeurs, les baies et les criques isolées de cette côte nicaraguayenne. Le développement du réseau routier et l'ouverture de l'Aeropuerto Costa Esmeralda inauguré en novembre 2015 aidant, cette région connaît un bel essor.

SAN JUAN DEL SUR

Il y a un peu plus d'une vingtaine d'années, les initiés ont commencé à vanter les mérites des vagues d'un obscur

Le front de mer de San Juan del Sur.

CHERCHEURS D'OR

Au 19e siècle, faute de réseau ferroviaire traversant les États-Unis, les milliers de personnes de la côte Est souhaitant tenter leur chance lors de la Ruée vers l'or californienne (1848-1855) doivent effectuer le trajet suivant : d'abord rallier le Nicaragua à partir de New York par bateau à vapeur, puis traverser le pays en remontant le Río San Juan jusqu'au Lago Cocibolca avant de rejoindre la côte pacifique par voie terrestre et, enfin, prendre un autre vapeur à destination de San Francisco.

Peu après, en 1866, l'illustre globe-trotteur, journaliste et écrivain américain Mark Twain (1835-1910) fera, quant à lui, le chemin inverse, mais toujours via le Nicaragua. Il racontera son périple dans une série d'articles publiés par le quotidien franscicanais *Alta California*, puis en fera un livre, paru en 1940 sous le titre *Travels With Mr. Brown*.

village de pêcheurs du nom de **San Juan del Sur** ⓮. Les surfeurs n'ont pas tardé à y affluer, puis les backpackers, et enfin les retraités nicaraguayens et nord-américains désireux d'habiter en bord de mer sans se ruiner pour autant. Depuis, les prix de l'immobilier ont flambé. Si certains membres de la communauté locale se sont ainsi enrichis, d'autres au contraire ont dû déménager, faute de moyens. Cette situation finira par exaspérer les Nicaraguayens et la grogne atteindra son paroxysme en 2006 avec l'arrestation d'un agent immobilier américain *(voir* À propos *ci-contre)*. Aujourd'hui, la situation s'est apaisée et les programmes immobiliers le long de la côte vont bon train.

Pôle d'attraction touristique majeur, la plage de San Juan del Sur frange une baie en forme de croissant où se jette le Río Escondido. Hormis quelques restaurants en bord de mer, la majorité des commerces destinés aux touristes – boutiques de surf, microbrasseries, marchands de beignets et de tacos *(taquería)*, petits hôtels et auberges – se disputent les rues à la pointe sud-est de la plage, tandis que les établissements plus haut de gamme, comme le Pelican Eyes (www.pelicaneyesresort.com), ont élu domicile sur les hauteurs.

À la pointe nord, couronnant la plus haute colline, le **Cristo de la Misericordia** veille sur la baie et la ville du haut de ses 25 m. De là, une heure de marche par la plage vous emmènera à la pointe sud d'où, en saison (nov.-avr.), vous pourrez observer les baleines à bosse et, avec un peu de chance, les baleines bleues.

AU NORD DE SAN JUAN

Si San Juan del Sur constitue le pôle d'activités de la côte pacifique du Nicaragua, sa plage n'a rien d'extraordinaire. Celles nichées au creux de criques bordées de reliefs arides ont beaucoup plus d'attrait. D'où le nombre croissant de petites stations balnéaires qui s'y implantent.

La **Playa Marsella** est l'une des plus faciles d'accès. Vous la rejoindrez en bateau-taxi ou via une route cahoteuse en partie bitumée qui part de la NIC-72, au nord de San Juan del Sur, et débouche quasiment sur la plage. Quelques guest-houses et restaurants

Suite au dernier étage du Mukul, Tola.

sans prétention vous y accueillent à deux pas du front de mer.

Un peu plus au nord, le long ruban de sable blanc de la **Playa Maderas** séduit autant les surfeurs que les adeptes de la bronzette. Sur les hauteurs, plusieurs auberges et hôtels de standing, dont Hulakai (www.hulakaihotel.com) et le Buena Vista Surf Club (www.buenavistasurfclub.com), sont nichés au cœur de la jungle. La route du littoral aboutit à la **Playa Ocotal** et à la réserve privée (env. 2000 ha) de la luxueuse Morgan's Rock Hacienda & Ecolodge (www.morgansrock.com).

AU SUD DE SAN JUAN

Au sud de San Juan del Sur, les plages s'avèrent bien moins équipées, mais tout aussi pittoresques. La **Playa Remanso** (El Remanzo) possède un lotissement de résidences de vacances sécurisé ainsi qu'une poignée de *palapas* (paillotes) où vous pourrez vous restaurer, les pieds dans le sable. À 20 minutes de route, la **Playa Hermosa**, destination privilégiée des surfeurs, se veut d'une simplicité quasi spartiate, exception faite du **Playa Hermosa Ecolodge** (www.playahermosabeachhotel.com), adepte de l'énergie solaire. Le **Refugio de Vida Silvestre La Flor**, 20 km au sud de San Juan del Sur, représente une aire de reproduction majeure pour les tortues olivâtres, vertes, imbriquées et luths. Elles débarquent en masse entre juillet et janvier et, chaque nuit, des volontaires venus de San Juan del Sur veillent à la ponte.

Archipiélago de Solentiname, à l'extrémité sud du Gran Lago de Nicaragua.

TOLA

Après San Juan del Sur, les promoteurs se sont intéressés aux 30 km de littoral encore plus pittoresques, à l'ouest de **Tola** ⓯, une petite localité située entre Rivas et la côte qui se résume à un Parque Central ombragé et une poignée de commerces. Cette jeune zone balnéaire connaît un essor rapide grâce à la construction en 2015 de l'Aeropuerto Costa Esmeralda qui reçoit des vols directs en provenance de Managua et de Liberia (Costa Rica).

La plage la plus méridionale est privée. Il s'agit de la **Playa Manzanillo** où a élu domicile Guacalito de la Isla, un complexe résidentiel de 675 ha. Détenu par la famille milliardaire des Pellas, laquelle possède aussi le rhum Flor de Caña et la bière Toña, le Mukul (www.mukulresort.com) éclipse tous ses confrères nicaraguayens de l'hôtellerie de luxe, avec son 18-trous conçu par David McLay Kidd face à l'océan, son spa raffiné et ses chambres assorties de piscines privatives.

Autre complexe hôtelier de grand standing, Aqua Wellness Resort (www.aquanicaragua.com), à la **Playa La Redonda**, a investi le site et privatisé la plage. Plus à la portée du commun des mortels, la **Playa Gigante** attire de nombreux habitants de Rivas (1 heure de route), le week-end. Son croissant de sable avec la jungle pour toile de fond accueille quelques restaurants de fruits de mer et petits hôtels. Tandis que les bateaux de pêche dansent dans la baie, des vagues de qualité font le bonheur des surfeurs.

Au nord, les plages assez peu aménagées de la Playa Amarilla, la Playa Colorado et la Playa Santana – qui réunit 5 plages (Santana, Rosada, Esconida, Duna et Los Perros) – se succèdent jusqu'à la Playa Popoyo, l'un des principaux spots de surf du Nicaragua. À Playa Santana, le Rancho Santana (www.ranchosantana.com) s'étend sur 1 100 ha d'une nature volontairement non domestiquée. Là, de multiples complexes résidentiels partagent un club de plage, une ferme bio et un centre de surf. L'essentiel de l'activité se concentre au club-house et à l'hôtel installés à l'extrême nord de la propriété.

Au nord de Popoya, le **Refugio de Vida Silvestre Río Escalante-Chacocente** préserve – outre la vie sylvestre, son objectif premier – l'un des sites majeurs de ponte des tortues olivâtres *(Lepidochelys olivacea*, appelées ici Paslama) que vous pourrez observer de juillet à décembre.

DANS LES CORDILLÈRES

Bien qu'à l'écart des circuits touristiques, cette région montagneuse recèle quelques trésors naturels : paysages pastoraux et forêts de nuages constellées de cascades à l'est, volcans et plaines brûlantes plus près du Pacifique, sans oublier, à l'ouest, le Río Coco, plus long fleuve d'Amérique centrale (680 km), qui épouse la frontière du Honduras jusqu'au Cabo de Gracias à Dios, à l'extrême nord du Nicaragua, où il se jette dans la mer des Caraïbes. Ici, les vagues successives de colonisateurs, des pirates aux conquistadors puis aux révolutionnaires, ont marqué le territoire de leur empreinte.

Durant la majeure partie du siècle dernier, la région va subir des guerres et des catastrophes naturelles. Tout commencera par une éruption volcanique qui détruira le siège initial de León *(voir León Viejo p. 251)*, au début de la colonisation. Puis, longtemps après, il y aura les conflits des années 1930 opposant le général Sandino à la marine américaine, la révolution sandiniste durant les années 1970, le régime des Contras une décennie plus tard et, pour finir, l'ouragan Mitch qui, en 1998, dévastera tout sur son passage.

Aujourd'hui, les plantations de caféiers autour de Matagalpa et de tabac non loin d'Estelí fournissent un grand nombre d'emplois. Les touristes, pour leur part, prennent plaisir à se balader à vélo dans les pinèdes de la vallée autour de la ville coloniale d'Ocotal, explorer à pied les gorges voisines de Jinotega, en bref, goûter au cachet rural et à l'authenticité de cette partie du Nicaragua.

MATAGALPA

Campée dans une vallée aux reliefs verdoyants, **Matagalpa** ⓰, berceau national de l'industrie du café, est l'une des locomotives économiques du Nicaragua. La quatrième plus grande ville du pays, surnommée la Perle du Nord, accueillera tout d'abord une communauté indigène appartenant à la culture des Matagalpas, de farouches guerriers dont les statues de pierre ont disparu en 1875. L'arrivée des Espagnols remonte à 1528, mais il faudra attendre la découverte de l'or pour que Matagalpa commence à prendre son essor, attirant *mestizos* et immigrants allemands, américains et britanniques, parmi lesquels Ludwig Elster et son

UN JONGLEUR RÉVOLUTIONNAIRE

Acquis à la cause sandiniste, un ingénieur électricien de Californie du nom de Benjamin Ernest Linder (1959-1987) va s'installer au Nicaragua en 1983 afin d'aider les pauvres de ce pays. Après plusieurs années à Managua, il déménage à El Cuá, dans les cordillères où les révolutionnaires luttent farouchement contre les Contras soutenus par les Américains. Il participe à la construction d'une centrale hydroélectrique destinée à alimenter San José de Bocay, et lance des campagnes de vaccination contre la rougeole. Pour autant, il restera surtout dans les mémoires pour ses talents de clown et de jongleur qui, juché sur son monocycle, aura combattu les horreurs de la guerre en divertissant les enfants des villages.

En 1987, Linder et 2 amis nicaraguayens sont tués par les Contras lors d'une embuscade en forêt. L'événement va faire la une de la presse internationale et soulever la question du rôle des États-Unis au Nicaragua. Le Congrès américain interrompra son aide l'année suivante, surtout en raison de l'Irangate. Le président Ortega qui avait porté le cercueil de Linder décernera à celui-ci, à titre posthume, la plus haute distinction civile nationale. Dans tout le nord du pays, des fresques murales rendent hommage à "l'ambassadeur jongleur", de même que de nombreux ouvrages et chansons, dont celle de Sting intitulée *Fragile* (1987).

épouse Katharina Braun qui vont planter les premiers caféiers.

Peu de visiteurs s'y attardent, à tort car la métropole recèle plusieurs spécimens d'architecture coloniale, notamment l'**Iglesia San Pedro**, en face du **Parque Morazán**. Cette église néo-classique de 1874 se distingue par sa façade chaulée et son bel autel en bois. À l'est du Parque Dario, se trouve la **Casa Cuna de Carlos Fonseca Amador**, humble maison natale en adobe du fondateur du FSLN (Frente Sandinista de Liberación Nacional), considéré par bon nombre comme l'enfant le plus illustre de Matagalpa. Reconvertie en musée, la **Casa Museo Comandante Carlos Fonseca**, (ouv. lun.-sam. 8h-17h) relate l'histoire de la révolution sandiniste.

SÉJOURS À LA FERME

La **Finca Esperanza Verde** (www.fincaesperanzaverde.com) vous reçoit dans son écolodge, au cœur d'une plantation de caféiers et d'une forêt de nuages sillonnée de sentiers. Perchée à 1 200 m d'altitude, non loin de la localité de Yúcul (est de Matagalpa), elle jouit de vues superbes sur les environs.

Fondé en 1891 par des Allemands, le **Selva Negra Ecolodge** (www.selvanegra.com) se trouve à 11 km de Matagalpa. Cette plantation de caféiers s'est aussi lancée, avec succès, dans le tourisme en 1976. L'endroit devenu sans conteste le chouchou de l'hôtellerie nicaraguayenne fait depuis longtemps partie des escapades favorites de l'élite du pays. Au programme : randonnée, découverte de la ferme bio, et observation des tangaras, capucins nonnettes et autres oiseaux qui peuplent la forêt environnante.

JINOTEGA

En poursuivant vers le nord, vous parviendrez à **Jinotega** ⑰. Il s'agit de l'un des circuits les plus panoramiques du Nicaragua. La route, qui descend rarement au-dessous de 1 500 m d'altitude, s'invite parmi les plantations de caféiers et autres cultures luxuriantes. Sertie dans un écrin de montagne granitique et de forêt de nuages drapée de brume, Jinotega et ses rues pavées reçoivent plus que leur lot de précipitations. Si vous ne craignez pas les gouttes, allez donc faire un tour au **Cerro La Cruz**. Le franciscain Margíl de Jesús y a planté

Matagalpa.

une croix au sommet, en 1703. Depuis, de nombreux pèlerins fréquentent ce site qui accueille aussi les Fiestas de la Cruz (30 avr.-16 mai), festivités les plus importantes de la ville.

Sur la route d'Estelí, au nord-est, **San Rafael del Norte** est l'une des localités les plus hautes du Nicaragua. Ce village qui a vu le jour au milieu du 17e siècle offre l'occasion rêvée de s'aventurer plus avant dans la montagne et de visiter des *fincas de café*.

À l'est de Jinotega, la **Reserva Natural Cerro Datanlí-El Diablo** couvre un territoire de 5 848 ha de forêt de nuages, riche en faune et en flore. De nombreux sentiers permettent de l'explorer au départ des communautés voisines. Partisan de l'énergie solaire, **La Bastilla Ecolodge** (www.bastillaecolodge.com) organise des randonnées guidées, à pied ou à cheval, jusqu'aux cascades et aux plantations de caféiers de la réserve. Elle reverse tous ses bénéfices à une école ayant une double vocation : agricole et touristique.

ESTELÍ

Desservie par la Panamericana, la ville universitaire d'**Estelí** ⓲ occupe une large vallée d'altitude, cernée de reliefs boisés. Elle se classe au troisième rang des métropoles nicaraguayennes. Au-delà du Parque Central et de la cathédrale, ce creuset du sandinisme multiplie les hommages à la révolution, comme en atteste une série de fresques murales ou la **Galería de Héroes y Mártires** (ouv. lun.-ven. 8h-17h, w-e sur rendez-vous), dont les expositions relatent la lutte contre le gouvernement de Somoza à la fin des années 1970. Des batailles sanglantes vaudront à la cité d'être en grande partie détruite – occasionnant quelque 15 000 victimes –, dont de nombreux édifices de la région en portent encore les stigmates. Le marché du samedi où les fermiers des environs viennent vendre leurs produits frais tranche par sa ruralité avec le modernisme du complexe commercial géant, regroupant un hôtel, des boutiques et plusieurs salles de cinéma.

À l'issue de la révolution cubaine en 1959, les fabricants cubains de cigares vont affluer à Estelí, où la météo et les sols réunissent les conditions idéales pour la culture du tabac. Aujourd'hui, cette activité reste l'une des principales industries locales et produit des cigares d'une très grande qualité. Certaines fabriques se visitent – adressez-vous à votre hôtel ou à un tour operator. Vous aurez le choix entre une présentation du processus complet de fabrication et un circuit de plusieurs jours, tels ceux proposés par **Drew Estate** (www.cigarsafari.com), avec dégustation et visites de plusieurs plantations.

Une trentaine de kilomètres en direction du nord-est séparent Estelí de la **Reserva Natural Miraflor** (Agroecotur ; 8254 4958 ; www.visitamirafloresteli.com), réputée pour le sens de l'hospitalité et l'amour de la culture bio des 15 fermes qu'elle héberge. La réserve protège un lac de montagne entouré d'une forêt primaire émaillée de cascades que sillonnent des sentiers de randonnée. L'idéal est de séjourner quelques jours dans l'une de ces fermes et de faire les activités proposées.

Un car qui affiche la couleur, à Matagalpa.

Dans une fabrique de cigares, à Estelí

À PROPOS

Ce sont les Espagnols qui ont donné son nom au Nicaragua en associant le patronyme du chef d'une tribu indigène appelé Nicarao en nahuatl, au mot espagnol *agua* (eau) qui fait référence aux lacs.

OCOTAL

Les premiers Espagnols s'établiront dans la région de Nueva Segovia en 1534. Cependant, les attaques répétées des pirates remontant le cours du Río Coco depuis la mer des Caraïbes vont inciter les colons, en 1654, à déménager à l'endroit où siège maintenant **Ocotal** ⓳, laquelle ne tarde pas à devenir une plaque tournante de l'industrie du bois d'œuvre. Bien plus tard, en 1927, Augusto Sandino inflige au gouvernement son premier vrai camouflet en s'emparant de la ville. L'armée américaine réagit par un raid aérien dévastateur. Le calme est revenu dans cette localité de près de 34 000 habitants dont le ravissant Parque Central, fleuri et arboré, accueille une église néoclassique.

Prise d'assaut par les élevages de bétail et les *fincas* de café, la campagne environnante se prête aux balades à vélo (location auprès de certains hôtels et tour operators de la ville).

Au sud-ouest d'Ocotal, non loin de la frontière hondurienne, la Transaméricaine dessert le **Monumento Nacional del Cañón de Somoto**, une gorge aux formations rocheuses insolites.

CÔTE CARAÏBE

Désignée autrefois sous le nom de Costa de Mosquitos, la côte caraïbe nicaraguayenne s'apparente davantage aux Islas de la Bahía du Honduras ou à Ambergris Caye du Belize qu'au reste du Nicaragua.

La résistance farouche des Mosquitos, conjugué au soutien britannique sous forme de protectorat de 1661 à 1860, en échange du libre accès aux baies, empêchera les Espagnols de conquérir cette région. Celle-ci deviendra alors le Royaume de Moskitia. Mais en 1894, le président José Santos Zelaya finira par y imposer la loi de la république en envoyant l'armée à Bluefields.

Nombreux encore sont les habitants parlant créole et portant des patronymes anglais, ceux de pirates comme Morgan ou Dampier. Le long des lagunes et des cours d'eau boueux entourés d'une épaisse forêt tropicale, des communautés indigènes de Mosquitos, Mayangna, Rama et Garífunas continuent de vivre selon les traditions ancestrales, au cœur d'une nature parfois hostile. Ici, nul besoin de télévision câblée ou de centres commerciaux climatisés. Dans des loca-

Palo de Mayo, un festival haut en couleur, Bluefields.

lités restées dans leur jus comme Bluefields, l'on se divertit avec des parades rythmées par le calypso et copieusement arrosées à l'alcool de sucre de canne.

Du Lago de Managua, la Carretera 7 rallie l'est, suivant souvent le cours du Río Mico, un affluent du fleuve Escondido. Elle dessert au passage **Juigalpa** ⑳ dont le petit **Museo Arqueológico Gregorio Aguilar Barea** (tél. 2512 0784 ; ouv. lun.-ven. 8h-12h, 14h-17h, sam. 8h-12h) veille jalousement sur la plus importante des stèles de pierre précolombiennes découvertes au Nicaragua et sur une collection de plus de 120 statues de basalte sculptées entre 800 et 1500. La route s'interrompt à **El Rama**, port fluvial du Río Escondido hébergeant 50 000 habitants. De là, il vous faudra prendre un ferry ou un avion de tourisme pour rallier Bluefields.

BLUEFIELDS

Ayant emprunté son nom à celui d'un pirate hollandais appelé Blewfeldt, la ville portuaire de **Bluefields** ㉑ se distingue par son kaléïdoscope de cultures, où se côtoient, entre autres, Caraïbes, Mosquitos et *mestizos*. Le taux de criminalité y bat des records ; il faut dire que la cocaïne sud-américaine transite en partie par ici avant de rejoindre le nord. De prime abord, la localité ponctuée de quais ne paye pas de mine avec ses immeubles délabrés et sa baie boueuse. Son seul intérêt touristique, elle le tire de son **Iglesia Morava**, sise dans la Commercial Avenue, non loin de la Calle Municipal. Initialement construite en bois en 1848, elle a été rebâtie après le passage de l'ouragan Juana en 1988, qui a balayé bon nombre des édifices victoriens bordant les rues pavées de briques. Un peu plus au sud dans l'avenue, le BICU/CIDCA-Museo présente des objets mosquitos, dont une épée ayant appartenu au dernier roi des Mosquitos.

Sa renommée, Bluefields la doit à sa vie nocturne débridée, quasi légendaire, qui lui vaut le surnom de Jamaïque du Nicaragua, et son titre de gloire au *maypole*, un calypso version tropicale qui s'accompagne de paroles paillardes et de mouvements de danse tout aussi suggestifs. Cette musique résonne à plein tube dans les night-clubs miteux, comme Four Brothers ou Fresh Point. L'excitation monte d'un cran à l'occasion du **Palo de Mayo**, un festival qui commémore tout au long du mois de mai l'époque où un *maypole* (mât enrubanné) était érigé au centre de la ville et décoré de guirlandes de fleurs afin de saluer l'arrivée du printemps. Depuis, cette fête a pris des airs de liberté et sert de prétexte à des festivités bien arrosées qui se poursuivent jusqu'au petit matin.

LAGUNA DE PERLAS

Au départ de Bluefields, des excursions en *pangas* (petites embarcations) rallient chaque jour **Laguna de Perlas** en 3 heures, au travers d'un réseau de canaux. Cette localité passait autrefois pour la seconde capitale du Royaume de Moskitia, car le dernier souverain y avait établi son siège après avoir été chassé de Bluefields en 1894. Aujourd'hui, ce village de pêcheurs décontracté, aux rues non bitumées, vit au rythme du reggae. Dans les restaurants en bois

Portrait d'une créole de Laguna de Perlas.

BEISBOL : LE SPORT NATIONAL

Dans les années 1880, Bluefields comptait parmi ses administrés l'homme d'affaires américain Albert Addlesberg. À l'époque, la ville faisait partie du territoire autonome moskito, très marqué par l'influence britannique et fervent amateur de cricket. Addlesberg va convaincre 2 clubs d'abandonner le cricket pour le baseball. Il fait même venir les équipements nécessaires de La Nouvelle-Orléans. Ce sport ne tardera pas à se propager le long de la côte caraïbe, puis dans tout le pays quand la région perdra son statut d'autonomie.

Opposant Managua à Granada, le premier match officiel se déroule en 1891, et les marines américains stationnés au Nicaragua au début du 20e siècle contribuent à intéresser le public à cette discipline. En 1956, la Liga Nicaragüense de Beisbol Profesional (LNBP) voit le jour. L'équipe nationale réussit plutôt bien sur la scène internationale et des joueurs nicaraguayens font leur entrée dans les championnats américains. La LNBP sera néanmoins dissoute en 1967, dans un climat de tensions économiques et politiques. Après la guerre civile, le baseball va trouver un second souffle, et la Liga se reformer en 2004, avec des équipes à Managua, Masaya, Rivas, Granada et Chinandega. Les stades ont beau manquer d'argent et les joueurs avoir un emploi annexe, le *beisbol* est aujourd'hui considéré comme *le* sport national.

À SAVOIR

Deux solutions s'offrent à vous pour vous rendre aux **Islas del Maiz** : vous aurez le choix entre prendre un vol de La Costeña (lacostena.online.com.ni) au départ de Managua ou Bluefields ; ou d'embarquer sur un ferry au départ de Bluefields (bluefieldstours.com/.../horarios-de-barco-desde-bluefields/ ; 1 à 2 liaisons par semaine ; 6 heures de traversée).

qui s'invitent au-dessus de l'eau, les visiteurs s'offrent des fruits de mer et de la bière bon marché, à l'ombre des toits de chaume. Faute de plage – les plus proches se trouvent aux Cayos Perlas –, vous pourrez visiter la communauté des Mosquitos d'**Awas**, 3 km à l'ouest, ou le village garífuna d'**Orinoco**, de l'autre côté de la lagune. Les amateurs de pêche préféreront sans doute aller taquiner le tarpon et le baracuda dans la lagune, ainsi que la sériole et le banane de mer *(Albula vulpes)* au large.

CAYOS PERLAS

Quelque 35 km au large de Laguna de Perlas, s'ancre un paradis tropical du nom de **Cayos Perlas** ㉒. La plupart de ses 18 *cayes*, dont certains disparaissent sous l'eau à marée haute, se résument à un bosquet de palmiers planté dans du sable blanc et cerné par des récifs coralliens que la transparence de l'eau permet d'admirer. Plusieurs sont privés, ce qui n'est pas du goût des insulaires mosquitos et des *mestizos*, et quelques-uns, comme **Pink Pearl** (www.nicabeachfront.com/PinkPearl-rent.htm), peuvent même être loués.

"Vol" d'une raie léopard (Aetobatus narinari) *au-dessus d'un récif, au large de la petite île du Maïs.*

De mai à novembre, ces îlots constituent une aire de reproduction privilégiée pour la tortue imbriquée, une espèce menacée, chassée pour sa carapace. L'ONG américaine Wildlife Conservation Society participe désormais à la gestion de la faune insulaire et fait appel à des braconniers repentis, formés pour protéger les nids.

ISLAS DEL MAÍZ

Flottant à moins de 80 km des côtes, les **Islas del Maíz** ㉓ (Corn Islands) – la grande et la petite – forment un monde à part. En 1914, le gouvernement nicaraguayen accordera un bail emphytéotique (99 ans) aux États-Unis. Plages de sable blanc frangées de palmiers, eaux turquoise abritant les récifs de coraux les mieux préservés du pays : cet archipel lilliputien semble avoir été créé de toutes pièces sur le modèle d'une carte postale. Les créoles qui y vivent pêchent le homard et cueillent des noix de coco, tout en commençant à s'intéresser au tourisme... avec mesure. Ici, pas de complexes hôteliers géants, ni d'hôtels de luxe. Vous y dormirez dans des bungalows de plage et vous rassasierez à la bonne franquette dans des restaurants dont la cuisine est le plus souvent ouverte sur l'extérieur.

ISLA GRANDE DEL MAÍZ

Les liaisons aériennes desservent uniquement la Grande île du Maïs sur laquelle se concentre l'essentiel du tourisme. L'aéroport se situe à un jet de pierre de **Brig Bay** et de ses pittoresques maisons en bois.

Les visiteurs viennent avant tout pour profiter des plaisirs de la plage, la plus prisée étant celle d'**Arenas**, juste au sud de Brig Bay sur la côte ouest, où 2 ou 3 restaurants vous reçoivent sans chichis. **Sally Peaches Beach**, sur la côte nord-est, se distingue par son sable rosé et ses baïnes peu profondes, riches en faune marine.

Il va sans dire, la plongée et le snorkeling font partie des activités de prédilection. Mer chaude, coraux, bonne visibilité toute l'année et tarifs aussi abordables que ceux pratiqués aux Islas de la Bahía (Honduras) : que demander de plus ? Le centre PADI Corn Island Dive Center (www.cornislanddivecenter.com) propose notamment des plongées à Blowing Rock, un amoncellement de roches volcaniques fréquentées par des barracudas, des requins de récifs et les carangues à plumes *(Alectis ciliaris)*, ainsi que sur l'épave d'un galion du 19e siècle, au large de Waula Point.

ISLA PEQUEÑA DEL MAÍZ

Si vous jugez Isla Grande del Maiz un peu trop agitée à votre goût, vous allez adorer **Isla Pequeña**, que des vedettes rallient plusieurs fois par jour au départ de la grande île (environ 30 minutes de traversée). Aucune voiture ne circule sur cet îlot de jungle, long de 2 km, festonné de plages de rêve et parcouru par un seul sentier bien balisé. L'électricité se montre capricieuse et l'hébergement se fait dans des *cabañas* aux toits de chaume. Une exception cependant, sur la côte nord : l'élégant Yemaya Boutique Hotel (www.yemayalittlecorn.com) qui possède un spa et un restaurant où les produits cuisinés viennent souvent du jardin.

BILWI

À l'extrême nord de la côte caraïbe, non loin de la frontière hondurienne, la ville portuaire de **Bilwi** ㉔, alias Puerto Cabezas, est la capitale de la Región Autónoma de la Costa Caribe Norte (RACCN), peuplée par les Mosquitos, les Mayangna (ou Sumu) et Ramas. Les visiteurs arrivent généralement à Bilwi en avion, pressés de découvrir l'univers la lagune de Páhara et son entrelacs de canaux et rivières donnant à découvrir les villages mosquitos.

Vous trouverez en ville une poignée de bons restaurants de fruits de mer, mais ne manquez pas de goûter aux spécialités du **Mercado Municipal**, tels le *rondón (voir* À savourer *ci-contre)* et le pain à la noix de coco. Vous pourrez aller admirer le coucher de soleil du bout du **Muelle Viejo** (Vieux quai). C'est là que débarquaient clandestinement les armes destinées aux Contras ; de là aussi que la Brigada de Asalto 2506 (Brigade d'assaut 2506), composée d'exilés cubains anti-castristes entraînés par la CIA, lancera, en 1961, sa tentative ratée d'invasion de la baie des Cochons (Cuba). #

À SAVOURER

L'une des spécialités culinaires les plus connues de la côte caraïbe s'appelle le *rondón*, une déformation de l'anglais *run down* qui, en l'occurrence, pourrait se traduire par "j'y fous tout" ! Ce ragoût qui doit mijoter lentement se compose de lait de coco et des ingrédients qui tombent sous la main du cuisinier, notamment des bananes plantains, du yucca, du poisson et des fruits de mer. Il s'agit d'un plat d'origine africaine adapté par les esclaves.

Plage déserte à la Isla Pequeña del Maíz Pequeña.

La vie couleur rasta au Costa Rica.

BAR
COCO'S
BAR
GRILL
SPECIALIZED
IN
TIPICAL
AND
AMERICAN
FOOD
TRY THE
BEST FOOD
IN TOWN
Welcome
to
cahuita
RED SNAPPER
FRESH LOBSTER
RICE AND BEANS
COCO'S BAR AND GRILL

Vestiges du Fuerte San Jerónimo à Portobelo, au Panamá.

LE SUD DE L'AMÉRIQUE CENTRALE

Luxueuse escapade tropicale, plaisirs balnéaires, authenticité ou immersion dans une nature sauvage : cette partie de l'isthme saura vous offrir tous les plaisirs de la découverte.

Gros plan sur un char à bœufs de Sarchí, Costa Rica.

Ayant échappé dans une large mesure aux turbulences qui ont freiné le développement de leurs voisins du nord, le Costa Rica et le Panamá semblent faire bande à part. Ils possèdent de meilleures infrastructures touristiques et, même loin de tout, vous trouverez aéroports et hébergement de qualité.

La capitale du Costa Rica, San José, connaît un nouvel élan depuis l'arrivée d'expatriés qui ont transformé les localités satellites rurales en banlieues modernes. Restaurants haut de gamme, métro – le premier dans l'isthme –, hôtels de charme et bars branchés qui prennent d'assaut les rues coloniales : Panamá, qui évoque de plus en plus Dubaï avec son horizon hérissé de gratte-ciel, affiche haut et fort son goût du modernisme. Non loin de la métropole, le canal de Panamá, locomotive économique nationale, s'est doté depuis peu d'une voie de navigation supplémentaire et d'écluses plus larges pour permettre le passage des plus gros navires du monde.

Bocas del Toro, Panamá.

Il existe une certaine rivalité entre les côtes nord et sud de ces 2 pays. La vie sur le littoral caraïbe s'écoule à un rythme plus nonchalant, malgré le dynamisme des villes portuaires de Puerto Limón et de Colón. L'authenticité vous donne rendez-vous dans la forêt tropicale humide de l'île de Bocas del Toro, dans le village paisible de Cahuita, ou peut-être plus encore, chez les Kuna (ou Guna), dans l'archipel San Blas (Guna Yala) aux *cayes* pittoresques et préservés. Côté Pacifique, le tourisme se veut plus balnéaire, avec la présence de complexes hôteliers, de palaces nichés au cœur de réserves privées et de modestes B&B situés à deux pas de la plage. Ici, vous êtes au royaume du surf, de la pêche et du yoga.

Les visiteurs épris d'indépendance ont une prédilection pour les *fincas de café* et les sources chaudes cachées en pleine nature. Les intrépides s'aventureront dans la cordillère de Talamanca, plus haute chaîne de montagnes du sud de l'Amérique centrale, ou dans le bouchon du Darién où les Bribrí et les Emberá perpétuent les traditions ancestrales. Cette région a su, mieux que les autres, protéger ses trésors naturels. Une expédition dans la Península de Osa ou dans le Parque Nacional Manuel Antonio à la rencontre de la faune et de la flore sauvages vous le confirmera. #

Plage de Manzanillo, sur la côte caraïbe costaricaine.

Lago de Cocibolca (Lac Nicaragua)
Islas Solentiname
Cárdenas
Escamea
Colón
San Carlos
Bahía Salinas
La Cruz
Santa Cecilia
Golfo de Soley Santa Elena
Carretera Interamericana
Cerro Cacao 1659
Colonia Dos Rios
San José
Delicias
Los Chiles
Cabo Santa Elena
Península Santa Elena
Islas Murciélagos
Parque Nacional Rincón de la Vieja
21
Upala
San Jorge
Caño Negro
Llanura de los Guatusos
Amparo
Cordillera de Guanacaste
Aguas Claras
Volcán Miravalles 2018
Golfo de Papagayo
Hacienda Culebra
Cañas Dulces
Bijagua
Alajuela
Playa Panamá
Playa Hermosa
Playas del Coco
Playa Ocotal
23
24
25
26
El Coco
Liberia
20
Fortuna
San Rafael de Guatuso
Nuevo Arenal
Venado
Aguacate
17
Monterrey
Sardinal
Bagaces
Laguna de Arenal
18
La Fortuna de San Carlos
Playa Flamingo
27
Filadelfia
Guanacaste
Tempate
Cartagena
Belén
Cañas
Quebrada Grande
1633 Arenal
16
Cabo Velas
Valle de Tempisque
Tempisque
Pan-American Highway
La Tigra
Playa Tamarindo
28
Tamarindo
Monteverde
15
Cordillera de Tilarán
Ciudad Quesada (San Carlos)
Santa Cruz
Veintisiete de Abril
Diriá
Quebrada Honda
Las Juntas
San Antonio
Colorado
Finca Cóbano
Nicoya
Península de Nicoya
Mansión
Isla Chira
Miramar
San Ramón
Cuajiniquil
Hojancha
Golfo de Nicoya
Chomes
Pitahaya
4
Playa Nosara
29
Nosara
Carmona
22
Puntarenas
Macacona
Lepanto
Puerto Caldera
San Mateo
Punta Guiones
Sámara
Bejuco
Puntarenas
Bahía Gigante
30
Playa Sámara
Punta Islita
Paquera
Isla Tortuga
Tárcoles
Punta Coyote
Arío
Manzanillo
Cóbano
Tambor
Punta Conejo
Jacó
31
Playa Jacó
Malpaís
Montezuma
Isla Cabo Blanco
Cabo Blanco
Punta Judas
OCÉAN PACIFIQUE
Isla del Coco
0 2 km
Punta Agujas
Isla Manuelita
Isla Pájara
Bahía Chatham
Bahía Wafer
Cabo Barreto
Isla del Coco
Cabo Atrevida
Cerro Yglesias 634
Cerro Jesús Jiménez 430
Cabo Lionel
Isla Muela
Cabo Dampier

Costa Rica
0 20 km
N
MER DES CARAÏBES
NICARAGUA
COSTA RICA
PANAMÁ
Indio
Caño Negro
Deseado
San Juan
San Juan del Norte
Punta Castilla
Barra del Colorado
Trinidad
Heredia
Las Medias
Llanura de Tortuguero
Tortuguero
Suerte
Puerto Viejo de Sarapiquí
Pital
La Virgen
Las Horquetas
Limón
Cariari
Parismina
Parque Nacional Braulio Carrillo
Rita
Río Jiménez
Guápiles
Cordillera Central
Charrizal
San José de la Montaña
Parque Nacional Volcán Irazú
Florida
Siquirres
Batán
Matina
Puerto Limón
Isla Uvita
Alajuela
Heredia
San José
Santa Cruz
Peralta
Turrialba
Pavas
Escazú
Desamparados
Cartago
Pavones
Tucurrique
Aserri
Jardín Botánico Lankester
Platanillo
Pejibaye
San Gabriel
San Andrés
Petróleo
Limón
Finca Banaga
Cahuita
Punta Cahuita
Puerto Viejo de Talamanca
Punta Uva
Punta Mona
Manzanillo
Vesta
Valle de la Estrella
Bibrí
Shiroles
Bratsi
Sixaola
Changuinola
I. Colón
Almirante
Cartago
Chirripó
San Marcos de Tarrazú
San Lorenzo
San Gerardo de Dota
Cordillera de Talamanca
Telire
Valle de Talamanca
Coén
Teribé
Cerro Urán 3333
3819 Cerro Chirripó
Cerro Eli 3097
Puntarenas
Naranjito
Río Nuevo
Rivas
General Viejo
Savegre
Manuel Antonio
Parque Nacional Manuel Antonio
Matapalo
San Isidro de El General
Cajón
San Pedro
Barú
Volcán
General
Buenos Aires
Cerro Kamúk 3549
Pejibaye
Punta Uvita
Djochal
Valle de El General
Térraba
Potrero Grande
Colinas
Boruca
Valle de Coto Brus
Santa Elena
Alturas
Bahía de Coronado
Cortés
Palmar Sur
Chánguena
San Vito
Río Sereno
Valle de Diquís
Puntarenas
Limoncito
Sabalito
Hato del Volcán
Boquete
Agua Buena
Isla del Caño
Bahía Drake
Drake
Agujitas
Golfo Dulce
Golfito
Ciudad Neily
Punta San Pedrillo
Punta Llorona
Península de Osa
Parque Nacional Corcovado
Puerto Jiménez
Zancudo
Portón
Pueblo Nuevo
Canoas
La Cuesta
La Concepción
Gualaca
David
Punta Salsipuedes
Carate
Cabo Matapalo
Punta Banco
Pavones
Banco
Puerto Armuelles
Península de Burica
Bahía de Charco Azul
I. Sevilla
Yerbazales
I. Boca Brava
Isla Burica
Punta Burica

Balade au-dessus d'un océan de verdure au Selvatura Park, Monteverde.

LE COSTA RICA

Au sein d'une Amérique centrale en ébullition, le Costa Rica forme une enclave où l'homme et la nature vivent en harmonie.

Pris en sandwich entre le Nicaragua et le Panamá, le Costa Rica constitue une petite nation démocratique, réputée pour sa beauté naturelle et sa surprenante stabilité politique dans une région du globe au passé houleux.

L'abolition des forces armées, en 1949, a permis à l'État de consacrer une grande part de ses ressources à l'éducation, à la santé et à la protection de l'environnement. Parcs nationaux, réserves de biosphère, refuges de faune et de flore sauvages et réserves privées occupent près du quart du territoire national. Avec environ 6 % des espèces végétales et animales recensées sur la planète, dont plus de 850 d'oiseaux et 250 de mammifères, c'est le paradis incarné pour tous les fervents admirateurs de Dame Nature.

Jungles épaisses, volcans actifs, plages immaculées : autant de contrastes qui font paraître ce pays beaucoup plus vaste qu'il ne l'est en réalité. Plus de 50 % de la population (près de 5 millions) se concentrent dans la région tempérée du Valle Central, autour de la capitale moderne de San José. Mais les Ticos (Costaricains) vous le diront : le "vrai" Costa Rica, vous le découvrirez dans le *campo* (la campagne).

"Terre du juste milieu" : c'est ainsi qu'un responsable de la Banque mondiale l'a qualifié car, malgré une économie nettement perfectible, son niveau et sa qualité de vie démentent son statut de pays du tiers-monde.

Depuis plus de 20 ans, le tourisme fait partie de ses principaux moteurs économiques. Le Costa Rica reçoit plus de 2,6 millions de visiteurs par an, nord-américains et européens pour la plupart. Il leur propose un large éventail d'activités axées surtout sur l'écologie et les sports d'aventure, dont l'observation des oiseaux dans la forêt de nuages de Monteverde et le rafting en eaux vives sur le Río Pacuare. Le

Basilic pas si commun puisqu'il marche sur l'eau, au Parque Nacional Tortuguero.

NE MANQUEZ PAS

Carte p. 274, plan p. 278

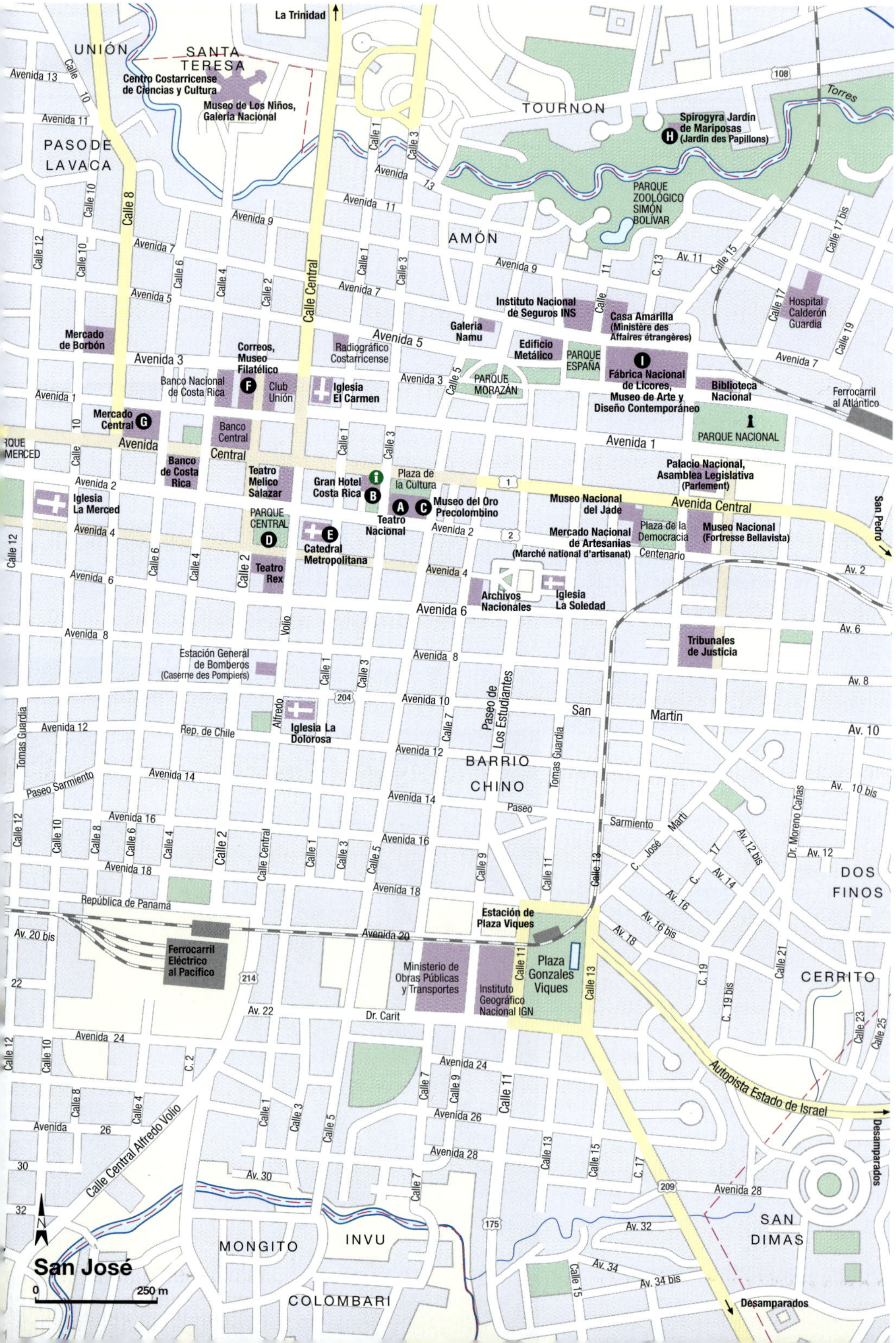

San José
0
250 m
La Trinidad
UNIÓN
SANTA TERESA
PASO DE LAVACA
TOURNON
AMÓN
BARRIO CHINO
DOS FINOS
CERRITO
SAN DIMAS
MONGITO
INVU
COLOMBARI
Centro Costarricense de Ciencias y Cultura
Museo de Los Niños, Galería Nacional
Spirogyra Jardín de Mariposas (Jardin des Papillons)
PARQUE ZOOLÓGICO SIMÓN BOLÍVAR
Hospital Calderón Guardia
Instituto Nacional de Seguros INS
Casa Amarilla (Ministère des Affaires étrangères)
Galería Namu
Edificio Metálico
PARQUE ESPAÑA
PARQUE MORAZÁN
Fábrica Nacional de Licores, Museo de Arte y Diseño Contemporáneo
Biblioteca Nacional
Ferrocarril al Atlántico
PARQUE NACIONAL
Mercado de Borbón
Correos, Museo Filatélico
Radiográfico Costarricense
Banco Nacional de Costa Rica
Club Unión
Iglesia El Carmen
Mercado Central
Banco Central
Banco de Costa Rica
Teatro Melico Salazar
Gran Hotel Costa Rica
Plaza de la Cultura
Museo del Oro Precolombino
Teatro Nacional
Palacio Nacional, Asamblea Legislativa (Parlement)
Museo Nacional del Jade
Plaza de la Democracia
Museo Nacional (Fortresse Bellavista)
Mercado Nacional de Artesanías (Marché national d'artisanat)
PARQUE MERCED
Iglesia La Merced
PARQUE CENTRAL
Catedral Metropolitana
Teatro Rex
Archivos Nacionales
Iglesia La Soledad
Tribunales de Justicia
Estación General de Bomberos (Caserne des Pompiers)
Iglesia La Dolorosa
Paseo de Los Estudiantes
Estación de Plaza Viques
Plaza Gonzales Viques
Ferrocarril Eléctrico al Pacífico
Ministerio de Obras Públicas y Transportes
Instituto Geográfico Nacional IGN
Autopista Estado de Israel
San Pedro
Desamparados
Avenida Central
Calle Central
Calle Central Alfredo Volio
República de Panamá
Rep. de Chile
Paseo Sarmiento
Tomás Guardia
San Martín
C. José Martí
Dr. Moreno Cañas
Dr. Carit
Centenario
Torres

Costa Rica n'a plus grand-chose à voir avec le pays rural et indolent d'autrefois, mais il conserve son charme nonchalant, notamment dans ses régions les plus isolées.

UNE HISTOIRE PAS SI SIMPLE

L'histoire moderne du Costa Rica commence fin 1948, après que des élections contestées ne déclenchent une guerre civile. Cette guerre de libération nationale, menée par José "Don Pepe" Figueres Ferrer, durera 44 jours et coûtera la vie à 2000 Costaricains (1 sur 300). Cinq jours après le cessez-le-feu, Figueres, chef de la junte victorieuse, fait son entrée triomphale dans San José et résume dans une allocution publique ses idées directrices : "le plus grand bien pour le plus grand nombre". L'année suivante, la nouvelle Constitution qu'il a rédigée reflète ses objectifs : élargissement du système de sécurité sociale, instauration d'un salaire minimum, droit de vote aux femmes, protection des enfants, nationalisation du secteur bancaire et droit du sol – une belle conquête pour les Indiens et Noirs, jusqu'alors traités en individus de seconde zone.

La nouvelle Constitution abolit également l'armée. Ce sera la réussite la plus notoire de Figueres. Lors d'une cérémonie publique, il remet les clés de la forteresse militaire de Bella Vista au ministre de l'Éducation, et lui demande de convertir l'édifice en un musée des Beaux-Arts.

S'il cède le pouvoir à Ulate en 1949, Figueres accèdera par 2 fois à la présidence de la République – de 1953 à 1958 et de 1970 à 1974 – sous la bannière sociale-démocrate du Partido Liberación Nacional (PLN).

LE CALME AVANT LA TEMPÊTE

Durant les années 1960 et 1970, le Costa Rica va connaître une période de paix et de forte croissance économique. La mise en œuvre d'un État-providence et de lois destinées à protéger les peuples indigènes ne sont que deux des mesures phares du régime progressiste en place. Toutefois, en 1979, les Sandinistes renversent la dictature de Somoza au Nicaragua et, sous la pression des États-Unis dont il est le débiteur, le Costa Rica devient une base arrière pour les *contrarrevo-*

À PROPOS

Les Costaricains ne se privent jamais de raconter comment ils ont appris l'indépendance de leur pays par courrier. En fait, un messager à dos de mule a apporté la nouvelle dans le Valle Central le 13 octobre 1821, un mois ou presque après l'annonce faite par les autorités coloniales basées à Ciudad de Guatemala.

Hommage aux travailleurs costaricains devant le Banco Central, San José.

lucionarios (contre-révolutionnaires), ou Contras *(voir p. 58)*.

C'est dans ce contexte de tensions politiques qu'au début des années 1980, les cours mondiaux de la banane et du café s'effondrent littéralement. La dette extérieure ne cessera de se creuser au cours de la décennie. Une lueur d'espoir se fait jour sous la mandature d'Óscar Arias Sánchez (1986-1990), qui assure la médiation dans le règlement des conflits qui secouent la région. Car le Salvador, le Honduras et le Guatemala se trouvent eux aussi dans des situations explosives. Quant au Costa Rica, il a beau être confronté à des problèmes économiques de taille, il n'en offre pas moins une image de stabilité. En 1987, Arias recevra le prix Nobel de la paix en récompense de son engagement.

ESCALADE DE LA CORRUPTION

Élu en 1998 sous l'étiquette du PUSC (Partido Unidad Social Cristiana), l'économiste conservateur Miguel Ángel Rodríguez Echeverría a promis de libéraliser les secteurs clés de l'économie et d'effectuer des coupes claires dans les dépenses de l'État. Il va effectivement réussir à attirer des investisseurs étrangers et à signer des accords de libre-échange avec le Canada et le Mexique, mais son gouvernement se verra accusé de manque de transparence –voire de corruption–, ce qui donnera lieu à la plus forte mobilisation générale depuis la révolution de 1948.

Les élections de 2002 maintiennent les démocrates-chrétiens aux manettes en la personne d'Abel Pacheco de la Espriella, qui fait du tourisme un des leviers de l'essor économique. Son mandat suscitera néanmoins de vives critiques pour incompétence, manque de coopération de l'Assemblée nationale et scandales en tout genre. En 2004, 2 anciens présidents sont mis en examen pour corruption. Parmi eux, Rodríguez qui doit démissionner du Secrétariat général de l'OEA (Organisation des États américains) –il était le premier Centraméricain à occuper ce poste.

En 2006, 20 ans après sa victoire électorale initiale, Óscar Arias Sánchez (PLN) l'emporte de justesse. Deux ans plus tard, il ratifie l'accord de libre-

Fresque affichant la couleur... de peau, San José.

échange entre l'Amérique centrale et les États-Unis, au terme d'une violente polémique nationale. Il ne tarde pas à abandonner Taïwan, partenaire commercial du Costa Rica de longue date, en faveur de la Chine.

Grande première dans l'histoire, les Costaricains élisent une femme à la tête du pays en 2010. Il s'agit de Laura Chinchilla, la vice-présidente du gouvernement d'Arias. Autre événement inédit, l'ex-président Rafael Ángel Calderón Fournier est reconnu coupable de malversations et condamné à une peine de prison. En 2014, c'est au tour de Luis Guillermo Solís Rivera du Partido Acción Ciudadana (PAC) d'occuper les fonctions de président, après une campagne axée sur la lutte contre les inégalités et la corruption. Carlos Andrés Alvarado Quesada, également membre du PAC, prendra la relève en 2018.

SUR LA BONNE VOIE

En dépit de problèmes économiques et sociaux, le Costa Rica progresse dans le bon sens. Depuis 2012, il investit davantage dans l'éducation et la santé. Par ailleurs, il a institué une taxe sur la vente des énergies fossiles afin de financer la protection de l'environnement et s'est fixé pour objectif de devenir le premier pays neutre en émission de carbone d'ici 2021. En 2015 déjà, 99 % de son électricité provenaient d'énergies renouvelables. Dans le même temps, l'équipe nationale de *fútbol*, La Sele, se distingue en accédant pour la première fois, en 2015, aux quarts de finale du championnat du monde. En 2012 et en 2015, la fondation britannique New Economics, qui classe les États d'après leur empreinte écologique et l'espérance de vie de leur population, élira le Costa Rica pays le plus heureux de la planète.

SAN JOSÉ

L'agglomération métropolitaine de San José, qui englobe Cartago, Alajuela et Heredia, ne mérite probablement pas le premier prix de beauté, avec son méli-mélo de gratte-ciel et de villas coloniales défraîchies. Pourtant, elle n'est pas dénuée de charme et reste profondément *tica* dans l'âme.

Victime de la pollution et des embouteillages, la métropole s'efforce néanmoins d'améliorer son cadre de vie en restaurant les édifices dignes d'intérêt et en créant d'agréables zones piétonnes. Quelques *barrios* (quartiers) possèdent un certain cachet. C'est le cas du Barrio Amón avec ses demeures imposantes, souvent converties en hôtels de charme, du Barrio México où règne une ambiance très Art déco, et du Parque España qui évoque une jungle urbaine miniature.

POINTS DE REPÈRE

Avant de vous lancer à la découverte de **San José** ❶ ou d'y chercher une adresse, prenez le temps de vous familiariser avec la toponymie des lieux. Celle-ci obéit à un plan quadrillé, les *calles* (rues) numérotées étant orientées nord-sud, et les *avenidas* (avenues), est-ouest. Les *avenidas* du nord et les *calles* de l'est portent des numéros impairs, les *avenidas* du sud et les *calles* de l'ouest, des numéros pairs.

À SAVOURER

À midi, employés, ouvriers, étudiants ou fermiers, tout le monde s'offre un *casado*, qui signifie littéralement "marié". Cette recette nourrissante marie du riz blanc avec toute une variété d'ingrédients : haricots noirs, salade de chou, bananes plantains frites et poulet, bœuf ou poisson en sauce. Selon les usages, le *casado* est censé correspondre à l'ordinaire de l'homme marié ou le tout premier repas d'un couple marié.

Correos, l'élégante poste centrale de la capitale.

Rien de plus simple de prime abord... sauf qu'en général, seules les rues du centre ont un nom. Les adresses se présentent souvent sous la forme suivante : Catedral Metropolitana, Calle Central, Avenida 2-4, ce qui signifie que la cathédrale se trouve dans la Calle Central, entre l'Avenida 2 et l'Avenida 4. Faute de numéros, les immeubles sont situés en fonction de la distance en mètres *(metros)* qui les sépare d'un point de repère connu, avec indication de la direction (nord, sud, est, ouest).

AU CŒUR DE LA VILLE

La **Plaza de la Cultura** marque l'épicentre de la capitale. Cette vaste esplanade attire une foule de marchands ambulants, artisans, artistes de rue et, à vrai dire, tous les Josefinos ou presque. Elle a l'illustre privilège d'héberger le **Teatro Nacional** **A** (www.teatronacional.go.cr), édifice néoclassique qui a pris modèle sur l'Opéra Garnier de Paris et se veut le plus raffiné de San José, voire du Costa Rica. L'excellent Orcquesta Sinfónia Nacional s'y produit dès le mois de mars, conviant des artistes invités de renom international. Chaque jour, des visites guidées permettent d'admirer son opulente décoration, débauche de marbre, d'or, de bronze, de bois tropicaux, de lustres en cristal, de draperies en velours et de statues. La célèbre fresque du plafond représente sous un jour idyllique la condition des journaliers employés à la récolte des bananes et du café. À l'ouest de la place s'élève le bâtiment principal du **Gran Hotel Costa Rica** **B** qui a retrouvé son faste des années 1930. Souvent, des joueurs de marimba divertissent les touristes venus prendre un café en terrasse.

Le **Museo del Oro Precolombino** **C** (www.museosdelbancocentral.org ; ouv. tlj. 9h15-17h) vous accueille sous l'esplanade, à l'angle de l'Avenida Central et de la Calle 5. Ses vastes salles, fraîches et éclairées avec parcimonie, recèlent plus de 2 000 pièces d'orfèvrerie ciselées par les populations précolombiennes du sud-ouest du pays. La collection compte, parmi ses joyaux, de minuscules figurines mi-homme mi-oiseau, ainsi que des statuettes érotiques. Unique Chinatown d'Amérique centrale, le **Barrio Chino** s'ouvre au sud-est du musée, entre les Avenidas 2 et 14 et les Calles 7 et 11.

LE PARQUE CENTRAL

En remontant l'Avenida 2 vers l'ouest, vous atteindrez le **Parque Central** **D**, autre point de ralliement des Josefinos. Offert par la famille du dictateur nicaraguayen Somoza et d'un style qui n'est pas sans rappeler celui de Gaudí, son kiosque à musique accueille parfois des concerts le week-end. La façade néoclassique restaurée du Teatro Popular Melico Salazar, au nord du parc, mérite le coup d'œil.

L'imposante **Catedral Metropolitana** **E** (ouv. lun.-sam. 6h30-17h, dim. 7h-20h) se distingue surtout par sa Capilla del Santísimo Sacramento au plafond de bois remarquablement sculpté et aux murs presque entièrement tapissés de motifs floraux. Havre de paix qui tranche avec l'agitation alentour, la cathédrale attire une foule

Trésor du Museo del Oro Precolombino, San José.

de fidèles à l'occasion de la messe célébrée en milieu de journée.

Du Parque Central, remontez la Calle 2, vers le nord, jusqu'au majestueux édifice que se partagent le **Correos** **F** (poste centrale), le **Museo Filatélico** (musée de la Poste ; ouv. lun.-ven. 8h-17h) et un agréable café. Trois *cuadras* (pâtés de maisons) plus à l'ouest, dans l'Avenida 1, une avenue piétonne, vous trouverez le **Mercado Central** **G** (ouv. lun.-sam. 6h30-18h30). Les halles de ce marché inauguré en 1881 – le meilleur de la métropole – réunissent plus de 200 commerces où vous pourrez chiner sans aucun mal vos cadeaux : sacoches de selle, sacs en toile, hamac... Pour les fruits et légumes, rendez-vous au Mercado Borbón, 2 *cuadras* au nord.

AU NORD ET À L'OUEST DU PARQUE ESPAÑA

Une promenade dans le Barrio Amón, où subsistent d'élégants immeubles coloniaux, vous fera remonter le temps. Commencez par la **Casa Amarilla** (Maison jaune ; Calle 11), un très bel exemple du style colonial espagnol qui héberge aujourd'hui le ministère des Affaires étrangères, puis rejoignez l'Avenida 9, au nord, que vous emprunterez sur la gauche. Vous y découvrirez de belles demeures victoriennes aux façades ouvragées et aux jardins clos gardés par des lions en pierre.

Au-delà du **Parque Zoológico y Jardín Botánico Nacional Simón Bolívar** (www.fundazoo.org ; ouv. tlj. 9h-16h30), l'univers enchanteur des papillons vous attend au **Spirogyra Jardín de Mariposas** **H** (www.butterflygardencr.com ; ouv. lun.-ven. 9h-14h, w-e 9h-15h). L'une des vocations principales de ce jardin consiste à procurer aux paysannes une source alternative de revenus grâce à l'exportation des chrysalides en Europe et aux États-Unis. Venez-y de préférence quand il fait beau ; les papillons sont alors particulièrement actifs.

Ne quittez pas le Centro de San José sans avoir fait un tour à l'ancienne **Fábrica Nacional de Licores** **I** qui héberge désormais le ministère de la Culture. Représentations théâtrales et concerts sont régulièrement donnés dans l'amphithéâtre et la charmante cour qui séparent les bureaux minis-

Poisson frais au Mercado Central, San José

tériels du **Museo de Arte y Diseño Contemporáneo** (www.madc.cr ; ouv. mar.-sam. 9h30-17h), où s'enchaînent les expositions d'art avant-gardiste.

VALLE CENTRAL

Le Valle Central ou Meseta (plateau) Central n'est à proprement parler ni une vallée ni un plateau, mais conjugue ces 2 types de paysages. Le terme de hautes terres conviendrait sans doute mieux à cette région d'une altitude d'environ 1 500 m, caractérisée par de nombreux cours d'eau et des monts volcaniques fertiles. Le Valle Central s'étend sur 64 km du nord au sud et sur 24 km dans sa plus grande largeur, à la jonction de 2 chaînes de montagnes.

Ici, la campagne est belle et variée, le climat sain et l'air doux, et la population accueillante, digne et indépendante. Des volcans, dont certains encore actifs, émergent derrière les collines qui enserrent la vallée. Le ciel, quant à lui, change constamment ; grains pluvieux et charbonneux, lambeaux d'azur étincelant, gros flocons de cumulus et arc-en-ciel se succèdent à vive allure. En bref, la destination idéale pour une escapade d'une journée, seul ou en groupe.

ALAJUELA ET HEREDIA

Installée au pied du volcan Poás (2 704 m), **Alajuela** ❷ bénéficie d'un climat sensiblement plus chaud. Cette ville de quelque 300 000 habitants (en 2017) a vu naître Juan Santamaría, dont le courage désormais légendaire contribuera à chasser William Walker et ses flibustiers du Costa Rica, en 1856. Le **Museo Histórico Cultural Juan Santamaría** (www.museojuansantamaria.go.cr ; ouv. mar.-dim. 10h-17h30 ; entrée gratuite) lui rend hommage à une *cuadra* de la grand-place où les anciens se réunissent à l'ombre des manguiers.

À 11 km au nord de la capitale, **Heredia** ❸ (plus de 138 500 habitants en 2017), surnommée la Ciudad de las Flores (ville des Fleurs), a été fondée en 1706 par les Espagnols, bien avant San José. Bastion historique du café, elle n'a cessé de prospérer, comme en témoigne la multiplication de nouvelles boutiques branchées visant la clientèle des cadres supérieurs et d'une classe moyenne en pleine croissance.

Char à bœufs devenu œuvre d'art, Sarchí.

SARCHÍ

Envie d'une escapade d'une demi-journée pour dénicher de belles créations artisanales et jouer les touristes dans le bastion du café qu'est le Valle Central ? Rendez-vous à **Sarchí** ❹, une localité de montagne située au nord-ouest d'Alajuela. Inutile de chercher les panneaux de signalisation, vous ne risquez pas de la manquer : des motifs hauts en couleur égaient arrêts de bus, bars, boulangeries, restaurants et maisons. Et sur la place devant l'église, trône un char à bœufs géant d'au moins 2 tonnes, autour duquel s'agglutinent les visiteurs. Forte de ses peintres de *carretas (voir encadré ci-dessous)* et de ses ébénistes, Sarchí a fait de son artisanat son principal argument touristique et, dans les faubourgs de la ville, de charmants étals en bordure de route vendent des fruits confits, du miel et du caramel faits maison.

PARQUE NACIONAL VOLCÁN POÁS

Étape incontournable des circuits touristiques, le **Parque Nacional Volcán Poás** ❺ (tél. 2482 2165 ; ouv. tlj. 8h-15h30) se trouve 37 km seulement au nord-ouest de San José, en passant par Alajuela. Si vous souhaitez éviter la foule et profiter d'un ciel dégagé – donc d'une bonne visibilité –, visitez-le de préférence tôt le matin. Avis aux amateurs : à mesure que vous grimperez vers le sommet du volcan, la délicieuse fraîcheur de l'air risque de se transformer en froid et en pluie.

Le Poás fait partie des volcans actifs les plus faciles d'accès sur ce continent. Une carte des sentiers, des expositions sur la faune et la flore locales, une boutique de cadeaux, une cafétéria et autres commodités vous attendent au Centro de Visitantes, situé près du sommet. Un refuge idéal si la météo se dégrade, ce qui arrive souvent à cette altitude de près de 2 700 m. Le belvédère qui domine le cratère offre une belle vue sur le volcan qui, en 1989, a craché des cendres à plus d'un kilomètre de hauteur. Mesurant 1,5 km de largeur et 300 m de profondeur, la caldeira principale se classe parmi les plus vastes de la planète ; elle abrite un lac acide couleur émeraude, la Laguna Caliente, dont l'eau sulfureuse bouillone à 85 °C. Le Poás se manifeste tous

CARRETAS

L'art des charrettes peintes remonterait à 1910, quand un *campesino* décide de décorer les roues de son char à bœufs de motifs bariolés d'inspiration mauresque, leur donnant de faux airs de mandalas bouddhiques. Cette "mode" finit par gagner tout le pays et, chaque région customisant son style, il devient alors possible de connaître la provenance du cocher aux dessins de son tombereau. Il paraît aussi que chaque *carreta* a son propre *chirrido* (chant de roues), ce qui permet de l'identifier à l'oreille. L'usage de ce moyen de transport, particulièrement adapté au relief accidenté de cette petite "Suisse d'Amérique centrale" et à ses pistes boueuses et pleines d'ornières, se perpétuera jusque dans les années 1960. Aujourd'hui, il fait plus partie du folklore local, mais il se peut encore que vous en croisiez un sur une route de campagne.

Marchand de noix de coco au marché dominical de San Rafael, province de Heredia.

les 40 ans, et rarement avec violence. Pour l'heure, il émet des gaz sulfureux et une pluie acide.

En redescendant, faites un détour par la **Laguna Botos** aux eaux d'un vert tout aussi merveilleux, mais froides. Chemin faisant, vous apercevrez sans doute quelques passereaux endémiques tel le bruant à grands pieds *(Pezopete capitalis)*, reconnaissable à sa tête noire posée sur un corps vert, et le junco des volcans *(Junco vulcani)*, au plumage gris et brun et au bec conique jaune.

Une pause dans l'un des restaurants installés en contrebas du parc vous permettra de découvrir la spécialité locale : les *fresas con leche* (milk-shake aux fraises). Sinon, rejoignez directement les **Jardines Catarata Paz** (www.waterfallgardens.com ; ouv. tlj. 8h-17h), un parc situé non loin de là dont les 3,5 km de sentiers desservent des jardins remplis d'orchidées et de colibris, une immense serre à papillons, des volières et une ménagerie, sans oublier bien sûr 5 cascades impressionnantes qui lui valent son nom. Et pour profiter davantage des bienfaits de l'air de la montagne, pourquoi ne pas séjourner au Peace Lodge ou au Poás Lodge (www.poaslodge.com) ?

Basílica de Nuestra Señora de los Ángeles, Cartago.

PARQUE NACIONAL BRAULIO CARRILLO

Le **Parque Nacional Braulio Carrillo** ❻ (ouv. tlj. 8h-15h30) n'est qu'à 45 minutes en voiture de San José. Ce parc qui protège 445 km² de forêt primaire pour l'essentiel doit sa fondation en 1978 aux pressions des écologistes qui redoutaient que l'aménagement d'un grand axe routier entre la capitale et Guápiles ne livre les derniers arpents de forêt vierge en pâture aux bûcherons et aux promoteurs.

Il englobe 5 habitats forestiers distincts, la forêt tropicale humide y étant prédominante, et abrite des centaines de variétés d'orchidées et de fougères, ainsi que la plupart des espèces d'oiseaux indigènes du Costa Rica. Canyons colossaux, brumes nappant les pentes, omniprésence de la *sombrilla del pobre* (ombrelle du pauvre, ou *Gunnera insignis*) aux feuilles géantes : ici, tout concourt à procurer une impression d'immensité sans fin. Trois sentiers partent du **Puesto Quebrada González** situé à environ 17 km après le tunnel de Zurquí. Pour une "immersion" rapide, choisissez celui baptisé Las Palmas (1,5 km).

Et si vous préférez prendre de la hauteur, embarquez à bord d'une nacelle métallique (5 passagers maximum) du **Rainforest Aerial Tram** (tél. 2224-5961 ; www.rainforestadventure.com ; package incluant aussi une vidéo et une courte randonnée ; réservation recommandée), pour un voyage de 80 minutes et 2,6 km dans la canopée, à 35 m au-dessus du sol. Vous serez accompagné d'un des guides équipés de talkie-walkie afin d'échanger les informations sur les animaux repérés.

CARTAGO ET SES ENVIRONS

À moins de 25 km de San José, en direction du sud-est, **Cartago** ❼ a servi de capitale nationale jusqu'en 1823, date à laquelle San José a pris le relais. Malheureusement, les colères répétées du Volcán Irazú ont eu raison de la majeure partie de son illustre patrimoine colonial.

Ancien siège de la culture de la nation costaricaine, il n'en demeure pas moins son centre religieux. En témoigne notamment la monumentale **Basílica de Nuestra Señora de los Ángeles**, église néobyzantine coiffée d'un dôme qui s'aperçoit à des kilomètres à la ronde. Elle abrite la sainte patronne du Costa Rica, la Negrita, une Vierge noire aux traits d'Amérindienne découverte en 1635. À l'intérieur, vous pourrez admirer de ravissants vitraux et des colonnes dont le bois est peint à la façon du marbre.

De Cartago, il ne faut pas longtemps pour rejoindre le **Jardín Botánico Lankester** ❽ (www.jbl.ucr.ac.cr ; ouv. tlj. 8h30-16h30), à Paraíso de Cartago. Ce toponyme aurait été donné par des conquistadors qui, arrivant de la côte atlantique, épuisés, auraient jugé ce lieu paradisiaque en raison de son climat tempéré et de l'absence de moustiques porteurs de malaria. Le jardin est l'œuvre de Charles Lankester (1879-1969). Envoyé au Costa Rica en 1900 pour travailler dans les plantations de caféiers, ce jeune botaniste anglais décidera de s'y établir et d'acquérir 15 ha de terres pour préserver la flore locale, notamment les orchidées et les broméliacées, et régénérer la forêt naturelle. Aujourd'hui, il appartient à la Universidad de Costa Rica de veiller sur ce jardin dont les orchidées attirent des passionnés des quatre coins du monde, surtout durant la saison de la floraison (jan.-avr.).

PARQUE NACIONAL VOLCÁN IRAZÚ

Facile d'accès au départ de Cartago, le **Parque Nacional Volcán Irazú** ❾ (areasyparques.com ; tél. 2200 5025 ; ouv. tlj. 8h-15h30) occupe le sommet, le plus souvent dissimulé dans les nuages, d'un volcan colossal qui domine la région orientale du Valle Central. De sa cime culminant à 3 432 m, il est possible d'apercevoir par temps clair la mer des Caraïbes d'un côté et, de l'autre, le Pacifique. Plus haut volcan du pays, l'Irazú, alias El Coloso, est sorti une seule fois de son silence en 30 ans. Son éruption, bruyante, a eu lieu le 8 décembre 1994.

Le Volcán Turrialba.

LA NEIGE DU COSTA RICA

Lorsque les fleurs blanches des caféiers nappent le Valle Central, emplissant l'air d'un parfum de jasmin, les Ticos appellent cela la neige costaricaine.

Non, le café n'a pas toujours poussé au Costa Rica ; ce sont les Européens qui ont introduit dans leurs colonies du Nouveau Monde cette plante originaire d'Éthiopie et d'Arabie, au début du 19e siècle. À cette époque, les arbustes n'ont qu'une fonction purement décorative, égayant patios et cours de leurs feuilles vernissées, de leurs fleurs immaculées et de leurs baies rouges. Il faudra convaincre les Ticos, voire leur forcer la main, pour qu'ils se lancent dans une culture appelée à jouer un rôle économique crucial. Le gouvernement vote alors une loi obligeant chaque famille à entretenir au moins 2 caféiers dans son jardin. Il fait même don de plants aux pauvres et de parcelles à quiconque s'engage à y cultiver les arbustes.

Sol fertile, altitude supérieure à 1 200 m, températures oscillant entre 15 et 28 °C : le Valle Central réunit les conditions idéales. Les *fincas de café* (plantations) ne tardent pas à investir la majeure partie des terres, sauf celles réservées à l'élevage des bœufs affectés au transport des précieux grains. Les ressources financières du Costa Rica se mobilisent pour soutenir cet unique produit d'exportation. Vers 1840, le café a pris une importance considérable ; il est convoyé à travers les montagnes en char à bœufs jusqu'au port de Puntarenas, puis par bateau jusqu'au Chili d'où il est expédié vers l'Europe. Naîtra alors une oligarchie riche et puissante, les barons du café dictant leur loi aux planteurs en leur qualité de convoyeurs et d'exportateurs du "grain d'or".

DÉPENDANCE ÉCONOMIQUE

Après des débuts prometteurs, l'industrie du café va connaître des hauts et des bas. Le Costa Rica s'endette en empruntant 3 millions de dollars à la Grande-Bretagne pour financer la construction du chemin de fer de l'Atlantique qui doit relier les plantations au port caraïbe de Limón. Lorsque les cours mondiaux s'effondrent en 1900, le pays se trouve confronté à une grave pénurie de produits alimentaires. Il pâtira à maintes reprises de sa dépendance vis-à-vis des marchés d'outre-Atlantique. Durant tout le 20e siècle, les cours fluctuent considérablement, la santé économique du pays en subissant les contrecoups.

Fragiles, les caféiers sont initialement cultivés à l'ombre de bananiers, de citronniers et de *porós (Erythrina poeppigiana)*. Puis, des hybrides capables de pousser en plein soleil sont mis au point, ce qui permet d'accroître les rendements à l'hectare. Mais ces nouvelles variétés épuisent plus vite les sols, et le recours aux engrais alourdit les coûts de production. De nos jours, nombre de planteurs en sont revenus aux méthodes de culture ancestrales, pour la plus grande satisfaction des amateurs de café.

Le caféier préférant le climat de montagne, de nombreux versants du Valle Central sont tapissés d'arbustes en rangs serrés, dont le feuillage vert, luxuriant et luisant, reflète le soleil. La majorité des planteurs misent à présent sur la culture bio, réservant les terres en altitude pour leurs meilleurs crus. Au dire des connaisseurs, les cafés des régions de Poás, Barva de Heredia, Tres Ríos et Tarrazú se classent parmi les meilleurs au monde. #

Le café d'ombre, cultivé sous couvert forestier, Valle Central.

La localité voisine de **Turrialba** ⑩ voit de plus en plus affluer les adeptes du rafting et du kayak, impatients de se mesurer aux rapides des Ríos Reventazón et Pacuare. Dominant la vallée, le Volcán Turrialba multiplie les accès de colère depuis 2014. Cette année-là, après une éruption de lave – la première en 100 ans –, il a craché de la cendre et de la roche.

COSTA CARIBE

Ne comptez pas battre un record de vitesse sur la grande route qui va de San José à la côte caraïbe, car elle serpente à travers les canyons, les montagnes, les chutes d'eau et les forêts vierges du Parque Nacional Braulio Carrillo *(voir p. 286)*. Comptez 3 bonnes heures. À mesure que vous descendez vers les forêts tropicales de plaine du littoral, la fraîcheur et les nuages cèdent la place à la chaleur et à la lourdeur de l'air.

PARQUE NACIONAL TORTUGUERO

Naviguez sur les canaux de Tortuguero, au nord de Limón, et vous vous croirez à bord de l'*African Queen* ou sur l'Amazone... Une expérience à coup sûr inoubliable que ce moment passé à dériver paresseusement au fil de l'eau tout en humant le parfum des fleurs de gingembre, des jacinthes d'eau et d'ylang-ylang, l'esprit totalement apaisé. Avec le concours d'un guide expérimenté, vous apercevrez peut-être des paresseux, des crocodiles, des caïmans et des tortues se chauffant au soleil, tandis qu'à la cime des arbres, le bavardage des perroquets multicolores répond aux cris agacés des alouates.

Le **Parque Nacional Tortuguero** (tél. 2709 8086 ; ouv. lun.-ven. 6h-16h) couvre 19 000 ha de plages, de lagons, de mangrove et de forêt tropicale. Il existe bien des façons de découvrir cette zone humide labyrinthique : en louant une pirogue ou un kayak, ou mieux encore, un bateau à moteur et les services d'un guide naturaliste. À noter : impossible de se déplacer à pied dans le parc sans des bottes en caoutchouc, que vous pourrez éventuellement louer au village ou au bureau du parc. Autre option pratique : la formule tout compris (hébergement en lodge plus ou moins luxueux selon vos goûts, restauration et guides naturalistes). Tous les hôtels de Tortuguero organisent des excursions sur les canaux avec transport en car ou en avion de tourisme au départ de San José. Certaines *lanchas* partent des quais de Moín, à quelques kilomètres au nord de Limón. Nature Air et SANSA assurent des vols réguliers entre San José et Tortuguero.

Plus au nord, en amont des canaux, le village de **Tortuguero** ⑪ s'étire sur une étroite langue de terre, entre la mer des Caraïbes et le Río Tortuguero. Ici, pas de voitures et donc pas de rues, juste des allées qui se faufilent au milieu d'une végétation exubérante couronnée de palmiers bruissants. Aux maisons sur pilotis s'ajoutent de plus en plus de restaurants, *cabinas* et boutiques pour touristes. Mais la vie locale n'en semble pas affectée – et encore moins accélérée – le moins du monde !

Safari à coups de pagaies, Parque Nacional Tortuguero.

PUERTO LIMÓN

Caraïbe à 100 % avec son cocktail entêtant de couleurs, de sons et de parfums, **Puerto Limón** ⓬ (61 000 hab.) baigne dans une moiteur qui incite à la nonchalance. Prononcez son nom, et les Ticos du Valle Central feront la grimace, évoquant sa pauvreté et sa criminalité endémiques. Mais les autorités ont investi des millions pour rendre à la cité portuaire, dévastée par un séisme en 1991, tous ses attraits touristiques. Témoin de ce lifting, l'immense quai réservé aux navires de croisière, où débarquent des milliers de visiteurs chaque année.

Ne vous attendez pas à trouver sur place l'incontournable cathédrale ou stade de football donnant sur la grand-place. Le **Parque Vargas**, qui doit son nom à un gouverneur de jadis, est planté d'immenses fromagers dont les racines-contreforts servent de sièges aux Limonais attendant leur bus. La plupart des visiteurs descendent à l'Hotel Park (tél. 2798-0555 ; www.parkhotellimon.com) ou dans des hôtels plus haut de gamme situés à la périphérie nord ou sud – à savoir que les vols de voitures surtout, et autres agressions sont monnaie courante en centre-ville.

CAHUITA

Cahuita ⓭ est une modeste localité aux maisons de bois fatiguées, dont les couleurs jadis éclatantes ont viré au pastel et dont les lambrequins décoratifs sont quelque peu décatis. Les jeunes bourlingueurs fraîchement débarqués d'Europe, du Canada ou des États-Unis, peu soucieux de heurter les sensibilités locales, arpentent plages et bords de route dans des maillots de bain aussi chatoyants que minimalistes.

Ici, à part manger et pratiquer le snorkeling, il n'y a pas grand-chose à faire. Les 2 adresses utiles en la matière sont : The Snorkeling House (tél. 8361-1924 ; www.snorkelinghouse.com) et, juste à côté, Miss Edith's, restaurant à la cuisine antillaise épicée et spécialiste du *rondón* (ragoût roboratif à base de poisson et de légumes racines) dominical. Pour découvrir les environs, passez par Cahuita Tours (tél. 2755-0101 ; www.cahuitatours.com), un expert ayant pignon sur rue.

Spécimen d'architecture traditionnelle, Cahuita.

Juste au sud de Cahuita, le **Parque Nacional Cahuita** (tél. 2755 0302 ; ouv. tlj. 8h-16h Sector Puerto Vargas, 7h-17h Sector Playa Blanca) doit sa notoriété à sa plage de sable fin et à son récif. Celui-ci, ancré 500 m au large de Punta Cahuita, constitue un excellent spot de plongée, même si le séisme de 1991 a déplacé sa pointe. Il réunit de multiples espèces de poissons tropicaux, crustacés, gorgones, anémones de mer, éponges, algues et autres créatures marines. Vous admirerez cet univers subaquatique les pieds au sec à bord d'un bateau à fond de verre, ou en partant à la nage de l'entrée principale du parc : la plage surveillée de Puerto Vargas (5 km de la ville). Dans ce secteur, le camping est autorisé. Vous trouverez sur place des sanitaires et des tables de pique-nique.

PUERTO VIEJO

Non bitumée par endroits, la route du littoral qui rallie Puerto Viejo, au sud, longe des habitations au style et au standing variés, mais la magie des Caraïbes opérant, même la plus humble masure paraît pittoresque au milieu des hauts cocotiers. **Puerto Viejo de Talamanca** ⓮ s'apparente à un fatras de maisons de bois délabrées, cernées par les herbes folles. À l'entrée, vous accueille un chaland tout rouillé ancré à deux pas de la plage de sable noir.

Dans le milieu des surfeurs, Puerto Viejo est internationalement connu pour la Salsa Brava, un break rapide et redoutable dont la vague déferle sur le récif de décembre à avril, puis en juin-juillet. Le reste de l'année, la mer est calme, particulièrement à l'intérieur du lagon, et parfaite donc pour s'adonner aux joies du snorkeling.

Si vous préférez séjourner au cœur de l'action, c'est-à-dire à la lisière du village, choisissez le Casa Verde Lodge (tél. 2750-0015 ; www.cabinascasaverde.com), un établissement bon marché, à la propreté suisse (comme le patron) et à l'ambiance joyeuse. Pensez à réserver l'une de ses pimpantes *cabinas* disséminées dans un jardin luxuriant car l'endroit a un succès fou. Johnny's Place organise des soirées reggae le vendredi et le lundi. Les fans de salsa et de merengue se retrouvent chez The Lazy Mon at Stanford's le week-end.

À la sortie sud de Puerto Viejo, *cabinas*, hôtels élégants et restaurants s'alignent en face de plages de sable blanc bordées de palmiers et de badamiers. Parmi eux se distinguent le Cariblue (Playa Cocles ; tél. 2750-0035 ; www.cariblue.com) et le très chic Cameleon (tél. 2750-3096 ; www.lecameleonhotel.com).

ZONA NORTE

On appelle Zona Norte la région qui s'étend au nord-est de San José. Ses terres verdoyantes et fertiles sont essentiellement vouées à l'agriculture. Mais vous serez sans doute plus séduit encore par ses extraordinaires réserves de forêt tropicale humide et par les sources thermales qu'alimente le majestueux Volcán Arenal.

BOSQUE NUBOSO DE MONTEVERDE

À vol d'oiseau, la distance qui sépare la forêt tropicale sèche de plaine de la forêt de nuages de **Monteverde** ⓯

À SAVOIR

Sur la côte caraïbe, *Wh'appen ?*, contraction de *What's happening ?*, est la formule de salutation usuelle et se substitute à l'*Adiós* du Valle Central ; *How de morning ?* signifie bonjour (le matin), et *Go good*, prends soin de toi. La politesse veut que l'on s'adresse à quelqu'un par son nom de famille, précédé de monsieur, madame ou mademoiselle.

EL CARNAVAL DE PUERTO LIMÓN

La plupart des visiteurs se rendent avant tout à Puerto Limón pour son carnaval, un événement hautement festif qui dure une semaine complète, au mois d'octobre – et non en février comme partout ailleurs. Il ne s'agit pas d'une vieille tradition locale, car ce carnaval n'a vu le jour qu'en 1949. L'initiative en revient à un coiffeur du nom d'Alfred Henry King qui a programmé cette manifestation afin qu'elle coïncide avec l'anniversaire de l'arrivée de Christophe Colomb, non loin d'ici, le 18 octobre 1502. Le Día de la Raza (Jour du Peuple), qui tombe durant cette semaine de festivités et auquel participent les Amérindiens des environs, s'est vu rebaptisé Día de las Culturas (Jour des Cultures), en hommage à l'apport de l'ensemble des cultures costaricaines et parce que tout le monde ne chérit pas la mémoire de Colomb avec une égale ferveur.

La fête atteint son paroxysme à l'occasion du défilé. Des milliers de visiteurs se joignent alors aux Limonenses et prennent les rues d'assaut pour profiter de la magie du spectacle. Cadences endiablées, chaleur, danseurs et joueurs de tambours en habits de lumière invitent les spectateurs à oublier leurs inhibitions pour bouger, se déhancher, chanter et s'amuser sur les rythmes des Caraïbes. Et, dans une chaude moiteur, chacun se laisse emporter par l'irrésistible tourbillon.

À SAVOURER

Monteverde doit sa fondation à un groupe de quakers originaires de l'Alabama qui y a établi une communauté en 1951. Pour subvenir à leurs besoins, ceux-ci se sont lancés dans la confection de fromages grâce au lait apporté chaque matin par les paysans locaux à leur fabrique rudimentaire. Devenu une spécialité costaricaine, le fromage de Monteverde s'invite sur tous les marchés d'Amérique centrale.

semble minime. Par la route, en revanche, c'est une tout autre affaire. Sur la Transaméricaine, vous devrez emprunter la sortie Rancho Grande, en direction de Sardinal, au Km 133. Monverde siège sur la ligne de partage des eaux et, malgré quelques aménagements de la chaussée, les 37 derniers kilomètres d'ascension, via une route sinueuse, en terre le plus souvent, vous prendront une bonne heure.

Une véritable épreuve qui n'empêche néanmoins pas des dizaines de milliers d'aventuriers chaque année de se lancer à l'assaut du sommet, pour la plupart dans un but bien précis : découvrir la **Reserva Biológica del Bosque Nuboso de Monteverde** (tél. 2645-5122 ; cloudforestmonteverde.com ; ouv. tlj. 7h-16h ; visites nocturnes sur rdv). La flore épiphyte de la forêt de nuages contribue à la richesse de Monteverde. Afin de protéger sa flore, sa faune et ses sentiers, la réserve ne reçoit pas plus de 220 visiteurs à la fois, ce qui risque d'entraîner un peu d'attente. Pensez à réserver au moins une nuit sur place, et sachez que pour vraiment explorer le parc, 3 jours ne seront pas de trop.

Randonnée dans la forêt de nuages de Monteverde.

Les quelque 10 000 ha du Bosque Nuboso de Monteverde ménagent plus d'une occasion de repérer des quetzals resplendissants, l'un des oiseaux les plus colorés et spectaculaires des tropiques. Mais cette luxuriante forêt d'altitude presque toujours nimbée de brume et riche de 3 000 plantes différentes héberge de nombreux autres hôtes : 448 espèces d'oiseaux répertoriés à ce jour, environ 700 de papillons et 130 de mammifères, parmi lesquels 70 de chauves-souris. Procurez-vous-en la liste et un plan au Visitor Center (possibilité d'excursions guidées par des experts de la nature).

Sur la route de Santa Elena, en face de l'Hotel Heliconia, suivez la direction du **Jardín de las Mariposas** (tél. 2645-5512 ; www.monteverdebutterflygarden.com ; ouv. tlj. 8h30-16h), un "jardin des Papillons" présentant toutes les espèces de lépidoptères de la région. D'autres lui préféreront le **Serpentario de Monteverde** (tél. 2645-6002 ; ouv. tlj. 9h-20h) et s'extasieront devant ses plus de 40 espèces de reptiles et amphibiens.

Le **Sky Adventures Monteverde Park** (tél. 2479-4100 ; www.skyadventures.travel) remporte aussi un franc succès. Le Sky Walk consiste en un parcours de 2,5 km, jalonné de 5 ponts suspendus entre des plateformes au-dessus de la jungle. Les plus aventureux tenteront le Sky Trek, un parcours d'accrobranche qui s'effectue à vive allure : équipé d'un harnais, vous filerez à travers les arbres, solidement arrimé à des câbles. Sensations fortes garanties. Sinon, vous pouvez observer les étages supérieurs de la forêt, confortablement installé dans une des nacelles du Sky Tram, un téléphérique silencieux, et profiter des explications de votre guide naturaliste.

Environ 5 km au nord de Monteverde, la **Reserva Bosque Nuboso Santa Elena** (www.reservasantaelena.org) a vu le jour en 1992, à l'initiative d'un lycée de la région. Cette réserve dotée d'un Visitor Center occupe près de 310 ha d'une végétation mixte de type montagnard, sillonnés de sentiers bien entretenus qui, par temps clair, offrent des vues splendides sur le volcan Arenal, au nord. Organisées avec professionnalisme, les visites guidées coûtent moins cher que celles de la réserve de Monteverde. Pour autant, la flore et la faune – quetzals, jaguars et alouates – s'avèrent tout aussi remarquables. Il vous suffira d'une seule journée pour effectuer les 4 parcours principaux.

AUTOUR DU VOLCÁN ARENAL

Proche du Volcán Arenal, **La Fortuna de San Carlos** ⓰ réunit les tour operators, hôtels et restaurants des environs.

Au sud de cette localité animée et cuite par le soleil, les **Cataratas del Río Fortuna** sont facilement accessibles en une heure de randonnée à cheval à travers pâturages, champs de maïs, bananeraies et plantations de poivrons. En voiture, le trajet jusqu'aux cascades nécessite un 4x4. Une fois sur place, un sentier traître et boueux descend jusqu'au pied des chutes, où vous pourrez vous baigner dans une eau fraîche et limpide. À l'ouest du volcan, entre La Fortuna et le Lago Arenal, vous attend le **Tabacón Grand Spa Thermal Resort** (tél. 2479-2000 ; www.tabacon.com), l'une des destinations les plus touristiques du pays. De là, la proximité du volcan peut sembler menaçante. De fait, s'il entrait en éruption, les sources thermales se trouveraient sur la trajectoire de la coulée de lave. Pour l'heure, l'Arenal leur assure une température idéale, et les luxueux jardins paysagers servent d'écrin à des cascades, des toboggans carrelés et des bassins dans lesquels s'écoule une eau minérale plus ou moins chaude. Les thermes sont très fréquentés dans la journée, mais le soir, les clients de l'hôtel peuvent profiter à l'envi de la vue sur le volcan auréolé d'une voûte étoilée.

D'autres thermes, à la portée de bourses plus modestes, vous donnent rendez-vous à la sortie ouest de La Fortuna de San Carlos. La journée au **Baldi Hot Springs** (tél. 2479-2190 ; www.baldihotsprings.cr) revient à 57 $US, déjeuner ou dîner compris. Pour ce prix, vous barboterez à votre guise dans des piscines de différentes températures – il y en a 25 – tout en contemplant le volcan, tandis que vos enfants testeront tous les toboggans sans exception.

Spa naturel de Tabacón.

Au-delà de Tabacón, une piste part sur votre gauche et mène, 9 km plus loin, à l'Arenal Observatory Lodge (tél. 2290-7011 ; www.arenalobservatorylodge.com). Installé dans une ancienne station de recherche de la Smithsonian Institution, ce lodge est la structure d'hébergement la plus proche du volcan (2,7 km) et la seule située dans le périmètre du Parque Nacional Volcán Arenal. Vous y dormirez dans de confortables bungalows, au sein d'un vaste domaine de forêt primaire et secondaire, émaillé de cascades et parcouru par des sentiers de randonnée pédestre et équestre.

La localité **Nuevo Arenal** ⓱ a vu le jour en 1973 quand il a fallu reloger les habitants de la vallée noyée pour créer le lac de retenue de la centrale hydroélectrique. D'agréables petits hôtels et B&B se succèdent le long de la route qui y mène. Celle-ci, aussi sinueuse que pittoresque, épouse les contours du lac et subit de fréquentes inondations, surtout durant la saison des pluies.

Aux passionnés de pêche en eau douce, la **Laguna de Arenal** ⓲, ou Lago Arenal, réserve de belles prises. Mais, même si vous ne pêchez pas, la location d'un bateau avec guide ou, mieux encore, d'un kayak s'impose. Embarquez de préférence tôt le matin, moment le plus propice de la journée pour voir le volcan se refléter à la surface de l'eau comme dans un miroir.

De décembre à avril, des vents de nord-est soufflent presque tous les après-midi, faisant moutonner le lac. Des brises soutenues de 20 à 30 nœuds transforment la pointe ouest du plan d'eau en une petite mer, pour le plus grand plaisir des kitesurfeurs confirmés.

LA MONTAGNE DE FEU

Le Volcán Arenal n'est qu'une colline densément boisée parmi d'autres quand, un matin de début juillet 1968, les habitants de La Fortuna ressentent plusieurs secousses sismiques. Soudain, la forêt se met à cracher vapeurs et fumées. Les femmes qui lavent leur linge dans les rivières s'émerveillent de constater que l'eau est chaude. Et brusquement, le 29 juillet, l'Arenal entre en éruption. Des nuées ardentes, des fontaines de lave et des blocs rougeoyants s'abattent sur son flanc ouest, transformant les paisibles pâturages en un enfer dantesque de 5 km². Les autorités feront état de 62 morts, mais la population locale évaluera à plus de 80 le nombre de disparus. Même si sa colère ne tarde pas à se calmer, l'Arenal va demeurer en activité jusqu'au 29 décembre 2010. Il se réveillera 3 ans plus tard et expulsera une colonne de vapeur très haut dans le ciel. Il est considéré comme actif, mais "en veille", et personne ne sait prédire à quel moment il risque d'émerger de sa torpeur actuelle. En attendant, même sans avoir recours à la pyrotechnie, il ne manque pas d'impressionner avec son cône imposant qui se dresse abruptement au-dessus de la plaine. Ne vous avisez pas de grimper au sommet car, même en dormant, il émet parfois des gaz nocifs. D'ailleurs, un panneau au pied du volcan stipule : "Si vous remarquez une activité anormale, quittez la zone au plus vite et avisez-en les autorités les plus proches."

LA RÉGION DU SARAPIQUÍ

La jungle tropicale qui borde le Río Sarapiquí, sur le versant caraïbe de la Cordillera Central, se trouve moins de 100 km à l'est de San José, via l'autoroute Braulio Carrillo qui traverse le spectaculaire parc national éponyme et dessert 3 réserves privées dotées d'infrastructures d'hébergement : l'Estación Biológica La Selva, le Selva Verde Lodge et Rara Avis. Évitez néanmoins d'emprunter cet axe escarpé et tout en lacets après le coucher du soleil, car d'épaisses nappes de brouillard l'envahissent.

Le charmant petit port de **Puerto Viejo de Sarapiquí** ⓳ sert de point d'embarquement aux bateaux emmenant des bataillons de touristes découvrir la jungle et sa faune riveraine, sous la conduite de guides naturalistes. Avec certaines agences de voyages, comme Oasis Nature Tours (tél. 2766-6108 ; www.oasisnaturetours.com), il est même possible de faire une excursion d'une journée en remontant le Río Sarapiquí jusqu'au **Río San Juan**, à la frontière nicaraguayenne. N'oubliez pas votre passeport, vous en aurez besoin pour entrer au Nicaragua.

Voisine du Parque Nacional Braulio Carrillo, la réserve Rara Avis (tél. 2764-1111 ; www.rara-avis.com) couvre 600 ha de forêt tropicale humide préservée et abrite le plus ancien des "écolodges" costaricains (1983). Ses bureaux sont situés à Las Horquetas, 17 km au sud de Puerto Viejo de Sarapiquí.

LE GUANACASTE

La province du Guanacaste englobe le nord de la Península de Nicoya et une immense zone de plaines séparant les reliefs envahis par la forêt de nuages de la Cordillera de Guanacaste et le Pacifique. Ces pâturages se hérissent de *tabebuias* et de gigantesques *guanacastes* sous lesquels les troupeaux de zébus Brahman efflanqués se réfugient au plus fort de la chaleur. Car si durant la saison des pluies, les herbages ondoient telle une mer verte, à la saison sèche, ils cèdent la place à une savane écrasée de soleil.

Traditionnellement voué à l'élevage, le Guanacaste s'est tourné dans les années 1990 vers le tourisme balnéaire et de grands complexes hôteliers dont la présence est controversée bordent désormais ses plages. À peine ont-ils débarqué à l'aéroport international Daniel Oduber Quirós, au sud de Liberia, que les adorateurs du soleil y affluent par milliers au plus fort de l'hiver de l'hémisphère Nord. L'urbanisation débridée de certaines portions du littoral a d'ailleurs donné naissance à un néologisme : la *guanacasteficación*.

LIBERIA

Capitale de la province du Guanacaste fondée en 1769, **Liberia** ⓴ doit son surnom de Ciudad Blanca aux gravillons blancs – un matériau pulvérulent extrait des flancs des coteaux voisins – que l'on étalait jadis dans ses rues et qui servait à blanchir les façades des habitations coloniales. Quelques spécimens de ces ravissantes demeures en adobe subsistent dans les ruelles. Pour avoir une idée de ce à quoi ressemble l'intérieur, poussez donc la porte du **Café Liberia** (www.sdevenelle4.wix.com/cafe-liberia), dans la Calle Real. Ce café-restaurant occupe l'une de ces maisons, remarquablement restaurée avec sa salle à manger au plafond orné d'une fresque représentant des chérubins et sa cour aménagée en jardin qui fait office de galerie d'art.

PARQUE NACIONAL RINCÓN DE LA VIEJA

La route du **Parque Nacional Rincón de la Vieja** ㉑ (tél. 2666-5051 ; ouv. mar.-dim. 8h-15h) part de la Transaméricaine quelque 5 km au nord de Liberia. Ce parc spectaculaire de 14 000 ha réunit 2 pics volcaniques imposants, le plus

Le panache du Volcán Arenal.

À PROPOS

Les habitants du Guanacaste ne cachent pas leur fierté d'être des Guanacastecos. En témoignent les autocollants sur les voitures sur lesquels on peut lire : "Grâce à Dieu, je suis né au Guanacaste." Ils descendent pour bon nombre des Amérindiens Chorotega, et se reconnaissent à leur teint écaille de tortue, leurs yeux d'un marron chaud, leurs cheveux noirs ondulés et leur grâce naturelle.

haut – de peu – culminant à 1916 m, et 4 écosystèmes à part entière. Le volcan éponyme qu'il protège doit son nom "Coin de la vieille" à une légende selon laquelle une vieille femme aurait jadis habité sur les pentes du volcan. Celui-ci crachant par intermittence des gaz toxiques, certaines pistes sont interdites d'accès.

À l'entrée **Las Pailas** (Poêles à frire, en espagnol), vous vous enregistrerez et récupérerez un plan du parc et de ses circuits de randonnée. Un parcours bien balisé de 3 km permet de faire le tour des sources chaudes, mares de boue en ébullition, coulées de soufre et fumerolles qui colorent les roches alentour de rouge, de vert et de jaune vif.

Les 2 hébergements les plus proches du parc sont le Rincón de la Vieja Lodge, et ses bungalows plus ou moins rudimentaires, ainsi que l'Hacienda Guachipelín (tél. 2690-2900 ; www.guachipelin.com), nettement plus confortable. Ce ranch vous propose toutes sortes d'activités : randonnées équestres et pédestres, observation des oiseaux, parcours d'accrobranche, tubing et autres sports d'aventure.

PENÍNSULA DE NICOYA

La côte de la péninsule de Nicoya constitue, sans nul doute, l'une des destinations balnéaires les plus prisées du Costa Rica. Les plages du littoral ouest ouvrent sur le Pacifique ; celles à l'est font face au golfe de Nicoya. Deux provinces se disputent cette péninsule en forme de botte : les trois quarts de la partie nord appartiennent au Guanacaste, tandis que le talon méridional est rattaché à la province de Puntarenas. Cette répartition date du temps où, faute de routes, les villages, principalement côtiers, n'étaient accessibles que par bateau depuis le port le plus proche, Puntarenas.

PUNTARENAS

Capitale et plus grande ville de la province du même nom, **Puntarenas** ㉒ occupe une étroite bande sablonneuse – *punta de arenas* signifie littéralement "pointe de sables" –, et sert d'escale aux ferries en partance pour les îles au sud de la péninsule. Ce port autrefois prospère a payé un lourd tribut au développement du port caraïbe de

La Playa Conchal, un havre de paix.

Limón et, plus récemment, à la création de celui en eau profonde de Puerto Caldera. Aujourd'hui, la pêche représente la principale activité économique de Puntarenas. Elle alimente un marché au poisson haut en couleur.

Car-ferries et *lanchas* rallient Paquera (sur la péninsule) en une heure. Au cours de cette traversée, vous longerez une quarantaine d'îles, dont l'Isla San Lucas, ancien pénitencier insulaire du Costa Rica.

DE PAPAGAYO À LA PLAYA OCOTAL

Déjà pourvue d'un 18-trous et de complexes hôteliers hors de prix, comme le Four Seasons Costa Rica Resort (tél. 2696-0000 ; www.fourseasons.com/costarica) et l'Andaz Costa Rica Resort (tél. 2690-1234 ; www.hyatt.com/fr-FR/hotel/costarica/andaz-costa-rica-resort-at-peninsula-papagayo/liraz), la Península Papagayo devrait accueillir à court terme des hôtels supplémentaires ainsi que des villas privées. Autour de la **Playa Panamá** ㉓, la demi-douzaine d'établissements hôteliers de milieu de gamme affichent complet en haute saison, et leur clientèle s'en éloigne rarement.

Au sud, la **Playa Hermosa** ㉔ dessine un beau croissant de sable caressé par les vagues. En dépit d'une urbanisation menée tambour battant à son extrémité nord, cette plage conserve un certain charme, et plusieurs excellents restaurants et petits hôtels. Sirenas Diving Costa Rica (www.sirenasdivingcostarica.com), implanté de longue date, en a fait un centre de plongée PADI incontournable.

L'industrieuse **Playas del Coco** ㉕ possède une importante flotte de pêche. Sa plage n'invite pas trop à la baignade, mais c'est le point de départ des sorties de plongée, de surf ou de pêche au gros. Exception faite de son côté racoleur – bars et boîtes de plage tapageurs, stands de souvenirs de pacotille –, la localité elle-même ne manque pas d'attraits. D'autant que vous y trouverez de très bons restaurants de fruits de mer, accessibles à toutes les bourses, à commencer par Papagayo Seafood (tél. 2670-0298 ; ouv. tlj.), dans la rue principale.

À peine 2 km au sud, la **Playa Ocotal** ㉖ a quelque chose de saisissant avec son ruban de sable noir, bordé de falaises abruptes.

PLAYAS FLAMINGO ET CONCHAL

La **Playa Flamingo** ㉗ se classe parmi les plus longues et les plus belles plages de sable blanc du Costa Rica. Quelque 8 km au sud, la Playa Concha fait miroiter ses dépôts de coquillages multicolores déclinant une palette de rose, d'orange et de mauve. Un véritable paradis du snorkeling et du "ratissage de plage". Jadis déserte, elle est aujourd'hui dominée par le gigantesque Westin Golf Resort & Spa qui en bloque l'accès par la route. Mais rien ne vous empêche de rejoindre à pied la plage publique, à partir de **Brasilito**, 1 km au nord. Cette petite station animée accueille une brochette de restaurants de bon aloi, dont le spécialiste des produits de la mer El Camarón Dorado (tél. 2654-4028), ainsi que le modeste et pittoresque Hotel Brasilito (tél. 2654 4237 ; www.brasilito.com).

À SAVOURER

La spécialité costaricaine du nom de *gallo pinto* (littéralement poulet peint) se compose de riz et de haricots noirs ou rouges, le tout agrémenté d'oignon, de coriandre, d'ail et de poivrons émincés. Elle est originaire du Guanascaste, une ancienne province nicaraguayenne. Voilà pourquoi le Costa Rica et le Nicaragua s'en disputent la paternité.

AU CARREFOUR DES AMÉRIQUES

Il semble que le Costa Rica ait servi de carrefour commercial et culturel entre les 2 Amériques. Influences linguistiques et culturelles, ainsi que toutes sortes d'objets et de matériaux s'échangeaient tant à l'intérieur du pays qu'à l'extérieur, du Mexique, au nord, à l'Équateur, au sud.

Les Costaricains de l'ère précolombienne excellaient dans l'art de la céramique, du travail de l'or et autres métaux, du tissage et de la sculpture de la pierre. Ils avaient aussi la bosse du commerce et raffolaient du jade, de la céramique, des pièces d'orfèvrerie et des pierres sculptées originaires de Méso-Amérique et d'Amérique du Sud. Les baies calmes et les mouillages abrités de la côte Pacifique autour de Nicoya formaient des ports naturels fréquentés par les navires marchands équatoriens qui apportaient dans leurs soutes des œuvres d'art et d'artisanat glanées lors de leurs escales au Mexique, en Amérique centrale et en Amérique du Sud. L'influence des Olmèques se manifestait jusque dans le nord-ouest pacifique : styles de poterie variés, objets utilitaires, telles les meules, ou encore habitude de se tailler les dents en pointe.

Les potiers de Nicoya créeront un style original – des mystérieux hommes-oiseaux aux masques funéraires envoûtants –, qui connaîtra une large diffusion dans tout l'isthme et le sud du Mexique. Le Museo Nacional de Costa Rica en possède une belle collection.

CHASSEURS DE VAGUES ET AMOUREUX DES TORTUES

De Brasilito, il convient de prendre la Route 180 jusqu'à Huacas, puis la 933 pour rejoindre la **Playa Grande** et, plus au sud, la **Playa Tamarindo** ㉘, rendue célèbre par le film-documentaire culte des surfeurs, *Chasseurs de vagues* (*The Endless Summer II*, 1994). S'il existe bel et bien une réserve nationale de vie sauvage, c'est à peine si on la remarque, tant la faune semble se concentrer davantage dans les innombrables bars et clubs de Tamarindo que dans l'estuaire voisin. Dans cette localité où les centres commerciaux et les complexes immobiliers ont poussé comme des champignons au cours de la dernière décennie, vous trouverez néanmoins encore de quoi vous loger sans vous ruiner.

Le **Parque Nacional Marino Las Baulas** (tél. 2653 0470 ; ouv. tlj. 6h-18h, nocturnes durant la saison de la ponte ; entrée gratuite pendant la journée), qui englobe la Playa Grande, a vu le jour en 1991, puis a été agrandi en 1995. Sa vocation : protéger l'aire de reproduction des tortues luth *(tortuga Baula)* la plus importante de la planète. Les experts estimaient alors qu'il ne restait plus qu'environ 35 000 individus, dont 900 venaient régulièrement pondre à la Playa Grande. Depuis, leur population a diminué de façon drastique, en dépit des efforts concertés du Servicio de Parques Nacionales et des scientifiques.

Pour autant, durant la saison de la ponte d'août à février, vous aurez sans doute l'occasion de voir une ou deux tortues se hisser péniblement sur la plage pour y creuser leur nid. En revanche, vous n'accéderez au site que dans le cadre d'une visite guidée. Chichement éclairé la nuit pour ne pas désorienter les visiteuses à carapace, l'hôtel de plage Las Tortugas (tél. 2653-0423 ; www.lastortugashotel.com) vous réservera un accueil sympathique.

AU SUD DE TAMARINDO

Voisine immédiate de Tamarindo, la **Playa Langosta** en est séparée, côté mer, par une pointe rocheuse infranchissable à marée haute, mais reste accessible par une piste en terre. Là, les vagues se brisant sur les rochers

Évaluer la situation avant de se lancer, Playa Grande.

dans une gerbe d'écume font la joie des surfeurs qui les défient à l'extrémité sud de la plage, face à l'estuaire du Río San Francisco. Plus sage que la turbulente Tamarindo, la petite station possède 2 charmants B&B ainsi qu'un restaurant gastronomique tenu par un Français, le Playa Langosta Beach Club (tél. 2653-1127 ; www.langostabeachclub.com), où vous déjeunerez sur la plage et dînerez dans un cadre romantique à souhait, à côté de la piscine, sous les palmiers.

Plus au sud, une route cahoteuse et poussiéreuse mène à la **Playa Avellanas** et la **Playa Negra**, 2 autres rendez-vous de surfeurs que, jusqu'à présent, la fièvre immobilière a épargnés. Au nord de la Playa Avellanas, l'**Hacienda Pinilla Beach Resort and Golf Club**, (tél. 2680-3000 ; www.haciendapinilla.com) permet aux fans de golf de s'adonner à leur sport favori, sur un parcours professionnel (par 72), conçu par Mike Young, tout en contemplant l'océan.

PLAYA NOSARA

Les vacanciers nord-américains et européens sont de plus en plus nombreux à fréquenter Sámara et Nosara, 2 stations balnéaires plus paisibles que celles du nord du Guanacaste. Au sud de Nicoya, la bifurcation en direction de la **Playa Nosara** ㉙ présente une chaussée en bitume durant les premiers kilomètres. Ensuite, l'affaire se complique, car les 18 km restant à parcourir se font via une route tour à tour poussiéreuse ou boueuse, selon la météo. Au plus fort de la saison des pluies, cet axe devient parfois impraticable, et bon nombre de surfeurs se rendent à Nosara en avion. Car comment résister à l'appel des vagues de la Playa Pelada et de la Playa Guiones, longs rubans de sable fin qui s'étirent sur des kilomètres bordés de raisiniers bord de mer et autres arbres ?

Réserve privée appartenant à des Suisses, la Reserva Biológica de Nosara borde les mangroves du Río Nosara. Vous y logerez au Lagarta Lodge (tél. 2682 0035 ; www.lagarta.com), qui domine l'océan. Vous pourrez explorer ce domaine de 45 ha en solo ou en compagnie d'un guide (randonnées organisées tlj.). Un autre sanctuaire naturel se trouve 7 km au nord de Nosara. Il s'agit du Refugio Nacional de Vida Silvestre Ostional, site de ponte de prédilection des tortues olivâtres qui y affluent par milliers. Pour assister à ce phénomène appelé *arribada*, vous devrez vous inscrire à l'une des excursions guidées organisées par la coopérative locale (réservation au tél. 2682-0428).

PLAYA SÁMARA

La **Playa Sámara** ㉚ se trouve à une heure de Nicoya, via une route pittoresque en parfait état. Elle est également desservie par une liaison aérienne régulière au départ de San José. À votre arrivée, vous découvrirez une belle plage de sable blanc et un récif qui fait les délices des adeptes du snorkeling et protège les baigneurs de la houle. Vous pourrez nager sans crainte dans ces eaux cristallines, calmes et peu profondes. Hors saison, on s'y sent un peu au bout du monde.

À SAVOIR

Au Costa Rica, les contre-courants tuent plusieurs visiteurs par an. Un conseil : avant de vous jeter à l'eau, assurez-vous que vous ne courez aucun risque. Si jamais vous êtes pris dans un contre-courant, ne paniquez pas et ne tentez pas de lutter. Essayez de nager parallèlement à la plage, et les vagues finiront par vous ramener vers la côte.

Chevauchée sur la Playa Sámara.

Tous les hôtels de la station proposent des sorties de plongée (avec ou sans bouteilles), pêche ou kayak, et des randonnées à VTT ou à cheval. Si les vagues risquent de décevoir les pros du surf, elles feront le bonheur des novices. À l'ouest de la plage, des *cabinas*, bungalows sommaires, côtoient de petits hôtels et de très bons restaurants, dont El Lagarto (tél. 2656-0750 ; www.ellagartobbq.com), réputé pour ses grillades, tandis qu'en plein centre-ville, l'Hotel Giada (tél. 2656-3232 ; www.hotelgiada.net), drapé de bougainvillées, sert de savoureuses pizzas et autres spécialités italiennes.

PACÍFICO CENTRAL

Si vous vous attendez à des plages tropicales dignes d'une carte postale – sable blanc et soyeux et eau transparente –, vous vous exposez à une cruelle déception, notamment à Jacó où le sable est d'un gris poivre et sel. Car ce qui fait tout leur intérêt, ce n'est pas leur esthétisme, mais leur proximité avec la capitale (2 heures par l'autoroute), leurs grosses vagues et leur animation nocturne. Pour autant, en vous éloignant des stations les plus courues, vous découvrirez quelques plages immaculées et charmantes.

PLAYA JACÓ

Jadis réputée pour ses vagues de surf, ses fiestas et sa bière fraîche, la **Playa Jacó** ㉛ s'est muée en une banlieue balnéaire chic de la capitale, avec ses géants de l'hôtellerie et ses immeubles d'appartements, ses boutiques de sportswear de marque et ses chaînes de restaurants. Vous trouverez encore quelques *cabinas* à louer sur la plage, où prédominent néanmoins les hôtels climatisés avec piscine, bar et forfaits d'excursion vers les sites touristiques de la côte. Pour les autres distractions, vous n'aurez que l'embarras du choix. Chevaux, VTT, scooters et kayaks : ici, tout se loue. Chez Chuck's W.O.W. Surf Shop (tél. 2643 3844 ; www.wowsurf.com), vous avez aussi la possibilité d'acheter une planche de surf et de prendre des cours. Et pour les confirmés, la **Playa Hermosa**, 3 km au sud-est de la Playa Jacó, se distingue par ses puissants breaks de plage et accueille des compétitions de surf.

La Playa Manuel Antonio.

PARQUE NACIONAL MANUEL ANTONIO

Port bananier autrefois très actif, **Quepos** 32 est devenu le centre de services –restaurants, boutiques, hôtels, banques, vie nocturne, lignes d'autocar– du parc national Manuel Antonio, distant de 7 km, et sa cité-dortoir. Vous y trouverez aussi un patrimoine architectural évocateur de la grande époque du boom de la banane. Quepos est également le rendez-vous des amateurs de pêche sportive. En haute saison, il faut impérativement réserver son hébergement, en ville comme dans le parc national.

Le **Parque Nacional Manuel Antonio** 33 (tél. 2777-3339 ; www.manuelantonio-park.com ; ouv. mar.-dim. 7h-16h) protège 7 km^2 de forêt ainsi que 3 longs et larges rubans de sable immaculé, léché par le Pacifique, qui s'étirent au pied de falaises verdoyantes. Il s'agit d'un des rares sites costaricains où la forêt vierge tutoie le rivage. Parfait pour une baignade à l'ombre. Afin de protéger l'écosystème du parc, le nombre de visiteurs est limité à 600 par jour en semaine et 800 le week-end.

À la périphérie nord du parc, la **Playa Espadilla** attire beaucoup de monde, en dépit de ses contre-courants capricieux. De là, il suffit de franchir un estuaire –sans doute en bateau à marée haute– pour entrer dans le parc. Un long *tombolo* (langue de sable formée par l'accumulation des sédiments entre le continent et la péninsule) conquis par la jungle conduit à la première plage du parc, la **Playa Espadilla Sur**. Il faudra marcher un peu plus longtemps pour atteindre les **Playas Manuel Antonio** et **Puerto Escondido**, mais cette dernière, accessible uniquement à marée basse, est la plus paisible. Grâce à l'excellent réseau de sentiers du parc, vous rencontrerez à coup sûr ou presque les 4 espèces de singes indigènes : le sapajou capucin, toujours prêt à chaparder votre pique-nique et à mordre si vous vous avisez de le nourrir ; le *colorado* (atèle), doué pour les acrobaties, mais qui garde ses distances ; le *mono congo* (alouate), sédentaire et friand de feuilles ; et le *tití*, minuscule saïmiri ou singe-écureuil, véritable cascadeur de la canopée. Quant aux oiseaux, ils sont plus de 350 espèces : fous de Bassan, frégates, pélicans, sternes...

ZONA SUR

La Zona Sur (zone sud) culmine au Cerro de la Muerte (3 451 m), toit de la cordillère de Talamanca, redescend vers les terres cultivées du fertile Valle del General, puis les plaines tropicales à la frontière panaméenne. Cette région réserve ses beautés secrètes aux randonneurs passionnés, aux amoureux de la nature et à tous ceux qui souhaitent sortir des sentiers battus. Festonnée de caps rocailleux et de plages romantiques, sillonnée par des torrents et des rivières qui dévalent en cascade ses hautes falaises volcaniques, la Península de Osa s'avance sur plus de 50 km dans le Pacifique, abritant un superbe port naturel protégé des houles du large : le **Golfo Dulce**. Les forêts de l'intérieur, les plus majestueuses du pays, constituent le refuge ultime d'espèces végétales et animales endémiques du Pacifique

Il n'a pas l'air commode ce sapajou capucin du Parque Nacional Manuel Antonio !

Sud et menacées d'extinction. Joyau de la couronne des parcs nationaux costaricains, le Parque Nacional Corcovado tient la tête d'affiche touristique.

PENÍNSULA DE OSA

BAHÍA DRAKE

Le pirate et premier circumnavigateur britannique Sir Francis Drake aurait débarqué en 1579 sur la côte nord de la péninsule, dans la baie qui porte aujourd'hui son nom, la **Bahía Drake** ㉞. Il y a quelques années, ces plages sauvages cernées par la forêt vierge n'étaient accessibles qu'à pied, en bateau ou en avion-taxi, mais une piste tracée pour alimenter le village en électricité relie désormais la baie à Rincón, et il existe des vols directs en provenance de San José. Les infrastructures d'hébergement comprennent 3 lodges luxueux, dont le romantique La Paloma Lodge (tél. 2293 7502 ; www.lapalomalodge.com), juché sur une hauteur balayée par la brise marine. Ses confortables bungalows sur pilotis, avec véranda et toit de palme, se fondent dans la forêt vierge tout en ménageant une vue panoramique sur l'océan. Le sentier du littoral – il convient même aux non-sportifs – débute à la sortie sud du village de Drake et se fraie un chemin entre la jungle épaisse et les déferlantes du Pacifique, desservant au passage quelques criques sablonneuses plus calmes, avant de rejoindre le Punta Marenco Lodge (tél. 2292 2775 ; www.lodgepuntamarenco.com), situé au cœur des 500 ha du **Refugio Nacional de Vida Silvestre Río Claro**.

ISLA DEL CAÑO

La Reserva Biológica **Isla del Caño** ㉟ se profile tout juste à l'horizon, ancrée à quelque 19 km de la côte du Corcovado, à une heure en bateau de Marenco ou de la Bahía Drake. Dauphins tachetés et poissons volants vous escorteront peut-être jusqu'à elle. Des baleines à bosse pesant 40 tonnes débarquent d'Alaska entre décembre et avril. Eaux turquoise, petites plages et vastes récifs tapissés de coraux frangent l'Isla del Caño. Les amateurs de snorkeling et de plongée découvriront tout un univers de poissons tropicaux à une quinzaine de mètres du rivage, près des bureaux du parc. Des

ÉNIGMES PRÉCOLOMBIENNES

Dans la région de Diquis subsiste l'un des plus grands mystères précolombiens. Des milliers de sphères de granite, d'andésite et de roche sédimentaire y ont été découvertes dans le lit des rivières et dans des sites funéraires. Certaines ont la taille d'une orange ; d'autres pèsent jusqu'à 14 t et mesurent jusqu'à 2 m de diamètre. À 1 ou 2 cm près, elles présentent une forme sphérique parfaite, unique exemple sans doute de sculptures d'une telle précision de cette époque.

Uniques, elles le sont aussi car il n'en existe, à notre connaissance, nulle part ailleurs. Quelle est leur signification ? Par quel moyen miraculeux, les sculpteurs sont-ils parvenus à une symétrie aussi rigoureuse, et comment ont-ils réussi à les transporter jusqu'aux centres cérémoniels ? Autant de questions sans réponse. Aujourd'hui, ces *bolas* ornent le Museo Nacional de Costa Rica et les jardins des luxueuses résidences du Valle Central. Mais vous pouvez aussi en voir sur leur site d'origine, l'Isla del Caño.

À cette énigme, s'en ajoute une seconde qui continue, elle aussi, de plonger historiens et archéologues dans la plus profonde perplexité : la provenance des nombreux jades précolombiens exhumés un peu partout dans le pays. En effet, aucune carrière de jadéite ou de néphrite n'a jamais été trouvée au Costa Rica. Ces matériaux venaient probablement du Guatemala et, pour partie au moins, du Mexique.

La plupart de ces objets semblent avoir été préservés en l'état et transmis en héritage. Quelques-uns ont été retravaillés pour répondre aux goûts de leurs nouveaux propriétaires. Selon une théorie intéressante, certains d'entre eux auraient été introduits au Costa Rica par des pilleurs de sites funéraires mayas, ce qui permettrait d'expliquer la présence d'inscriptions en glyphes mayas, une écriture qui n'avait, semble-t-il, ni valeur, ni signification pour les peuples indigènes locaux.

Le Museo del Jade à San José *(voir p. 281)* détient la plus riche collection américaine de jades précolombiens – plus de 6 000 pièces. Il s'agit surtout de *colgantes* (amulettes et pendentifs) à motifs anthropomorphe et zoomorphe, mais elle comprend aussi de véritables curiosités, dont une dent avec insert de jade et des soutiens-gorge, sûrement portés par des femmes de haut rang.

sentiers abrupts, mais parfaitement entretenus, grimpent à travers une forêt envahie par les épiphytes et les philodendrons jusqu'à une clairière abritant des sphères de pierre de l'époque précolombienne. Des milliers d'entre elles ont été découvertes dans le sud du Costa Rica et quelques-unes dans le nord du Panamá *(voir encadré p. 302)*. Si leur origine et leur signification restent un mystère, il semblerait qu'elles aient été façonnées dans les villages de la Península de Osa, dans la région de Palmar Norte, transportées en canoë, puis roulées jusqu'au cimetière installé au point culminant de l'île. Pour les examiner de près in situ, rendez-vous au **Sitio Museo Finca 6**, 6 km au sud de Palmar Sur, et visitez le petit **musée du site archéologique**.

PARQUE NACIONAL CORCOVADO

D'une superficie de 445 km², soit une bonne moitié de la Península de Osa, le **Parque Nacional Corcovado** ㊱ (tél. 2735 5036 ; www.sinac.go.cr ; ouv. tlj. 7h-16h) protège l'une des plus vastes forêts primaires du littoral pacifique centraméricain. C'est aussi le principal sanctuaire de la biodiversité costaricaine et l'un des plus importants au monde. Parce qu'il reçoit près de 6 000 mm de précipitations par an, son couvert végétal est considéré comme une "forêt tropicale humide". Une classification qui ne rend nullement compte de sa complexité. Les scientifiques y ont, en effet, répertorié 13 écosystèmes différents, 500 variétés d'arbres – soit le quart de toutes les essences costaricaines –, plus de 6 000 espèces d'insectes, quelque 375 d'oiseaux ainsi qu'une multitude de batraciens, de papillons et de mammifères extraordinaires parmi les plus menacés d'extinction de la planète, comme les jaguars et les tapirs.

Le Corcovado bénéficie d'un atout majeur : sa difficulté d'accès le réserve à ceux qui sont prêts à lui consacrer un temps et une énergie considérables. Vous serez beaucoup mieux à camper – pensez à emporter votre matériel – qu'à partager un dortoir délabré de La Sirena. Autres options pour découvrir les merveilles du Corcovado et de la Península de Osa : les excursions à la journée en bateau ou en avion. La période idéale pour camper et explorer le parc à pied se situe durant la saison sèche (déc.-avr.), et la meilleure formule consiste à passer une nuit dans chacune des 3 *estaciones*, les pistes qui les relient nécessitant 3 à 10 heures de marche.

Plutôt que de dormir sous la tente dans le parc, pourquoi ne pas descendre dans l'un des "écolodges" des environs ? Parmi les plus luxueux, figure le **Lapa Ríos** (tél. 2104 0591 ; www.laparios.com). Disséminés à flanc de coteau dans une réserve privée de forêt primaire, ses bungalows très confortables et coiffés de chaume dominent l'océan. Luxueux autant que faire se peut, car comme tous ses confrères dans cette région isolée au sud du pays, il n'est pas desservi par le réseau électrique national, ce qui signifie : pas de télévision, pas de climatisation et une couverture de téléphonie mobile sporadique. #

Promenade d'observation en forêt tropicale humide.

MONTAGNES DE FEU

Cent onze volcans éteints ou en sommeil et 5 actifs : les vulcanologues ne chôment pas au Costa Rica. Les visiteurs non plus qui, entre 2 ascensions, peuvent barboter dans les eaux thermales.

Éruptions volcaniques et séismes ont façonné ce pays où alpinistes et randonneurs peuvent gravir les pentes des 4 volcans actifs du Valle Central en seulement 2 jours. Mais cette ascension exige le respect des consignes de sécurité et un équipement adapté. Pour éviter de vous mettre en danger, participez à une excursion guidée. Les Ticos sont fiers de leur géologie explosive, et ils ont fait du Poás et de l'Irazú les 2 parcs les plus visités du pays.

L'Arenal, qui dresse majestueusement son cône presque parfait à 1 633 m au-dessus des plaines cultivées jouxtant le lac éponyme, est longtemps resté le volcan le plus énergique du pays, d'impressionnantes volutes de vapeur et de gaz s'échappant de son sommet. Bien que toujours classé comme actif, il est actuellement dans une phase de repos.

Que les passionnés de vulcanologie se rassurent ! Deux autres volcans en sommeil se sont réveillés : le Volcán Rincón de la Vieja, au nord-ouest d'Arenal, et le Volcán Turrialba, à l'est du Valle Central. Ce dernier crache cendres, roches et gaz sulfureux depuis fin 2014 et, en septembre 2016, il a franchi une nouvelle étape en expulsant des colonnes de cendres jusqu'à 4 000 m d'altitude. Quant au Poás, il montre des signes de regain d'activité depuis quelque temps, et le très couru parc national qui l'entoure ferme parfois temporairement ses portes quand l'air devient irrespirable.

Une courte randonnée le long d'un sentier forestier conduit au paisible lac de cratère du Parque Nacional Volcán Poás.

Quand la météo s'y prête, l'Arenal offre l'image d'un cône presque parfait se découpant dans le ciel, mais il arrive souvent, hélas, que les nuages dissimulent sa pointe. Dommage pour les photographes !

Les visiteurs ont eu droit à un spectacle de pyrotechnie grandiose quand l'Arenal a expulsé de ses entrailles des roches et de la lave incandescentes.

Sources thermales chauffées par l'Arenal.

LES BIENFAITS DU VOLCAN

Envie de contempler l'Arenal de près tout en prenant soin de vous ? Offrez-vous un séjour au Tabacón Grand Spa Thermal Resort. Cet établissement au style colonial espagnol s'est installé sur le chemin d'une avalanche volcanique qui réchauffe les sources minérales depuis 1975.

Selon les vulcanologues, le risque de nouvelles avalanches volcaniques existe bel et bien, mais cela n'empêche pas les Ticos et les touristes d'affluer pour s'extasier devant les humeurs du volcan et détendre leurs muscles endoloris dans ces eaux censées aussi traiter les affections dermatologiques et l'arthrite.

Les installations comprennent 12 bassins de profondeurs et de températures différentes – le plus chaud étant à 38 °C –, un jacuzzi, une cascade d'eau chaude, des toboggans et des bains à remous individuels, dans un cadre verdoyant paradisiaque. De quoi séduire petits et grands. Le spa propose un éventail de soins, dont des masques de boue. L'hôtel est chic, donc cher, mais il affiche souvent complet. Un conseil : réservez longtemps à l'avance.

Si vous n'en avez pas les moyens, testez le Baldi Hot Springs, dont les tarifs ont bien augmenté depuis sa rénovation, ou le Titoku Hot Springs, plus bas de gamme, tous 2 à la sortie ouest de La Fortuna.

Ne vous fiez pas à sa tranquillité apparente ; le Volcán Irazú est entré en éruption à plus de 20 reprises depuis 1723.

C'est le Volcán Poás qui a le plus grand cratère actif du monde.

Forêt de gratte-ciel de Punta Paitillia, Panamá.

LE PANAMÁ

C'est ici que l'Amérique centrale prend fin, au bout cet isthme partagé entre la modernité de sa capitale et la nature sauvage de ses jungles et de ses plages qui s'étirent à l'infini.

Aucun pays d'Amérique centrale n'a abordé le 21e siècle avec autant d'audace que le Panamá. Encore très dépendante du canal dont l'État panaméen a le contrôle total depuis fin décembre 1999, son économie en dents de scie est boostée par son statut de paradis fiscal, statut qui a fait la une de la presse mondiale en 2016, avec le scandale des "Panama Papers".

Dans sa capitale éponyme, les gratte-ciel se comptent désormais par centaines. Non contente d'accueillir la première ligne de métro centraméricaine, Panamá City s'est dotée de restaurants et de centres commerciaux hypermodernes, aussi cosmopolites que ceux de New York ou de Paris. De prime d'abord, elle pourrait ressembler à Dubaï ou à Hong Kong si le reggaeton qui s'échappe à plein tube des bus aux couleurs de l'arc-en-ciel ne la classait pas, sans nul doute possible, parmi les métropoles latinos.

Si son industrie touristique met les bouchées doubles pour rattraper son retard par rapport au Costa Rica, le Panamá conserve pour l'heure son authenticité ainsi que sa faune et sa flore. Malgré l'élargissement du canal qui a généré une augmentation du trafic, le pays reste épargné par les excès du tourisme. Les *fincas de café* autour de Boquete et les parcours de randonnée le long du canal attirent toujours autant les passionnés d'ornithologie que les accros au café, tandis que les localités afro-caribéennes comme Portobelo et les lodges de pêche du Golfo de Chiriquí sont restés dans leur jus. Partout, les infrastructures se sont néanmoins améliorées. La plupart des voyageurs continuent d'emprunter la Transaméricaine pour se rendre de la capitale, dans l'est, à David, dans l'ouest, mais des compagnies aériennes low cost desservent désormais les destinations plus lointaines, telles Bocas del Toro ou la Península de Azuero, où une poignée d'hôtels

NE MANQUEZ PAS

Carte p. 308, plan p. 311

Neopanamax empruntant le canal.

Panamá
50 km
MER DES CARAÏBES
OCÉAN
PACIFIQUE
COLOMBIE
COSTA RICA
PANAMÁ
Golfo de Panamá
Golfo de Chiriquí
Golfo de San Miguel
Bahía de Panamá
Bahía de Parita
Golfo de los Mosquitos
Golfo de San Blas
Archipiélago de las Perlas
Archipiélago de Bocas del Toro
Cordillera Central
Serranía del Darién
Serranía de San Blas
Serranía del Sapo
Serranía de Majé
Península de Azuero
Panamá City
Colón
La Chorrera
San Miguelito
Tocumen
Balboa
Portobelo
Nombre de Dios
Santiago de Veraguas
Chitré
Las Tablas
Penonomé
David
Boquete
Bocas del Toro
La Palma
Yaviza
Parque Nacional de Darién
Parque Nacional Coiba
I. de Coiba
Parque Nacional Volcán Barú
Parque Internacional la Amistad
P.N. Portobelo
Parque Nacional Soberanía
Canal de Panamá
I. Taboga
I. del Rey
I. San José
Turbo
Necoclí
Murindó
Riosucio
Jurado
Bellavista
Cahuita
San Vito
Ciudad Neily
Punta Burica
Punta Mala
Punta Mariato

balnéaires et de complexes hôteliers chics et écolos s'est implantée.

Ce pays de plus de 4 millions d'habitants surprend aussi par la richesse de sa culture. Dans les cordillères isolées et les îles tropicales, des communautés indigènes, dont celles des Emberá et des Kuna, perpétuent leurs traditions ancestrales. Ailleurs, la population reflète les vagues d'immigration successives, des conquistadors aux Jamaïcains, Italiens et Américains venus travailler sur le chantier du canal, puis aux retraités et Vénézuéliens en quête d'une vie meilleure.

UNE NOUVELLE ÈRE

Un nouveau chapitre de l'histoire panaméenne s'est ouvert le 31 décembre 1999 lorsque, conformément aux traités Torrijos-Carter signés en 1977 par le président Jimmy Carter, le Panamá a obtenu le contrôle intégral du canal, et que les États-Unis ont fermé toutes leurs bases militaires.

La Panamá Canal Authority (ACP) s'est empressée de dissiper les craintes au sujet de la capacité du pays à gérer les opérations et à assurer la sécurité du canal. Entre 2000 et 2016, le chiffre d'affaires est, en effet, passé de 769 millions à 2,6 milliards de dollars, le nombre d'accidents a diminué, le trafic a augmenté et les dépenses ont progressé moins vite que les recettes. En 2016, s'est achevé le chantier d'élargissement du canal, après 10 ans de travaux. Un chantier de 5,25 milliards de dollars qui a ouvert l'accès à bon nombre des plus gros cargos du monde *(voir p. 315)*.

LE RETOUR DE LA CORRUPTION

Le candidat du Partido Revolucionario Democrático (PRD), Martín Torrijos Espino, remportera les élections présidentielles de 2004 sur la promesse de mettre fin à la corruption. Des lois sont aussitôt votées pour plus de transparence au niveau de l'État. Mais celles-ci n'auront guère d'effet touchant des personnalités très en vue.

Après Torrijos, c'est le magnat des supermarchés, le conservateur Ricardo Martinelli Berrocal qui arrive au pouvoir en 2009. Il doit essentiellement sa victoire écrasante (60 % des voix) à son expérience des affaires,

Quartier des affaires de Panamá.

À PROPOS

Lors de la Ruée vers l'or du 19e siècle, des milliers d'aventuriers traversaient l'isthme de Panamá. Ce raccourci entre la côte Est des États-Unis et la Californie leur évitait le détour par le cap Horn, à la pointe sud de l'Amérique du Sud.

l'électorat redoutant que la crise financière mondiale ne freine encore davantage la croissance du pays. Durant son mandat, le PIB augmentera de plus de 10 % par an, classant le Panamá dans le peloton de tête latino-américain en termes de croissance économique. Toutefois, Martinelli faillira lui aussi. De nombreux membres de son gouvernement, y compris ses fils, seront soupçonnés ou accusés d'avoir accepté des pots-de-vin de plusieurs millions de la multinationale brésilienne Odebrecht S.A, devenue un sous-traitant privilégié de l'État à l'époque.

Son vice-président de la République, Juan Carlos Varela Rodríguez, succède à Martinelli en 2014 dans un climat de soudaine dépression économique. Peu après, le scandale des "Panama Papers" éclate. Les fuites provenant du cabinet d'avocats Mossack Fonseca donnent le détail d'avoirs mondiaux placés dans des sociétés offshore. Bien que le gouvernement de Varela ait clamé haut et fort sa volonté de renforcer les contrôles sur le blanchiment d'argent au Panamá et nommé une commission d'enquête indépendante, il se refusera à rendre publics les résultats de ces investigations. Alors que l'instruction du dossier des "Panama Papers" se poursuit, il faudra encore attendre quelque temps pour mesurer l'ampleur des retombées politiques.

PANAMÁ CITY

Fondée le 15 août 1519 par Pedro Arias Dávila, **Panamá City** ❶ sera la première communauté espagnole à s'implanter sur le sol américain, là où l'or et l'argent pillés en Amérique du Sud étaient déchargés des bateaux, puis transportés par la route jusqu'à la mer des Caraïbes, ce qui ne manquait pas de susciter la convoitise des pirates. En 1673, la cité, détruite par les attaques des flibustiers, a été transférée à l'emplacement actuel de Casco Viejo, puis dotée de solides fortifications. La citadelle restera dans les oubliettes de l'histoire jusqu'à ce que le Panamá se sépare de la Colombie et la choisisse pour capitale, en 1903. La construction du canal en 1914 la propulsera sur le devant de la scène, faisant d'elle le centre financier et commercial du continent américain.

Palette de couleurs dans les rues de Casco Viejo.

CASCO VIEJO
Bordée par le Pacifique au sud-est, et le Canal de Panamá à l'ouest, Panamá City forme un labyrinthe de *barrios* congestionnés dont la disposition défie la logique. Rares sont ceux aménagés pour les piétons, mais **Casco Viejo** **A**, alias Casco Antiguo, fait exception à la règle. Au cours des 20 dernières années, son patrimoine architectural hérité des Espagnols, Italiens et Français a bénéficié d'une restauration de qualité. Désormais, le centre historique de la capitale, classé par l'Unesco en 1997, n'a plus rien à voir avec le *barrio* délabré d'antan ; il est devenu l'un des quartiers les plus huppés de Panamá. Si quelques-unes de ses rues sont encore assez mal famées, la péninsule n'en demeure pas moins le fief des hôtels de charme, bars branchés, boutiques et restaurants chics.

La **Plaza de la Independencia** (indépendance de la Colombie) s'entoure d'une brochette d'édifices dignes d'intérêt : la **Basílica Metropolitana de Santa María la Antigua** (horaires variables), au style néoclassique ; le **Museo del Canal Interoceánico** (tél. 211 1649 ; www.museodelcanal.com ; ouv. mar.-dim. 9h-17h), construit en 1875, et ayant accueilli le siège – français, puis américain – du canal, avant de se convertir en musée historique dédié au dit canal ; et l'**Hotel Central** (tél. 309 0300 ; www.centralhotelPanamá.com), jadis un parangon de luxe, abandonné pendant des décennies, mais qui a retrouvé son faste d'antan depuis 2016. De la place, la Calle 6a Este mène au **Palacio de las Garzas** (interdit au public) au charmant patio de type mauresque.

Au sud-est de cette résidence présidentielle, la **Plaza Simón Bolívar** s'orne d'un autre palais, le **Palacio Bolívar**, dont le Salón Bolívar (tél. 228 9594 ; ouv. lun.-ven. 9h-16h) a accueilli, en 1826, le congrès organisé par le Libertador pour discuter de l'unification de la Colombie, du Mexique et de l'Amérique centrale. Le bâtiment héberge aujourd'hui le ministère des Affaires étrangères. Sa voisine, l'**Iglesia y Convento de San Francisco de Asís** (horaires variables), datant du début du 17e siècle, figure parmi les plus anciens édifices de Casco. Il est regrettable cependant qu'une série d'incendies au milieu du 18e siècle en

ait détruit la majeure partie. En face de l'Avenida B, le **Teatro Nacional** (tél. 262 3525 ; horaires variables ; entrée gratuite) est l'œuvre de l'architecte italien Genaro Ruggieri, en 1908. Ce théâtre programme des opéras, des représentations théâtrales et autres spectacles culturels. À l'intérieur, vous pourrez admirer des fresques du célèbre peintre panaméen Roberto Lewis.

La **Plaza de Francia** occupe la pointe sud-est de Casco Viejo. Elle précède le **Conjunto Monumental de Las Bóvedas**, anciens remparts défensifs dotés d'entrepôts reconvertis pour accueillir à présent boutiques et cafés. Le front de mer oriental accueille le Paseo Esteban Huertas, une agréable promenade datant de l'ère coloniale, où des femmes kuna vendent leur production artisanale de *molas*, ces fameuses sculptures sur tissu.

Située dans l'ouest de Casco Viejo, la **Plaza Herrera** réunit une collection de grands hôtels, dont l'**American Trade Hotel** (tél. 211-2000 ; www.americantradehotel.com) qui a élu domicile dans le siège néoclassique de 1917 de l'American Trade Developing Company.

La Calzada de Amador vue du ciel.

LA CALZADA DE AMADOR

Les 3 îlots au sud de la ville – Isla Nanos, Isla Perico et Isla Flamenco, dotée d'un phare – marquent l'entrée du canal de Panamá. Des marinas bien abritées ont été aménagées entre ces îles où peuvent tranquillement patienter les bateaux de plaisance avant d'entamer leur traversée du canal.

Ces îles sont reliées au continent par la **Calzada de Amador** Ⓑ, une chaussée construite avec les débris extraits lors de l'excavation de la fameuse coupe Gaillard – l'un des plus grands défis d'ingénierie de son temps. Zone militaire américaine jusqu'en 1999, elle est devenue aujourd'hui un haut lieu de la culture et des loisirs.

Vous ne manquerez pas de repérer le **BioMuseo** (Edificio 136 ; www.biomuseo panama.org ; ouv. mar.-ven. 10h-16h, w-e 10h-17h) à son toit multicolore. Il aura fallu 10 ans et 100 millions de dollars pour construire ce musée de la biodiversité conçu par Frank Gehry. Chacune de ses 8 galeries s'intéresse à un aspect de la formation de l'isthme panaméen. Plus loin, le Smithsonian Tropical Research Institute abrite le **Punta Culebra Nature Center** (www.stri.si.edu/visit/punta-culebra ; ouv. déc.-mars : mar.-dim. 10h-18h, ouv. avr.-nov. : mar.-ven. 13h-17h, w-e 10h-18h), où vous vous familiariserez avec la faune et la flore locales au travers d'expositions et de parcours de découverte.

LA VILLE MODERNE

Un chapelet de *barrios* s'égrène le long de la côte, au nord-est de Casco Viejo. **Bellavista**, **Marbella**, **Punta Paitilla** ou **Punta Pacífica** Ⓒ : difficile de les distinguer les uns des autres. Là, les habitants les plus riches de la capitale habitent une armée chaque mois plus nombreuse de gratte-ciel tout de verre et d'acier. La piste cyclable **Ciclovía Cinta Costera** Ⓓ longe le front de mer.

Plus en retrait, **El Cangrejo**, **Obarrio** et l'**Area Bancaria** forment la majeure partie du quartier d'affaires de Panamá, où se concentrent également hôtels et immeubles résidentiels. **San**

Francisco, au nord-est, se distingue par la qualité de sa restauration. Vous y trouverez notamment le célèbre Maito (www.maitopanama.com), spécialiste de la *nueva cocina panameña*. Quant à **Albrook** Ⓔ, au sud, il accueille l'aéroport (lignes intérieures), la gare routière et des maisons en bois aux larges vérandas, construites à l'époque où les États-Unis géraient le canal.

Les pentes conquises par la jungle du **Cerro Ancón** Ⓕ dominent Casco Viejo, offrant une vue panoramique sur la ville. Hormi les contreforts accaparés par des quartiers résidentiels, l'urbanisation a épargné la forêt où vous rencontrerez paresseux, tatous, coatis, tamarins de Geoffroy et autres animaux.

PANAMÁ VIEJO

Aujourd'hui baptisée **Conjunto Monumental Histórico de Panamá Viejo** Ⓖ (www.patronatopanamaviejo.org ; ouv. mar.-dim. 8h30-16h30), la communauté fondée par Pedro Arias Dávila sera réduite en cendres après le sac perpétré par Henry Morgan en 1671. Elle comptait à l'époque 10 000 habitants. Ils seront des milliers à mourir. Lorsque la cité sera transférée quelques kilomètres au sud, à l'emplacement actuel de Casco Viejo, la plupart des pierres déménageront aussi.

Inscrites au patrimoine mondial de l'Unesco, les ruines cernées au nord et à l'ouest par les quartiers modernes se tapissent dans la végétation. La Plaza Mayor, restaurée, et un clocher, unique rescapé de l'ancienne cathédrale : c'est à peu près tout ce qu'il reste du vieux Panamá, hormis quelques murs et de modestes constructions. Le musée présente une maquette de la cité d'origine ainsi que plusieurs vestiges coloniaux.

L'ISLA TABOGA ET LAS PERLAS

Desservie tous les jours par des ferries au départ de la Calzada de Amador, l'**Isla Taboga** ❷, surnommée l'île des Fleurs, est la plus proche de Panamá. Elle s'ancre à seulement 19 km de la côte, et vous pourrez facilement aller vous prélasser sur l'une de ses plages, comme la Playa Restinga, et déjeuner dans une ambiance décontractée.

Plus au large (64 km de la capitale), l'**Archipiélago de Las Perlas** ❸ est également accessible en ferry, mais

Les ruines de Panamá Viejo.

LE CANAL DES TITANS

Le canal de Panamá s'est élargi. Une extension fort coûteuse qui lui permet désormais d'accueillir les plus gros navires du monde et d'accepter près de 2 fois plus de trafic.

Durant la majeure partie du 20e siècle, l'industrie navale va veiller à construire des Panamax, navires adaptés au canal de Panamá, alias la 8e merveille du monde. Cependant, à l'aube de l'an 2000, bon nombre de ces géants flottants – des pétroliers, pour la plupart – avaient atteint de telles proportions qu'ils ne pouvaient plus emprunter le canal, d'où une perte de parts de marché considérable au profit de son concurrent de Suez. Le canal risquant l'obsolescence, l'Autorité du Canal de Panamá commencera à travailler sur un projet d'extension en 2007. Un plan approuvé à une large majorité (76,8 %) lors d'un référendum national.

Mise en service en 2016 – avec plus de 2 ans de retard sur le planning initial et un dépassement de budget d'un milliard de dollars –, la nouvelle voie double la capacité du canal. Il aura fallu près de 10 ans et une main-d'œuvre d'environ 40 000 hommes pour mener à bien ce chantier titanesque, comparable par la démesure de ses chiffres avec son prédécesseur, un siècle auparavant. Jugez plutôt : il a consommé assez d'acier pour bâtir 29 tours Eiffel, et le volume de terre déblayé aurait permis de remplir 25 pyramides de Khéops.

Parallèles aux anciens, 2 systèmes d'écluses supplémentaires ont été installés : l'un à l'est de celui de Gatún ; l'autre, au sud-ouest de celui de Miraflores. Dotés de bassins plus larges (54,8 m contre 33,5 m) et plus profonds (18 m contre 12,8 m), ils acceptent des navires, baptisés Néopanamax ou Postpanamax, d'une taille une fois et demie supérieure aux précédents et capables de transporter le double de cargaison. Le canal étant censé atteindre sa capacité maximale entre 2012 et 2014, l'extension avait vocation à absorber une augmentation du tonnage de 280 millions en 2005 à quelque 510 millions d'ici 2025. Le coût total des travaux s'élèverait à 5,25 milliards de dollars. Conséquence de cette croissance du trafic, les ports du monde entier – de la côte Est des États-Unis à la Grande-Bretagne et au Brésil – se sont préparés, eux aussi, à recevoir les nouveaux colosses des mers.

CROISIÈRE SUR LE CANAL

Alors que beaucoup se contentent de regarder les Néopanamax franchir l'ensemble d'écluses de Miraflores, non loin de Panamá, de nombreux autres s'offrent une balade sur le canal. Pour la plupart, il s'agit d'une étape sur leur circuit de croisière ; pour les touristes visitant le Panamá, d'une excursion inscrite au programme. Il faut entre 6 et 8 heures pour parcourir cette voie maritime de bout en bout et passer ses 3 écluses – Miraflores, Pedro Miguel et Gatún –, mais le franchissement d'une seule peut prendre jusqu'à 2 heures. Aussi, les prestataires de tourisme proposent-ils de préférence des excursions comprenant le passage des écluses de Pedro Miguel et de Miraflores, puis du Puente de las Américas, avant de déboucher dans le Pacifique. Panama Marine Adventures (**www.pmatours.net**) organise régulièrement ce genre de croisière au départ de Gamboa, à bord du *Pacific Queen* (250 passagers), tandis que le chalutier en bois *Isla Morada* (165 passagers) et le *Fantasía del Mar* (434 passagers), tout en acier, circulent entre Flamenco Marina et Gamboa ou Gatún. #

Paquebot passant l'écluse de Gatún.

aussi en avion – comptez 20 minutes de vol. L'archipel regroupe 39 îles et plus d'une centaine d'îlots, pour la plupart inhabités. Snorkeling, pêche au gros et plages préservées vous y attendent.

La plus appréciée des visiteurs demeure l'**Isla Contadora**, qui accueille des dizaines de petits hôtels et B&B. Elle doit surtout sa réputation aux stars de la mode qui y ont construit de luxueuses demeures – elle a même reçu le shah d'Iran en 1980 lors de son exil. Pas moins de 13 plages festonnent sa côte, parmi lesquelles la **Playa Galeón** et la **Playa Ejecutiva** nichée dans une crique paisible.

LE CANAL DE PANAMÁ

Voie navigable la plus stratégique du globe et l'un des plus formidables exploits d'ingénierie de tous les temps, le **Canal de Panamá** ❹ parcourt 77 km entre Colón, sur la mer des Caraïbes, et Balboa, non loin de la capitale. Plus de 14 000 navires l'empruntent chaque année, soit près de 5 % des échanges commerciaux mondiaux.

Pour le voir fonctionner, rien de tel que d'embarquer sur un bateau de croisière. Autre option : se poster au **Visitor Center de Miraflores** (tél. 276-8325 ; www.visitcanaldepanama.com), situé à 20 minutes en voiture de la capitale. S'étageant sur 4 niveaux, celui-ci domine le système d'écluses de Miraflores (Miraflores Locks). Il propose différentes expositions et un documentaire en 3D sur l'histoire du canal. Le moment le plus impressionnant a lieu vers 11h et vers 15h, quand les gigantesques Néopanamax *(voir Zoom sur... ci-contre)* franchissent les écluses. Les spectateurs se rassemblent sur les terrasses, tandis que les haut-parleurs fournissent des informations sur chaque colosse. À l'Atlantic & Pacific Co. Restaurant (www.atlanticpacificrestaurant.com ; ouv. tlj. 11h30-23h), vous assisterez aux manœuvres tout en profitant du buffet hors de prix (11h30-16h) et en sirotant du champagne.

Donnant sur le Lago Gatún et les nouvelles écluses proches de Colón, sur la côte Atlantique, le **Visitor Center de Aguas Claras** (ouv. tlj. 8h-16h) se veut moins formel que celui de Miraflores. Ici, pas de musée, mais une modeste salle de projection. De toute façon, peu importe car les visiteurs viennent d'abord pour voir passer les monstres flottants.

LE LAGO GATÚN

Le **Lago Gatún** ❺ a vu le jour en 1913, quand un barrage a été construit sur le Río Chagres, engloutissant 425 km² de forêt. Plusieurs communautés emberá originaires de la province du Darién ont emménagé sur les rives du lac artificiel, à l'embouchure du Chagres. Les villages de **Parara Puru, Emberá Puru** et **Emberá Drua** se sont lancés dans le tourisme et reçoivent de très nombreux visiteurs auxquels ils proposent un déjeuner typique, un spectacle de danse folklorique et des balades en pirogue, avec passage obligé ou presque dans les boutiques d'artisanat local. Si l'idée vous tente, adressez-vous à n'importe quel tour operator de Panamá, comme Ancon Expeditions ou Advantage Panamá.

À PROPOS

Conduit par l'architecte du canal de Suez, Ferdinand de Lesseps, le projet français de canal au Panamá tournera court, faute d'avoir pris la mesure du défi que représentait cette jungle dense, sujette aux crues et infestée de moustiques porteurs de malaria. Il faudra plus de 20 000 morts pour que les Français finissent par déclarer forfait.

Une autre façon d'explorer la jungle, au Gamboa Rainforest Resort.

À PROPOS

Malgré son nom, le panama dont la mode a été lancée par Ferdinand de Lesseps et Théodore Roosevelt lors de la construction du canal du Panamá par les Français, puis par les Américains, est originaire de la province de Manabí, en Équateur. Confectionné en fibres de palmier *toquilla*, il alimente une industrie artisanale depuis 4 siècles. Ce chapeau léger coiffait les ouvriers du chantier du canal. Il est devenu depuis un symbole des Tropiques.

LE PARQUE NACIONAL SOBERANÍA

Le **Parque Nacional Soberanía** ❻ (ouv. tlj. 8h30-16h30) occupe 19 545 ha, le long de la rive orientale du canal. À 40 minutes seulement de la capitale, ce joyau naturel du Panamá se classe parmi les sanctuaires les plus accessibles d'Amérique centrale. Il n'a pourtant rien perdu de son caractère sauvage. Plus de 100 espèces de mammifères y sont recensées, dont des jaguars, des paresseux et des singes, auxquelles s'ajoutent plus de 500 espèces d'oiseaux. Plusieurs sentiers parcourent le parc au départ du poste de rangers. Les plus connus, le **Camino del Oleoducto** et le **Camino de Plantación**, font le bonheur des ornithologues.

Des écolodges ont élu domicile à l'intérieur ou à la lisière du parc, notamment le **Canopy Tower** (www.canopytower.com) qui a ouvert ses portes en 1999 dans une ancienne station radar de l'armée américaine, au sommet du Cerro Semáforo. Surmontée d'un dôme haut de 9 m, cette tour offre une vue imprenable sur la canopée et ses hôtes à plumes.

Mastodonte flottant sur le Lago Gatún.

Au nord du parc, postée sur la rive droite du Río Chagres, **Gamboa** hébergeait les Américains employés au dragage du canal. Aujourd'hui, cette localité accueille surtout le Gamboa Rainforest Resort (www.gamboaresort.com), installé aux portes de la forêt vierge de Soberanía. Au programme : excursion sur le Lago Gatún et randonnées encadrées par des naturalistes. Tout aussi soucieuse de son standing que de son environnement, cette immense propriété englobe le Gamboa Rainforest Resort Butterfly Garden & Frog Exibit.

LA PROVINCE DE COLÓN

Bordant le centre de la côte Caraïbe panaméenne, la province de Colón semble avoir une culture bien à part, marquée par une forte influence afro-panaméenne due à l'arrivée d'esclaves, puis à celle des ouvriers embauchés sur le chantier du canal. Elle a pour chef-lieu la ville peu avenante de Colón, zone franche la plus étendue du continent américain. Malgré ses efforts méritoires pour se donner un nouveau look, celle-ci a encore des progrès à faire. Pas étonnant que les touristes lui préfèrent le fort espagnol de San Lorenzo et le village pétri d'histoire de Portobelo.

COLÓN ET SES ENVIRONS

Fondée en 1850 lors de la Ruée vers l'or en Californie, lorsque la traversée de l'isthme via le Ferrocarril de Panamá évitait le détour par le cap Horn, **Colón** ❼ connaîtra des hauts et des bas. À ses débuts, elle va prendre de l'ampleur, jusqu'à ce que l'aménagement de la ligne de chemin de fer transcontinentale américaine, en 1855, la stoppe net dans son élan. Le chantier du canal, sous la houlette des Français puis des Américains, lui insufflera un second souffle. La majeure partie de la ville s'est construite à cette époque, mais elle n'a jamais réussi à sortir de l'ombre que lui faisait Panamá.

L'essentiel de l'activité économique locale se concentre dans la **Zona Libre de Colón** (www.zonalibreinfo.com), à la lisière sud-est de la ville, où 2 000 commerces vendent toutes sortes de produits détaxés. Que les accros aux bonnes affaires ne s'enflamment pas ; la zone franche s'adresse avant tout aux grossistes. Le Puerto de Cruceros (port des Paquebots) **Colón 2000** se trouve sur la rive orientale. Vous y attendent quelques restaurants, une boutique de détaxe et des magasins d'artisanat. En revanche, la plupart des autres quartiers peuvent être dangereux ; mieux vaut ne pas vous y promener.

Au bord du lac, à la sortie de Colón, l'élégant hôtel Meliá Panamá Canal (www.meliapanamacanal.com) a élu domicile dans l'ancienne Escuela de las Américas, la fameuse école militaire où a été formé Manuel Noriega.

L'**écluse de Gatún** se situe non loin de l'entrée du canal, 10 km à l'ouest de Colón. Moins bien aménagée pour les touristes que celle de Miraflores *(voir p. 315)*, elle comporte néanmoins un Visitor Center et une plateforme offrant une vue imprenable sur les Néopanamax et tankers qui s'élèvent jusqu'au niveau du Lago Gatún. Régulant le Río Chagres, près de 2 km plus loin, la Represa de Gatún était le plus grand barrage du monde au moment de sa construction.

La route qui franchit les Esclusas de Gatún s'aventure ensuite dans une jungle épaisse jusqu'au Fuerte Sherman, une ancienne base militaire américaine en partie démantelée. Elle poursuit son chemin cahoteux pendant 8,9 km pour rejoindre l'embouchure du Chagres où se dresse le **Fuerte San Lorenzo** (ouv. tlj. 9h-16h), un fort espagnol bâti initialement en 1595 et mis à sac à plusieurs reprises par les pirates. Sa version actuelle, inscrite au patrimoine de l'Unesco, date de 1761 et est en assez bon état de conservation, malgré ses canons rouillés et sa douve envahie par la végétation.

PORTOBELO

À en juger par son indolence, difficile d'imaginer que **Portobelo** ❽, quelque 43 km à l'est de Colón, faisait partie des ports les plus prospères des Caraïbes espagnoles, du 16e siècle au début du 18e siècle, grâce aux cargaisons d'or et d'argent d'Amérique du Sud qui y embarquaient à destination de l'Europe. Le Portobelo d'aujourd'hui se résume à

Glorieux vestiges du Castillo Santiago de la Gloria, à Portobelo.

À DÉCOUVRIR

Sur la rive nord de la baie de Portobelo se niche **El Otro Lado** (elotrolado.com.pa), une luxueuse "retraite", accessible uniquement par bateau au départ de Portobelo. Elle héberge la **Casa Cultura Congo** (www.fundacionbp.org), un centre d'expressions artistiques congo, qui organise aussi des spectacles pour les visiteurs. Vous pourrez aussi y louer des kayaks afin d'explorer les mangroves et certaines fortifications visibles seulement de mer.

un petit damier de rues pavées, face à une baie remplie de yachts, avec des reliefs acérés et couverts de forêt tropicale humide pour toile de fond.

Des boucaniers comme Henry Morgan ou l'amiral britannique Edward Vernon l'ont néanmoins marqué de leur empreinte, comme en témoignent les fortifications construites autour de la baie. La préservation de la majeure partie de son architecture coloniale vaudra à Portobelo d'obtenir le statut de site classé au Patrimoine mondial, en 1980.

Bordant la place au nord, le **Museo de Aduana** occupe l'ancien bâtiment des douanes, édifié en 1630 et partiellement reconstruit à la suite de bombardements au canon et d'un incendie. Un tiers de tout l'or du monde aurait jadis transité par cet endroit. Son voisin, le **Fuerte San Jerónimo**, remonte à 1664 et une rangée de canons continue de garder la baie. Son pendant, le Fuerte Santiago Viejo, ferme la ville à l'ouest.

Une rue à l'est de la place, l'**Iglesia de San Felipe** (horaires variables) abrite un Cristo Negro, auquel un pèlerinage rend hommage le 21 octobre. La tradition raconte que la statue aurait été abandonnée là par un navire faisant route vers Cartagena et que, lors d'une épidémie de choléra, la population l'ayant supplié de l'épargner aurait vu son vœu s'accomplir.

Ce pittoresque village est aussi riche culturellement aujourd'hui, qu'il l'a été économiquement, autrefois. Ses habitants, qui se sont donné le nom de Congos, descendent des esclaves noirs. Des festivals célèbrent la richesse de leur culture tout au long de l'année, au travers de la danse, de la musique et d'autres formes artistiques.

Le **Parque Nacional de Portobelo**, première zone naturelle protégée du Panamá, couvre quelque 86 ha, dont 20 % sont des zones marines. Cet espace, qui protège tant les récifs coralliens que l'impressionnante jungle, est riche en mangroves, lacs et belles plages.

À La Guaira, à peu près 20 km au nord-est de Portobelo, se trouve l'embarcadère pour l'**Isla Grande**. L'île possède quelques plages agréables propices au snorkeling. Mis à part une poignée de petits hôtels et restaurants fermés hors saison, les infrastructures s'avèrent plutôt rudimentaires.

La jeunesse congo *de Portobelo.*

LE LITTORAL PACIFIQUE

À l'ouest de Panamá, la Transaméricaine épouse les contours de la côte Pacifique, longeant un chapelet de plages de plus en plus charmantes à mesure que vous vous éloignez de la capitale. Bon nombre d'expatriés et de Panaméens fortunés y ont une villa ou un appartement où ils viennent passer le week-end. Cette partie du littoral accueille également des golfs et quelques complexes hôteliers géants.

Dans la Península de Azuero, le paysage devient plus rude. Une région de *vaqueros* (cow-boys) connue pour son carnaval et dont les plages isolées commencent néanmoins à s'urbaniser. La côte se fait encore plus pittoresque dans le golfe de Chiriquí, émaillé d'îles sauvages et fréquenté par les baleines.

VALLE DE ANTÓN

Avant de parcourir le littoral à la recherche de votre plage préférée, faites un détour par la station climatique de **Valle de Antón** ❾, alias El Valle, qui occupe le cratère du deuxième plus grand volcan éteint du globe. Perché à 762 m d'altitude, il bénéficie, tout au long de l'année, d'un climat plus frais qu'en bord de mer, ce qui lui vaut la visite des habitants de la capitale – à 2 heures de route –, le temps d'un week-end. Le dimanche, les Ngäbe, les Emberá et d'autres communautés de la région viennent y vendre produits frais et créations artisanales traditionnelles.

Sanctuaire de biodiversité, la localité et les forêts luxuriantes qui l'entourent abritent plus de 350 espèces d'oiseaux. Le **Cerro Gaital**, versant nord de la caldeira, a été aménagé d'agréables sentiers de randonnée, dont une boucle de 2 à 3 heures où, par endroits, vous pourrez contempler le Pacifique d'un côté et l'Atlantique de l'autre.

Des dizaines de B&B et d'écolodges ont élu domicile à la périphérie de la localité, notamment le Canopy Lodge (www.canopytower.com/canopy-lodge) et sa tyrolienne, ainsi que le complexe hôtelier Los Mandarinos Hotel & Spa (www.losmandarinos.com). La star de la restauration locale, La Casa de Lourdes (www.lacasadelourdes.com), logée dans une élégante demeure italianisante, permet à Lourdes Fábrega de Ward, célébrité de la cuisine panaméenne ayant fait ses classes chez les chefs Martha Stewart et Paul Prudhomme, d'exprimer tout son talent.

UN LONG RUBAN DE SABLE DORÉ

Plage la plus proche de Panamá, la **Playa Bonita** se trouve juste après le Puente de las Américas. Elle n'a rien de très spécial, hormis la présence du géant de l'hôtellerie Westin Playa Bonita (www.marriot.com).

À 83 km de la capitale, la **Playa Coronado** étire son long estran jalonné de supermarchés, d'appartements et de villas. Coronado semble avoir pris de l'âge, mais son style a plus de personnalité que celui de certaines plages plus à l'ouest.

Les plus belles plages de la côte Pacifique se situent à quelque 113 km de la capitale, attirant plus une clientèle étrangère que panaméenne, comme en témoigne **Playa Santa**

À SIROTER

Certains considèrent le rhum comme la boisson nationale du Panamá. Erreur ! Cet honneur revient au *seco*, un alcool de canne à sucre à 80 °. Marque la plus connue, le Seco Herrerano est produit depuis 1936 par la distillerie Varela Hermanos, à Pesé, qui, pure coïncidence, fait aussi le rhum Abuelo. Les barmen les plus en vue de Panamá associent souvent le *seco* à des fruits exotiques locaux qu'ils laissent macérer.

Sur la plage de Santa Clara.

Clara ⑩ avec ses tours résidentielles et ses hôtels – petits pour la plupart, exception faite du Sheraton Bijao Resort (www.marriott.com). Sa voisine, **Playa Farallón** ou Playa Blanca, se veut plus huppée, avec son Royal Decameron Golf, Beach Resort & Villas (www.decameron.com ; 852 chambres) et son immense complexe Buenaventura (www.buenaventura.com.pa) qui s'étend sur 400 ha et comprend un golf conçu par Jack Nicklaus – l'un des meilleurs d'Amérique centrale.

LA PENÍNSULA DE AZUERO

Mesurant environ 100 km de largeur et 90 km de longueur, la Península de Azuero sépare le Golfo de Panamá du Golfo de Chiriquí. L'intérieur des terres se caractérise par des reliefs arrondis et dénudés, livrés en pâture au bétail et parsemés de quelques haciendas. Son littoral a tardé à se développer, mais il s'emploie désormais à rattraper son retard. Vous voici dans le bastion du folklore panaméen ; ici, se déroule un carnaval débridé et se concentrent les maîtres de la confection des *polleras* (robes folkloriques).

Défilé des benjamines en polleras, *à Chitré.*

La plus grande ville, **Chitré** ⑪, possède un petit aéroport bénéficiant de vols quotidiens à destination de la capitale. Elle ne présente guère d'intérêt, en dehors de ses hôtels modernes et magasins d'alimentation qui font cruellement défaut dans le reste de la péninsule. En revanche, le village juste à côté, **La Arena**, est réputé pour ses céramiques, notamment ses *tinajas* (jarres).

Las Tablas ⑫ compte parmi les localités les plus pittoresques d'Azuero, avec ses maisons en adobe chaulées et coiffées de tuiles en terre cuite. Elle n'émerge de sa torpeur qu'à l'occasion du carnaval, événement festif commun à toute la péninsule, mais célébré ici avec une ferveur particulière. Il commence le samedi précédant le mercredi des Cendres et se poursuit durant 4 jours jusqu'à Mardi-Gras, à grand renfort de parades et de concours de *polleras* *(voir encadré p. 321)* le tout bien arrosé au sens propre comme au sens figuré. Élisant chacun sa reine, 2 clans rivalisent : celui de la Calle Arriba et celui de la Calle Abajo. C'est à qui aura les chars et les costumes les plus somptueux. Si vous y participez, attendez-vous à être la cible de pistolets à eau, tuyaux d'arrosage, voire seaux d'eau !

Ville de *vaqueros* (cow-boys), **Pedasí** ⑬ s'est choisi un jeune maire qui encourage la communauté locale à rénover les maisons coloniales, de sorte qu'elle s'embourgeoise de plus en plus, se dotant de nouveaux cafés et hôtels de charme. Pour autant, les chevaux y sont encore nettement plus nombreux que les BMW. À une douzaine de kilomètres au sud-ouest, la **Playa Venao** connaît un essor fulgurant, en grande partie financé par des capitaux israéliens investis dans des hôtels modernes, comme la Villa Marina (www.villamarinalodge.com), lesquels côtoient les campements de surfeurs et les retraites de yoga. À l'extrémité sud de cette longue plage en croissant de lune où les vagues déferlent sans faillir, se tient le célèbre restaurant Panga, tenu par un ancien candidat de *Top Chef* qui cuisine au feu de bois, privilégie les ingrédients d'origine locale et propose des mets élaborés mais abordables.

LE GOLFO DE CHIRIQUÍ

Nulle part au Panamá, vous ne découvrirez une nature plus sauvage et authentique qu'au **Parque Nacional Marino Golfo de Chiriquí** ⓮. Les 14 730 ha de ce parc fondé en 1994 composent un territoire au relief accidenté et verdoyant, constitué surtout d'îlots inhabités, et festonné de plages de sable blanc. S'y nichent néanmoins des lodges spécialisés dans la pêche au gros et des résidences hôtelières miniatures. Baleines, requins longimanes et poissons tropicaux fréquentent assidûment les mangroves et les récifs coralliens, tandis que les oiseaux marins migrateurs partagent la végétation avec, entre autres, les alouates.

Pour explorer ce royaume, descendez dans l'un des petits hôtels de **Boca Chica**, dont le Bocas del Mar (www.bocasdelmar.com), ou dans l'un des lodges de pêche voisins, comme le Panamá Big Game Sportfishing Club & Resort (www.panama-sportfishing.com), sur l'Isla Boca Brava. Ces établissements proposent des formules incluant pêche, kayak, observation des baleines et farniente sur la plage.

L'ISLA COIBA

Plus grande île du Panamá, **Coiba** ⓯ abrite l'un des environnements les mieux préservés d'Amérique centrale car, ayant, à l'instar de l'île du Diable (Guyanne), hébergé une colonie pénitenciaire durant près de 90 ans, elle n'intéressait guère les touristes et encore moins les promoteurs immobiliers.

Le **Parque Nacional Coiba** (www.coibanationalpark.com) réunit 38 îles et îlots ainsi qu'un réseau de chenaux, répartis sur plus de 215 000 ha, ce qui lui vaut souvent d'être comparé aux Galápagos. Au départ de Santa Catalina, des excursions d'une journée permettent de découvrir le deuxième récif corallien le plus étendu du Pacifique oriental ainsi qu'une abondante faune : baleines, requins-marteaux, requins-nourrices, raies mantas, crocodiles, tortues marines et 36 espèces de mammifères terrestres.

À DÉCOUVRIR

Phénomène météo unique en son genre, le *bajareque* se produit entre décembre et mars, quand un crachin venu de l'Atlantique s'invite sur les hautes terres. Cette bruine est si douce qu'à en croire les autochtones, elle "caresse le visage". La conjugaison du soleil, du vent et du *bajareque* donne lieu à de majestueux arcs-en-ciel.

POLLERAS D'AZUERO

De conception très complexe, la *pollera* passe pour l'un des vêtements traditionnels les plus plus délicats et les plus travaillés au monde. Si la robe coloniale espagnole était la tenue courante dans les haciendas d'Amérique latine, les *polleras* les plus en vogue viennent de la péninsule d'Azuero. Réservées aux grandes occasions, elles se composent d'une jupe réalisée dans une seule pièce d'étoffe brodée de délicats motifs floraux et ornée de dentelles, que l'on porte sur des jupons. Des bijoux de famille en or et en perles, appelés *mosquetas* et *tembelques*, complètent l'ensemble. Il faut des mois pour confectionner une *pollera*, laquelle peut coûter des milliers de dollars. La plupart des Panaméennes ne possèdent que 2 *polleras* dans toute leur vie : une avant leurs 16 ans ; l'autre à leur majorité.

Coiba et son archipel.

Depuis le transfert des derniers repris de justice en 2004, l'îlot de Granito de Oro et les sentiers parcourant la jungle de Coiba commencent à attirer plongeurs et randonneurs.

LA PROVINCIA DE CHIRIQUÍ

Fans d'aventure, d'ornithologie et de café sont de plus en plus nombreux à tomber sous le charme des plus hautes terres panaméennes. Une destination qui a le vent en poupe, même auprès des expatriés qui y achètent des maisons et y créent des commerces. Les forêts, riches en biodiversité, accueillent des centaines d'oiseaux rares, dont le quetzal resplendissant et le cotinga bleu *(Cotinga nattererii)*. Les cours d'eau tumultueux font le bonheur des amateurs de rafting et les sentiers peu empruntés, en pleine forêt de nuages, celui des randonneurs.

DAVID

Troisième plus grande ville du pays et centre névralgique des transports de la région Ouest, **David** ⑯ se trouve à 45 minutes en voiture de la frontière costaricaine, dans une plaine côtière accablée par la chaleur. Aussi, bon nombre de visiteurs venus en avion ou en car ne s'y attardent pas, s'empressant de gagner les hauteurs au climat plus frais. Dommage, car la localité possède quelques rues au charme colonial dans le Barrio Bolívar, des restaurants gastronomiques et de vieux hôtels chics, dont le Gran Hotel Nacional (www.hotelnacionaldavid.com) qui s'est doté d'un casino et de 6 salles de cinéma.

VOLCÁN ET SES ENVIRONS

Installée sur la partie aval du Volcán Barú, la localité de **Volcán** ⑰ se caractérise par un climat de type alpin et des groupes de petites fermes tout autour d'un centre-ville moderne et animé. L'endroit parfait où séjourner le temps d'explorer les reliefs et leurs trésors cachés.

À quelque 5,5 km de Volcán, en direction du sud-ouest, vous attend le **Sitio Barriles** (ouv. lun.-sam. 10h-16h), l'un des rares sites précolombiens au Panamá, mis au jour par les Landau, alors qu'ils aménageaient une plantation de caféiers dans leur domaine. Il s'agit du siège de la culture des

La Finca Lerida, une pionnière de la culture du café à Boquete.

Barriles, un peuple indigène s'étant implanté dans la région entre 600 et 300 av. J.-C. et y ayant vécu jusqu'à ce que l'éruption du Barú ne les en chasse. Les archéologues ont découvert des centaines d'outils et de poteries ainsi qu'une tombe renfermant des urnes funéraires. Seuls quelques-uns de ces vestiges sont présentés au public.

La richesse de son sol volcanique fait de Volcán un paradis de la culture du café, et plusieurs propriétaires de plantation organisent des visites guidées. À la sortie ouest de la ville, la **Janson Coffee Farm** (www.jansoncoffeefarm.com) privilégie la culture bio, la récolte manuelle et la torréfaction par petits lots. Pour assister à l'ensemble du processus, adressez-vous à Lagunas Adventures (tél. 6569 7494 ; www.lagunasadventures.com). La **Finca Hartmann** (tél. 6450 1853), située près de Santa Clara, à 27 km de Volcán, bénéficie d'un cadre splendide. Les forêts environnantes constituent une halte de prédilection pour les oiseaux migrant entre le nord et le sud. Si, outre la visite des installations de la plantation, vous souhaitez aller à la rencontre de ses hôtes à plumes, mieux vaut séjourner quelques jours dans l'un des bungalows rustiques de la *finca*.

BOQUETE ET SA RÉGION

La principale destination touristique dans les montagnes panaméennes est sans conteste **Boquete** ⓲. De nombreux Nord-Américains et des Européens s'y sont même installés à demeure afin de profiter du climat printanier qui, ici, dure toute l'année. Sur les berges du Río Caldera, avec les pentes abruptes du Barú pour toile de fond, la localité elle-même ne manque pas de charme et séduit autant les sportifs en quête d'aventure que les amateurs de café.

Ses environs immédiats vous réservent quelques visites intéressantes, dont celles de la **Boquete Brewing Company** (www.boquetebrewingcompany.com), de **Café Kotowa** et de **Boquete Bees** (www.boquetebees.com), une *finca de café* qui produit aussi d'excellents miels d'abeilles. En matière d'hébergement, Boquete surpasse toutes les autres municipalités du pays ou presque, qu'il s'agisse du Panamonte Hotel (www.panamonte.com) qui date de 1914 et a pour chef le célèbre Charlie Collins, ou de la Finca Lerida (www.fincalerida.com), l'une des plus anciennes plantations de caféiers de la région.

Les reliefs dominant la ville ménagent des paysages de toute beauté que vous apprécierez d'autant mieux en suivant la route bitumée de **Bajo Mono**, à gauche après l'église à la sortie de la ville, ou la **Volcancito Road**, à droite après le Visitor Center CEFATI. La route principale qui part en direction de la côte Caraïbe serpente à travers une végétation luxuriante et rejoint la **Finca La Suiza** (www.fincalasuizapanama.com), un domaine de 81 ha parcouru par 3 longs circuits de randonnée au cœur de forêts tropicales et de forêts de nuages émaillées de cascades.

CAFÉINE ET ADRÉNALINE

Le Panamá est un petit producteur de café en termes de volume, mais il

Boquete, une petite localité qui a le vent en poupe.

joue dans la cour des grands pour ce qui est de la qualité. Ses variétés cultivées à l'ombre sur un sol volcanique fertile lui ont permis de se faire un nom dans le haut de gamme, éclipsant son voisin le Costa Rica pourtant plus connu. Ce succès, il le doit notamment à la variété appelée Geisha, un cultivar d'origine éthiopienne qui a subi une mutation sous l'effet du climat local. De ce fait, il est devenu le café le plus cher du monde. Outre la Finca Lerida mentionnée précédemment, les doyens locaux de la production de café incluent la **Casa Ruiz** (www.caferuiz-boquete.com ; visites guidées par des Ngöbe-Buglé lun.-sam.), le plus gros producteur de la région, et **Café Kotowa** (www.kotowacoffee.geishacoffee.com), fondé il y a plus d'un siècle par un Écossais. Chez ce dernier, la dégustation à la fin de la visite se déroule dans le moulin à eau d'origine.

Les hautes terres du Chiriquí recèlent quelques-uns des meilleurs spots de rafting en eaux vives d'Amérique centrale. Novice ou expert, il y en a pour tous les goûts et tous les niveaux. Le Río Chiriquí et, plus isolé, le Río Chiriquí Viejo présentent les difficultés techniques les plus élevées, avec des rapides de classe III à V, et ne sont praticables pour le rafting qu'entre juillet et novembre, lorsque le niveau de l'eau s'y prête. Le Río Esti (classe II) convient aux familles ayant de jeunes enfants tandis que le Río Gariche (classe II-III) exige un peu plus d'expérience. Si le cœur vous en dit, contactez Chiriquí River Rafting (tél. 6879 4382 (portable) ; www.panamarafting.com) ou Boquete Outdoor Adventures (tél. 720 2284 ; www.boqueteoutdooradventures.com).

LE PARQUE NACIONAL VOLCÁN BARÚ

Occupant le versant pacifique du Barú, un volcan éteint haut de 3 475 m (point culminant du Panamá), le **Parque Nacional Volcán Barú** ⓳ est l'un des plus fréquentés du pays... à juste titre. Ses plus de 14 000 ha de forêts primaires et secondaires constituent un sanctuaire de biodiversité où cohabitent une faune et une flore aussi riches que rares : plus de 250 espèces d'oiseaux, dont le quetzal resplendissant, le Motmot à tête bleue *(Momotus coeruliceps)* et l'araponga tricaronculé *(Procnias tricarunculatus)*, des chênes

À l'assaut du sommet du Volcán Barú : une ascension qui n'est pas de tout repos.

géants vieux de plusieurs siècles et des dizaines d'espèces d'orchidées que l'on ne retrouve nulle part ailleurs. Vous acquitterez le droit d'entrée auprès des rangers postés, d'une part, au départ du sentier Los Quetzales, à Alto Chiquero (8 km de Boquete), et d'autre part, à El Respingo, situé plus en altitude sur le Cerro Punta.

BOCAS DEL TORO

Ancré non loin de la frontière costaricaine, l'**Archipiélago de Bocas del Toro** ⓴ (www.bocasdeltoro.com) se compose de 7 îles et quelque 200 îlots réputés pour leurs plages immaculées et leur ambiance typique des Caraïbes. Ces îles anglophones sont devenues des bastions de l'écotourisme, avec leurs lodges perdus en pleine forêt pluviale tropicale et leurs bungalows sur pilotis, parfaits pour la pratique du snorkeling et du surf. Hormis l'Isla Colón et ses maisons pastel où cohabite une poignée de communautés de Ngöbe-Buglé, la majeure partie de l'archipel reste déserte, ce qui fait le bonheur des rares touristes venus vivre leur rêve de tropiques.

L'ISLA COLÓN

L'activité de l'archipel se concentre dans la capitale régionale, Bocas del Toro, dans l'**Isla Colón** (61 km^2). La plupart des infrastructures de cette petite localité remontent au début du 20e siècle, lorsque la United Fruit Company a implanté des bananeraies sur les îles, attirant ainsi des milliers d'immigrants de la Jamaïque et des îles colombiennes de San Andrés et de Providencia. Bocas prospérera jusque dans les années 1930, époque où la maladie du bananier contraindra la compagnie à transférer ses plantations sur le continent. Elle renoue avec le succès depuis les dernières décennies et l'avènement du tourisme.

Bocas siège sur une petite péninsule. De là partent les bateaux pour le continent – Almirante ou, plus près de la frontière, Changuinola. L'aéroport, à la sortie de la localité, assure des liaisons quotidiennes avec Panamá City et David.

Tandis que les vacanciers soucieux de leur confort séjournent dans les écolodges haut de gamme sur les îles isolées, les backpackers privilégient

Bungalows les pieds dans l'eau au Punta Caracol Hotel, Isla Colón.

les vieilles maisons en bois de Bocas, converties en hôtels pittoresques, restaurants relax et studios de yoga. L'Isla Colón et, dans une moindre mesure, l'**Isla Carenero** se partagent la clientèle des noctambules qui se retrouvent souvent dans les bars sur pilotis. Bocas héberge plusieurs écoles de surf, dont Mono Loco (www.monolocosurfschool.com), ainsi que des centres de plongée PADI, comme le Bocas Dive Center (www.bocasdivecenter.com). Tous organisent des excursions à destination des îles périphériques et proposent des formules tout compris.

En revanche, l'Isla Colón laisse un peu à désirer en termes de plages. Vous pourrez aller, en solo, à celle de sable doré de la **Playa Bluff** (8 km de Bocas, accessible en taxi ou à vélo) ou, en groupe, à la Playa Bocas del Drago (pointe nord-ouest de l'île) qui se prête au snorkeling. La plupart des circuits marquent une halte à **Swan's Cay**, un sanctuaire ornithologique, et à la **Playa Estrella** où abondent les poissons tropicaux et les étoiles de mer. Autre option : rendez-vous sur l'île voisine du nom de Bastimentos.

Enfin, un certain nombre de complexes hôteliers jouent les ermites. C'est le cas du Playa Tortuga (www.hotelplayatortuga.com) à la Playa Big Creek, et du Punta Caracol Acqua Lodge (www.punta-caracol.com.pa) dont les bungalows ont les pieds plantés dans une eau turquoise.

L'ISLA BASTIMENTOS

Troisième plus grande île de l'archipel avec ses 52 km^2, l'**Isla Bastimentos** accueille surtout le **Parque Nacional Marino Isla Bastimentos** qui englobe des plages de sable fin et blanc, bordées de jungle, et des formations de corail vierges au large de la côte. Postée à la pointe occidentale de l'île, à 15 minutes en bateau de Bocas, la localité d'**Old Bank** héberge tout au plus 200 créoles. Elle possède quelques hôtels basiques, mais les visiteurs préfèrent en général descendre dans les établissements plus isolés, comme le Red Frog Beach Club (www.redfrogbeach.com) ou Tranquilo Bay (www.tranquilobay.com).

Un sentier mène d'Old Bank à la plage la plus proche, **Wizard Beach**, sur la côte opposée, une plage parfaite pour les surfeurs débutants. Celle de

Femmes de Guna Yala.

Red Frog Beach, accessible directement de Bocas, est néanmoins plus conseillée. L'Isla Bastimentos compte 2 autres villages, à Bahía Honda et à Salt Creek, où vous serez reçus par la communauté des Ngöbe et à La Loma (www.thejunglelodge.com), lodge de jungle et plantation de cacaoyers.

Le parc national couvre environ 13 000 ha, composés en majeure partie de récifs renommés pour leur richesse en coraux, poissons et invertébrés marins, du corail corne d'élan à la raie-léopard. De nombreuses tortues, dont des tortues luth et imbriquées, viennent pondre sur les 5,6 km de sable de la Playa Larga, sur la côte nord. Ancrés au sud-est de l'Isla Bastimentos, les 2 Cayos Zapatilla doivent leur nom à leur forme qui évoque des empreintes de pas. Inhabités, ils ont tout du paradis tropical.

LE CAYO CORAL ET L'ISLA CRISTÓBAL

Au large de la pointe sud de l'Isla Bastimentos, à une demi-heure environ de Bocas, les eaux peu profondes entourant le Cayo Coral recèlent un trésor de coraux durs et mous, pour le plus grand plaisir des amateurs de plongée et de snorkeling. Le *caye* possède 2 restaurants qui vous accueillent en toute simplicité.

Au sud de l'Isla Colón, l'**Isla Cristóbal** (37 km^2) est la quatrième plus grande île de l'archipel. Elle ne présente guère d'intérêt en dehors de sa baie enclavée, la **Laguna Bocatorito**, où viennent se reproduire les tursiops. Ces grands dauphins se montrent plus volontiers entre juin et septembre.

LA COMARCA GUNA YALA

Parfois désignée sous le nom d'Archipiélago de San Blas, la province indigène semi-autonome, ou comarque, de Guna Yala réunit pas moins de 350 petites îles et *cayes* parmi les plus beaux des Caraïbes. Ceux-ci se résument souvent à une étroite bande de sable blanc et fin, bordée de quelques palmiers et cernée de récifs de corail vierges. Vous voici sur le territoire des Kuna qui perpétuent leurs traditions culturelles tout en ayant la mainmise sur le tourisme dans l'archipel.

Malgré la beauté spectaculaire du cadre, les Kuna se sont toujours opposés au tourisme de masse. Ici, pas de lodges 5 étoiles, mais des bungalows rustiques où le confort moderne manque à l'appel et quasi impossible à obtenir. Cependant, les îles San Blas sont devenues nettement plus accessibles qu'autrefois grâce aux vols directs de Panamá, ou les trajets en voiture via la route El Llano–Cartí, puis traversée en bateau.

LA PANAMÁ ORIENTAL

El Porvenir représente le point d'entrée de la partie occidentale de la **Comarca Kuna Yala** ㉑. C'est sur son mini-tarmac qu'atterrissent la plupart des vols réguliers en provenance de la capitale. À part un petit musée et les bureaux des administrations, vous n'y trouverez pas grand-chose, si ce n'est l'occasion de vous immerger dans le mode de vie des Kuna. L'Hotel El Porvenir (www.hotelporvenir.com) vous reçoit juste à côté de la piste d'atterrissage, mais vous préférerez sans doute loger,

Caye de la Comarca Guna Yala.

moyennant un surcoût, dans les îles voisines, aux Cabañas Narasgandup (www.sanblaskunayala.com), par exemple.

La plage propice à la baignade la plus proche de El Porvenir se trouve sur la minuscule **Isla Hierba** ; celle qui se prête le mieux au snorkeling, sur l'**Isla Perro** – une épave gît au large. À quelques encablures, vous attend la plage de sable blanc de l'**Isla Pelicano**. De nombreux lodges proches de El Porvenir intègrent le prix de la traversée vers ces îles dans leurs tarifs.

Pour ce qui est de la richesse de la faune marine, le record revient au chapelet de *cayes* baptisé les Cayos Holandéses, à 20 km au large. Ses infrastructures se comptent sur les doigts de la main et l'aller-retour (3 heures) revient cher si vous voyagez en solo.

L'EST DE LA COMARQUE KUNA YALA

Moins visitée et plus isolée, la moitié orientale de la Comarca Guna Yala s'est pourtant davantage occidentalisée. Au départ de la capitale, Air Panamá dessert Achutupu, Corazón de Jesús et Playón Chico, mais de façon sporadique et, hormis un bateau de location, vous n'avez guère d'autres moyens d'y accéder. Cela n'empêche pas la région d'accueillir certains des meilleurs hôtels de la province, à commencer par le Yandup Island Lodge (www.yandupisland.com). La faune marine locale ne vous décevra pas, notamment par sa très forte concentration de coraux.

LE DARIÉN

Sur sa trajectoire entre l'Alaska et le sud du Chili, la Transaméricaine ne s'interrompt qu'à un seul endroit : la province du Darién, frontalière de la Colombie. Le bouchon du Darién – tel qu'on l'appelle – couvre près d'un million d'hectares de forêt vierge, riche en faune et en flore, et préservée au sein du Parque Nacional Darién. Cette zone protégée – la plus vaste du Panamá – s'est vu décerner le statut de réserve de biosphère par l'Unesco. Si l'intérieur des terres se révèle plutôt hostile et impénétrable, le littoral se montre plus accueillant.

L'OUEST DU DARIÉN

Avant que la Transaméricaine prenne fin momentanément à l'approche de la

LES KUNA

Quelque 50 000 Kuna (Guna ou Cuna), regroupés en 49 communautés, vivent dans la Comarca Guna Yala, selon les us et coutumes de leurs ancêtres. Du temps des conquistadors, bon nombre de ces Amérindiens habitaient la région correspondant à l'actuelle province du Darién, mais les affrontements avec les Catio et les Espagnols les en ont chassés.

Chaque communauté de la comarque a sa propre organisation politique, dirigée par un chef spirituel appelé *saila*. Celui-ci relate les légendes et les lois du peuple kuna sous forme de chants qu'accompagnent un ou deux *voceros*. Selon la tradition, la société des Kuna est matriarcale ; le jeune homme rejoint sa belle-famille après le mariage et prend son nom.

À Panamá City, les Kuna – qui parlent une langue chibcha – se repèrent dans les rues de Casco Viejo à leurs foulards aux couleurs vives, leurs piercings en or et leurs multiples bracelets de perles. Mais ils sont surtout connus pour leurs *molas* que la plupart des femmes portent quotidiennement. Il s'agit d'une forme d'art textile faisant appel aux techniques d'appliqué et d'appliqué inversé. Le commerce des *molas*, ainsi que celui des homards et des noix de coco, ont permis aux Kuna de conserver leur indépendance quand tant d'autres groupes indigènes du Panamá ont peiné à préserver leur culture.

localité de Metetí, les propriétaires du Canopy Tower et du Canopy Lodge ont implanté le Canopy Camp Darien (www.canopytower.com/ccd-camp). Ce campement haut de gamme a planté ses tentes à la lisière de la **Reserva hidrológica Serranía Filo del Tallo** dont les 26 000 ha offrent de nombreuses occasions de repérer des harpies féroces et autres espèces rares d'oiseaux et de mammifères.

LE PARQUE NACIONAL DARIÉN

Plus vaste parc centraméricain de sa catégorie, le **Parque Nacional Darién** ㉒ s'étend sur 579 000 ha riches en biodiversité, des lagunes côtières aux forêts tropicales humides vierges où prolifèrent jaguars et ocelots. Il figure aussi dans le Top 10 mondial des sanctuaires ornithologiques, servant de refuge à des espèces aussi rares que le caracara à gorge rouge et le quetzal doré.

Impossible de le visiter sans la présence d'un guide, ce qui limite sa fréquentation. Hormis ceux d'Ancon Expeditions (www.anconexpeditions.com), rares sont les guides capables d'encadrer des expéditions jusqu'à l'un des 2 points d'entrée : le Cerro Pirre, au nord, et la Cana Field Station, au sud-ouest. Quant aux infrastructures, elles brillent par leur absence, mis à part les lits de camp dans les postes-refuges de rangers. Au départ de chacun des points d'entrée, des sentiers s'enfoncent dans l'intérieur des terres, et certains cours d'eau ne peuvent se traverser qu'en pirogue.

LA BAIE DES RECORDS

La plupart de ceux qui se rendent à la **Bahía de Piñas** le font dans un but bien précis : la pêche au gros. Dans les 20 km au large de la côte, des centaines de records mondiaux ont été battus. La renommée de cette baie lui vaut la visite d'une élite passionnée. Chose étonnante, celle-ci se contente du confort proposé par le **Tropic Star Lodge** (www.tropicstar.com), lodge de pêche construit à l'origine par un magnat du pétrole texan. Une flotte de Bertram 31 (9,30 m) emmène les clients au large du récif de Zane Grey où croisent makaires noirs, voiliers et autres poissons à rostre. #

Le jour se lève sur le Cerro Pirre, Parque Nacional Darién.

Visite guidée du temple maya de Caracol, au Belize.

AMÉRIQUE CENTRALE

CARNET PRATIQUE

PRÉPARATIFS

YUCATÁN ET CHIAPAS

GUATEMALA

BELIZE

EL SALVADOR

HONDURAS

NICARAGUA

COSTA RICA

PANAMÁ

LANGUE

PRÉPARATIFS

AMBASSADES

La France, la Belgique, la Suisse et le Canada possèdent des ambassades ou des consulats dans la grande majorité des pays d'Amérique centrale. Pour connaître les coordonnées des représentations diplomatiques, référez-vous aux sites Internet suivants :

France www.diplomatie.gouv.fr
Belgique www.diplomatie.belgium.be
Canada www.international.gc.ca
Suisse www.eda.admin.ch/eda

ARGENT

Vous pouvez changer de l'argent dans les banques, les *casas de cambio* (bureaux de change) et les grands hôtels. Les *casas de cambio* offrent généralement un taux plus avantageux. Préférez les dollars américains, devise officielle du Panamá et du Salvador, mais sachez que les billets supérieurs à 50 $US sont difficiles à écouler, de crainte qu'il s'agisse de faux. Il en va de même des coupures en mauvais état que certains bureaux de change risquent de refuser. Par ailleurs, munissez-vous d'une calculette car, selon le cours de la devise du pays dans lequel vous vous trouvez, le résultat de la conversion équivaut parfois à des milliers d'unités.

À moins que vous ne sortiez pas de votre résidence hôtelière, ayez toujours des devises locales sur vous, surtout si vous séjournez quelque temps dans des zones rurales. En revanche, limitez la somme à celle couverte par votre assurance. Il est également conseillé d'avoir des pièces et des petites coupures afin de faire l'appoint, notamment en dehors des villes.

Les cartes bancaires sont acceptées un peu partout, et vous trouverez des distributeurs dans toutes les localités ou presque. Avant le départ, renseignez-vous sur les frais de transaction et vos garanties en cas de perte ou de vol de votre carte.

Pourboire

Bon nombre d'établissements hôteliers incluent le service dans la note. Dans le cas inverse, un pourboire entre 10 et 15 % devrait suffire. Si vous avez affaire à un guide exceptionnel, n'hésitez pas à lui donner une gratification de 10 %.

CLIMAT

La température varie du tout au tout en fonction de l'altitude. Les climats tempérés prévalent dans les montagnes, loin des côtes, tandis qu'une chaleur tropicale humide règne tout au long de l'année dans les basses terres et les îles. Même durant les mois pluvieux où le taux d'humidité bat des records, le soleil brille souvent. La plupart des touristes visitent la région pendant la saison sèche (nov.-mai). La saison humide dure, selon les pays, d'avril à décembre. Quant aux ouragans, ils se manifestent en général entre septembre et novembre (juin-juil. au Yucatán).

FEMMES SEULES

Bien que la courtoisie latino-américaine suppose un certain respect vis-à-vis de la gent féminine, le machisme et les préjugés sur les femmes "libérées" conduisent certains hommes à considérer les étrangères, surtout celles voyageant seules – comme des proies faciles. Leurs avances sont parfois horripilantes, mais rarement agressives. Si votre interlocuteur se montre trop insistant, n'hésitez pas à lui fausser compagnie. Le fait d'ignorer purement et simplement les tentatives d'approche dans la rue fonctionne assez bien, et sur les circuits de randonnée, mieux vaut sans doute se joindre à un groupe.

FORMALITÉS

Visas

Sous réserve qu'ils ne séjournent pas plus de 3 mois en Amérique centrale, les ressortissants de l'Union européenne, de la Suisse et du Canada n'ont pas besoin de visa. Ils doivent être en possession d'un passeport en cours de validité et d'un billet de retour ou de correspondance. Il convient néanmoins de se renseigner pays par pays avant le départ.

Douanes

Dans bon nombre de pays centraméricains, les bagages sont passés aux rayons X. Il est interdit d'importer des produits alimentaires et des plantes. En règle générale, vous devez déclarer toute somme en devises d'une valeur supérieure à 10 000 $US. La réglementation relative aux animaux de compagnie peut varier d'un pays à l'autre. Le trafic de drogue sévissant dans toute cette région du globe, attendez-vous à de fréquents contrôles. Si vous y venez en tant qu'expatrié, vous devrez le plus souvent vous armer de patience pour accomplir les démarches concernant l'entrée de vos équipements domestiques sur le territoire.

HÉBERGEMENT

L'Amérique centrale propose la panoplie complète d'hébergements, de l'hôtel borgne au palace. Dans les régions les plus isolées, c'est souvent tout ou rien : soit l'établissement luxueux, soit le repaire de marins douteux où vous n'aurez pas envie d'emmener vos enfants. Dans la plupart des endroits, vous devrez jeter le papier toilette usagé dans une poubelle prévue à cet effet, le système de plomberie n'étant pas à la hauteur de cette tâche. Il va sans dire, ce sont les grandes villes, et notamment les capitales, qui offrent le plus large choix, de l'auberge basique à la chaîne hôtelière haut de gamme ciblant la clientèle des voyageurs d'affaires. Quoi qu'il en soit, la qualité des prestations s'améliore un peu partout, et presque tous les établissements disposent d'une connexion WiFi, parfois payante.

OBJETS PERDUS

Restez vigilant car les pickpockets opèrent dans de nombreuses villes et sur les lignes de car nationales. N'espérez pas trop récupérer l'objet perdu, mais dépêchez-vous de retourner ou de téléphoner à l'endroit où vous croyez l'avoir égaré ou laissé, et vous aurez peut-être une chance de le retrouver.

OFFICES DE TOURISME

Malgré la masse d'informations disponible sur Internet, les offices de tourisme des aéroports et principales gares routières ou maritimes sauront vous conseiller à votre arrivée sur les possibilités d'hébergement et les sites à visiter. Même de taille assez modeste, les destinations en vogue comme Copán, Bocas del Toro ou Granada ont un office de tourisme. Les informations les plus fiables s'obtiennent souvent dans les petits hôtels pour touristes étrangers.

PHOTOGRAPHIE

Comme partout ailleurs dans le monde, la photographie numérique prévaut en Amérique centrale, mais vous trouverez encore des pellicules, assez chères parfois, dans les grandes villes. Il est interdit de photographier des sites militaires, y compris les ports, terminaux de transport et ponts. En cas de doute, mieux vaut demander l'autorisation. Bon nombre de personnes, notamment celles d'origine indigène, n'aiment guère se faire prendre en photo. Avant de les immortaliser, obtenez leur permission et soyez prêt à leur donner une gratification *(propina)*.

SANTÉ

Avant le départ, demandez à votre médecin traitant de vous fournir les certificats de vaccination correspondant aux maladies contre lesquelles vous êtes immunisé, à commencer par le tétanos, la typhoïde et la polio. Le vaccin contre l'hépatite est également impératif car, sur place, les problèmes de santé les plus courants viennent de la nourriture et de l'eau contaminées. Aussi, soyez particulièrement vigilant quant à ce que vous mangez, surtout s'il s'agit de la cuisine de rue – elle doit être préparée devant vous –, et ce que vous buvez. À l'eau du robinet, préférez celle en bouteille ; sinon, faites-la bouillir ou ayez recours à des pastilles pour la purifier.

Le paludisme (malaria) se manifeste dans les zones de jungle, encore que le risque en Amérique centrale s'avère relativement faible. Renseignez-vous auprès de votre médecin.

En revanche, la fièvre jaune, transmise par les moustiques, prévaut dans cette partie du globe. Faites-vous vacciner. La dose de vaccin doit être administrée au moins 10 jours avant le départ (rens. www.vaccination-info-service.f).

Votre généraliste ainsi que le service hospitalier de maladies infectieuses et parasitaires le plus proches de chez vous saura vous conseiller au sujet des maladies tropicales – dengue, virus Zika, etc. – qui peuvent éventuellement sévir dans la région que vous comptez visiter. N'oubliez pas d'emporter des médicaments contre les troubles de la digestion et la diarrhée qui épargnent peu de visiteurs. L'Imodium est un précieux compagnon de voyage, mais il traite les symptômes et non la cause. Après une colique, réhydratez-vous avec de l'eau additionnée d'une pincée de sel et de sucre.

L'autre principale source de problèmes de santé est la chaleur. Ne prenez pas le soleil tropical à la légère : portez un chapeau, utilisez un écran solaire à indice de protection élevé et buvez beaucoup.

SAVOIR-VIVRE

Les Centraméricains apprécient la courtoisie ce qui, pour entamer une conversation, suppose de commencer par un simple "bonjour" *(buenos días)* ou "bonsoir" *(buenas tardes)*. Vous pourrez vous voir refuser l'accès à une église ou un restaurant si vous n'êtes pas vêtu comme il se doit. Où que ce soit, il convient de ménager les sensibilités en évitant de porter des tenues trop osées. Rappelez-vous également que la plupart des gens que vous rencontrerez ne sont pas aussi privilégiés que vous et que vous devez leur témoigner du respect. Pour autant, montrez-vous aussi ferme que poli si quelqu'un vous aborde et informez-vous toujours sur le prix du service proposé.

SÉCURITÉ

Le taux de criminalité est assez fort, et aucun pays centraméricain n'y échappe. En revanche, vous minimiserez les risques grâce à quelques mesures de précaution élémentaires.

- Ne portez pas de bijoux précieux, et n'exposez ni de grosses sommes d'argent, ni des montres de valeur.
- Les tentatives d'arnaque sont monnaie courante. Parmi elles, le fait de souiller vos vêtements avec toutes sortes de substances. Un passant vous proposera ensuite d'aller vous nettoyer dans un lieu sûr. Refusez.
- Prévoyez une ceinture de voyage.
- Ne perdez pas de vue vos affaires, surtout à la plage, et utilisez les coffres des hôtels chaque fois que possible, non sans avoir dressé une liste validée de ce que vous y aurez déposé.
- Ne laissez aucun objet de valeur dans la voiture.

Évitez de vous promener seul à pied et dans des endroits déserts de nuit. De même, il n'est pas recommandé de voyager en solo après le crépuscule.

- Ne transportez pas les paquets de quelqu'un d'autre sans en avoir vérifié le contenu.
- Après la tombée de la nuit, préférez les radio-taxis à ceux en maraude.
- Ne pratiquez pas l'auto-stop. Pour les trajets en car, choisissez, si possible, une compagnie ayant pignon sur rue.
- Ayez toujours votre passeport sur vous et laissez-en une copie à l'hôtel.

SHOPPING

Le plus souvent, c'est encore sur les marchés locaux que vous ferez les meilleures affaires. Ils proposent un large choix de bijoux, textiles, lainages, ponchos, articles en cuir, etc., à des prix avantageux. Le marchandage est de mise, mais ne perdez pas de vue la différence entre leur niveau de vie et le vôtre.

TÉLÉCOMMUNICATIONS

L'Amérique centrale a apporté une contribution non négligeable à l'essor mondial de la téléphonie mobile, d'autant que de nombreux opérateurs publics avaient le plus grand mal à améliorer leur service. Dans la plupart des pays, il est possible d'acheter des cartes SIM. Assurez-vous au préalable que votre téléphone n'est pas verrouillé et qu'il peut fonctionner sur la bonne bande passante. La plupart des hôtels et, plus rares, les cybercafés proposent un accès Internet qui, néanmoins, se révèle parfois d'une lenteur exaspérante en dehors des grandes villes. Si vous ne voulez pas vous ruiner en téléphonant de votre hôtel – surtout s'il s'agit d'une chaîne internationale –, passez vos appels depuis les multiples kiosques offrant des services de téléphonie. Par ailleurs, le déploiement de la 3G et la 4G permet d'utiliser la technologie VoIP pour les appels longue distance.

TOUR OPERATORS

Belgique

Terres d'aventure
23, chaussée de Charleroi
1060 Saint-Gilles, Bruxelles
Tél. +32 2 543 95 60
www.terdav.com
Circuits au Costa Rica, Belize, Guatemala, Honduras, Mexique, Nicaragua et Panama.

Voyageurs du Monde
Tél. 1 866 722 0909
www.voyageursdumonde.ca
Voyages sur mesure au Costa Rica, Belize, Guatemala, Honduras, Mexique, Nicaragua et Panama.

Canada

Tour Chanteclerc
152 Notre Dame E, 8e étage
Montréal, QC H2Y 3P6
www.tourschanteclerc.com
Circuits au Costa Rica, au Mexique et au Panama.

France

Allibert Trekking
37, bd Beaumarchais
75003 Paris
Tél. 01 44 59 35 35
www.allibert-trekking.com
Itinéraires au Costa Rica, Guatemala, Honduras, Mexique, Nicaragua et Panama.

Altiplano Voyages
Route de la Bouvarde, Park Nord,
Les Pléiades n° 35
74370 Metz-Tessy
(Annecy)
Tél. 04 50 46 90 25
www.altiplano-voyage.com
Une agence de voyages spécialisée qui propose des circuits sur mesure dans tous les pays d'Amérique centrale.

Terres d'aventure
30, rue Saint-Augustin
75002 Paris
Tél. 01 70 82 90 00
www.terdav.com

Voyageurs du Monde
Tél. 01 42 86 16 00
www.voyageursdumonde.fr

Suisse

Altiplano Voyages
Place du Temple 3
1227 Carouge, Genève
Tél. 022 342 49 49
www.altiplano-voyage.com

TRANSPORTS

Se rendre en Amérique centrale

Il va sans dire que l'immense majorité des visiteurs se rendent en Amérique centrale en avion. Les Européens partent généralement de Madrid, tandis que les Canadiens disposent de vols directs Toronto-San José, San Pedro Sula et autres métropoles de l'isthme. Toutefois, de nombreux paquebots font escale le long de la côte caraïbe centraméricaine, quelques-uns poursuivant leur périple via le canal de Panamá. Ceux qui préfèrent le plancher des vaches peuvent emprunter la Transaméricaine en venant du nord, mais pas du sud, car aucune route ne franchit le bouchon du Darién, entre la Colombie et le Panamá.

Transports sur place

La plupart des visiteurs se déplacent en car ou en avion, les ferries étant le principal moyen de locomotion à destination des îles. La sécurité des transports s'est nettement améliorée au cours des dernières années, mais les chauffeurs de cars et camionneurs conduisant comme des fous continuent de sévir sur les routes. En règle générale, louer une voiture ne coûte pas très cher. En revanche, l'assurance obligatoire augmente sensiblement la facture dans certains pays. Au volant, vous ne courez pas de risques majeurs, à condition toutefois de ne pas relâcher votre vigilance.

VALISE

Prévoyez des tenues d'été laissant passer l'air, et quelques vêtements plus chauds si vous projetez de vous rendre en altitude. Une petite laine devrait suffire le soir. Sachez que le port du short ou d'un haut minimaliste n'est pas de bon ton dans les églises. Investissez dans une bonne paire de chaussures de marche ; vous ne regretterez pas la dépense. Tout aussi indispensables : la crème solaire à indice de protection élevé, le baume pour les lèvres et le chapeau. Pensez également à la ceinture de voyage, très pratique car elle permet de transporter argent et papiers avec un maximum de sécurité. Enfin, n'oubliez pas de glisser dans vos bagages des piles rechargeables, les chargeurs correspondant à vos équipements et une multiprise.

POUR EN SAVOIR PLUS

À lire

Bibliothèque du Voyageur, Gallimard *Costa Rica* ; *Guatemala-Belize-Yucatán* ; *Mexique*.

Demarest, Arthur *Les Mayas - Grandeur et chute d'une civilisation*, Éditions Tallandier, 2011.

Collectif *Mayas, révélation d'un temps sans fin*, catalogue d'exposition RMN, 2014.

LA PÉNINSULE DU YUCATÁN ET LE CHIAPAS

CONNAÎTRE LA PÉNINSULE DU YUCATÁN ET LE CHIAPAS

Superficie du Mexique 1 972 500 km^2
Capitale México
Population du Mexique 130,5 millions (mai 2018)
Devise Peso
Langue Espagnol
Poids et mesures Système métrique
Électricité 110 volts/60 Hz
Indicatif téléphonique du pays 52
Code Internet .mx

TRANSPORTS

Comment s'y rendre

En avion

Au départ de l'Europe
Il existe des liaisons aériennes directes entre Cancún et Madrid (Iberia) et Londres (British Airways), ainsi que de nombreux vols charter, mais la plupart des voyageurs se rendant au Mexique sur un vol régulier passent par les États-Unis – Miami ou Houston, le plus souvent.

Au départ du Canada et des États-Unis
Des vols, réguliers ou non, desservent Cancún au départ de multiples villes américaines et canadiennes ; Mérida, au départ de Miami et Houston ; et Cozumel, des aéroports d'Atlanta, de Dallas, de Charlotte, de Houston, de Newark et de Toronto.

Se déplacer

Se rendre et circuler dans la péninsule du Yucatán est un jeu d'enfant. Des vols internationaux desservent Cancún et quelques autres aéroports. En dehors des véhicules de location, le car constitue le premier mode de locomotion sur place, l'avion s'avérant néanmoins plus pratique si vous avez un emploi du temps serré. Les principales compagnies de lignes aériennes intérieures sont Aeroméxico et Interjet.

Cancún International Airport (www.cancunairport.com) se trouve 15 km au sud de la ville et possède 2 terminaux principaux. Les compagnies mexicaines, Air Canada et une poignée d'autres utilisent le Terminal 2 ; la plupart des compagnies américaines et européennes, le Terminal 3. Un service gratuit de bus assure la navette entre eux. Les cars de la compagnie ADO partent toutes les 30 min du Terminal 2 à destination de la gare routière du centre de Cancún, et une à 2 fois par heure pour rejoindre Playa del Carmen.

En ferry

Cozumel
Les ferries de México Waterjets, d'Ultramar (www.ultramarferry.com) et de Winjet (www.winjet.mx) appareillent de **Playa del Carmen** toutes les heures ou presque, entre 7 h et 23 h (tlj.). La traversée coûte environ 12 $US. Les car-ferries de Transbordadores del Caribe (www.transcaribe.net) partent de **Puerto Calica**, plus au sud, 3 à 4 fois par jour (tlj.).

Holbox
Au départ de **Chiquilá**, les ferries rallient Holbox toutes les 1 à 2 heures, de 6 h à 19 h. La traversée revient à près de 6 $US. Des cars assurent la navette entre ce port et Cancún, à 2 ou 3 heures de route, ainsi que Mérida. Les automobilistes peuvent laisser leur voiture, en toute sérénité, sur l'un des parkings de Chiquilá, moyennant environ 5 $US par jour.

Isla Mujeres
Les bateaux d'Ultramar desservent l'île au départ de **Puerto Juárez** (au nord de Cancún) toutes les 30 minutes de 6h à 0h. L'aller coûte dans les 6 $US. Les lignes de car R-1 et R-13 assurent la liaison entre Cancún (Av. Tulum) et Puerto Juárez. Les car-ferries partent quant à eux de Punta Sam (5 allers-retours par jour).

En car

Ce moyen de locomotion fait partie des institutions mexicaines. Il n'y a pas un seul village qui ne soit desservi par un car ou un minibus. Les cars de première classe sont modernes, climatisés et très confortables. Tous les bagages sont enregistrés et les horaires respectés. Ceux de seconde classe, moins chers, plus basiques et plus lents assurent les liaisons locales. Il existe aussi un niveau de service intermédiaire, avec arrêts fréquents et grand confort. Les principaux sont les navettes de la Riviera qui circulent toutes les 15 minutes entre Cancún et Playa del Carmen, et les cars de Mayab (un par heure minimum) qui parcourent la côte entre Cancún et Tulum.

En voiture de location

Toutes les grandes chaînes internationales sont représentées au Mexique, et vous pouvez désormais obtenir des tarifs très avantageux en réservant en ligne. Si vous préférez louer une voiture une fois sur place, sachez que les petites agences locales pratiquent souvent des prix plus intéressants, notamment celles de Mérida. Vous devez avoir 21 ans révolus et présenter permis de conduire, passeport et carte bancaire (pour le paiment du dépôt de garantie).

En taxi

La plupart des taxis mexicains ne sont pas équipés de compteur, mais proposent un forfait par zone, le barème tarifaire étant affiché à la station de taxis. À Cancún, la course coûte plus cher dans le quartier des hôtels qu'en centre-ville. Il convient de se faire une idée du tarif acceptable et de toujours se mettre d'accord avec le chauffeur avant de monter à bord du véhicule.

A-Z

Argent

Un dollar US équivaut à environ 20 pesos mexicains. Vous pourrez échanger vos devises dans une *casa de cambio*, mais les banques pratiquent souvent des taux plus avantageux. Les distributeurs automatiques de billets (DAB) sont monnaie courante, sauf dans les zones balnéaires et rurales les plus isolées. Sur la Riviera Maya, il est possible de payer directement en dollars.

Budget

Si les prix ne cessent d'augmenter sur la Riviera Maya, ils restent raisonnables dans le reste de l'État du Yucatán et chutent sensiblement au Campeche et dans le Chiapas. Pour éviter de vous retrouver à court d'argent, prévoyez un budget d'environ 120 $US/jour et /pers. – moins si vous ne voyagez pas en solo.

Liaisons aéroport Le trajet de l'un ou l'autre terminal jusqu'aux hôtels balnéaires de Cancún coûte autour de 15 $US/pers. en *colectivo* (minibus) et pas moins de 60 $US en taxi. Des aéroports de Mérida et de Cozumel, la course jusqu'au centre-ville revient à près de 15 $US.

Location de voitures Le tarif de base s'élève à environ 60 $US par jour (70 $US pour un 4x4), assurance comprise. Un prix négociable en basse saison.

Carburant 2,50 $US le gallon (3,8 l).

Hébergement Vous pourrez encore vous loger pour moins de 40 $US la nuit en chambre double, dans des bungalows de plage et des dortoirs (eau froide et sanitaires collectifs) situés dans des villages ruraux et des villes de bord de mer isolées. Cependant, la nuitée en chambre double revient le plus souvent entre 70 et 120 $US, pour un confort correct (salle de bains privative, eau chaude, vue, parking et quelques prestations supplémentaires).

Restauration Les étals de rue vous nourrissent pour moins de 1 $US, tandis que les restaurants locaux servent un repas complet moyennant de 5 à 10 $US. Dans les stations balnéaires et autres endroits touristiques, comptez entre 20 et 60 $US/pers.

Musées et attractions Presque tous les sites archéologiques et les principaux musées du Mexique dépendent de l'Instituto Nacional de Antropología e Historia (INAH) qui fixe le barème des prix d'entrée : Chichén Itzá, 13 $US ; Uxmal, Palenque et autres grands sites, de 6 à 8 $US ; sites plus modestes, de 2 à 4 $US ; musées, de 3 à 6 $US.

CLIMAT

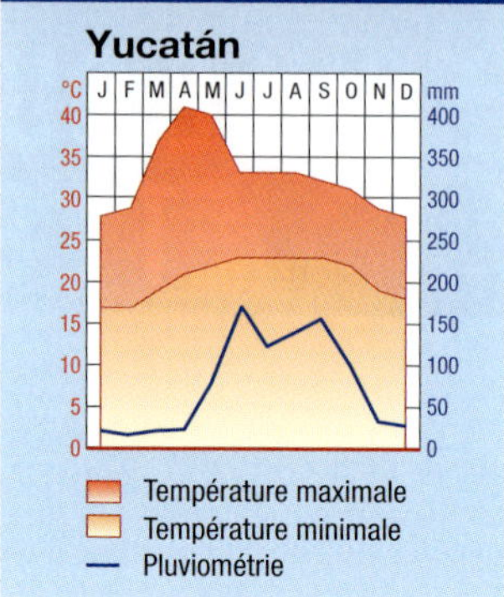

Climat

Dans cette péninsule plate et située à basse altitude, il fait presque toujours très chaud. En revanche, le temps est rarement humide à proximité des anciennes cités mayas, à l'intérieur des terres. Chaleur et humidité prévalent toute l'année dans les forêts centrales du sud du Yucatán, mais elles s'avèrent plus supportables durant la saison sèche (déc.-avr.).

De violentes tempêtes peuvent survenir durant la saison des ouragans (juin-oct.). Toutefois, les bulletins météo locaux sont d'une grande fiabilité et le Mexique ne plaisante pas avec les mesures de précaution. En cas d'avis de tempête, suivez les instructions données par la direction de votre hôtel.

Culture

Les musées de la péninsule exposent essentiellement les vestiges de l'ancienne civilisation maya. Les principales collections se trouvent au Museo de Antropología e Historia de Mérida et au Museo de Cultura Maya de Campeche, installé dans le cadre emblématique du vieux fort espagnol de San Miguel, dans le sud de la ville. Vous verrez aussi des pièces remarquables dans les musées des sites mayas de Chichén Itzá, Uxmal, Dzibilchaltún et Palenque.

Mérida est la seule ville de la région à mettre à l'honneur l'art contemporain dont le Museo Fernando García Ponce-MACAY (www.macay.org) se fait l'élégante vitrine. Le Museo de la Ciudad et le Centro Cultural de Olimpo (Plaza Mayor) organisent aussi des expositions artistiques temporaires.

Enfants

Essor touristique oblige, la Riviera Maya est parfaitement équipée pour recevoir des familles, ce qui n'est pas toujours le cas ailleurs dans la péninsule. Tout hôtel d'une certaine taille possède une piscine. Les centres comme l'AquaWorld de Cancún ou les "écoparcs" Xcaret et Xel-Há ne manqueront pas de séduire votre progéniture, car ils proposent une introduction de qualité et sans danger à l'univers sauvage tropical ainsi qu'à la pratique du *snorkeling*. À savoir : quelques luxueux complexes hôteliers de la Riviera Maya n'acceptent pas les enfants.

Fêtes & Festivals

Janvier-février

Carnaval Il a lieu pendant la semaine précédant le carême, à Cozumel, à Campeche, à Cancún et dans de nombreuses autres villes. Parades, défilés de chars et danses.

La Candelaria Fête chrétienne célébrée autour du 2 février à Valladolid et Chicxulub, et commémorant la Présentation de Jésus au temple.

Mars-avril

Équinoxe et "descente" de Kukulcán (serpent à plumes) à Chichén Itzá, le 21 mars.

Pâques Célébrations très suivies à Ticul, Acanceh et dans de nombreuses autres villes.

Juin

Concours de pêche à Cozumel. Día de San Pedro y San Pablo 29 juin.

Septembre

San Román Une semaine de festivités à Campeche.

Cristo de las Ampollas (Christ aux Ampoules) À Mérida, jusqu'en octobre.

Octobre

Hanal Pixan (Repas des âmes) Hommage maya rendu aux défunts du 31 octobre au 2 novembre.

Novembre-décembre

Feria Yucatán À Xmatkuil, au sud de Mérida.

Nuestra Señora de Guadalupe Processions partout au Mexique, le 12 décembre et les jours précédents.

Formalités

Visas et passeports

Tous les visiteurs sans exception ont besoin d'un passeport en cours de validité pour entrer sur le territoire mexicain. À leur arrivée, leur est remise une carte touristique indiquant la durée autorisée du séjour (en général 180 jours). Conservez-la précieusement car vous devrez la rendre au moment du départ.

Douanes

Les restrictions sur les produits importés sont similaires à celles en vigueur dans la majorité des pays. Ceux qui entrent avec une arme ou de la drogue, ou qui sortent avec un objet provenant d'un site archéologique s'exposent à de lourdes sanctions.

Consulats

Belgique
Pabellón Caribe, Local PH 6 y 7
Av. Nichupté 19, Cancún
Tél. (998)-892-2512

Canada
Centro Empresarial, Oficina E7
Blvd Kukulcán KM 12, Cancún
Tél. (998)-883-3360

France
Calle 60 n° 385 entre les Calles 41 et 43, Col. Centro, Mérida
Tél. (999)-930-1500

Suisse
Av. Coba n° 12, Local 214
Edificio Vénus, SM5, MZ1, Cancún
Tél. (998)-884-8446

Fuseau horaire

US Central Standard Time (GMT-6h), soit 7 heures de décalage avec la France.

Handicapés

Pas facile de se déplacer pour les voyageurs à mobilité réduite dans la région maya, sauf à Cancún où les trottoirs sont corrects et les hôtels, équipés d'ascenseurs. Ailleurs, rien n'est fait pour simplifier l'accès aux fauteuils roulants : nids-de-poule, pavés et absence quasi totale d'ascenseurs, hormis dans les 5-étoiles des centres-villes.

Homosexuels

Aucune loi fédérale n'interdit l'homosexualité, mais les quartiers gays sont parfois la cible d'opérations policières dans le cadre de campagnes de défense de la "morale publique". Aussi, mieux vaut rester discret en dehors de Cancún, Playa del Carmen et Tulum.

Horaires d'ouverture

Les heures d'ouverture se situent en général de 9h à 15h-19h. De nombreux commerces ferment à midi et ne rouvrent pas avant 16h ou 17h. En revanche, ils accueillent la clientèle jusque tard dans la soirée. Les grands magasins et les centres commerciaux font la journée continue.

À quelques exceptions près, les sites archéologiques sont ouverts tous les jours, de 8h à 17h. Les musées aussi, mais ils gardent portes closes le lundi.

Jours fériés

1er jan. *Año Nuevo*
5 fév. *Día de la Constitución*
24 fév. *Día de la Bandera* (drapeau) *Nacional*
21 mars *Natalicio* (anniversaire) *de Benito Juárez*
Mars-avr. *Semana Santa*
1er mai *Día del Trabajo*
5 mai *Día de la Batalla de Puebla*
16 sept. *Día de la Independencia*
12 oct. *Día de la Raza*
2 nov. *Día de los Muertos*
20 nov. *Día de la Revolución Mexicana*
12 déc. *Día de Nuestra Señora de Guadalupe*
25 déc. *Navidad*

Médias

Distribué un peu partout, le mensuel gratuit *Yucatán Today* offre une mine d'informations sur les activités et les structures touristiques dans l'État du Yucatán. Le quotidien de langue anglaise *The News* publié à Mexico est disponible dans quelques kiosques à journaux, tandis qu'une édition du *Miami Herald* spéciale Cancún est diffusée beaucoup plus largement. Vous pourrez aussi vous procurer toutes sortes de brochures et de documentation, dont des plans et des cartes. La plus connue, *Cancún Tips*, est remise gratuitement aux passagers à leur arrivée à l'aéroport de Cancún.

Offices de tourisme

L'**État du Yucatán** dispose d'un site Internet touristique très utile : www.yucatan.travel/en/ L'**office de tourisme de Mérida** vous donne rendez-vous au Teatro Peón Contreras, Calle 60 (*tél. (999)-930- 3760*) ; celui de Campeche, à la Casa Seis, Plaza Principal (*tél. (019)-816-1782*). Ailleurs, les offices de tourisme locaux ne fournissent pas d'informations par téléphone, mais distribuent des cartes et des brochures.

Santé

Il est impératif de souscrire une bonne assurance voyages incluant une couverture médicale complète, dont le rapatriement sanitaire par avion en cas d'urgence. Il n'y a pas de précautions spécifiques à prendre, mais il est conseillé de se faire vacciner contre le tétanos, la typhoïde et l'hépatite A.

Les grandes villes et les secteurs touristiques ont des hôpitaux privés bien équipés dont le personnel parle anglais. C'est là qu'il faut vous rendre si vous avez besoin de soins, quels qu'ils soient. En zone rurale, vous trouverez des *centros de salud* (centres de santé), plus basiques mais capables de traiter les urgences. Sinon, appelez le 066 ou le 060.

Cliniques privées

Cancún *Amerimed Hospital, Av Tulum Sur n° 260 ; tél. (998)-881-3400* ; www.amerimed.com.mx

Mérida *Centro Médico de las Américas, Calle 54 n° 365, tél. (999)-927-3199* ; www.centromedicodelasamericas.com.mx

Savoir-vivre

Marques de politesse et sourires, le tout assorti de quelques efforts pour parler espagnol, vous vaudront un accueil chaleureux de la part des Mexicains. Si la nudité reste taboue, se baigner en monokini ou nu est désormais toléré dans les stations balnéaires branchées de la Riviera Maya, dont Playa del Carmen (en dehors de la plage principale) et Tulum.

Se loger

Des palaces étincelants sur le front de mer aux modestes hôtels citadins équipés de ventilateurs, sans oublier les haciendas coloniales restaurées, reconverties dans l'hôtellerie, et les charmants B&B familiaux : au Yucatán – notamment à Mérida et à Campeche –, il y en a pour tous les goûts et tous les budgets. Et si les résidences hôtelières géantes ne vous tentent pas, pourquoi ne pas jeter votre dévolu sur un bungalow coiffé de palmes, au bord de la plage ? Là encore, vous aurez le choix entre un confort rudimentaire et un cocon luxueux.

Dans l'ensemble, les tarifs sont nettement supérieurs à Cancún, à l'Isla Mujeres, à Cozumel, le long de la Riviera Maya et, depuis peu, à Tulum. Ils augmentent de 10 à 15 % en haute saison, surtout dans les lieux touristiques, et plus encore à Noël, au Nouvel An et à Pâques.

Se restaurer

Au Mexique, la tortilla sert d'ingrédient de base à un certain nombre d'encas délicieux désormais connus dans le monde entier. L'*enchilada* est une tortilla farcie à la viande de bœuf hachée ou au fromage ; la *quesadilla*, une tortilla nappée de fromage fondu ; le *taco*, une tortilla fourrée et frite ; la *tostada*, une tortilla croustillante cuite dans la friture et accompagnée de salade. Mais elle se déguste aussi sous forme de *flauta*, de *chimichanga* et de *tlacoyo*. Au rang des spécialités yucatèques favorites figurent la *cochinita pibil* (cochon de lait mariné avec de l'*achiote*, ou *rocou*, et rôti), les *papadzules* (tacos fourrés à l'œuf dur) et la *sopa de lima* (soupe au poulet et au citron vert, garnie de tortillas grillées).

Sur la côte, les produits de la mer vous donnent l'embarras du choix, entre vivaneau, mérou, barracuda, requin, homard, crevettes, crabe et conque. Le *ceviche* (poisson cru mariné dans du jus de citron vert) fait partie des chouchous dans bon nombre de régions.

La cuisine de la rue s'inscrit dans le quotidien de la population locale. Omniprésente et souvent vendue à des prix défiant toute concurrence, elle surpasse parfois les recettes des restaurants haut de gamme. Dans les stations balnéaires de la Riviera Maya, se concentrent les restaurants de chaînes internationales ainsi que les fast-foods américains et leurs confrères mexicains, dont Pollo Campero, le roi du poulet frit.

Sécurité

Le taux de criminalité dans la péninsule du Yucatán est nettement inférieur à celui des autres régions mexicaines. Le trafic de drogue n'y a quasiment pas cours. En revanche, pickpockets et voleurs de tout poil sévissent sur la Riviera Maya, notamment à Cancún, Playa del Carmen et Tulum. Ailleurs, veillez à ne pas laisser d'objets de valeur sur la plage tandis que vous vous baignez, ni dans les chambres des hôtels bon marché ou les *cabañas* de plage.

Services postaux

En règle générale, les bureaux de poste *(oficinas de correos)* restent ouverts toute la journée (sam. le matin uniquement), mais l'acheminement du courrier se fait avec la lenteur de l'escargot. En revanche, la poste mexicaine propose un service de coursiers fiable, Mexpost. Un conseil : utilisez-le pour vos envois à l'étranger.

Shopping

Si vous vous intéressez aux produits traditionnels du Yucatán, comme les hamacs, les paniers, les ceintures, les *huipiles*, les panamas, les *guayaberas* (chemises amples dotées de grandes poches) et autres créations artisanales, vous trouverez votre bonheur à Mérida, ainsi que sur les marchés et dans les petites boutiques de la région. À Cancún, le quartier des hôtels regorge de galeries marchandes et centres commerciaux rutilants où les marques internationales se font concurrence.

Télécommunications

Téléphone

Dans la majorité des localités, sont implantées des *casetas de larga distancia* (bureaux téléphoniques privés), mais cela revient nettement plus cher que d'utiliser Skype ou un autre service par Internet de ce type. Pour passer un appel national, il convient de composer tout d'abord le "0", puis l'indicatif régional et le numéro. Pour appeler à l'étranger, faites le "00", suivi de l'indicatif du pays : 32 pour la Belgique, 1 pour le Canada, 33 pour la France et 41 pour la Suisse.

La majeure partie de la péninsule bénéficie maintenant d'une bonne couverture téléphonique mobile, mais l'utilisation d'un téléphone portable étranger coûte cher. Les numéros de téléphone portable mexicains commencent souvent par "11" ou "01" après l'indicatif régional à 3 chiffres. Si vous appelez d'un téléphone local, vous devrez parfois composer le code d'accès "044" ou "045" au lieu du "01".

Renseignements pour les appels internationaux : 090

Renseignements pour les appels nationaux : 020

Internet

Même les localités les plus modestes ont au moins un cybercafé. Presque tous les hôtels et bon nombre de restaurants et de cafés proposent une connexion WiFi gratuite.

Urgences

À **Mérida**, la Policía Turística *(tél. (999)-942-0060)* se reconnaît à son uniforme marron et blanc. Elle patrouille à pied ou à moto. N'hésitez pas à la solliciter en cas de besoin ; elle est là pour ça.

Police (999)-925-2034

À **Cancún** : **Police** 060, **Police touristique** (998)-885-2277, **Cruz Roja** (Croix Rouge) (998)-884-1616.

À LIRE

Baschet, Jérôme et Jacob, Mat *Chiapas, Insurrection zapatiste au Mexique*, coll. Photo Poche Histoire, Actes Sud, 2015.

Fuentes, Carlos *La plus limpide région*, coll. Folio, Gallimard, 1982.

Gendop, Paul *Les Mayas*, coll. Que sais-je ?, Presses universitaires de France, 2011.

Le Clézio, J.M.G *Le Rêve mexicain ou La Pensée interrompue*, coll. Folio, Gallimard, 1992 ; *Diego et Frida*, coll.Folio, Gallimard, 1995.

Paz, Octavio *Le Labyrinthe de la solitude*, Gallimard, 1990.

Rulfo, Juan *Le Llano en flammes*, coll. Du monde entier, Gallimard, 2001 ; *Pedro Páramo*, coll. Du monde entier, Gallimard, 2005.

LE GUATEMALA

CONNAÎTRE LE GUATEMALA

Superficie 108 888 km²
Capitale Ciudad de Guatemala
Population 17,36 millions (fév. 2019)
Devise Quetzal
Poids et mesures Système métrique le plus souvent
Électricité 110 volts
Indicatif téléphonique du pays 502
Code Internet .gt

TRANSPORTS

Comment s'y rendre

En avion

La plupart des vols pour le Guatemala se font via une escale aux États-Unis, notamment à Atlanta, Chicago, Dallas, Houston, Los Angeles, Miami et Newark. D'autres transitent par le Mexique (Aeroméxico, www.aeromexico.com ; Interjet, www.interjet.com) ou par différents pays d'Amérique centrale, comme le Salvador (Avianca ; www.avianca.com) et le Panamá (Copa ; www.copaair.com). Il n'existe aucun vol direct entre le Guatemala et le Canada.

Au départ de Madrid, la compagnie aérienne Iberia (www.iberia.com) dessert directement la Ciudad de Guatemala. Tous les vols internationaux atterrissent à l'Aeropuerto Internacional La Aurora (*tél. 2260-6257* ; www.dgac.gob.gt), situé 6 km au sud de la capitale, sauf certains en provenance du Belize et de Cancún qui rallient l'Aeropuerto Internacional Mundo Maya à Flores (près de Tikal).

En car

Un grand nombre de visiteurs arrivent au Guatemala en car. Plusieurs lignes au départ du Mexique, du Honduras, du Belize et du Salvador desservent le pays, l'une des plus empruntées étant celle qui relie San Salvador à la Ciudad de Guatemala.

Se déplacer

Le Guatemala est relativement petit, mais y circuler prend souvent un temps fou en raison du terrain montagneux et de la vétusté des cars. Restez de préférence sur les grands axes, car les routes secondaires sont rarement bitumées.

Un service public de bus assure la liaison entre l'Aeropuerto Internacional de Aurora et la Zona 1, dans le centre historique de la capitale, mais mieux vaut y aller en taxi. La course vous reviendra entre 12 et 14 $US. Si vous vous rendez à Antigua, vous pouvez prendre l'une des navettes qui partent à intervalles réguliers – comptez environ 12 $US.

En avion

L'unique ligne intérieure régulière actuellement opérationnelle – via Avianca (www.avianca.com) et TAG (www.tag.com.gt) – relie la Ciudad de Guatemala à Flores (Tikal) en 50 minutes, ce qui vous évite un trajet de 8 à 10 heures par la route. En revanche, attendez-vous à payer le prix fort (210-240 $US l'aller-retour).

En car

Le car guatémaltèque typique, appelé *camioneta*, s'apparente un vieux car scolaire d'Amérique du Nord. L'on s'y assied à 3 par banquette, les autres passagers se tassant debout dans le couloir. Il vous réserve un trajet lent, mais jamais ennuyeux et plutôt économique (environ 8 quetzals l'heure). Il existe aussi des cars d'un standing supérieur *(pullmanes)* qui circulent sur les axes principaux entre les grandes villes et les pays d'Amérique centrale ainsi que le Mexique. Ils sont un peu plus rapides, marquent moins d'arrêts et fonctionnent avec réservation des places (10-12 quetzals l'heure).

Minibus modernes pour la plupart, les navettes offrent un moyen de locomotion performant et confortable. Ils desservent surtout les destinations les plus touristiques, mais deviennent de plus en plus fréquents un peu partout dans le pays (près de 5 $US l'heure).

Sinon, vous pouvez aussi emprunter les minibus non destinés aux touristes *(microbuses)* qui ont remplacé les vieux *chicken bus* sur de nombreuses routes bitumées.

En bateau

Des bateaux assurent la liaison quotidienne entre les villages autour du Lago de Atitlán, à Puerto Barrios et à Livingston, ainsi qu'entre Livingston et la localité de Río Dulce. En règle générale, vous n'avez pas besoin de réserver votre place.

En voiture

Conduire au Guatemala suppose d'avoir le cœur bien accroché, car les Guatémaltèques ont de curieuses habitudes au volant, comme celle de doubler dans les virages, et en dehors des axes principaux, les routes sont dans un état plutôt pitoyable. Les embouteillages sont monnaie courante dans la capitale et la circulation s'avère souvent dense sur la Transaméricaine (Interamericana) et la Carretera 8 qui rejoint Puerto Barrios. La location d'une voiture revient entre 35 et 70 $US par jour.

A-Z

Argent

La devise guatémaltèque, le quetzal, affiche un cours assez stable depuis une dizaine d'années. Il existe des billets de 0,50, 1, 5, 10, 20, 50, 100 et 200 quetzals. Un quetzal équivaut à 100 *centavos*.

La carte de débit est le moyen le plus répandu pour retirer de l'argent, tandis que la carte bancaire sert à payer ses dépenses dans les hôtels, restaurants et boutiques. **Les cartes bancaires Visa** et **MasterCard** sont acceptées un peu partout. La plupart des localités ont un ou plusieurs distributeurs automatiques de billets (DAB) accessibles 24h/24.

Budget

Voyager au Guatemala ne vous ruinera pas. L'argent que vous économiserez sur l'hébergement et la restauration peut vous permettre d'investir davantage dans des circuits organisés où la note grimpe vite, et dans l'acquisition de souvenirs – il serait impensable de repartir sans avoir acheté quelques ravissantes étoffes colorées.

Le budget minimum par personne et par jour s'élève à 25 $US, voire moins (une nuitée, repas dans un *comedor* ou au marché et déplacements) ; le budget intermédiaire varie entre 40 et 50 $US ; le budget supérieur, entre 80 et 120 $US.

Climat

La région maya bénéficie d'un climat subtropical, et les températures obéissent nettement plus à l'altitude qu'au cycle saisonnier. La saison des pluies dure de mai à octobre, mais il pleut rarement toute la journée : ciel dégagé le matin et averses l'après-midi. Sur la majeure partie du territoire, le thermomètre dépasse rarement les 25 à 30° C, du fait de la couverture nuageuse, et les nuits sont chaudes. La période de novembre à avril correspond à la saison sèche. Les nuits sont alors assez froides, notamment dans les Hautes Terres, et les villes situées en altitude peuvent subir des gelées. De violentes tempêtes balayent la côte pendant la saison des ouragans (juin-oct.), mais les prévisions météo savent les anticiper.

Sachez que si vous visitez les sites archéologiques du Petén à la saison des pluies, vous risquez fort de vous retrouver avec de la boue jusqu'aux cuisses.

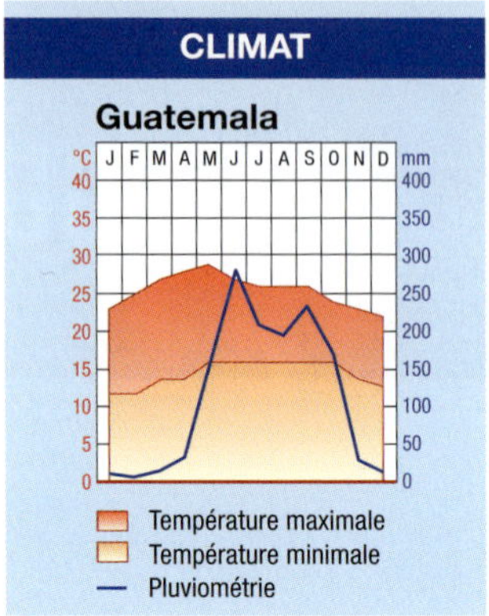

Enfants

Les enfants sont les bienvenus au Guatemala. Ils ont souvent droit à des démonstrations d'affection dans les restaurants, boutiques, hôtels et même les musées. En fait, le personnel se plie en quatre pour mettre à disposition un lit supplémentaire ou concocter un menu enfant.

Fascinante et haute en couleur, la culture guatémaltèque ne manquera pas d'intéresser votre progéniture qui pourra voir des tisserands mayas à l'œuvre ou explorer des temples mayas semblant tout droit sortis d'un livre d'images. Et puis ce ne sont pas les activités de plein air qui manquent, à commencer par la tyrolienne.

Fêtes & Festivals

Janvier

El Cristo Negro Esquipulas, 15 jan. Les pèlerins affluent à la basilique des 4 coins du pays et du monde pour rendre hommage au Christ noir.

Avril

Semana Santa Processions et cérémonies religieuses se déroulent dans tout le pays, d'Antigua à Quetzaltenango.

Juillet

Fiesta Nacional Indígena de Guatemala Cobán, fin juil.-début août Fête majeure de la culture maya, avec fêtes de rue, parades et autres festivités tout aussi joyeuses.

Août

Fiesta de la Virgen de la Asunción 15 août Le pays tout entier rend hommage à la sainte patronne de la Ciudad de Guatemala, avec fêtes de rue, parades et concerts.

Septembre

Día de la Independencia 15 sept. Fête nationale accompagnée de défilés et de concerts.

Novembre

Día de Todos los Santos 1er nov. Les Guatémaltèques commémorent leurs défunts. Ils fleurissent les tombes et organisent des célébrations chamarrées, dont un envol de cerfs-volants géants.

Día Nacional del Pueblo Garífuna, Livingston 26 nov. Les Garífunas de Livingston font la fête Durant plusieurs jours autour de cette date, à grand renfort de libations, de danse et de musique.

Décembre

Quema del Diablo 7 déc. De grands feux sont allumés dans les rues de toutes les villes du pays pour y brûler des effigies de satan et des vieux meubles.

Fiesta de Santo Tomás, Chichicastenango 21 déc. Parades, feux d'artifice, fêtes foraines, sans oublier l'incontournable Palo Volador (poteau volant), en l'honneur du saint patron de Chichicastenango.

Formalités

Visas et passeports

Tous les visiteurs doivent présenter un passeport en cours de validité pour pénétrer sur le territoire guatémaltèque. Les ressortissants de la plupart des pays européens et

Vente de papayes et de mangues au marché de Santiago de Atitlán.

du Canada n'ont pas besoin de visa. La durée de séjour initiale, 90 jours, peut être prolongée de 90 jours supplémentaires. Pour ce faire, adressez-vous au service Migración (6 Avenida 3-11, Zona 4, Ciudad de Guatemala ; tél. 2411-2411). Il vous en coûtera 127 $US. Aucune taxe d'arrivée ou de départ ne vous sera demandée aux postes frontières les plus isolés, mais il vous faudra souvent verser un modeste "dédommagement".

Généralement comprise dans le prix du billet, une taxe de départ de 30 $US s'applique à tous les vols internationaux. La plupart du temps, vous aurez aussi à acquitter, en espèces, une sorte de redevance liée à la sécurité (environ 20 quetzals).

Douanes

Duty free : 80 cigarettes ou 100 g de tabac ; 1,5 l d'alcool ; appareil photo personnel ; parfum sans restriction. Produits interdits : aliments frais.

Ambassades et consulats à Ciudad de Guatemala

Belgique (consulat honoraire)
6 Avenida 16-24, Zona 10
Tél. 2385-5234
www.diplomatie.belgium.be

Canada
8e ét., Edificio Edyma Plaza
13a Calle 8-44, Zona 10
Tél. 2333-6102
www.canadainternational.gc.ca

France (ambassade)
5a. Avenida 8-59
Zona 14 – Edificio COGEFAR
Tél. 2421-7370
www.gt.ambafrance.org

Suisse
Edif. Torre Internacional
16 Calle 0-55, Zona 10
Tél. 2367-5520
www.eda.admin.ch

Fuseau horaire

US Central Standard Time (GMT-6h), soit 7 heures de décalage avec la France.

Handicapés

Pas facile de se déplacer au Guatemala pour les voyageurs à mobilité réduite. Rien ou presque n'est prévu pour simplifier l'accès aux fauteuils roulants : nids-de-poule, pavés et absence quasi totale d'ascenseurs, hormis dans les 5-étoiles des centres-villes. Circuler en transports en commun présente également des difficultés. En revanche, des lignes de navettes privées desservant les principales villes touristiques proposent un service d'assistance à leurs passagers handicapés. Par ailleurs, bon nombre d'hôtels sont de plain-pied ou ne comportent que peu d'étages. Certains organismes peuvent vous orienter vers des prestataires spécialisés. Adressez-vous par exemple à Twin Peaks (www.twinpeakstravel.com).

Homosexuels

Le Guatemala accueille une petite communauté gay qui se retrouve dans une poignée de bars et de clubs de la capitale. S'il vaut mieux rester discret et s'abstenir de se donner la main, par exemple, l'homosexualité ne suscite que très rarement l'hostilité de la population locale. Pour autant, évitez les *cantinas* réservées aux hommes où le machisme prévaut.

Horaires d'ouverture

Entreprises et administrations ouvrent généralement de 9h à 17h, mais ferment souvent entre 12h et 14h pour une heure ou deux. La plupart des banques reçoivent la clientèle jusqu'à 19h, voire 20h, notamment dans les villes touristiques. Les sites archéologiques accueillent le public tous les jours (8h-17h ; Tikal 4h-20h). Il en va de même des réserves naturelles comme le Biotopo del Quetzal (7h-16h) ou le Biotopo Cerro Cahuí (6h30-crépuscule).

Jours fériés

31 déc.-1er jan. *Año Nuevo*
Mars-avr. *Semana Santa* (jeu.-dim.)
1er mai *Día del Trabajo*
30 juin *Día del Ejército* (armée) *de Guatemala*, anniversaire de la révolution de 1871
15 août *Día de la Virgen María de la Asunción*, sainte patronne de la Ciudad de Guatemala
15 sept. *Día de la Independencia*
12 oct. *Día de la Raza*
20 oct. *Día de la Revolución*
1er nov. *Día de Todos los Santos*
24-25 déc. *Navidad*

Médias

Les 4 principaux quotidiens nationaux (tous en langue espagnole) sont *Prensa Libre*, *Siglo XXI*, *El Periódico* et *La Hora*. Si vous préférez lire les informations en anglais, procurez-vous le mensuel gratuit d'Antigua *The Revue* (www.revuemag.com), également disponible en ligne. Il existe des centaines de stations de radio dédiées à presque tous les sujets, du merengue au culte évangélique. Parmi elles : La Marca (94.1 FM), spécialiste reconnue du reggaetón, et Atmosfera (96.5 FM), adepte du rock et de l'indé. Les chaînes de télévision se comptent par dizaines, auxquelles s'ajoutent plusieurs chaînes câblées étrangères, dont CNN, diffusées dans la plupart des grandes villes, et TV5 Monde.

Offices de tourisme

L'Instituto Guatemalteco de Turismo (Inguat ; www.inguat.gob.gt) a des représentations un peu partout dans le pays.

Ciudad de Guatemala
7 Av 1-17, Zona 4, Centro Cívico
Tél. 2421-2854 poste 4121
info@inguat.gob.gt.
Kiosque d'informations à l'aéroport
info-aeropuertoaurora@inguat.gob.gt

Antigua
2a Calle Oriente n° 11 Casa del Turista
Tél. 2290-2800 poste 6010/11
info-antigua@inguat.gob.gt

Quetzaltenango
7a Calle 11-35, Zona 1
Edificio Casa de la Cultura
Tél. 7761-4931
info-xela@inguat.gob.gt

Panajachel
Calle Principal 0-87, Zona 2
Tél. 2421-2953
info-panajachel@inguat.gob.gt

Isla de Flores
Playa Sur, Ciudad de Flores
Tél. 4210-9992
info-ciudadflores@inguat.gob.gt.
Kiosque d'informations à l'aéroport
info-mundomaya@inguat.gob.gt

Antigua a une police touristique dont le poste se trouve à l'extrémité ouest de la 6a Calle Poniente.

Sites Internet utiles
www.aroundantigua.com
www.atitlan.com
www.lanic.utexas.edu
www.mayaparaiso.com
www.visitguatemala.com

Santé

Le niveau d'hygiène s'avère nettement supérieur à celui de bon nombre d'autres pays en voie de développement, mais la *turista* continue de sévir. Même si les problèmes médicaux les plus fréquents sont liés à la digestion, faites-vous vacciner contre la polio, le choléra, le tétanos, la typhoïde et l'hépatite A. Bien que ces maladies s'avèrent rares dans la région maya, des cas se déclarent chaque année.

Le pire fléau, ce sont **les moustiques**. Pour limiter le risque de piqûre, surtout dans les basses terres isolées, enduisez généreusement de produit répulsif les parties du corps exposées, notamment les chevilles.

Peu fréquente ailleurs, **la malaria** reste présente dans les zones de forêts pluviales humides et certaines autres de basse altitude. Il semble qu'aucune souche de virus résistante à la chloroquine n'ait été recensée dans le pays. Toutefois, mieux vaut vous renseigner auprès d'un spécialiste avant le départ.

La dengue, transmise par les moustiques diurnes rôdant à proximité des piscines et des mares d'eau stagnante croupie, se répand dans le monde et n'épargne pas la région maya, dans une moindre mesure. Elle se manifeste par de la fièvre, de violents maux de tête, une perte totale d'énergie et, en général, une éruption cutanée. Il en existe une souche, appelée **dengue hémorragique**, assez redoutable, mais rarement mortelle chez l'adulte. Dans la plupart des cas, elle disparaît d'elle-même au bout de quelques jours. Faute de vaccin contre la dengue, redoublez de vigilance afin d'éviter de vous faire piquer. L'unique remède consiste en un repos complet, ce qui compromet vos vacances.

Enduisez-vous d'un écran solaire à indice élevé, portez un chapeau et buvez beaucoup d'eau, surtout en altitude. Ne consommez pas l'eau du robinet, pas même celle fortement chlorée des villes, et ne vous brossez pas les dents avec. Une eau contaminée peut transmettre le virus de l'hépatite A, très fréquent au Guatemala.

Assurance

Souscrivez impérativement une assurance médicale avant le départ. Aux hôpitaux publics, préférez, si possible, les cliniques privées, plus fiables et mieux équipées. Votre ambassade pourra vous fournir une liste de médecins et de dentistes parlant l'anglais. Dans les régions reculées, rendez-vous sans tarder dans la ville la plus proche, à condition que votre état de santé vous le permette. Conservez tous les reçus et factures. Si vous devez suivre un traitement médical, contactez aussitôt votre compagnie d'assurances. **Alerta Médica** (*tél. 1711*) est un service d'assistance médicale d'urgence.

Cliniques

Centro Médico
6 Av 3-47, Zona 10
Ciudad de Guatemala
Tél. 2279-4949
Casa de Salud Santa Lucía
Calzada Santa Lucía Sur 7, Antigua
Tél. 7832-3122
Centro Médico Galeno
2 Calle 3-08, Zona 3, Cobán
Tél. 7952-3175

Savoir-vivre

Marques de politesse et sourires, le tout assorti de quelques efforts pour parler espagnol, vous vaudront un accueil chaleureux. Abstenez-vous d'exprimer des critiques sur des sujets épineux tels que la corruption, l'inefficacité ou la pauvreté, car s'ils ont conscience des problèmes qui handicapent leur nation, les Guatémaltèques n'apprécient guère que d'autres les pointent du doigt.

De même, évitez de parler trop fort. Les Mayas, en particulier, trouvent que les Occidentaux manquent de discrétion. Si vous visitez l'un des petits marchés des Hautes Terres, hormis Chichicastenango ou San Francisco El Alto, vous constaterez que les discussions et les transactions se font sans élever le ton.

La pudeur est de mise et la nudité, taboue. Ayez les épaules et les jambes couvertes quand vous visitez une église, les shorts étant assez mal vus dans ce genre de lieux.

Se loger

L'éventail des hébergements proposés au Guatemala va des luxueux hôtels coloniaux aux auberges de globe-trotteurs, en passant par une multitude d'établissements d'entrée de gamme et un nombre croissant d'hôtels de charme. *Pensiones* et *hospedajes*, généralement tenus par des familles locales, reçoivent dans des chambres d'une simplicité élémentaire. Les prix s'envolent durant la Semana Santa (Semaine sainte), entre Noël et le Nouvel An, ainsi qu'en juillet et août. Sachez que les hôtels affichent vite complet pendant la semaine de Pâques, notamment dans les villes très touristiques comme Antigua ; réservez longtemps à l'avance.

Se restaurer

Des restaurants huppés des métropoles aux *comedores*, vous aurez l'embarras du choix. Sans oublier la cuisine de la rue et ses innombrables snacks savoureux, dont les *pupusas* (tortillas épaisses fourrées, comme celles au fromage et au porc), mais où l'on peut trouver à redire quant à l'hygiène.

Sur les cartes, le maïs occupe la tête d'affiche, ses meilleures ambassadrices étant sans conteste les tortillas qu'il vaut mieux déguster encore tièdes et présentées dans un tissu de coton. Deuxième ingrédient de base : les haricots *(frijoles)*. Les noirs ont la faveur des palais guatémaltèques, mais vous aurez aussi droit à des rouges *(pinto)*. Le pays produit plus de 100 variétés de piments. Ils se consomment essentiellement sous forme de *salsas* diverses et variées, souvent appelées tout simplement *picantes* (piquantes) et servies en bouteille ou faites maison. Bananes (omniprésentes), avocats, tomates, myrtilles, framboises, pommes, oranges, citrons verts, papayes, mangues ou encore *sapotes* à la chair onctueuse rose à orangée : les fruits ne sont pas en reste, et donnent naissance à de délicieux jus de fruits frais et *licuados* (sorte de milk-shakes). Par le passé, la dinde, le cochon sauvage et l'iguane figuraient régulièrement au menu, tandis qu'aujourd'hui, hormis dans les régions de jungle, le poulet, le porc et le bœuf – grillés, frits ou en ragoût – les ont supplantés dans les recettes. Sur la côte, les produits de la mer vous donnent l'embarras du choix, entre vivaneau, mérou, barracuda, requin, homard, crevettes, crabe et conque. Le *ceviche* (poisson cru mariné dans du jus de citron vert) fait partie des favoris dans bon nombre de régions.

Sécurité

Les mesures de précaution élémentaires s'imposent au Guatemala, même si les agressions contre les visiteurs restent relativement rares. Cela dit, le taux de criminalité reste élevé, et il arrive que les voleurs, parfois armés, prennent les touristes pour cibles, sur les routes et dans les cars. Vous avez intérêt à vous présenter à votre ambassade dès votre arrivée et à vous tenir informé de l'actualité. L'Inguat fournit des informations à jour sur la sécurité, via Asistur (*tél. 1500*). Vous pouvez aussi consulter les sites Internet des Affaires étrangères de votre pays, comme www.diplomatie.gouv.fr pour la France.

Services postaux

Chaque localité possède un bureau de poste (*Correo*). L'acheminement du courrier prend entre 3 jours et une semaine à destination du Canada, et d'une à 2 semaines à destination de l'Europe. Malgré la fiabilité du service, la plupart des gens préfèrent envoyer leurs plis importants à l'étranger par coursier international.

Shopping

Rares sont ceux qui quittent le Guatemala sans avoir acheté quelques créations artisanales (*artesanías*) représentatives de la richesse des traditions culturelles mayas.

Dans les Hautes Terres, chaque village ou presque a des spécialités ou des motifs qui lui sont propres, sans oublier son marché hebdomadaire. Le Guatemala se distingue, sans conteste, par ses textiles offrant toute une palette de couleurs éclatantes. Allez chiner sur les marchés de la Ciudad de Guatemala, d'Antigua, de Chichicastenango et de San Francisco el Alto. Vous y trouverez toutes sortes d'objets artisanaux des Hautes Terres, à commencer par des étoffes, de la vannerie, de l'orfèvrerie en argent et des céramiques.

Télécommunications

Téléphone portable

La majeure partie du pays bénéficie d'une bonne couverture. Les téléphones à carte prépayée ne coûtent pas cher. Si le vôtre n'est pas bloqué, vous pouvez y insérer une carte SIM locale. Pour téléphoner en PCV aux États-Unis, au Canada et au Mexique, composez le 147120 à partir d'un téléphone Telgua. Très bon marché, un appel local revient à environ 0,10 $US la minute ; un appel national, à quelque 0,35 $US la minute.

Procession de la Semana Santa, à Antigua.

Autre option : vous procurer une carte téléphonique prépayée – Telgua, par exemple – que vous utiliserez dans une cabine téléphonique. Avant le départ, songez à interroger votre opérateur ; il vous proposera peut-être une solution mieux adaptée et moins chère.

Renseignements pour les appels nationaux : 124

Renseignements pour les appels internationaux : 171

Internet

De plus en plus d'hôtels au Guatemala mettent à disposition une connexion WiFi, gratuitement ou moyennant une faible contribution. Par ailleurs, vous trouverez des cybercafés un peu partout dans le pays. Le tarif varie entre 0,80 et 0,83 $US de l'heure. Le débit est, en général, assez rapide dans les plus grandes villes.

Urgences

En cas d'urgence, composez le 1500 où que vous soyez au Guatemala. Vous obtiendrez un opérateur bilingue qui vous mettra en relation avec la police, les pompiers ou les urgences médicales. Pour joindre la police nationale, vous pouvez aussi appeler le 110.

Valise

Emportez des vêtements légers et des chaussures de marche robustes. Lors des randonnées, portez de préférence des manches longues et un pantalon pour éviter ou limiter les piqûres d'insectes. Ces mêmes manches longues vous serviront à vous protéger du soleil, de même qu'un chapeau à large bord et un écran solaire très haute protection. Dans les grandes villes, les dîners au restaurant et les sorties nocturnes supposent parfois un brin d'élégance : chemise habillée pour les hommes et jupe ou robe pour les femmes. Il fait froid en altitude ; prévoyez une petite veste ou un polaire.

À LIRE

Asturias, Miguel Angel *Hommes de maïs*, Albin Michel, 1967 ; *Légendes du Guatemala*, coll. Folio, Gallimard, 1985 ; *Monsieur le Président*, coll. Garnier Flammarion, 1993 ; *Poèmes Indiens*, Gallimard, 2003.

Burgos, Elisabeth *Moi, Rigoberta Menchú*, coll. Folio, Gallimard, 1999.

Rey Rosa, Rodrigo *Pierres enchantées*, coll. Folio, Gallimard, 2014 ; *Les sourds*, coll. Folio, Gallimard, 2014 ; *Le Matériau humain*, coll. Du monde entier, Gallimard, 2016.

Collectif *Monde Maya*, coll. Encyclopédies du voyage Étranger, Gallimard, 2007.

Michel, Emmanuel *Guatemala, Terre Maya. De l'altiplano à la côte caraïbe*, coll. Carnet de voyages, Gallimard, 2004.

Michelet, Dominique *Maya de l'aube au crépuscule, collections nationales du Guatemala*, Somogy éditions d'art, 2011. Catalogue de l'exposition au musée du Quai-Branly.

CONNAÎTRE LE BELIZE

Superficie 22 965 km²
Capitale Belmopan
Population 385 363 (2018)
Devise Dollar bélizien
Poids et mesures Système impérial d'unités et miles
Électricité 110 volts
Indicatif téléphonique du pays 501
Code Internet .bz

TRANSPORTS

Comment s'y rendre

En avion

Au départ de l'Europe, il faut transiter par les États-Unis – notamment Miami et Houston – ou le Canada où de nombreuses compagnies aériennes assurent des liaisons directes : Aeromexico (www.aeromexico.com) ; Air Canada (www.air-canada.com) ; American Airlines (www.americanairlines.fr) ; British Airways (www.britishairways.com) ; Delta (www.delta.com) ; United Airlines (www.united.com) ; WestJet (www.westjet.com). Tous les avions en provenance de l'étranger atterrissent au Philip S.W. Goldson International Airport, situé à 16 km au nord-ouest de Belize City, sur la George Price (Northern) Highway. Belizean carrier Tropic Air (www.tropicair.com) opèrent des vols entre Cancún et Belize City.

Se déplacer

Une station de taxis vous attend à la sortie de l'aéroport. La course pour le centre-ville revient à la coquette somme forfaitaire de 25 $US (50 $BZ). Pour réduire le coût, partagez le taxi. Les tarifs vers d'autres destinations béliziennes peuvent se négocier. Mettez-vous d'accord sur le prix avec le chauffeur avant de monter à bord de son véhicule.

En avion

Moyen de locomotion de loin le plus pratique, des petits avions desservent la majeure partie du pays. En règle générale, ils sont ponctuels et le vol dure rarement plus d'une demi-heure. Les lignes les plus empruntées au départ de l'aéroport international rallient San Pedro (Ambergris Caye) – un voyage de 20 minutes avec des vues spectaculaires sur le récif corallien –, ainsi que Placencia et Dangriga, au sud.

Compagnies nationales
Maya Island Air
Tél. 223-1140
www.mayaislandair.com
Tropic Air
Tél. 226-2012
www.tropicair.com

En bateau

De Belize City, vous pouvez aussi vous rendre à Caye Caulker et à Ambergris Caye en bateau-taxi ou en ferry. Adressez-vous de préférence à San Pedro Belize Express Water Taxi (*tél. 223-2225* ; www.belizewatertaxi.com ; départ de North Front Street, près de Fort Street Tourism Village) ou à Ocean Ferry Belize (*tél. 223-0033* ; www.oceanferrybelize.com ; départ de North Front Street, près du Swing Bridge).

En car

Des cars partent toutes les heures – voire plus souvent – de Belize City à destination des principales localités du nord, de l'ouest et du sud. Il s'agit le plus souvent de modèles copiés sur celui des cars scolaires américains, et non climatisés. La gare routière se trouve à l'ouest du centre. Les lignes secondaires desservant certains villages ont leur terminus dans les rues adjacentes. La plupart des véhicules marquent des arrêts sur demande, mais les express, plus coûteux, ne s'arrêtent que dans les grandes villes.

En voiture

Disposer de son propre moyen de locomotion s'avère très pratique si vous circulez dans l'intérieur des terres. En revanche, sachez que la location d'une voiture revient cher, et que le dépôt de garantie exigé (par carte bancaire) pour couvrir d'éventuels dommages est important. Autre inconvénient : l'état déplorable de certaines routes, semées de profondes ornières. Les 2 agences ci-après sont toutes présentes à l'aéroport international et à Belize City intra-muros.
Budget
KM 4, George Price (Northern) Highway
Tél. 223-2435
www.budget-belize.com
Crystal Auto Rental
KM 8, George Price (Northern) Highway
Tél. 223-1600
www.crystal-belize.com
Très professionnel, ce prestataire possède la flotte la plus importante et est le seul à vous autoriser à aller à Tikal avec ses véhicules.

A-Z

Argent

Le dollar bélizien équivaut à 100 cents, et la valeur des billets varie de 2 $BZ à 100 $BZ. Le taux de change reste stable, le Belize ayant pris le parti de fixer la parité une bonne fois pour toutes à 2 dollars béliziens ($BZ) pour un dollar américain ($US). Partout, vous pourrez payer en dollars US ; certains établissements le préfèrent même à la devise nationale. Sachez néanmoins que ce système prête parfois à confusion et qu'il vous faudra systématiquement vérifier si le prix est indiqué en dollars béliziens ou américains. Cela vous évitera de mauvaises surprises.

Les retraits d'espèces s'effectuent surtout par carte de débit, les cartes de crédit, dont Visa et Mastercard, servant à régler ses dépenses dans les magasins, restaurants et hôtels haut de gamme. La plupart des localités ont un ou deux distributeurs automatiques de billets (DAB) accessibles 24h/24. Dans bon nombre d'endroits, il est possible d'obtenir une avance de fonds à partir de votre carte de crédit, mais l'opération est souvent facturée et chronophage.

Budget

Dans l'ensemble, un séjour au Belize revient de 40 à 50 % plus cher que dans les autres pays d'Amérique centrale. Cela dit, vous y trouverez pléthore d'offres intéressantes, qu'il s'agisse de l'hébergement, de la restauration ou des transports. Un plat principal coûte au moins 50 $BZ dans un restaurant chic ; 35 $BZ dans un de moyenne gamme ; 12 $BZ dans un petit restaurant où vous aurez droit à un menu copieux, surtout à midi.

Le barème tarifaire est aussi large en matière d'hébergement : 50 $BZ la nuit dans une guest-house sans prétention ; 150-250 $BZ dans un bon hôtel de milieu de gamme ; 400-500 $BZ voire plus dans les établissements de luxe.

Le car constitue, sans doute, le moyen de locomotion le plus économique, l'avion s'avérant certes bien plus rapide, mais nettement plus onéreux *(voir p. 344)*.

Climat

Le Belize bénéficie d'un climat subtropical, tempéré par les alizés soufflant de la mer des Caraïbes. Le cycle se compose d'une saison pluvieuse entre juin et janvier, marquée par un bref épisode de sécheresse en août, et d'une saison sèche (fév.-mai). Sachez néanmoins que des averses tropicales torrentielles peuvent survenir à n'importe quelle période de l'année. Le pic touristique se situe durant l'hiver de l'hémisphère Nord, moment où les hôtels affichent vite complet et les prix grimpent en flèche. Décembre et

CLIMAT

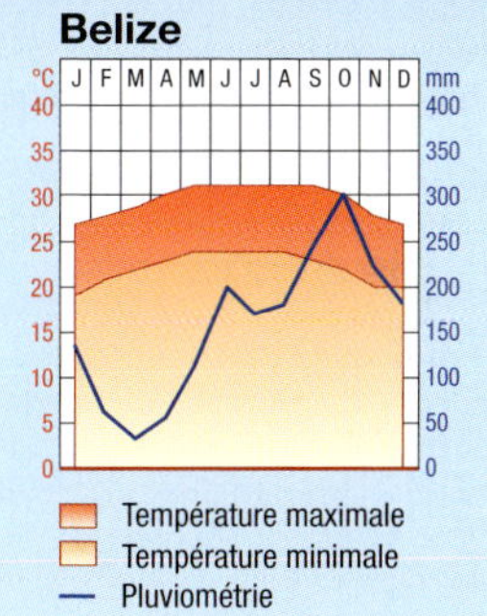

janvier sont les mois les plus frais, mais même alors, la température nocturne descend rarement en dessous de 13° C. Durant les mois les plus chauds et humides, le thermomètre atteint généralement 36° C sur le littoral, voire plus à l'intérieur des terres.

Enfants

Le Belize réserve un accueil chaleureux aux enfants et leur propose toutes sortes d'activités propres à les sensibiliser à la beauté de la nature et à la nécessité de la protéger, telles que des excursions dans la jungle à la découverte de la faune sauvage ou des sorties de *snorkeling*. Les jeunes ne manqueront pas d'apprécier la visite du Belize Zoo, du Community Baboon Sanctuary, des grottes du district de Cayo en bouée, ou encore la baignade dans les eaux caribéennes autour des *cayes*. Par ailleurs, les établissements hôteliers haut de gamme mettent à la disposition des parents des équipements et services spéciaux pour leur progéniture : berceaux et petits lits, chaises hautes, lieux pour les changer et menus enfants. Ils vont même jusqu'à vous recommander des baby-sitters.

Fêtes & Festivals

La fête bat son plein tout particulièrement en septembre, à l'occasion de la commémoration de 2 événements historiques : la bataille navale de St George's Caye Day, le 10 septembre 1798, qui a mis un terme définitif à toute velléité des Espagnols sur le Belize, et l'indépendance, le 21 septembre 1981, qui marque la fin du régime colonial britannique. Les festivités reprennent le 19 novembre, avec la fête des Garífunas. Ceux-ci célèbrent en grande pompe l'arrivée de leurs ancêtres sur les côtes sud du pays, en 1832, notamment à Dangriga, où musique et danse commencent dès la veille au soir. *Mestizos* et mayas ont leur propre calendrier festif, religieux ou non. Ainsi, à Pâques, les parades costumées investissent les rues le week-end précédant le carême. Le homard aussi a droit à son festival, à San Pedro, Caye Caulker et Placencia. Il coïncide avec l'ouverture de la saison de la pêche aux homards et permet de goûter au succulent crustacé cuisiné à toutes les sauces, notamment grillé et en *ceviche* acidulé.

Formalités

Visas et passeports

Les ressortissants du Canada, de la Suisse et de la majeure partie de l'Union européenne n'ont pas besoin de visa pour pénétrer sur le territoire bélizien. Renseignez-vous auprès de votre ambassade ou consulat le plus proche avant le départ, la législation étant susceptible de changer. À votre arrivée, vous aurez à présenter un passeport valable 6 mois ainsi qu'un billet de retour ou de continuation. Vous pourrez demeurer jusqu'à 30 jours au Belize. Si vous souhaitez rester plus longtemps, adressez-vous à n'importe quel bureau du service d'immigration. Les demandeurs doivent prouver qu'ils disposent des fonds nécessaires pour financer ce séjour prolongé et acquitter une redevance d'un montant raisonnable. Une taxe de départ de 30 $US s'applique lorsque vous quittez le pays par la voie terrestre ou maritime – même si vous vous rendez à Tikal pour la journée.

Douanes

Il est interdit de prélever, de vendre et d'exporter des coraux, sauf autorisation spéciale, des vestiges archéologiques, des orchidées, des coquillages, des poissons, des crustacés, des tortues ou des produits dérivés des tortues.

Ambassades et consulats

Belgique (consulat)
Discovery Expeditions Belize Ltd
59116 Manatee Drive Buttonwood Bay
Belize City

Tél. 671-0749
www.diplomatie.belgium.be
Canada (consulat)
80 Princess Margaret Drive
Belize City
Tél. 231-060
www.embassy-canada.com/belize.html
France
(Ambassade de France au Salvador, autorité compétente pour le Belize)
1a Calle Poniente 3718
Colonia Escalon, San Salvador
Tél. 2279-4013
sv.ambafrance.org
Suisse
(Ambassade de Suisse au Mexique, autorité compétente pour le Belize)
Paseo de las Palmas N° 405,
Piso 11, Torre Optima I, Lomas de Chapultepec, México
Tél. 55-9178 4370
www.eda.admin.ch

Fuseau horaire

US Central Standard Time (GMT-6h), soit 7 heures de décalage avec la France.

Handicapés

Pour les visiteurs à mobilité réduite, voyager au Belize n'est pas toujours facile, même si les infrastructures s'améliorent peu à peu et qu'un certain nombre de prestataires proposent des formules adaptées. Les transports publics ne sont pas conçus pour les fauteuils roulants. En revanche, ce ne sont pas les taxis minibus qui manquent, et leurs chauffeurs n'hésitent pas à vous assister en cas de besoin. Se promener dans les rues tient du parcours du combattant, le bitume manquant souvent à l'appel et les trottoirs se faisant rares. De même, peu d'hôtels, sauf dans les établissements les plus récents et haut de gamme, installés dans les zones touristiques comme Ambergris Caye, sont en mesure de recevoir des clients handicapés. Avant de réserver, renseignez-vous à ce sujet.

Homosexuels

La Cour suprême du Belize a invalidé la loi punissant l'homosexualité en août 2016. Une grande première dans les Caraïbes. Les Béliziens n'ont cependant pas l'esprit très ouvert en la matière, et les membres de la communauté LGBT locale n'affichent pas leurs préférences sexuelles. Pour autant, rares sont ceux qui exprimeront ouvertement leur désapprobation à l'encontre des visiteurs étrangers, et les croisières gays sont souvent bien accueillies. Pour mettre toutes les chances de votre côté, séjournez plutôt à San Pedro.

Horaires d'ouverture

La plupart des commerces et des bureaux ouvrent du lundi au vendredi, de 8h à 12h et de 13h à 17h/18h. Les banques accueillent généralement la clientèle du lundi au vendredi de 8h à 15h/16h ; certaines aussi le samedi jusqu'à 12h. Tous gardent portes closes durant les jours fériés.

Jours fériés

1er jan. Nouvel An
9 mars Fête du Baron Bliss
Mars-avr. Week-end de Pâques
1er mai Fête du travail
24 mai Fête du Commonwealth
10 sept. Fête de la bataille de St George's Caye
21 sept. Fête de l'Indépendance
12 oct. Découverte de l'Amérique
19 nov. Fête des Garífunas
25 déc. Noël
26 déc. Boxing Day

Médias

Le Belize étant un pays anglophone, la presse écrite ainsi que les programmes de télévision et de radio sont en anglais. Parmi les principaux journaux figurent *The Amandala*, *The Belize Times*, *The Guardian* et *The Reporter*. Les stations de radio Love FM et KREM FM sont diffusées un peu partout dans le pays. L'une alterne musique et actualités ; l'autre, musique et débats. Les 2 ténors de la télévision sont **Channel 5**, chaîne d'informations très professionnelle qui bat des records d'audience, et **Channel 7**, où des émissions américaines s'invitent dans la programmation.

Offices de tourisme

Sites et attractions touristiques, activités de plein air, hébergement : sur le site officiel du Belize Tourism Board, vous trouverez une véritable mine d'informations. Sinon, rendez-vous dans l'un de ses offices de tourisme à Belize City ou dans les grandes villes, comme Placencia et San Pedro. La Belize Tourism Industry Association (BTIA ; www.btia.org) réunit un grand nombre d'acteurs béliziens du tourisme et publie chaque année *Destination Belize* (www.destinationbelize.com), un magazine fort utile, disponible gratuitement dans les offices de tourisme et de nombreux hôtels. Sachez que plusieurs municipalités et régions ont créé leurs propres sites touristiques, dont www.ambergriscaye.com et www.corozal.com Autres sites utiles : celui du gouvernement bélizien, qui couvre l'actualité politique et touristique, et edition.channel5belize.com, celui de la chaîne d'informations locale.

Belize Tourism Board
64 Regent Street, Belize City
Tél. 227-2420/1-800-624-0686 (appel gratuit)
www.belizetourismeboard.org
www.travelbelize.org

Pour plus d'informations sur l'écologie et les espaces naturels protégés au Belize :

Belize Audubon Society
16 North Park Street, Belize City
Tél. 223-5004
www.belizeaudubon.org
Ouv. lun.-ven. 8h-17h. Pionnier de la protection de l'environnement dans le pays.

The Belize Zoo & Tropical Education Center
Mile 29 Western Highway
La Democracia, Belize City
Tél. 822-8000
www.belizezoo.org

Pour plus d'informations sur les sites archéologiques mayas ou obtenir l'autorisation d'en visiter certains :

Belize Institute of Archaeology
À l'angle de Culvert Road et de Mountain View Boulevard, Belmopan
Tél. 822-2106
www.nichbelize.org
Ouv. lun.-jeu. 8h-17h, ven. 8h-16h30.

Santé

Le niveau d'hygiène s'avère nettement supérieur à celui de bon nombre d'autres pays en voie de développement, mais la *turista* continue de sévir. Même si les problèmes médicaux les plus fréquents sont liés à la digestion, faites-vous vacciner contre la polio, le choléra, le tétanos, la typhoïde et l'hépatite A. Bien que ces maladies s'avèrent rares dans la région maya, des cas se déclarent chaque année.

Le pire fléau, ce sont les **moustiques**. Pour limiter le risque de piqûre, surtout dans les basses terres isolées, enduisez généreusement d'un puissant produit répulsif les parties du corps exposées, notamment les chevilles. La malaria sévit dans certaines régions. La plupart des visiteurs ne risquent rien dans les *cayes* ou à San Ignacio. En revanche, ceux qui s'attardent dans les zones de jungle ont intérêt à suivre un traitement antipaludique.

La dengue, transmise par les moustiques diurnes rôdant à proximité des piscines et des mares d'eau croupie, se répand dans le monde et n'épargne pas le Belize, dans une moindre mesure. Il en existe une souche, appelée **dengue hémorragique**, assez redoutable, mais rarement mortelle chez l'adulte. Dans la plupart des cas, elle disparaît d'elle-même au bout de quelques jours. Faute de vaccin contre la dengue, redoublez de vigilance afin d'éviter de vous faire piquer.

Le Belize enregistre un nombre assez élevé de cas de sida, imputés en partie à la visite d'étrangers contaminés, venus surtout d'autres pays centraméricains et des États-Unis. La prudence est donc de mise, et les préservatifs, disponibles dans toutes les pharmacies, coûtent peu cher.

Enduisez-vous d'un écran solaire à indice élevé, portez un chapeau et buvez beaucoup d'eau, surtout en altitude. La qualité des ingrédients et de leur préparation aidant, vous risquez beaucoup moins que chez les voisins des problèmes digestifs ou intestinaux. L'eau du robinet est potable dans la majeure partie du pays, mais dans certaines *cayes* ou dans le sud du pays, préférez-lui l'eau en bouteille, vendue dans tous les magasins et stations-service.

Si vous avez besoin de consulter un médecin, demandez à votre hôtel, et si vous suivez un traitement quotidien, apportez une réserve suffisante de médicaments, car il y a fort à parier que vous ne trouverez pas la même marque au Belize ou que vous les paierez une fortune.

Rares sont les pharmacies ouvertes tard le soir ou le week-end. En cas d'urgence médicale, sachez que les hôpitaux régionaux sont certes censés avoir des médecins urgentistes, mais que tout patient souffrant d'une maladie ou de blessures graves est en général transféré au Karl Heusner Memorial Hospital, à Belize City. Si cela vous arrive et qu'on vous laisse le choix, faites-vous y transporter directement. Plus efficace en termes de rapidité, mais plus chère, la clinique Belize Medical Associates (*tél. 223-0302*) se trouve juste à côté de cet hôpital.

Hôpitaux publics

Karl Heusner Memorial Hospital
Belize City
Tél. 223-1548
www.khmh.bz
Corozal Community Hospital
Tél. 422-2076
Southern Regional Hospital
Dangriga
Tél. 522-3834
Northern Regional Hospital
Orange Walk
Tél. 322-2072
Punta Gorda Hospital
Tél. 722-2026
San Ignacio Hospital
Tél. 824-2066

Savoir-vivre

Politesse et sourires vous ouvriront bien des portes. Si le Belize affiche une grande décontraction – short et sandales constituent l'uniforme dans les *cayes* –, ce ne sont pas les occasions qui manquent de faire un effort vestimentaire : dans un restaurant huppé, à l'église, lors d'une soirée privée chez un Bélizien. Abstenez-vous d'exprimer des critiques sur des sujets épineux tels que la criminalité ou le délabrement des maisons, car s'ils ont conscience des problèmes qui handicapent leur nation, les Béliziens n'apprécient guère que d'autres les pointent du doigt. N'arrivez pas en retard à un rendez-vous, mais attendez-vous à devoir patienter, car la notion bélizienne de la ponctualité est plutôt vague. Prévoyez toujours une marge dans votre planning ; cela vous épargnera du stress en cas d'imprévu.

Se loger

Le Belize offre à ses visiteurs un très large éventail, des hôtels bon marché confortables aux palaces balnéaires, en passant par les "écolodges" en pleine forêt tropicale. Autre avantage, de nombreux établissements proposent toutes sortes d'excursions avec, au programme : plongée, pêche, découverte des ruines mayas, observation des oiseaux, kayak et spéléologie. Vous avez envie de vous faire dorloter ? Qu'à cela ne tienne! Vous pourrez participer à des cours de yoga au lever du soleil et vous faire masser à la lueur des bougies dans les complexes hôteliers luxueux installés sur les *cayes*, ou bénéficier de soins d'inspiration maya dans les lodges au cœur de la jungle. Sachez que l'État applique une taxe de 9 %, à laquelle s'ajoute souvent la facturation du service (5-10 %). Les tarifs varient du tout au tout au gré des saisons. La haute saison se situe entre mi-novembre et mi-mai.

Se restaurer

La cuisine – ou plutôt les cuisines – du Belize se caractérise par sa pluralité. Dans n'importe quelle localité, quelle que soit sa taille, vous aurez l'embarras du choix entre saveurs latino-américaines, caribéennes, créoles et garífunas, sans oublier celles venues de Taïwan, de Thaïlande, du Liban et d'ailleurs. Il faut dire que la mer fournit une manne abondante, à commencer par le succulent homard au goût légèrement sucré qui fait le bonheur des gourmets et que vous pourrez déguster non seulement sur la côte et dans les *cayes* mais aussi à l'intérieur des terres. À savoir : la saison du homard dure de la mi-juin à la mi-février. Pour autant, les ingrédients de base restent le riz et les haricots. Ce tandem, omniprésent, se consomme tous les jours, en accompagnement de ragoût de poulet ou de bœuf. Côté boisson, cet honneur revient à la bière nationale, Belikin, reconnaissable au temple maya qui figure sur l'étiquette. Vendue partout, des bars de plage aux magasins de proximité, elle se décline en plusieurs variétés, de la brune épaisse à la blonde pétillante. L'alcool phare au Belize est, sans conteste, le rhum. Il en existe plusieurs marques locales, dont le Caribbean et le Durleys, surnommé le rhum perroquet en raison du logo du fabricant. Quant au Travellers One Barrel Rum, il se classe parmi les meilleurs. Plus vieille distillerie du pays, Travellers a fait ses débuts en tant que bar, ouvert en 1953 par Jaime Omario Perdomo Sr.

Une même décontraction prévaut dans les restaurants de plage et ceux des lodges de jungle. Installé le plus souvent en terrasse, vous profiterez de vues fabuleuses sur la scintillante mer des Caraïbes ou sur l'océan verdoyant de la forêt tropicale. En général, le déjeuner constitue le repas principal de la journée. Dîner tardivement ne s'inscrit pas dans la coutume locale ; prévoyez d'arriver au plus tard à 20h pour avoir un meilleur choix.

Sécurité

S'il convient d'observer les mesures de précaution élémentaires, le Belize est un pays assez sûr où les touristes n'ont pas grand-chose à craindre. La ville la plus risquée est Belize City, qui a longtemps eu une réputation douteuse. Dès la nuit tombée, mieux vaut y circuler en taxi.

Ailleurs, veillez particulièrement à ne pas laisser vos objets de valeur sans surveillance, à la plage par exemple, ni dans les chambres d'hôtels bon marché ou les *cabañas* de plage. Quand vous sortez, pourquoi ne pas confier votre sac à la réception de l'hôtel afin qu'elle le mette sous clé ? Assurez-vous, par ailleurs, que le guide dont vous louez les services possède une licence délivrée par les autorités, avec photo d'identité – tous les professionnels assermentés en ont une.

La drogue, dont la marijuana *(ganja)*, est illégale au Belize. Si vous avez des problèmes avec la police, contactez aussitôt votre ambassade *(voir p. 345)*.

Il est toujours bon de se tenir informé de la situation en consultant les sites officiels, dont celui de France Diplomatie (www.diplomatie.gouv.fr). Le Belize dispose d'une police touristique, basée dans les postes de police locaux.

Services postaux

Le Belize City Post Office (ouv. 8h-12h, 13h-16h30) siège sur la rive gauche de Haulover Creek, à l'angle de Queen Street et de North Front Street. Petites œuvres d'art recherchées par les collectionneurs, les timbres illustrent la faune et la flore locales.

Le Belize offre le service postal le plus économique et le plus fiable d'Amérique centrale. Un courrier met de 4 à 7 jours pour parvenir aux États-Unis et au Canada ; 2 semaines maximum pour ceux à destination de l'Europe.

Shopping

Très créatif en matière d'artisanat, le Belize se prête à l'achat de précieux souvenirs, à commencer par les sculptures en bois de *ziricote (Cordia dodecandra)*, un arbre bicolore qui ne pousse que dans la région. Les sculpteurs sur ardoise, qui vendent souvent leurs œuvres dans les sites archéologiques, créent des reproductions détaillées de stèles et de divinités mayas. Dans les villages mayas du sud du Belize, vous trouverez de belles broderies colorées, mais d'une qualité inférieure à celles confectionnées au Guatemala. Les villageois mayas, garífunas et créoles sont les spécialistes de la vannerie, notamment des paniers finement tressés du nom de *jippy jappa*. Quant aux gastronomes, ils ne manqueront pas de repartir avec une ou plusieurs bouteilles de Marie Sharp's Habañero Pepper Sauce. Cette sauce au piment se retrouve sur toutes les tables de restaurant béliziennes. Elle relève à merveille le riz et les haricots.

Télécommunications

Téléphones

Belize Telemedia Ltd (www.belizetelemedia.net) est le principal opérateur de téléphonie fixe et mobile. Il va sans dire, les zones urbaines bénéficient d'une meilleure couverture. Seuls les téléphones tribandes et quadribandes européens peuvent capter le réseau. Vous trouverez, par ailleurs, des téléphones publics dans tout le pays, sauf dans les régions les plus isolées où les communautés partagent un même appareil, installé chez l'un des habitants. Si vous appelez à l'étranger à partir d'un téléphone public, la solution la moins onéreuse consiste à utiliser une carte téléphonique internationale. Les hôtels appliquent des tarifs forfaitaires pour les communications nationales et internationales.

Renseignements pour les appels nationaux 113

Renseignements pour les appels internationaux 114

Internet

Le réseau Internet couvre l'ensemble du territoire. Chez la plupart des prestataires de services hôteliers, la connexion WiFi est gratuite. Il en va de même des restaurants et cafés, particulièrement dans les zones touristiques, de sorte que les cybercafés se font de plus en plus rares. Quelques-uns subsistent néanmoins dans les grandes villes. Le tarif minimum s'élève à environ 10 $BZ l'heure.

Valise

L'attrait majeur du Belize tient à ses activités de plein air. Quelle que soit la période de l'année, vous passerez le plus clair de votre temps dehors. La chaleur, et la moiteur qui ne désarme jamais, suppose de porter des vêtements légers en fibres naturelles. Dans les *cayes*, vous vous promènerez le plus souvent en short, tee-shirt et sandales, ou en maillot de bain et pieds nus. Cependant, une certaine élégance est de mise le soir, dans la plupart des stations branchées. Prévoyez une tenue tropicale plus formelle pour les dîners sous un toit de chaume. Sinon, la règle veut que l'on s'habille en fonction de la météo et non du look. Ne sous-estimez pas la puissance du soleil tropical ; il est capable de vous brûler en moins d'une demi-heure. Et ne vous séparez jamais de votre écran solaire – ne l'achetez pas sur place, il coûte les yeux de la tête –, ni du répulsif contre les insectes.

Urgences

Police 90 ou 911

Pour déclarer un vol ou une agression 227-2222 (Belize City)

Pompiers/ambulances 90 (Belize City)

POUR EN SAVOIR PLUS

À lire

Parmi les meilleurs ouvrages sur le Belize ou écrits par des auteurs béliziens, bon nombre sont publiés localement et ne sont pas toujours traduits et disponibles ailleurs. Le principal éditeur au Belize s'appelle Cubola Productions (www.cubola.com). Basé à Belize City, l'éditeur catholique Angelus Press (www.angeluspress.com) vend différents titres par correspondance.

À voir

Dickinson, Oliver *La Province oubliée*, 2009.

À écouter

Young, Leroy *Just Like that*, 2006.

EL SALVADOR

CONNAÎTRE EL SALVADOR

Superficie 21 041 km²
Capitale San Salvador
Population 6,378 millions (2017)
Devise Dollar américain
Langue Espagnol
Poids et mesures Système métrique
Électricité 110-120 volts/60 Hz
Indicatif téléphonique du pays 503
Code Internet .sv

TRANSPORTS

Comment s'y rendre

En avion

Depuis le Canada Air Canada assure des vols réguliers directs au départ de Toronto ; Air Transat, au départ de Montréal-Trudeau (service saisonnier).
Depuis l'Europe Iberia opère quelques vols réguliers directs depuis Madrid, mais la plupart font escale aux États-Unis.
Depuis les États-Unis Les avions d'American Airlines, d'Avianca, de Delta, de Spirit Airlines et de United rallient directement le Salvador au départ de nombreuses villes.

Se déplacer

Liaisons aéroport

L'Aeropuerto Internacional Monseñor Óscar Arnulfo Romero, situé environ 45 km au sud-est de la capitale, est le seul aéroport international du pays. Des taxis officiels vous attendent à la sortie pour vous conduire à San Salvador ainsi que sur la côte. La ligne de bus 138 dessert aussi la capitale.

En car

San Salvador compte plusieurs gares routières, dont Fenadesal desservant l'est et Occidental desservant l'ouest. Des compagnies de cars, parmi lesquelles Tica Bus (www.ticabus.com), Pullmantur (www.pullmantur.com) et Transporte del Sol (www.transportedelsol.com) assurent la liaison entre San Salvador et les pays frontaliers.

En bateau

Les paquebots des compagnies de croisière, comme *Crystal*, *Princess* ou *Oceania*, font escale à Acajutla, à l'ouest de San Salvador. Leur circuit inclut souvent la traversée du canal de Panamá.

En voiture

Axe routier de loin le meilleur, la Transaméricaine traverse le pays d'est en ouest, de San Miguel à San Salvador. L'état des autres routes varie du tout au tout, de la piste semée d'ornières à la chaussée bitumée. En règle générale, il faut avoir 21 ans révolus, un passeport en cours de validité, le permis de conduire et laisser un dépôt de garantie par carte bancaire pour pouvoir louer une voiture.

À San Salvador

En bus La compagnie de bus SITRAMSS a ses propres couloirs et stations. Circulant selon des horaires bien précis, ce moyen de locomotion est le plus économique pour se déplacer en ville et en proche banlieue.
En taxi Ils sont fiables, bon marché et vous aurez l'embarras du choix.

A-Z

Argent

Le dollar US étant la monnaie officielle, il s'avère facile de changer des euros et autres devises étrangères. Vous trouverez partout des distributeurs automatiques de billets (DAB), notamment dans la capitale. Les bureaux de change se concentrent à l'aéroport, mais la majorité des banques proposent également ce service.

Budget

Exception faite de quelques luxueux établissements hôteliers, votre séjour au Salvador ne risque pas de vous ruiner. Bien que le pays ait le dollar américain pour devise, son coût de la vie équivaut à celui du Honduras ou du Guatemala.
Liaisons aéroport La course en taxi de SAL au centre-ville (40 min) coûte entre 30 et 40 $US.
Location de voitures Le montant journalier minimum s'élève à 55 $US (75 $US pour un 4x4), y compris l'assurance. Ce tarif est négociable en basse saison.
Carburant 2,77 $US le gallon (3,8 l).
Hébergement Les établissements d'entrée de gamme (eau froide ou sanitaires collectifs et absence de WiFi) facturent la nuit en chambre double à moins de 30 $US. Ils se concentrent surtout dans les régions isolées de montagne ou en bord de mer. En ville et dans les stations balnéaires en vogue, les hôtels affichent vite complet le week-end et durant la saison touristique. Les amoureux de leur confort devront payer au moins entre 70 et 90 $US la nuitée en chambre double pour bénéficier d'eau chaude, d'une salle de bains privative, d'une vue, d'un emplacement de parking et de quelques prestations supplémentaires.
Restauration Les *pupusas* sont vendues sur les étals de rue entre 1 et 2 $US tout au plus. Un repas dans la plupart des restaurants locaux revient, en moyenne, à 10 $US. Le menu dans un grill, un restaurant d'hôtel ou un établissement plutôt conventionnel dépasse rarement les 30 $US par tête.

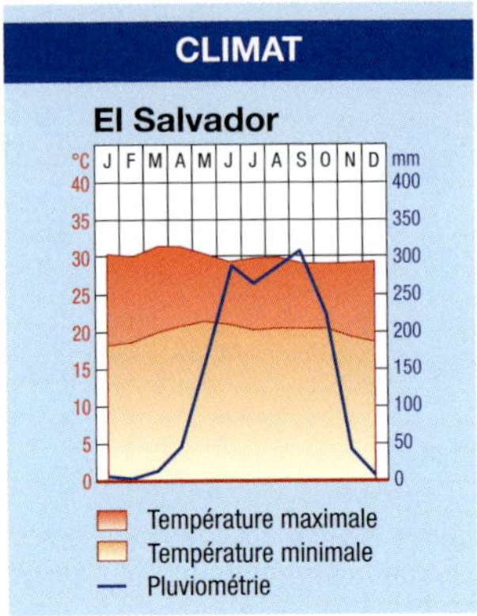

Musées et attractions L'entrée dans les musées et les parcs nationaux coûte souvent moins de 3 $US.

Climat

Le climat tropical salvadorien consiste en une alternance de saison sèche estivale (déc.-avr.) et de saison pluvieuse hivernale. Même durant l'hiver, le soleil brille souvent dans la matinée, la pluie ne se manifestant que plus tard dans la journée.

Les températures restent constantes tout au long de l'année : chaudes et humides à basse altitude ; plus tempérées sur le plateau central et en montagne. San Salvador enregistre une moyenne de 23° C ; le littoral, une moyenne maximale de 27° C.

Enfants

Au Salvador, les enfants sont partout les bienvenus. La capitale leur a même dédié un musée, le Museo de los Niños Tin-Marin (www.tinmarin.org), assorti d'une serre à papillons. La côte pacifique se prête aux activités nautiques de leur âge. Si votre séjour coïncide avec la saison de la reproduction des tortues (août-déc.), ne manquez pas d'emmener votre progéniture assister à ce spectacle fascinant sur les plages de Los Cóbanos et de Barra de Santiago. Tout aussi enthousiasmantes : les démonstrations de teinture à l'indigo, à Chalcuapa, et la visite du site maya de Joya de Cerén, la Pompéi des Amériques.

Fêtes & Festivals

Février

Festival Internacional de Arte y Cultura de Suchitoto Il rend chaque année hommage à l'art et la culture.

Mars

Semana Santa Messes et festivités se déroulent tout au long de la Semaine sainte, des célébrations qui se terminent en beauté par l'office du dimanche pascal.

Mai

Fiesta de las Flores y Palmas de Panchimalco Costumes et rues rendent un vibrant hommage à la beauté des fleurs. Cette fête remonte au temps des Mayas qui saluaient ainsi la saison des pluies.

Août

Las Bolas de Fuego de Nejapa Une tradition centenaire perpétuée par une petite communauté au nord de San Salvador, et qui consiste à se balancer des balles de chiffons enflammées, imprégnées de kérosène.

Fiestas Agostinas de San Salvador Elles célèbrent la fête du saint patron de la capitale, El Salvador del Mundo, ou Jésus-Christ. Bon nombre de familles prennent des congés à cette occasion.

Septembre

Día de la Independencia Le 15 septembre, l'Espagne a accordé l'indépendance au Salvador, un jour commémoré à grand renfort de parades, de feux d'artifice et de libations traditionnelles.

Novembre

Carnaval de San Miguel Une semaine de danses et de parades durant laquelle l'alcool coule à flots pour ce carnaval le plus important du pays.

Formalités

Visas et passeports

Pour entrer sur le territoire salvadorien, les Belges, Canadiens, Français et Suisses doivent présenter un passeport valable 6 mois ainsi qu'une carte touristique, achetée 10 $US à leur arrivée. La durée du séjour est limitée à 90 jours.

Douanes

Vous pouvez apporter 200 cigarettes ou 50 cigares, 2 l d'alcool et des cadeaux pour une valeur maximum de 500 $US. Comme partout ailleurs en Amérique centrale, des restrictions strictes s'appliquent à l'importation et l'exportation de plantes, d'animaux, de légumes et de fruits.

Ambassades et consulats à San Salvador

Consulat honoraire de Belgique
Av. Las Magnolias 172
Colonia San Benito
Tél. 2263-8464
www.diplomatie.belgium.be

Ambassade du Canada
63 Av. Sur y Alameda Roosevelt, Local 6, Nivel Lobby II
Tél. 2133-1100
www.canadainternational.gc.ca

Ambassade de France
1a Calle Poniente 3718, Colonia Escalón
Tél. 2279-4013 ; sv.ambafrance.org

Consulat général de Suisse
9a Calle poniente bis, Pasaje Bella Vista n° 356, Colonia Escalón
Tél. 2263-5706 ; www.eda.admin.ch

Fuseau horaire

US Central Standard Time (GMT-6h), soit 7 heures de décalage avec la France. Le Salvador n'applique pas le changement d'heure. Il convient donc d'ajouter une heure en été.

Handicapés

Bon nombre de grands centres commerciaux, de restaurants et d'hôtels de chaînes internationales sont équipés de rampes d'accès et d'ascenseurs. En dehors de la capitale et des principales destinations touristiques, rien n'est toutefois prévu pour les visiteurs à mobilité réduite. Pour autant, les guerres civiles et les mines ayant fait beaucoup d'infirmes, les Salvadoriens ont tendance à se montrer particulièrement compréhensifs et serviables à l'égard des personnes handicapées.

Homosexuels

Malgré une législation punissant la discrimination à l'encontre des membres de la communauté LGBT, le harcèlement et les violences de nature homophobe sont monnaie courante dans ce pays conservateur. Une loi votée en 2015 a alourdi les sanctions encourues pour des actes criminels de ce type, mais elle n'a pas encore porté ses fruits, et mieux vaut se montrer discret.

Horaires d'ouverture

En règle générale, les heures d'ouverture – y compris pour les banques – sont les suivantes : lun.-ven. 8h30-17h, sam. jusqu'à 12h.

Dans les villes de province, bon nombre de commerces et d'entreprises marquent une pause déjeuner d'une à 2 heures. Pour la plupart, les attractions touristiques accueillent le public le dimanche, mais gardent portes closes le lundi. Les restaurants de la capitale vous reçoivent le plus souvent lun.-sam. 12h-15h et 19h-22h. Ceux de province se contentent de servir le déjeuner.

Jours fériés

31 déc.-1er jan. *Año Nuevo*
Mars-avr. *Semana Santa (jeu.-dim.)*
11 avr. *Día de Juan Santamaría*
1er mai *Día del Trabajo*
1er-6 août *Fiestas Agostinos (Fiesta del Salvador del Mundo)*
15 sept. *Día de la Independencia*
12 oct. *Día de la Raza*
1er nov. *Día de Todos los Santos*
24-25 déc. *Navidad*

Médias

Aux principaux quotidiens en langue espagnole que sont *El Diario de Hoy*, *Diario Co Latino* et *La Prensa Gráfica*, s'ajoute le premier journal numérique du pays, *El Faro*, qui a fait ses débuts en 1998 et comprend une rubrique dédiée aux manifestations culturelles.

Offices de tourisme

CORSATUR (www.elsalvador.travel) est présent dans le centre de San Salvador, ainsi qu'à Suchitoto, Nahuizalco et Puerto la Libertad. Dans chacun de ses offices, un employé anglophone saura vous renseigner si vous ne parlez pas assez bien espagnol. Dans chaque ville ou presque, vous trouverez des ***casas de cultura***, capables de vous fournir informations locales, brochures, cartes et plans.

Santé

Le Salvador est connu pour la piètre qualité de son système de santé publique, notamment dans les zones rurales. Il existe néanmoins des cliniques privées, essentiellement concentrées dans la capitale. Pour toute urgence médicale, contactez :

Consejo Superior de Salud Pública
Tél. 2561-2525 ; www.cssp.gob.sv
Gastroclínica Escalón
Tél. 2521-000 ; www.gastroclinica.com.sv
Hospital de Diagnóstico Escalón
Tél. 2506-2000 ; www.hospitaldiagnostico.com/hospital_colonia_escalon

Savoir-vivre

Amicaux et soucieux des règles de bienséance, les Salvadoriens ont tendance à saluer leurs voisins de siège et à dire bonjour/bonsoir (*buenos días*, le matin ; *buenas tardes* dans l'après-midi et la soirée) avant d'engager la conversation. Dans le monde professionnel et dans un cadre plus formel, il est de bon ton de soigner son apparence. Sur la côte, se promener en bikini ou torse nu en dehors de la plage vous vaudra des regards réprobateurs ou insistants.

Se loger

À San Salvador, les meilleurs hôtels et les plus grands, membres pour la plupart de chaînes internationales, ont élu domicile dans les quartiers sud et ouest, à Colonia San Benito et à Colonia Escalón, ainsi que dans le nord, près du Metrocentro Mall. En dehors de la capitale et d'une poignée de stations balnéaires, l'hôtellerie se résume avant tout à des petites structures familiales, construites en parpaings, et dont les prestations se bornent à l'essentiel. Il n'existe pas à proprement parler de saison haute, de sorte que les tarifs varient peu. Pour autant, les hôtels affichent plus vite complet en période de vacances.

Se restaurer

La cuisine salvadorienne offre un savoureux mélange de recettes espagnoles et indigènes. La plus connue, la *pupusa*, consiste en une galette épaisse de farine de maïs nixtamalisée, ou tortilla, que l'on peut fourrer au fromage, au *chicharrón* (couenne de porc frite), aux haricots, au *loroco* (fleur locale) ou à l'*ayote* (courge). Peu chères et souvent vendues sur les étals de rue, les *pupusas* s'accompagnent en général de *curtido* : carottes, chou et oignons au vinaigre. Quant aux *tamales* salvadoriens, ils sont cuits à la vapeur dans des feuilles de bananiers plantains et farcis avec du maïs, des haricots noirs, du poulet ou autres ingrédients. Vous pourrez aussi déguster de la *yuca frita* (yucca frit), des *panes rellenos* (chaussons) et de la *carne asada* (rôti de bœuf).

La plupart des restaurants ne font pas de chichis. Quelques établissements à la campagne et sur la côte figurent au palmarès de la gastronomie locale. Les premiers tirent parti de la fraîcheur des produits cultivés localement ; les seconds, de la manne qu'apporte le Pacifique. À San Salvador, la restauration se veut plus cosmopolite et raffinée tout en restant décontractée. Au menu : sushis, spécialités péruviennes et cuisine contemporaine salvadorienne.

Sécurité

Les précautions d'usage s'imposent à San Salvador où sévissent voleurs et pickpockets, notamment en centre-ville. Évitez d'apporter des objets de valeur ; sinon, conservez-les dans le coffre de l'hôtel. À la nuit tombée, n'empruntez pas les rues désertes et, de jour comme de nuit, circulez de préférence à bord d'un taxi réservé par votre hôtel. La délinquance des gangs s'est aggravée au cours de ces dernières années, tandis que le nombre de crimes violents a diminué. À la plage, ne quittez pas vos affaires des yeux.

Services postaux

Toutes les petites localités ou presque ont un bureau de poste. FedEx, DHL et autres coursiers internationaux opèrent depuis San Salvador.

Shopping

Le pays est aussi connu pour son artisanat. Hamacs tissés, créations et étoffes mayas teintes à l'indigo se vendent sur tous les marchés artisanaux du Salvador. Enfin, les connaisseurs ne tarissent pas d'éloges sur la qualité du café salvadorien.

Télécommunications

Téléphones

La plupart des opérateurs proposent des services de téléphonie mobile basée sur la technologie GSM (1800 MHz et 850 MHz).

Internet

Les cybercafés se font rares. En revanche, vous bénéficierez un peu partout d'un accès public à Internet, et les espaces WiFi ne manquent pas.

Urgences

Pour toute urgence, y compris pour déclarer un vol ou une agression, composez le **911** (24h/24) où que vous soyez au Salvador.

CONNAÎTRE LE HONDURAS

Superficie 112 000 km²
Capitale Tegucigalpa
Population 9 052 661 (2018)
Devise Lempira
Langue Espagnol
Poids et mesures Système métrique
Électricité 110-120 volts/60 Hz
Indicatif téléphonique du pays 504
Code Internet .hn

TRANSPORTS

Comment s'y rendre

En avion

Quatre aéroports se partagent les vols internationaux. Celui de San Pedro Sula capte la majeure partie du trafic, suivi de près par celui de Tegucigalpa. Quant aux *aeropuertos internacionales* de Roatán et de La Ceiba, ils gèrent surtout les vols au départ et à destination des autres pays d'Amérique centrale.

Depuis le Canada Au départ de Toronto, les avions d'Avianca font escale à San Salvador, tandis que Sun Wing opère des vols directs saisonniers entre Toronto ou Montréal et La Ceiba ou Roatán.

Depuis l'Europe Air Europa assure une liaison régulière Madrid-San Pedro Sula. Sinon, vous transiterez par les États-Unis.

Depuis les États-Unis AeroMexico, American Airlines, Avianca, Choice Air, Copa Airlines, Delta, Spirit Airlines et United desservent le Honduras.

Se déplacer

Liaisons aéroport

L' Aeropuerto Internacional Ramón Villeda Morales (SAP) se situe 20 km à l'est de San Pedro Sula, en direction de La Ceiba. Des taxis officiels vous attendent à la sortie, et Hedman Alas (www.hedmanalas.com) assure des liaisons par car avec La Ceiba et le centre opérationnel de la compagnie dans le centre-ville de San Pedro Sula. L'Aeropuerto Internacional Tocontín (TGU) se trouve à 6 km de Tegucigalpa, sur la route de Choluteca. Stationnés à l'extérieur, des taxis officiels ou non (moins chers) vous conduiront en centre-ville.

En avion

Les lignes intérieures offrent un moyen rapide et pas trop cher de se déplacer au Honduras ou de rallier les Islas de la Bahía. Deux compagnies assurent ces vols : Aerolineas Sosa (www.aerolineasosahn.com) et CM Airlines (www.cmairlines.com). Elles desservent les Islas de la Bahía, Copán, La Ceiba, Tegucigalpa, San Pedro Sula et Puerto Lempira.

À savoir : vous ne pourrez enregistrer qu'un seul bagage, d'un poids maximum de 16 kg – qui varie selon la classe. Il vous en coûtera au minimum 35 $US par bagage supplémentaire.

En car

À San Pedro Sula, la Gran Central Metropolitana de Autobuses siège à quelques kilomètres au sud du centre-ville. Il s'agit de la principale gare routière du pays. Des dizaines de prestataires y sont basés, assurant des liaisons fréquentes avec les destinations majeures – Tegucigalpa, Tela, La Ceiba et Copán – et mineures. Parmi eux : Hedman Alas (www.hedmanalas.com) qui dessert aussi le Guatemala, et Viana Clase de Oro (www.vianatransportes.com). Quant aux cars de Tica Bus (www.ticabus.com), spécialiste des longues distances, ils marquent une halte à Tegucigalpa, San Pedro Sula et La Ceiba, avant de poursuivre vers les capitales d'Amérique centrale.

En bateau

Des paquebots viennent mouiller tout au long de l'année dans 2 ports de Roatán. La plupart des circuits dans les Caraïbes passent par cette île dans le cadre d'une croisière dans le golfe du Mexique ou avant de mettre le cap vers le canal de Panamá. C'est notamment le cas des compagnies Princess, Norwegian, Carnival, Royal Caribbean et MSC. Les yachts privés constituent également un moyen très prisé pour se rendre aux Islas de la Bahía ou longer la côte, tandis que des ferries appareillent de La Ceiba plusieurs fois par jour à destination de Roatán et Utila.

En voiture

Le Honduras possède 3 grands axes routiers de qualité : entre San Pedro Sula et Tegucigalpa ; le long de la côte caraïbe ; entre San Pedro Sula et Copán. Les autres routes sont rarement bitumées et souvent semées d'ornières. La plupart des véhicules de location ont une boîte de vitesses manuelle, les automatiques coûtant nettement plus cher. En règle générale, il faut avoir 21 ans révolus, un passeport en cours de validité, le permis de conduire et laisser un dépôt de garantie par carte bancaire pour pouvoir louer une voiture. En dehors des grandes villes, préférez un 4x4.

À San Pedro Sula

En bus

Face à la complexité du système des bus, il y a de quoi perdre son latin. Tous les sites intéressants ou presque se trouvant dans le périmètre délimité par l'Avenida Circunvalación, mieux vaut circuler à pied durant la journée.

En taxi

Le taxi constitue, de loin, le meilleur moyen de locomotion, qui plus est très économique. Vous en trouverez à tous les coins de rue. Avant de monter à bord, mettez-vous d'accord sur le prix de la course avec le chauffeur, car les véhicules n'ont pas de compteur.

A-Z

Argent

Pour changer vos devises, adressez-vous de préférence à une banque privée, car les hôtels pratiquent un taux de change moins avantageux. Si vous n'avez pas dépensé tous vos lempiras, convertissez-les en dollars américains (seconde devise du pays, "non officielle") ou en euros avant de partir. Vous n'aurez aucune difficulté à trouver un distributeur automatique de billets (DAB), et les principales cartes de crédit sont acceptées un peu partout.

Budget

Le Honduras est l'une des destinations les moins chères d'Amérique latine – voire la moins chère –, surtout en zone rurale et dans les régions épargnées par les excès du tourisme. D'autant que le cours du lempira a chuté récemment face au dollar américain (plus de 24 LHN pour 1 $US en jan. 2019) et à l'euro.
Liaisons aéroport La course en taxi de SAL au centre-ville de San José (40 min) coûte entre 10 et 15 $US.
Location de voitures Le montant journalier s'élève à 50 $US minimum (70 $US pour un 4x4, véhicule conseillé si vous quittez les grands axes), y compris l'assurance. Ce tarif est négociable en basse saison.
Carburant 3,25 $US le gallon (3,8 l).
Hébergement Dans les villages et même les parcs nationaux, vous pourrez loger dans des *cabañas* rustiques (eau froide, sanitaires collectifs, intimité restreinte) pour moins de 20 $US la nuit en chambre double. Comptez entre 50 et 70 $US minimum la nuitée en chambre double dans un hôtel de moyenne gamme. Complexes hôteliers balnéaires et lodges de jungle luxueux facturent pas moins de 150 $US la nuit.
Restauration Les restaurants les plus onéreux sont ceux des hôtels haut de gamme. Ailleurs, vous pourrez vous régaler pour 20 à 30 $US maximum. Un repas acheté à un

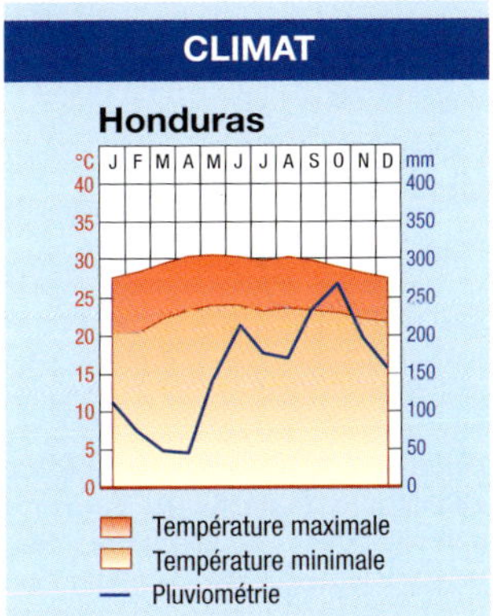

étal de rue ou pris dans un restaurant traditionnel revient rarement à plus de 5 à 10 $US.
Musées et attractions L'entrée dans la plupart des musées et sites touristiques ne coûte qu'une poignée de $US, sauf pour les plus fréquentés, comme les ruines de Copán, où vous débourserez entre 10 et 15 $US. Les musées pratiquent souvent un tarif préférentiel pour les étudiants et les enfants.

Enfants

Le Honduras se prête particulièrement à des vacances en famille. Les enfants sont les bienvenus dans la plupart des zones touristiques, et toutes sortes d'activités leur sont proposées, en plus des loisirs balnéaires. Ainsi, à Tegucigalpa, Chiminike (www.chiminike.org) est un musée interactif conçu pour eux. Roatán accueille un parc à thème, le Gumbalimba (www.gumbalimbapark.com). Au programme : réserve naturelle, parcours d'accrobranche, île aux singes et divers sports nautiques. Sur le site de Copán et aux alentours, les petits s'émerveilleront devant les aras du parc Macaw Mountain (www.macaw-mountain.org) et les papillons d'Alas Encantadas. Enfin, dans la zone tampon du Parque Nacional Pico Bonito, des sentiers les conduiront à des cascades et au Río Cangrejal pour une descente des rapides adaptée à leur niveau.

Climat

Il fait presque toujours très chaud au Honduras, sauf en montagne, et la température fluctue assez peu tout au long l'année. Deux saisons se succèdent : sèche et humide (mai-nov. dans les terres, sept.-jan. sur la côte caraïbe et dans les Islas de la Bahía). Des tarifs préférentiels sont pratiqués durant la saison pluvieuse dans les régions côtières, mais rarement ailleurs dans le pays. Les ouragans surviennent entre août et novembre.

Le climat sur le littoral de la mer des Caraïbes se caractérise par une chaleur humide (moyenne maximale de 34° C), tandis qu'une relative fraîcheur règne sur les reliefs (20° C en moyenne).

Fêtes & Festivals

Février

La Feria de la Virgen de Suyapa se célèbre non seulement à Tegucigalpa, mais partout dans le pays, à l'occasion de la fête de cette sainte patronne catholique du Honduras. Processions et messes, notamment à la Basílica de Nuestra Señora de Suyapa.

Mars

La Semana Santa est fêtée avec une emphase particulière à Comayagua. Processions élaborées en costumes éclatants et *alfombras* (tapis de sciures de bois colorées).

Avril

Le Día de los Garífunas dure, en réalité, du 12 au 16 avril, dans les Islas de la Bahía et les communautés garífunas de la côte caraïbe. Il commémore l'arrivée de ce peuple à Roatán en 1797. Danses, tambours et *guifiti*, la gnôle locale.

Mai

La Feria de San Isidro est, pour des centaines de milliers de Honduriens, l'occasion de se retrouver à La Ceiba pour un carnaval débridé. Parades dans le centre-ville et fiesta toute la nuit sur la plage.

Juin

La Feria Juniana est le principal rendez-vous du calendrier festif de San Pedro Sula. Concerts et spectacles culturels dans toute la ville, parades le long de l'Avenida Circunvalación, le 29 juin.

Juillet

Le Festival Garífuna de Bajamar attire des Garífunas des quatre coins du Honduras dans cette petite localité indigène proche de Puerto Cortés. Les festivités s'enchaînent durant 2 semaines.

Assiette typique : poisson, crevettes, riz, haricots et banane plantain frite.

Formalités

Visas et passeports

Les ressortissants de l'Union européenne, les Suisses et les Canadiens doivent détenir un passeport en cours de validité. À leur arrivée, ils reçoivent une carte touristique valable pour un séjour d'au maximum 90 jours. Conservez-la précieusement car vous devrez la présenter au départ, faute de quoi vous aurez à payer une (modeste) amende.

Douanes

Vous pouvez importer jusqu'à 400 cigarettes, 500 g de tabac à pipe ou 50 cigares, et 2,5 l d'alcool par adulte.

Ambassades et consulats

Consulat honoraire de Belgique
Edificio Faith, Col. Dubón
24 Avenida N.O., entre les Calles 9A et 9B, San Pedro Sula
Tél. 2550-2702
www.diplomatie.belgium.be

Ambassade du Canada
Plaza Ficohsa (3e ét.)
Boulevard San Juan Bosco
Colonia Payaquí, Tegucigalpa
Tél. 2232-4551
www.canadainternational.gc.ca/costa_rica

Ambassade de France
Colonia Altos Lomas del Guijarro Sur, 4a Avenida, 2a Calle, Bloque B, Lote 7, Tegucigalpa
Tél. 2232-5444
www.hn.ambafrance.org

Ambassade de Suisse au Guatemala (autorité compétente pour le Honduras)
Edif. Torre Internacional,
16 Calle 0-55, Zona 10
Tél. 2367-5520
www.eda.admin.ch

Fuseau horaire

US Central Standard Time (GMT-6h), soit 7 heures de décalage avec la France. Le Honduras n'applique pas le changement d'heure. Il convient donc d'ajouter une heure en été.

Handicapés

Pour les visiteurs à mobilité réduite, voyager au Honduras s'apparente le plus souvent à un parcours du combattant, même en ville où la plupart des rues et des trottoirs sont cahoteux ou pavés. En dehors des grands complexes hôteliers et hôtels de chaîne internationale, de quelques parcs nationaux ou des ferries desservant les Islas de la Bahía, rien n'est aménagé pour les personnes en fauteuil.

Homosexuels

À l'exception des Islas de la Bahía, le Honduras ne montre guère de tolérance à l'égard de l'homosexualité. Les quelques bars LGBT dans les grandes villes demeurent dans la clandestinité et durent rarement. Des cas de meurtres d'homosexuels s'étant produits, la discrétion s'impose.

Horaires d'ouverture

En règle générale, la journée de travail dure de 9h à 17h. Quant aux banques, elles vous accueillent lun.-ven. 8h30-16h30, sam. 9h-12h. Dans les grandes villes et les zones touristiques, les restaurants vous reçoivent entre 12h et 15h, et entre 17h et 22h. Ailleurs, ils servent à déjeuner, mais ferment à la tombée de la nuit.

Jours fériés

1er jan. *Año Nuevo*
Mars-avr. *Semana Santa* (jeu.-dim.)
14 avr. *Día de las Américas*
1er mai *Día del Trabajo*
15 sept. *Día de la Independencia*
3 oct. *Día del Soldado* (Morazán)
12 oct. *Día de la Raza*
21 oct. *Día de las Fuerzas Armadas*
24-25 déc. *Navidad*

Médias

Tous détenus par des hommes politiques, les 5 principaux quotidiens en langue espagnole sont : *El Heraldo* (www.elheraldo.hn), *La Prensa* (www.laprensa.hn), *La Tribuna* (www.latribuna.hn), *El Tiempo* (tiempo.hn) et *El Nuevo Día* (www.elnuevodia.com). Un magazine mensuel en anglais paraît dans les Islas de la Bahía, *Bay Islands Voice* (www.bayislandsvoice.com).

Offices de tourisme

Faute de budget, les offices de tourisme se comptent sur les doigts de la main et manquent le plus souvent de ressources. Dans certains cas, la réception de votre hôtel saura vous renseigner. L'office de tourisme principal, l'**Instituto Hondureño de Turismo** *(Colonia San Carlos, Avenida Ramón Ernesto Cruz, Edificio Europa, Tegucigalpa ; tél. 2222-2124 ;* www.iht.hn ; ouv. lun.-ven. 9h-17h), fournit des informations fiables et des cartes, même si la qualité de l'accueil laisse à désirer. Adressez-vous plutôt aux guichets de tourisme des aéroports.

Santé

Bon nombre de médecins se débrouillent en anglais, notamment à San Pedro Sula et à Tegucigalpa. Pour obtenir leurs coordonnées, contactez votre ambassade. À **San Pedro Sula**, les urgences médicales sont prises en charge par :

Hospital Centro Médico Betesda
Barrio Los Andes
11a Avenida 12 NO
Tél. 2550-2413
www.hospitalbetesda.com

À **Tegucigalpa**, par :

Honduras Medical Center
Colonia Las Minitas
Avenida Juan Lindo
Tél. 2280-1333
www.hmc.com.hn

Savoir-vivre

En général, les Honduriens ne sont pas très collet monté. La politesse veut néanmoins de saluer vos interlocuteurs avec un *buenos días* (le matin), *buenas tardes* (l'après-midi) ou *buenas noches* (le soir). Les hommes vous serreront la main tandis que les femmes vous donneront l'accolade. S'embrasser sur la joue ne fait pas partie des coutumes locales. Adressez-vous à une personne âgée en l'appelant Don ou Doña, suivi de son prénom.

Se loger

À quelques exceptions près, les meilleurs hôtels de San Pedro Sula se concentrent le long de l'Avenida

Circunvalación (boulevard périphérique). Ils reçoivent surtout des voyageurs d'affaires, les touristes préférant séjourner ailleurs qu'en ville. Quelques hôtels de charme ont élu domicile dans les quartiers résidentiels, à la périphérie du centre.

Le pic de fréquentation touristique coïncide avec la saison sèche (jan.-juin) et les jours fériés. En dehors des Islas de la Bahía et de la côte caraïbe, les établissements hôteliers augmentent rarement leurs tarifs lors de ces périodes.

Se restaurer

Bien que la cuisine hondurienne ne fasse pas autant recette dans le monde que la mexicaine, certaines de ses spécialités méritent d'être goûtées. Le *plato típico*, plat national roboratif, se compose de bœuf, de bananes plantains, de haricots, de chou au vinaigre, de crème et de tortillas. La meilleure ambassadrice du fast-food version locale s'appelle la *baleada*. Il s'agit du taco hondurien, une tortilla épaisse, pliée en deux et fourrée de haricots frits, de fromage frais et de crème, auxquels s'ajoute poulet, porc, ou bœuf pour les occasions spéciales. Dans les montagnes, *chuletas de cerdo* (côtes de porc) et steaks de bonne taille occupent la tête d'affiche dans bon nombre de restaurants. Le poisson se prépare de diverses façons. Dans l'arrière-pays, il se sert frit et entier *(estilo de Yojoa)*, tandis que sur la côte caraïbe, il se cuisine en sauté avec de l'ail, grillé, ou en ceviche, mariné dans du citron. Quant au *pollo frito* (poulet frit), il fait l'unanimité.

Petites et grosses coupures.

La restauration risque de vous laisser sur votre faim, les Honduriens fréquentant avant tout les restaurants rustiques ou ceux des chaînes américaines. Vous trouverez néanmoins quelques spécialistes de la cuisine péruvienne ou française ainsi que des grils de qualité dans les plus grandes villes et les zones très touristiques.

Sécurité

Depuis quelques années, le taux de criminalité a grimpé au Honduras. Cela a même valu à San Pedro Sula pendant une période le titre de capitale mondiale du crime. Le narcotrafic et les gangs ont fait de certains quartiers de San Pedro Sula, de La Ceiba et de Tegucigalpa des zones de non-droit. Aussi, des précautions élémentaires s'imposent. Ne circulez qu'en taxi la nuit, et n'ayez jamais sur vous plus d'argent qu'il n'en faut. Pour autant, il s'agit le plus souvent de délits mineurs, et les destinations touristiques sont aussi sûres que n'importe où ailleurs en Amérique centrale.

Services postaux

Malgré la fiabilité du Correo Nacional, mieux vaut faire appel à un coursier international pour expédier des courriers importants ou des objets de valeur. FedEx, EMS et DHL sont présents à San Pedro Sula, Tegucigalpa et dans d'autres grandes villes.

Shopping

Vous souhaitez rapporter des souvenirs de votre séjour ? Faites le plein de créations artisanales. Vous aurez le choix entre les céramiques en noir et blanc des Lenca, dans les montagnes du Honduras occidental près de Gracias, les figurines sculptées dans le bois et la noix de coco par les Garífunas de la côte caraïbe ou encore les peintures sur écorce de bois réalisées par les groupes indigènes de La Mosquitia.

Les œuvres de nombreuses régions du pays sont vendues au Mercado Guamilito de San Pedro Sula, dans les boutiques de Copán Ruínas et près de Tegucigalpa, dans le Valle de Ángeles. À Santa Rosa de Copán et à Choluteca, vous pourrez acheter des cigares de grande qualité fabriqués, pour la plupart, par des exilés cubains. Si vous avez un faible pour les beaux articles en cuir – chapeaux, sacs à main et portefeuilles –, rendez-vous chez Danilo's (www.danilos.com), une marque locale, à San Pedro Sula.

Télécommunications

Téléphones

Pour passer un appel d'un téléphone public – de plus en plus rare –, vous devrez vous procurer une carte téléphonique *(tarjeta telefónica)*, disponible dans la majorité des magasins et des pharmacies. Tous les opérateurs ou presque proposent des services de téléphonie mobile, basés sur la technologie GSM. Pour téléphoner au Honduras, il suffit d'utiliser une carte SIM locale, à condition que votre téléphone portable soit débloqué.

Internet

Presque tous les établissements hôteliers, restaurants, centres commerciaux et cafés ayant une connexion WiFi, les cybercafés se font de plus en plus rares. La plupart des hôtels mettent aussi gratuitement à la disposition de leurs clients un ordinateur connecté.

Urgences

Pour toute urgence, composez le **198** (24h/24), où que vous soyez au Honduras.

Pour déclarer un vol ou une agression Tél. 2237-6571.

À LIRE

Löwenthal, Xavier *Lettres à Pauline*, La Cinquième Couche, Bruxelles, 2003. Récit illustré de l'auteur au pays des Indiens Tawakhas.

Matthiessen, Peter *Far Tortuga*, Éditions de l'Olivier, 1993. Le récit poétique du voyage d'un équipage de pêcheurs de tortues de Roatán, en route vers la côte des Mosquitos (La Mosquitia).

Rodriguez, Éric *Sur les chemins du Honduras et de Bora-Bora*, L'Harmattan, 2006.

Sosa, Roberto *Les Larmes des choses*, Éd. la Différence, 1990 ; *Un monde divisé pour tous*, Seghers, 1977.

CONNAÎTRE LE NICARAGUA

Superficie 130376 km^2
Capitale Managua
Population 6,46 millions (2018)
Devise Córdoba d'or
Langue Espagnol
Poids et mesures Système métrique
Électricité 110 volts/60 Hz
Indicatif téléphonique du pays 505
Code Internet .ni

TRANSPORTS

Comment s'y rendre

En avion

Depuis l'Europe et le Canada Faute de vols directs, il vous faudra faire escale aux États-Unis, au Panamá ou au Costa Rica.

Depuis les États-Unis Les compagnies American Airlines, Avianca, Delta, Spirit Airlines et United rallient directement le Nicaragua au départ de plusieurs villes américaines, dont Miami, Houston et Los Angeles.

Se déplacer

Liaisons aéroport

En dehors de quelques vols directs desservant les Islas del Maíz et la Costa Esmeralda (sur le Pacifique), l'Aeropuerto Internacional Augusto C. Sandino (MGA ; www.eaai.com.ni), 10 km à l'est du centre de la capitale, gère l'essentiel du trafic aérien international à destination du Nicaragua.

Des taxis officiels vous attendent à la sortie de l'aéroport pour vous conduire à Managua, tandis que plusieurs compagnies de car, dont Adelante Express (www.adelanteexpress.com) et Nicaroads (www.nicaroads.com), assurent la navette avec Granada et la côte pacifique.

En avion

Dans le pays le plus vaste d'Amérique centrale, se déplacer par la voie terrestre peut prendre du temps, notamment si vous vous rendez dans des régions isolées, à l'écart des grands axes routiers. Basée au terminal des vols domestiques de l'aéroport international, la petite flotte d'avions à hélice de la compagnie aérienne locale La Costeña (*tél. 2298-5360* ; www.lacostena.com.ni) dessert les petits aérodromes du pays, dont ceux de la Costa Esmeralda, d'Ometepe, de Puerto Cabezas, San Carlos, Bluefields et des Islas del Maíz. Le poids du bagage enregistré est limité à 18 km par passager et il convient de payer un supplément de 10 $US par planche de surf (2 maximum par personne).

En car

Hormis Managua, peu de villes possèdent une infrastructure ressemblant, même de loin, à une gare routière. Dans la capitale, les *chicken bus* (bus scolaires américains reconvertis) desservent les destinations du sud du pays au départ du Mercado Roberto Huembes ; celles du nord et de l'est, au départ du Mercado Mayoreo. Des minibus plus confortables partent du Terminal UCA (se prononce "houka"), situé à une rue de la Rotonda de Metrocentro (6h-21h).

Les cars climatisés de Tica Bus (www.ticabus.com) et de Trans Nica (www.transnica.com) assurent des liaisons quotidiennes avec d'autres capitales centraméricaines.

En bateau

Si les paquebots de compagnies de croisière, telles *Princess* ou *NCL*, sont de plus en plus nombreux à mouiller à San Juan del Sur, sur la côte pacifique, l'essentiel du transport de passagers se fait via les ferries entre Bluefields et les Islas del Maíz, et ceux sillonnant le Grand Lago de Nicaragua ainsi que le Lago Xolotlán (Lago de Managua).

En voiture

La voiture de location constitue, certes, un moyen de locomotion des plus pratiques pour circuler au Nicaragua, à condition de s'armer de patience, car les camions et les axes à une seule voie transforment parfois un simple trajet en un véritable périple. Hormis sur la Transaméricaine et la Carretera 4 entre Managua et Granada, certains tronçons de route mal entretenus nécessitent un 4x4. Si vous sortez des sentiers battus, conduire devient souvent votre seule option. Installées pour la plupart à Managua, les agences de location exigent que vous ayez 21 ans révolus, un passeport en cours de validité, le permis de conduire et une carte bancaire (pour le dépôt de garantie).

À Managua

En bus Destinés à la population locale, les bus sont souvent bondés, dangereux et peu adaptés aux touristes.

En taxi Peu onéreux et omniprésents dans la capitale, le taxi s'avère la solution idéale. Faute de compteurs, vous devrez au préalable vous mettre d'accord avec le chauffeur sur le prix de la course. Sachez que le tarif de nuit est souvent 2 fois plus cher et qu'il est de coutume de surfacturer les étrangers ; n'hésitez pas à négocier.

A-Z

Argent

Vous pourrez changer vos devises dans la rue et les stations-service, mais pour plus de sécurité, faites-le plutôt dans les banques ou les aéroports. Les hôtels facturent souvent ce service, et dans certains sites touristiques, vous pouvez payer directement en $US. Implantés partout ou presque, les distributeurs automatiques de billets (DAB) pratiquent en général le taux le plus avantageux. Ayez toujours des petites coupures, car les chauffeurs de taxi et les caissières des magasins ont rarement la monnaie.

Budget

Si vous ne descendez pas dans les complexes hôteliers super-luxueux dont la qualité et le prix des prestations équivalent à ceux de leurs confrères, votre séjour au Nicaragua ne risque pas de vous ruiner, d'autant que le cours du córdoba d'or baisse depuis quelques années. Voyager en solo vous permettra de profiter des paysages à votre guise et ne vous reviendra pas beaucoup plus cher qu'un circuit organisé.

Liaisons aéroport La course en taxi jusqu'au Microcentro coûte entre 2 et 30 $US et prend 15 minutes.

Location de voitures Le montant journalier minimum s'élève à 50 $US (70 $US pour un 4x4), y compris l'assurance. Ce tarif est négociable en basse saison.

Carburant 3,40 $US le gallon (3,8 l).

Hébergement En zone rurale, comptez maximum 25 $US la nuitée en chambre double dans un hôtel basique (eau froide), et encore moins si vous passez la nuit dans le dortoir d'une auberge. Le tarif d'une chambre double dans un établissement plus haut de gamme (confort moderne, eau chaude et salle de bains privative) varie entre 50 et 80 $US et peut grimper jusqu'à 400 $US dans un palace.

Restauration Se nourrir coûte assez peu cher, même dans les lieux touristiques. Dans la rue et au marché, vous vous rassasierez pour moins de 1 $US, tandis que dans les restaurants locaux, le repas revient rarement à plus de 10 $US. En revanche, l'addition peut monter à 30-50 $US dans les endroits plus touristiques.

Musées et attractions L'entrée dans la plupart des musées coûte une misère. Les étrangers payent beaucoup plus cher que les Nicaraguayens, mais jamais plus de 5 $US. Les parcs nationaux facturent l'entrée aux environs de 10 $US.

Climat

Le Nicaragua connaît 2 saisons : humide et sèche. La saison des pluies dure de juillet à septembre, mois durant lesquels il tombe chaque jour une averse tropicale, brève mais forte. Pendant la saison sèche (jan.-juin), les terres deviennent presque arides, notamment dans les plaines du littoral pacifique. Élevées tout au long de l'année, les températures varient selon les régions. Sur les côtes, elles oscillent entre 22 et 30° C, avec un pic de chaleur supérieur à 38° C en mai. Le thermomètre affiche environ 5° C de moins dans l'arrière-pays, et près de 10° C de moins en montagne.

Enfants

Le Nicaragua se prête à des vacances en famille, et la population locale ne se déplace quasiment jamais sans sa progéniture. À Managua, les enfants apprécieront l'ambiance de Puerto Salvador Allende, sur la rive du lac, mais les attractions qui leur plairont le plus se trouvent en dehors de la capitale. C'est notamment le cas du ChocoMuseo (www.chocomuseo.com/granada), à Granada, où ils apprendront à confectionner du chocolat et, non loin de là, du Jicaro Island Ecolodge (www.jicarolodge.com) dont les excursions en kayak ou les sorties de pêche sur le Gran Lago de Nicaragua leur feront vivre des aventures dignes de *Sa Majesté des mouches*. Ils aimeront aussi surfer sur les pentes de volcans comme le Cerro Negro, et partir à la rencontre des alouates et des sapajous capucins qui habitent

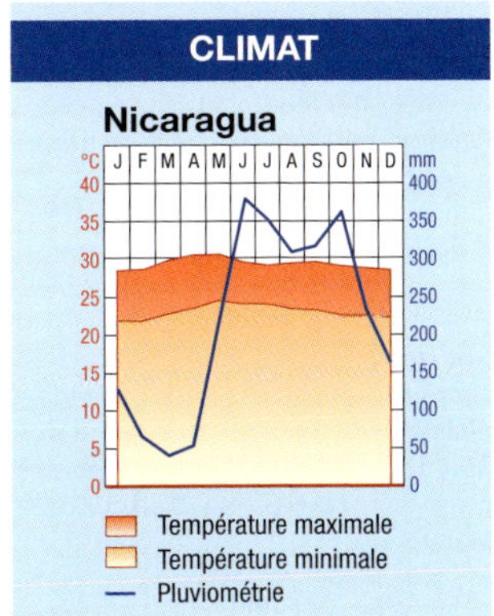

la jungle dense enserrant des lacs comme la Laguna de Apoyo. Enfin, ils goûteront aux plaisirs balnéaires de la baignade et du *snorkeling* dans les Islas del Maíz ou le long de la Costa Esmeralda, au nord de San Juan del Sur.

Fêtes et festivals

Février

Festival Internacional de Poesía de Granada (www.festivalpoesianicaragua.com) Durant toute une semaine, il réunit des amateurs de poésie du Nicaragua et de 50 autres pays pour rendre hommage à un poète nicaraguayen au travers de récitations.

Mars

Semana Santa La Semaine sainte est célébrée dans tout le pays, mais avec plus d'emphase dans des villes coloniales comme Granada et León. De nombreux Nicaraguayens en profitent pour voyager, et les stations balnéaires affichent souvent complet plusieurs mois à l'avance.

Bus local à Granada.

Mai

Tulululu Les festivités de *Palo de Mayo* dédiées à la pluie créent l'animation dans les rues de Bluefields. Le dernier jour du mois, les danseurs font la chaîne du quartier d'Old Bank à celui de Cotton Tree.

Juillet

Día de la Liberación Cette fête salue la fin de la révolution sandiniste, avec l'éjection du régime des Somoza, en 1979. Les festivités les plus importantes se déroulent à Managua.

Août

Fiesta del Cangrejo Le 27 août (sur la grande île du Maïs) et le 29 (sur la petite île du Maïs), les habitants commémorent la fin de l'esclavage en dansant, en paradant et en dégustant de la soupe de crabe.
International Fishing Tournament Concours de pêche sur le Río San Juan, opposant les meilleurs de la discipline en Amérique centrale.

Septembre

Fiestas de San Jerónimo Celle qui se déroule à Masaya donne le coup d'envoi à 3 mois de fêtes patronales. Au programme : processions religieuses en l'honneur du saint et parade Torovenado avec des personnages du folklore local.

Octobre

Los Agüizotes Le dernier vendredi du mois, les portes de l'Enfer s'ouvrent, laissant échapper des démons et des diables qui défilent dans les rues de Masaya. Une version locale d'Halloween.

Novembre

Día de los Garífunas Tambours, musique et dégustation de mets traditionnels rythment la journée du 19 novembre, à Orinoco et ailleurs sur la côte caraïbe.

Formalités

Visas et passeports

Les ressortissants de l'Union européenne, les Suisses et les Canadiens doivent détenir un passeport valable au moins 6 mois au-delà de la date d'entrée sur le territoire nicaraguayen et acheter, à leur arrivée, une carte touristique (10 $US) valable pour un séjour d'au maximum 90 jours. Généralement comprise dans le prix du billet, une taxe de départ de 35 $US s'applique à tous les vols internationaux.

Douanes

Vous pouvez importer jusqu'à 500 g de tabac et 3 l de vin ou d'alcool par adulte (21 ans révolus). Apportez vos médicaments dans leurs emballages d'origine.

Ambassades et consulats à Managua

Consulat honoraire de Belgique
De la CST (Central Sandinista de Trabajadores), 1 Cuadra Sur, 20 Varas Oeste, Calle 27 de Mayo
Tél. 2222-3202
www.diplomatie.belgium.be
Ambassade du Canada
De Los Pipitos, 2 blocks, 25 Nogal Street
Tél. 2268-0433
www.canadainternational.gc.ca
Ambassade de France
De la Iglesia El Carmen 1 c. 1/2 abajo
Tél. 2264-8970
www.ni.ambafrance.org
Section consulaire de Suisse
Rotonda Jean Paul Genie, 900 m à l'ouest et 150 m au nord
Tél. 2266- 3010
www.eda.admin.ch

Fuseau horaire

US Central Standard Time (GMT-6h), soit 7 heures de décalage avec la France. Le Nicaragua n'applique pas le changement d'heure. Il convient donc d'ajouter une heure en été. Toute l'année, le soleil se lève vers 6h.

Handicapés

En dehors de centres commerciaux et de membres de chaînes d'hôtellerie internationales équipés de rampes et d'ascenseurs, à Managua ou dans certaines stations touristiques, rien n'est vraiment prévu pour les visiteurs à mobilité réduite. Pour autant, les violences et les mines des années 1970 ayant fait beaucoup d'infirmes, les Nicaraguayens ont tendance à se montrer compréhensifs et serviables à l'égard des personnes handicapées.

Homosexuels

Si la capitale et les villes balnéaires hébergeant des expatriés ont des clubs gays, une Gay Pride, et réservent, en général, un bon accueil aux membres de la communauté LGBT, il n'en va pas toujours de même en zone rurale. Les violences contre les homosexuels sont rares, mais mieux vaut s'abstenir de toute démonstration d'affection en public.

Horaires d'ouverture

En règle générale, les banques vous reçoivent lun.-ven. 8h30-16h, et certaines aussi le samedi matin. Magasins et centres commerciaux ouvrent le plus souvent de 10h à 20h ; ce n'est pas toujours le cas en zone rurale.

Jours fériés

1er jan. *Año Nuevo*
Mars-avr. *Semana Santa* (jeu.-dim.)
11 avr. *Día de Juan Santamaría*
1er mai *Día del Trabajo*
19 juil. *Día de la Liberación*
14 sept. *Día de la Batalla de San Jacinto*
15 sept. *Día de la Independencia*
2 nov. *Día de los Muertos*
8 déc. *La Purísima*
25 déc. *Navidad*

Médias

Les 4 principaux journaux en langue espagnole sont : *El Nuevo Diario* (quotidien), *La Prensa* (quotidien), *El Mercurio* (hebdomadaire) et *La Jornada* (quotidien numérique). Il n'existe pas de presse écrite en anglais.

Offices de tourisme

Intur (Instituto Nicaragüense de Turismo, Hotel Crowne Plaza, *1c Sur, 1c. Oeste, Managua ; tél. 2254-5191* ; www.visitnicaragua.us) est présent un peu partout dans le pays. Vous y trouverez des informations ainsi que des cartes et des plans.

Santé

Le système de santé nicaraguayen laisse à désirer, une grande partie des localités rurales n'ayant pas accès aux médicaments de base. Pour autant, de nombreuses régions disposent d'hôpitaux modernes et de médecins formés à l'étranger et parlant anglais.

Pour toute urgence médicale dans la région de Managua, contactez : **Hospital Bautista**
Tél. 2264-9020
www.hospital-bautista.com

Figures de carnaval.

Hospital Metropolitano Vivian Pellas
Tél. 2255-6900
www.hospitalvivianpellas.com

Savoir-vivre

La plupart des Nicaraguayens se montrent amicaux à l'égard des étrangers et engagent volontiers la conversation. Comme partout ailleurs en Amérique centrale, il est de bon ton de saluer votre interlocuteur par un *hola* ou un *buenos días*, de le vouvoyer si vous ne le connaissez pas *(usted)* et d'appeler les personnes âgées Don (pour un homme) ou Doña (pour une femme), suivi du prénom. Même les humbles *campesinos* font attention à leur mise. Les tenues fripées de baroudeur ou les maillots de bain minimalistes risquent d'attirer le regard.

Se loger

À Managua, les visiteurs ont tendance à se cantonner dans quelques quartiers. Les *backpackers* ont une prédilection pour le Barrio Martha Quezada où se concentrent les bureaux des compagnies de car et les hôtels abordables. Les établissements d'un meilleur standing se trouvent, pour la plupart, au Microcentro, au sud du centre-ville. À moins d'une raison particulière, vous n'aurez guère envie de passer la nuit à Managua et vous vous empresserez de rejoindre une destination plus séduisante. En basse saison (mai-oct.) – période où il pleut le plus, les hôtels de certaines régions proposent des offres promotionnelles. Ce n'est pas le cas sur la côte pacifique, en grande partie épargnée par les précipitations tout au long de l'année. Le tarif de bon nombre d'hôtels balnéaires et d'"écolodges" comprend souvent la pension complète, les transports et les excursions.

Se restaurer

Le plat local le plus célèbre, le *gallo pinto* (littéralement coq tacheté) est originaire d'une ancienne province nicaraguayenne appelée Guanacaste qui fait aujourd'hui partie du Costa Rica. Il se compose de riz épicé, de haricots noirs ou rouges, d'oignons, de coriandre, d'ail et de poivrons. Bananes et bananes plantains s'invitent dans presque toutes les recettes, sous forme de chips *(tajadas)*, de rondelles frites *(tostones)* ou rôties à feu doux avec du sucre. À Granada, la vedette revient au *vigorón*, du yucca bouilli, recouvert de couenne de porc frite et de salade de chou, le tout présenté dans une feuille de bananier. Servi sur les marchés et dans les restaurants, le *nacatamale*, version nicaraguayenne du *tamale*, est farci de diverses façons selon les régions.

Hormis quelques établissements chic installés à Managua et dans certaines stations balnéaires, les restaurants ne font pas de chichis. Ils vous reçoivent, pour la plupart, entre 12h et 15h, et entre 18h et 22h.

Sécurité

Le taux de criminalité est nettement inférieur à ceux du Honduras et du Salvador. Beaucoup attribuent ce résultat au fait que le Nicaragua possède l'une des forces de police les plus modernes d'Amérique centrale. Pour autant, des précautions élémentaires s'imposent, surtout à Managua. Il s'agit le plus souvent de délits mineurs perpétrés par des pickpockets ou des spécialistes du vol à l'arraché. Ne vous promenez pas avec trop d'argent liquide, et laissez vos objets de valeur dans le coffre de l'hôtel ou, mieux encore, chez vous. Circulez de préférence en taxi, surtout de nuit.

Services postaux

Les *Correos* de Nicaragua ont des bureaux dans tout le pays, la poste principale se trouvant à Managua (*Palacio de Correos, à l'angle de la 2a Avenida NO et de la 5a Calle NO*). Pour expédier des courriers importants ou des objets de valeur, passez de préférence par un coursier international, comme FedEx ou DHL.

Shopping

Managua accueille une poignée de centres commerciaux chic et climatisés, comme les Galerias de Santo Domingo ou le Multi Centro Las Americas, mais c'est en province que vous dénicherez les souvenirs les plus intéressants. Dans différentes régions, les boutiques de commerce équitable vendent des créations artisanales de qualité, à commencer par les paniers tressés en aiguilles de pin de Jalapa, le mobilier de Masatepe, les articles en cuir d'Estelí et les hamacs de Masaya. Les cigares d'Estelí n'ont pas à rougir de la comparaison avec ceux de Cuba. Quant au rhum Flor de Caña, vous en trouverez partout.

Télécommunications

Téléphones

La plupart des opérateurs proposent des services de téléphonie mobile, basés sur la technologie GSM (1800 MHz et 850 MHz).

Internet

Dans les centres commerciaux, les cafés et certains parcs publics, des bornes WiFi ont remplacé les cybercafés qui ont été les premiers à fournir des accès à Internet moyennant un coût modique. Dans presque tous les hôtels, hormis quelques membres de chaînes internationales, la connexion est gratuite.

Urgences

Pour toute urgence, composez le **118**, où que vous soyez au Nicaragua.

À LIRE

Dario, Rubén *Azul*, Éditions Corti, 2012. Ce premier recueil de poèmes a contribué au lancement du mouvement de la littérature moderniste en Amérique centrale.

Ramirez, Sergio *Il pleut sur Managua*, Métailié, 2011.

Rushdie, Salman *Le Sourire du jaguar : un voyage au Nicaragua*, Plon, 1997. L'auteur y décrit le Nicaragua sous les traits d'une fillette, sa politique, sa poésie et sa vie au milieu des atrocités de la révolution.

LE COSTA RICA

CONNAÎTRE LE COSTA RICA

Superficie 51 100 km²
Capitale San José
Population 5 millions (2018)
Devise Colón
Langue Espagnol
Poids et mesures Système métrique
Électricité 110 volts/60 Hz
Indicatif téléphonique du pays 506
Code Internet .cr

TRANSPORTS

Comment s'y rendre

En avion

Depuis le Canada Air Canada opère des vols directs au départ de Toronto. De Vancouver, vous ferez escale à Houston ou à Dallas, tandis que de Montréal, vous passerez par l'est des États-Unis.

Depuis l'Europe Iberia et British Airways rallient directement le Costa Rica, le premier au départ de Madrid ; le second, de Londres. Sinon, vous transiterez par les États-Unis.

Depuis les États-Unis Les compagnies desservant le Costa Rica sont : Alaska Airlines, American Airlines, Avianca, Copa Airlines, Delta, Frontier Airlines, JetBlue, Sansa, Spirit Airlines, United, US Airways et WestJet.

Se déplacer

Liaisons aéroport

La plupart des vols internationaux atterrissent à l'Aeropuerto Internacional Juan Santamaría (SJO), à quelque 16 km de San José. Les autres rallient l'Aeropuerto Internacional Daniel Oduber (LIR), à Liberia. La compagnie de taxis officielle, Taxis Unidos (www.taxiaeropuerto.com), se reconnaît à ses véhicules orange. Vous pouvez aussi faire appel à Uber ou emprunter un taxi indépendant, mais vous risquez de payer beaucoup plus cher. Les bus de TUASA vous conduiront en ville pour moins de 1 $US, entre 4h30 et 23h. Leur arrêt se trouve non loin du terminal. La majorité des cars assurant la liaison entre la capitale et les plages du Guanacaste et de Puntarenas passent aussi par l'aéroport.

En avion

Confortables et abordables, les vols intérieurs *(vuelos locales)* vous épargneront des trajets interminables sur des routes en piteux état. Nature Air et SANSA desservent régulièrement Arenal, Liberia, Tamarindo, Nosara, Tambor, Quepos, Palmar Sur, Puerto Jiménez, Drake Bay, Punta Islita et Tortuguero, ainsi que Bocas del Toro au Panamá, et Granada et Managua au Nicaragua. Selon la place disponible et moyennant un supplément, les planches de surf sont acceptées à bord.

Vous ne pouvez enregistrer qu'un seul bagage, d'un poids maximum de 18 kg – qui varie selon la classe. Pour tout bagage supplémentaire, il vous en coûtera entre 7 $US et 60 $US. Chez SANSA, la limite de poids est fixée à 14 kg. Au-delà, vous serez facturé 1 $US par livre supplémentaire.

En car

Il n'existe pas de gare routière centrale à San José, chaque terminus desservant une région spécifique. Les principaux sont : "Coco-Cola" (*Calle 16, Avenida 1-3*), point de départ pour le Pacífico Central ; celui opérant à destination de la côte caraïbe (*Calle Central, Avenida 11*, à l'est du Museo de los Niños) ; MUSOC (*Calle Central, Avenida 30*), ralliant San Isidro d'où partent les cars pour la Zona Sur. Tica Bus (*tél. 2296-9788* ; www.ticabus.com) et Trans Nica (*tél. 2223-4242* ; www.transnica.com) assurent des liaisons quotidiennes avec les pays voisins.

En bateau

Souvent en provenance ou à destination du canal de Panamá, de nombreux paquebots de croisière, dont ceux de *Princess*, *Norwegian*, *Carnival*, *Windstar* et *Holland America*, desservent les ports de Puerto Limón sur la côte caraïbe ainsi que de Puerto Caldera et de Puntarenas sur la côte pacifique.

En voiture

Chaussées non éclairées et semées de nids-de-poule, automobilistes n'ayant qu'une vague notion du code de la route, signalisation déficiente : conduire au Costa Rica suppose d'avoir une patience d'ange et des nerfs d'acier, mais offre la possibilité de sortir des sentiers battus. La majorité des véhicules de location sont équipés d'une boîte de vitesses manuelle, les automatiques coûtant nettement plus cher. Les agences de location exigent le plus souvent que vous ayez 21 ans révolus, un passeport en cours de validité, le permis de conduire et une carte bancaire (pour le dépôt de garantie).

À San José

En bus Les bus Sabana Cementerio (2 lignes) parcourent la ville du nord au sud. Pour rejoindre l'arrêt le plus proche, demandez : *¿Dónde está la parada para el Sabana Cementerio?*. Tous les autres bus desservent la banlieue.

En train Le Tren Urbano (train de banlieue) relie la capitale à Heredia, Belén et Cartago, respectivement au départ de la Estación de Tren U Latina, Estación del Pacífico et Estación al Atlántico. Pour connaître les horaires, consultez le site www.incofer.go.cr

En taxi

Nombreux et assez peu onéreux, les taxis constituent de loin le meilleur moyen de locomotion pour circuler à

San José. Vous n'aurez pas à patienter très longtemps, sauf peut-être aux heures de pointe quand il pleut. Les chauffeurs sont tous censés utiliser le compteur *(maría)* de leur véhicule. Dans le cas inverse, négociez le prix de la course avant de monter à bord. Les services proposés par Uber (www.uber.com) sont fiables et reviennent souvent moins cher.

A-Z

Argent

Si vous détestez les files d'attente, changez vos devises dans les banques privées. Sinon, adressez-vous à votre hôtel. Certains établissements bancaires acceptent les euros en plus des dollars américains. L'aéroport de San José assure aussi ce service – pratique s'il vous reste des colones que vous souhaitez convertir en dollars ou en euros avant de partir. Vous n'aurez aucune difficulté à trouver un distributeur automatique de billets (DAB), et les principales cartes bancaires sont acceptées un peu partout. Le dollar américain est la seconde devise (non officielle) du pays.

Budget

Le coût de la vie surprend plus d'un visiteur. Quoi qu'il soit, le Costa Rica reste une destination abordable, surtout si vous voyagez en solo. En revanche, un voyage organisé permet de gagner un temps non négligeable. Le colón fait partie des devises au cours le plus stable d'Amérique centrale.

Liaisons aéroport La course en taxi (ou Uber) de SJO au centre-ville de San José coûte entre 20 et 30 $US et prend 20 minutes.

Location de voitures Le montant journalier minimum s'élève à 70 $US (80 $US pour un 4x4), y compris l'assurance. Ce tarif est négociable en basse saison.

Carburant 3,57 $US le gallon (3,8 l).

Hébergement Ce ne sont pas les *cabañas* rustiques (eau froide, sanitaires collectifs) qui manquent, surtout en bord de mer, mais elles sont prises d'assaut le week-end et en haute saison. Vous y logerez pour moins de 25 $US la nuit en chambre double. Comptez entre 70 et 90 $US minimum la nuitée en chambre double dans un hôtel de moyenne gamme (eau chaude, salle de bains privative, vue, parking et quelques prestations supplémentaires).

Restauration Dans la plupart des restaurants locaux, la fourchette de prix varie entre une poignée de dollars pour un repas simple et 50 $US pour 2 convives. Dans les restaurants d'hôtel, en revanche, l'addition est parfois salée, atteignant facilement de 30 à 50 $US par personne.

Musées et attractions Certaines attractions facturent un prix pour les touristes et un plus modeste pour les Costaricains. Dans la plupart des petits musées, l'entrée est libre. Ailleurs, elle coûte entre 1 et 15 $US avec, souvent, un tarif spécial pour les étudiants et pour les enfants. Pour visiter un parc national, vous paierez en moyenne 10 $US (prix variable d'un parc à l'autre).

Climat

Au Costa Rica se succèdent la saison pluvieuse, que la population locale qualifie d'hiver *(invierno)*, et la saison sèche correspondant à l'été *(verano)* costaricain. L'"hiver" dans le Valle Central dure de mai à novembre, mais les matinées sont souvent ensoleillées et lumineuses. À cette période peu touristique, les hôtels pratiquent des offres promotionnelles. L'humidité règne tout au long de l'année sur la côte caraïbe, avec une accalmie en octobre, mois généralement le plus sec.

À San José, le thermomètre affiche en moyenne 24° C. La température en montagne baisse d'environ 0,6° C tous les 100 m d'altitude. En bord de mer, elle oscille entre 25 et 35° C.

Enfants

Les Costaricains adorent les enfants. Dans la région de San José, un grand nombre d'activités leur sont proposées, à commencer par les expositions interactives du Museo de los Niños, aménagé dans une ancienne prison qui ressemble à un château. Votre progéniture vous saura gré aussi de l'emmener découvrir les cascades des La Paz Waterfall Gardens à Vara Blanca, s'initier au surf sur le Pacifique à la plage de Tamarindo, se baigner et pratiquer le *snorkeling* à Punta Uva (mer des Caraïbes) ou à la Playa Manuel Antonio (Pacifique), ou encore assister à la magie du spectacle nocturne des tortues de mer géantes venant pondre sur les plages de Tamarindo, Tortuguero ou Ostional.

CLIMAT

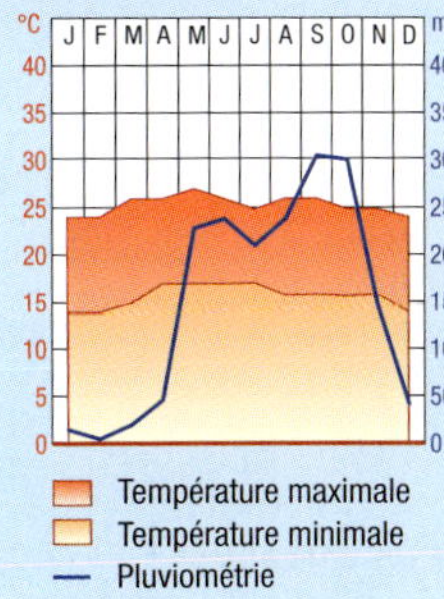

Fêtes & Festivals

Janvier

Fiestas de Palmares Les festivités durent 2 semaines à Palmares, près d'Alajuela : défilés de chevaux, rodéos, balades à cheval, concerts et bière.

Février

Juego de los Diablitos de Boruca Fête traditionnelle des Boruca, durant laquelle les "petits diables" masqués et costumés font une reconstitution de la victoire contre les Espagnols.

Fiestas de Liberia Les traditions folkloriques se célèbrent à grand renfort de concerts et de fêtes.

Mars

Exposición Nacional de Orquídeas Exposition de plus de 300 variétés d'orchidées à San José.

Avril

Día de Juan Santamaría Il rend hommage au héros national Juan Santamaría qui a aidé le Costa Rica à vaincre William Walker.

Juillet

Fiestas de la Virgen del Mar Libations, musique et événements religieux en l'honneur de la sainte patronne de la ville, à Puntarenas.

Día de la Anexión de Guanacaste Célèbre le jour où la province du Guanascate a choisi de quitter le Nicaragua pour rejoindre le Costa Rica.

Août

Día de la Virgen de los Ángeles Lors de cette fête à Cartago, l'une des plus importantes du calendrier religieux costaricain, les pèlerins se rendent à pied ou à genoux jusqu'à la Basílica de Los Ángeles pour se recueillir devant la Negrita (Vierge noire).

Octobre

Carnaval À cette occasion, la fête bat son plein à Puerto Límon et à Puerto Viejo.
Día de la Raza Commémoration de la découverte du Nouveau Monde par Christophe Colomb.

Novembre

Día de los Inocentes Tout le pays rend hommage à ses défunts.

Décembre

El Tope Nacional Parade équestre nationale, à San José.
Carnaval de San José

Formalités

Visas et passeports

À leur arrivée, les ressortissants de l'Union européenne, les Suisses et les Canadiens doivent seulement présenter un passeport valable au moins 6 mois au-delà de la date d'entrée sur le territoire costaricain. La durée maximale du séjour touristique est de 90 jours. Si vous quittez le pays l'espace de 72 heures, vous bénéficierez de nouveau de 90 jours à votre retour.

Douanes

Outre vos affaires personnelles, vous pouvez importer jusqu'à 6 pellicules de film, 500 g de tabac, 2 kg de friandises et 5 l de vin ou d'alcool par adulte (21 ans révolus). Apportez vos médicaments dans leurs emballages d'origine. La détention de drogue est passible d'une peine de 8 à 20 ans de prison, sans possibilité de mise en liberté sous caution.

Ambassades et consulats à San José

Consulat honoraire de Belgique
Residencial La Suiza Casa 10
Bello Horizonte de Escazu
Tél. 2289-5058
www.diplomatie.belgium.be
Ambassade du Canada
Oficentro Ejecutivo La Sábana, Edificio 5
Tél. 2242-4400
www.canadainternational.gc.ca
Ambassade de France
De la Mitsubishi, 200 m sud et 25 m ouest, Curridabat
Tél. 2234-4201
www.cr.ambafrance.org
Ambassade de Suisse
Edificio Centro Colón, 10e ét., Paseo Colón
Tél. 2221-4829
www.eda.admin.ch

Fuseau horaire

US Central Standard Time (GMT -6h), soit 7 heures de décalage avec la France. Le Honduras n'applique pas le changement d'heure. Il convient donc d'ajouter une heure en été. Le Costa Rica étant proche de l'équateur, la durée du jour ne varie pas beaucoup d'une saison à l'autre ; toute l'année, le soleil se lève vers 6h.

Handicapés

Le Costa Rica doit en grande partie son succès à sa nature sauvage. En témoignent ses routes et ses trottoirs – à supposer qu'il y en ait – déformés et truffés de nids-de-poule. Le concept d'accessibilité variant du tout au tout, mieux vaut vous renseigner au préalable afin d'éviter des déconvenues. Différents sites touristiques, dont les volcans Poás et Irazú ou le parc national Carara, sont aménagés pour recevoir des visiteurs en fauteuil roulant, et une poignée de prestataires organisent transports et excursions conçus pour les voyageurs handicapés.

Homosexuels

Sa tolérance à l'égard de l'homosexualité vaut au Costa Rica les faveurs des touristes appartenant à la communauté LGBT. Le pays organise même une Gay Pride, en juin. San José et Manuel Antonio comptent plusieurs hôtels, restaurants et bars acceptant les homosexuels, ou leur étant réservés. Pour autant, les démonstrations d'affection entre 2 personnes du même sexe ont tendance à mettre les Costaricains mal à l'aise.

Horaires d'ouverture

En règle générale, la journée de travail commence à 8h et s'achève à 17h, avec une pause déjeuner entre 12h et 13h. Les commerces restent ouverts lun.-sam. 9h-18h/19h ; les banques publiques, lun.-ven. 8h30-15h30, et le samedi matin pour certaines.

Jours fériés

1er jan. *Año Nuevo*
Mars-avr. *Semana Santa* (jeu.-dim.)
11 avr. *Día de Juan Santamaría*
1er mai *Día del Trabajo*
25 juil. *Día de la Anexión de Nicoya*
2 août *Día de la Virgen de los Ángeles* (patronne du Costa Rica)
15 août *Día de la Madre*
15 sept. *Día de la Independencia*
12 oct. *Día del Encuentro de Culturas*
25 déc. *Navidad*

Médias

Les 3 principaux quotidiens en langue espagnole sont : *La Nación*, *La Prensa Libre*, *La República* et *Al Día*. L'hebdomadaire de langue anglaise *Tico Times* (www.ticotimes.net), qui paraît le vendredi, est disponible dans la plupart des kiosques du centre de San José, de Cartago, d'Heredia et d'Alajuela. Vous y trouverez l'actualité nationale de la semaine ainsi que le programme des événements culturels.

Offices de tourisme

Commencez par consulter le site Internet de l'Instituto Costarricense de Turismo (ICT ; www.ict.go.cr).

Pour obtenir des informations fiables, des cartes et des plans, adressez-vous de préférence à :
ICT (siège)
côté Est du Puente Juan Pablo II, au-dessus de l'Autopista General Cañas, San José
Tél. 2299-5800
Ouv. lun.-ven. 8h-16h.
ICT, Avenida Central
entre les Calles 1 et 3, Edificio de las Academias del Ministerio de Cultura y Juventud, San José
Tél. 2222-1090
Ouv. lun.-ven. 9h-12h, 13h-17h.
Informations sur les parcs nationaux
Tél. 283-8004 ou 192
www.costarica-nationalparks.com

Santé

Le Costa Rica possède un excellent système de santé, bien moins onéreux que le nord-américain. Bon nombre de praticiens ont fait leurs études aux États-Unis ou en Europe, et parlent anglais – notamment ceux des cliniques privées. Dans certaines localités isolées, il convient de s'adresser aux établissements de santé publique **EBAIS** (Equipos Básicos de Atención Integral de Salud). Pour toute urgence médicale à San José :
Hospital Nacional de Niños (pédiatrie)
Tél. 2523-3600

Hospital San Juan de Dios
Tél. 2547-8000
Hospital Hotel La Católica
Guadalupe, Tél. 2246-3000
Hospital CIMA San José, *Escazú, Tél. 2208-1000*, www.hospitalcima.com

Savoir-vivre

"Me puede hacer el favor de..." (Pourriez-vous avoir l'obligeance de...) : formulez ainsi votre requête et elle aura plus de chance d'aboutir. Même si vous voyez les Costaricains claquer des doigts et appeler le serveur ou la serveuse *muchacho* ou *muchacha*, ne les imitez pas et tenez-vous en à *"Disculpe, señor/señora"* (Excusez-moi monsieur/madame...). Les personnes qui se rencontrent pour la première fois se serrent la main. Souvent, les femmes se saluent ou prennent congé en s'embrassant sur la joue. Le baiser vaut également entre ami(e)s.

Se loger

À San José, les visiteurs préfèrent séjourner dans le *puro centro*, juste à côté de la Plaza de la Cultura en plein centre-ville, et dans le quartier historique Barrio Amón où quelques hôtels ne manquent pas de cachet. Les établissements plus décontractés se situent à la périphérie : Escazú, Santa Ana, Alajuela et Heredia. En basse saison (mai-oct.), les tarifs baissent sensiblement – jusqu'à 40 % de remise –, sauf en juillet et août où ils augmentent en raison d'une plus forte demande. Faute de règlement, les réservations ne sont pas toujours prises en compte, surtout durant la saison touristique. Les prix pratiqués par les lodges isolés dans des régions comme Tortuguero ou la Península de Osa peuvent paraître élevés, mais ils incluent en général pension complète, transport et excursions.

Se restaurer

Le *gallo pinto* (littéralement coq tacheté), grand classique costaricain, se compose de riz, de haricots noirs ou rouges, d'oignons, de coriandre, d'ail et de poivrons finement émincés. Ancienne province du Nicaragua située dans le nord-ouest du Costa Rica, le Guanacaste en revendique la paternité. Si les citadins consomment ce plat au petit déjeuner, accompagné d'œufs brouillés ou au plat, et de crème aigre *(natilla)*, les paysans en mangent à chaque repas, accompagné de tortillas faites maison.

Au déjeuner, les Costaricains prennent souvent du *casado* (riz, haricots, salade de chou, bananes plantains frites et poulet, poisson ou bœuf en sauce). Les *picadillos* s'invitent à toutes les tables. Il s'agit de dés de pomme de terre et de chayotes (espèce de courge) ou de haricots verts, mélangés à de la viande hachée, des tomates, des oignons, de la coriandre, des poivrons et tout ce que la cuisinière juge utile d'ajouter pour donner plus de saveur à son plat. Frits avec du riz, les restes sont servis au petit déjeuner, généralement avec des tortillas. Ce mets s'appelle *amanecido*.

Outre les spécialités traditionnelles *(comida típica)*, le répertoire culinaire s'enrichit de recettes très cosmopolites. La plupart des bars et restaurants urbains ouvrent leurs portes entre 8h30 et 11h, du lundi au samedi, et ne ferment pas avant 0h, voire 2h. Le dimanche, certains baissent le rideau plus tôt, tandis que d'autres s'accordent congé. En zone rurale, vous devrez vous résoudre à manger tôt, même dans les régions touristiques. Vous aurez parfois droit à une *happy hour*, mais jamais les vendredi et samedi soirs.

Sécurité

Pickpockets et spécialistes du vol à l'arraché sévissent de plus en plus au Costa Rica, surtout dans le centre de San José et les stations balnéaires à la mode. Leurs forfaits ne s'accompagnent, en général, d'aucune violence. Sans céder à la paranoïa, restez vigilant. Ne vous promenez pas avec trop d'argent sur vous, et laissez sac à dos, passeport et bijoux à l'hôtel, de préférence dans un lieu sécurisé. Gardez un œil sur votre portefeuille ou sac à main et, si vous achetez des objets de valeur, prenez plutôt un taxi pour rentrer à l'hôtel. Enfin, évitez les rues désertes de nuit et les endroits isolés.

Services postaux

Le bureau de poste principal à San José se trouve à l'adresse suivante : *Dialba Nica, Avenida 1-2 ; tél. 2223-9766*. Vous pourrez aussi recevoir du courrier en poste restante *(Lista de Correos)*. La réception de colis par la poste coûte une fortune et génère beaucoup de stress. Mieux vaut vous les faire livrer par des coursiers internationaux, comme FedEx ou DHL.

Shopping

Pour ce qui concerne le choix de souvenirs, le Costa Rica progresse lentement mais sûrement depuis quelque temps. Aux côtés des traditionnels chars à bœufs miniatures, objets en bois, masques indigènes et café, figurent désormais des CD de facture locale et de qualité. Il n'est pas de bon ton de marchander, mais vous obtiendrez souvent une remise en payant en espèces. Assez bon marché, le café costaricain mérite son excellente réputation, à commencer par le Coopedota de la région de Tarrazú, vendu dans quelques supermarchés. Sarchí est connue pour la délicatesse de ses boiseries peintes. Enfin, si les airs traditionnels et légendes locales de la musique vous passionnent, procurez-vous les CD de Papaya Music, disponibles chez Universal, Lehman's et dans de nombreuses boutiques.

Télécommunications

Téléphones

Pour passer un appel d'un téléphone public – de plus en plus rares –, vous devrez vous procurer une carte téléphonique *(tarjeta telefónica)*, disponible dans la majorité des magasins et des pharmacies. Tous les opérateurs ou presque proposent des services de téléphonie mobile, basés sur la technologie GSM (1800 MHz et 850 MHz).

Internet

Vous trouverez des accès Internet publics et des bornes WiFi. La plupart des hôtels mettent à la disposition de leur clientèle un ordinateur connecté à Internet et/ou une connexion WiFi. Les "surfeurs" ont une prédilection pour les restaurants Bagelmen's, à San José, et le Denny's à l'Hotel Irazú.

Urgences

Pour toute urgence, composez le **911**, où que vous soyez au Costa Rica.
Accidents de la route
Tél. 800-8726-7486 (Policía de Tránsito, San José) ou tél. 800-800-8000 (Instituto Nacional de Seguros, San José).
Pour déclarer un vol ou une agression
Tél. 800-8000-645 ou 2295-3000
www.sitiooij.poder-judicial.go.cr
(Organismo de Investigación Judicial, San José ; 24h/24).

CONNAÎTRE LE PANAMÁ

Superficie 75 517 km²
Capitale Panamá
Population 4,153 millions (2018)
Devise Balboa
Langue Espagnol
Poids et mesures Système métrique
Électricité 110-120 volts/60 Hz
Indicatif téléphonique du pays 507
Code internet .pa

TRANSPORTS

Comment s'y rendre

En avion

Depuis le Canada Les avions d'Avianca rallient directement le Panamá plusieurs fois par semaine, au départ de Toronto. D'autres transitent par les États-Unis.

Depuis l'Europe Deux compagnies aériennes desservent le Panamá sans escale aux États-Unis : Luftansa au départ de Frankfort, et KLM depuis Amsterdam.

Depuis les États-Unis American Airlines, Avianca, Copa Airlines, Delta, Spirit et United.

Se déplacer

Liaisons aéroport

L'Aeropuerto Internacional de Tocumen (PTY ; www.tocumenpanama.aero) se trouve 30 km à l'est de Panamá. Des taxis officiels vous attendent à la sortie du terminal. Sinon, vous pouvez aussi faire appel à un taxi Uber. Certains hôtels fréquentés par les voyageurs d'affaires proposent de venir vous chercher, sous réserve que vous ayez pris vos dispositions au préalable.

En avion

De l'Aeropuerto Internacional Marcos A. Gelabert (PAC), situé à Albrook (1,5 km au nord-ouest du centre de la capitale), Air Panama (www.airpanama.com) opèrent des vols intérieurs vers plus d'une douzaine de destinations, dont la province de Guna Yala, David, Chitré, l'Archipiélago de Las Perlas et Bocas del Toro. Un moyen de locomotion qui représente une économie de temps considérable, compte tenu de l'état de certaines routes et de la difficulté à rejoindre plusieurs îles.

Vous aurez le droit d'enregistrer un seul bagage d'un poids maximum de 14 kg (jusqu'à 30 kg sur les vols pour David).

En car

Également implantée à Albrook, la gare routière moderne de la capitale jouxte l'aéroport PAC et la station de métro Albrook. De là, des cars desservent tout le pays, notamment David plusieurs fois par jour. Les véhicules de Tica Bus (www.ticabus.com) assurent aussi la liaison avec San José et d'autres métropoles d'Amérique centrale. Ceux d'Expreso Panama (www.expresopanama.com) rallient aussi la capitale du Costa Rica.

En bateau

Bon nombre de circuits de croisière incluent la traversée du canal de Panamá, avec escales à Panamá et à Colón. Des yachts privés permettent de rejoindre l'archipel de Guna Yala, puis, pourquoi pas, de poursuivre jusqu'à Cartagena (Colombie). La plupart appareillent du port de Portobelo. Par ailleurs, des ferries assurent la liaison entre la capitale et l'Isla Taboga ainsi que l'Archipiélago de Las Perlas.

En voiture

Au Panamá, la Transaméricaine est bitumée sur sa quasi-totalité et s'interrompt au bouchon du Darién, une zone de jungle dépourvue de routes qui borde la frontière colombienne. À l'exception des axes principaux qui partent de cette autoroute, l'état des chaussées peut laisser à désirer. Si vous vous aventurez en dehors des grandes villes, mieux vaut louer un 4x4. Les agences de location exigent le plus souvent que vous ayez 21 ans révolus, un passeport en cours de validité, le permis de conduire et une carte bancaire (pour le dépôt de garantie).

À Panamá

En métro Inaugurée en 2014, l'unique ligne du métro de Panamá couvre une distance de 15,8 km, entre la station d'Albrook, au nord, et San Isidro, au sud. Quelques stations se trouvent à proximité de sites touristiques, dont Cinco de Mayo proche de Casco Viejo. Une deuxième ligne de San Miguelito à Nuevo Tocumen est en construction.

En taxi Nombreux et peu onéreux, les taxis constituent de loin le meilleur moyen de locomotion pour circuler à Panamá. Si les véhicules ne sont pas équipés d'un compteur, négociez le prix de la course avant de monter à bord. Les applications pour smartphone Uber et Easy Taxi peuvent aussi se révéler fort utiles.

A-Z

Argent

Le balboa correspond au dollar américain. Il n'existe pas de billets libellés en balboa – ceux utilisés sont en $US –, mais des pièces de 1, 10, 25 et 50 centimes. Vous n'aurez aucune difficulté à trouver un distributeur automatique de billets (DAB), et les principales cartes bancaires sont acceptées un peu partout. Vous changerez vos euros et autres devises dans les agences du Banco

Nacional, dont celle de l'aéroport de Tocumen.

Budget

Un séjour au Panamá, pays parmi les plus développés d'Amérique centrale, peut revenir beaucoup plus cher que chez ses voisins du nord.

Liaisons aéroport La course en taxi de PTY au centre-ville de Panamá coûte entre 20 et 25 $US et prend entre 30 et 60 minutes, selon la densité de la circulation.

Location de voitures Le montant journalier minimum s'élève à 40 $US (60 $US pour un 4x4, véhicule idéal pour circuler en montagne), y compris l'assurance. Ce tarif est négociable en basse saison.

Carburant 2,20 $US le gallon (3,8 l).

Hébergement En zone rurale et dans les localités balnéaires isolées, comptez environ 50-60 $US la nuitée en chambre double dans un hôtel basique. Le tarif d'une chambre double dans un établissement de moyenne gamme (eau chaude, climatisation et WiFi) varie entre 70 et 100 $US, tandis qu'une nuit dans un palace vous reviendra entre 150 et 500 $US.

Restauration Dans les meilleurs restaurants, l'addition se monte en moyenne à 60 $US par tête ; dans ceux beaucoup plus simples, à environ 20 $US, et deux fois moins en zone rurale.

Musées et attractions En général, les musées ont 2 tarifs : un pour les touristes et un pour les Panaméens. Dans la plupart des attractions et musées principaux, l'entrée varie entre 10 et 22 $US. Dans les plus modestes situés à l'extérieur de la capitale, elle coûte une poignée de dollars. Étudiants et enfants bénéficient souvent d'un tarif spécial.

Climat

Le cycle alterne 2 saisons : sèche et pluvieuse, cette dernière durant de décembre à mi-mars sans pour autant qu'il pleuve tous les jours et toute la journée. La température varie en fonction de la région, mais reste assez stable tout au long de l'année. La côte caraïbe a tendance à être plus chaude et plus humide que le littoral du Pacifique. Dans la capitale, le thermomètre peut grimper jusqu'à 32° C, tandis qu'en altitude, il atteint en moyenne 26° C.

CLIMAT

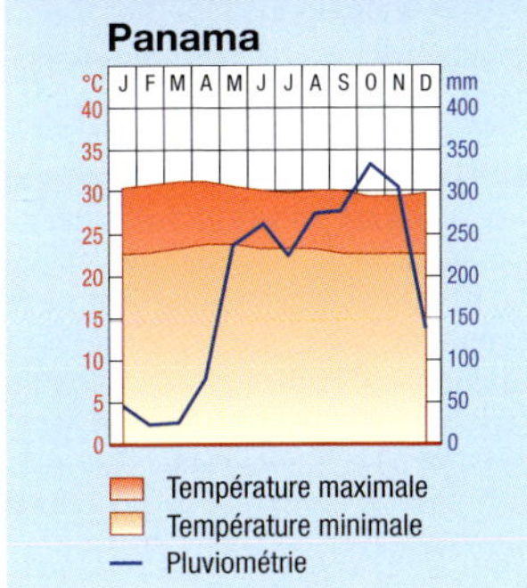

Enfants

Le Panamá réserve un accueil particulièrement chaleureux aux enfants. Ils sont partout les bienvenus et la plupart des principales destinations touristiques leur proposent de nombreuses activités. Où qu'ils se trouvent, ils apprendront quelque chose : en regardant passer les navires sur le canal de Panamá, en visitant un village *emberá* à Gamboa (www.gamboaresort.com), en découvrant différentes espèces de faune et de flore dans les parcs nationaux. Autant d'expériences nouvelles dont ils se souviendront. Sans oublier, bien sûr, les plaisirs balnéaires (www.visitpanama.com).

Fêtes & Festivals

Janvier

Feria de las Flores y del Café Des milliers de personnes convergent à Boquete durant les 10 jours de cette fête des fleurs, l'une des plus importantes au monde. Au programme : expositions de fleurs exotiques, concours et défilés (www.feriadeboquete.com).

Panamá Jazz Festival Pendant 5 jours, des musiciens panaméens et étrangers se produisent dans la capitale (www.panamajazzfestival.com).

Février

Feria de la Virgen de Suyapa Les catholiques célèbrent la fête de cette sainte par des processions et des messes à la Basílica de Suyapa (Tegucigalpa) ainsi que dans d'autres églises du pays.

Carnaval Les Panaméens font la fête durant les 4 jours précédant le mercredi des Cendres. Les festivités les plus débridées se déroulent à Panamá et dans la Península de Azuero. Parades, musique, libations : rien ne manque à l'appel, pas même l'alcool qui coule à flots.

Mars

Semana Santa Défilés, processions religieuses et autres événements rythment la Semaine sainte dans tout le pays, du dimanche des Rameaux au Samedi saint.

Feria de David Pendant plus de 10 jours, des milliers de visiteurs se rassemblent dans la capitale de la province de Chiriquí pour découvrir le dernier cri de la technologie présenté par des centaines d'exposants, et assister à divers événements culturels (www.feriadedavid.com).

Avril

Feria Internacional del Azuero Villa de Los Santos accueille pendant plusieurs jours une foire rurale. Concours de bestiaux, dégustation de produits et de recettes du terroir, le tout copieusement arrosé (www.feriainternacionaldeazuero.com).

Juillet

Festival Patronales de La Virgen de Santa Librada Cette fête en l'honneur de la sainte patronne de Las Tablas se tient du 20 au 22 juillet. L'occasion pour ces dames de parader dans leur *pollera*.

Septembre

Feria Internacional del Mar Des stands vendant des objets artisanaux et des spécialités culinaires locales s'invitent à Bocas del Toro durant 5 jours. Des spectacles folkloriques figurent aussi au programme.

Octobre

Festival del Cristo Negro Des milliers de pèlerins affluent à Portobelo pour rendre hommage à l'effigie en bois du Christ noir, laquelle est promenée dans les rues le 21 octobre.

Novembre

Les 2 fêtes marquant la sécession du Panamá vis-à-vis de la Colombie, les 3 et 4 novembre, donnent lieu à des parades et des feux d'artifice aux quatre coins du pays. Des festivités plus modestes célèbrent la révolte de Villa de los Santos contre l'Espagne, le 10 novembre, et la déclaration d'indépendance officielle du pays, le 28 novembre.

Formalités

Visas et passeports

Pour entrer sur le territoire panaméen, Belges, Canadiens, Français et Suisses n'ont besoin que d'un passeport valable au moins 6 mois après la date de retour prévue et d'un billet de retour. La durée du séjour touristique est de 90 jours, avec possibilité de le prolonger d'au maximum 90 jours supplémentaires pour des motifs sérieux. Si vous empruntez le canal de Panamá et que vous ne débarquez pas, vous n'aurez pas à présenter votre passeport.

Douanes

La détaxe vous permet d'importer jusqu'à 200 cigarettes et 3 l de boissons alcoolisées par adulte. De même, vous pourrez apporter votre appareil photo et/ou caméra ainsi que votre matériel de pêche et/ou de plongée.

Ambassades et consulats à Panamá

Ambassade de Belgique
Torre Optima (PH SL55), Piso 13,
à l'angle de l'Avenida Samuel Lewis et de la Calle 55 Este,
Obarrio
Tél. 301-1438
www.panama.diplomatie.belgium.be

Ambassade du Canada
Torres de las Americas Tower A,
Piso 11, Punta Pacífica
Tél. 294-2500
www.canadainternational.gc.ca/Panama

Ambassade de France
Plaza de Francia,
Las Bovedas, San Felipe
Tél. 211-6200
www.pa.ambafrance.org

Consulat général de Suisse
Edificio Casa Blanca, à l'angle de l'Avenida Justo Arrosemena et de la Calle 44
Tél. 395-9922
www.eda.admin.ch

Fuseau horaire

US Central Standard Time (GMT-5h), soit 6 heures de décalage avec la France. Le Panamá n'applique pas le changement d'heure.

Handicapés

Au Panamá, on se préoccupe plus du confort des visiteurs handicapés que dans les autres pays centraméricains, la plupart des grands établissements hôteliers étant aménagés pour les recevoir. Cependant, dans les régions isolées et sauvages ainsi que dans les parcs nationaux, les personnes à mobilité réduite auront des difficultés à circuler.

Homosexuels

Le Panamá se montre plus tolérant à l'égard des homosexuels que la plupart de ses voisins, et la capitale accueille une communauté gay dynamique. En zone rurale, en revanche, il convient de faire preuve de discrétion.

Horaires d'ouverture

En règle générale, la journée de travail commence à 9h et se termine à 17h. Les banques vous reçoivent lun.-ven. 8h30-16h30, et sam. 9h-12h. La plupart des centres commerciaux ferment vers 20h. En zone rurale, bon nombre de restaurants restent ouverts de l'heure du déjeuner à la nuit tombée, tandis qu'en ville, ils vous accueillent de 12h à 15h et de 17h à 22h.

Guna de l'Archipiélago de San Blas.

Jours fériés

1er jan. *Año Nuevo*
9 jan. *Día de los Mártires*
Mars-avr. *Semana Santa* (jeu.-dim.)
1er mai *Día del Trabajo*
15 août *Fundación de Panamá la Vieja* (à Panamá uniquement)
12 oct. *Día de la Hispanidad*
2 nov. *Día de los Muertos*
3 nov. *Separación de Panamá de Colombia*
4 nov. *Día de la Bandera* (drapeau)
5 nov. *Día de Colón* (à Colón uniquement)
10 nov. *Levantamiento de Los Santos*
28 nov. *Día de la Independencia*
8 déc. *Día de la Madre*
25 déc. *Navidad*

Médias

Le Panamá compte une demi-douzaine de journaux, le principal étant *La Prensa* (www.prensa.com) dans lequel paraît également l'actualité culturelle. Publié en anglais, *The Panama News* (www.thepanamanews.com) est distribué dans de nombreuses boutiques pour touristes et dans les aéroports. Il existe aussi des publications locales plus modestes en langue anglaise, comme *The Bocas Breeze* (www.thebocasbreeze.com) ou *The Pearl Island Times*, disponibles notamment à l'aéroport d'Albrook.

Offices de tourisme

Vous obtiendrez de la documentation, des cartes et des plans auprès de l'Autoridad de Turismo de Panamá (www.visitpanama.com) dans les aéroports de Tocumen et d'Albrook.

Santé

Il y a plus de médecins parlant anglais au Panamá que dans n'importe quel pays centraméricain. Seul hôpital d'Amérique centrale affilié au réseau John Hopkins Medecine International, Pacífica Salud – Hospital Punta Pacífica (*à l'angle du Boulevard Pacífica et de la Vía Punta Darién, Panamá*; *tél. 204-8000*; www.hospitalpuntapacifica.com) emploie plus de 350 spécialistes. Le Centro

Fleurs en fête à Boquete.

Médico Paitilla (*à l'angle de l'Avenida Balboa et de la Calle 53 ; tél. 265-8800* ; www.entromedicopaitilla.com) fait partie des hôpitaux privés les plus anciens de l'isthme centraméricain.

Savoir-vivre

La décontraction est de mise au Panamá, même dans la capitale où, malgré tout, se promener en tongs, short et débardeur risque de déplaire. La ponctualité n'étant pas la qualité principale des Panaméens, ne vous étonnez pas si quelqu'un arrive pour dîner avec 30 minutes de retard. Il est de bon ton d'entamer la conversation par un *buenos días*. La plupart des gens se saluent en s'embrassant sur la joue (droite), mais une poignée de mains n'est pas déplacée pour autant. Dans les régions habitées par les peuples indigènes – chez les Guna, par exemple –, nombreux sont ceux qui demandent une rétribution pour se laisser prendre en photo.

Se loger

La plupart des hôtels à Panamá se concentrent dans quelques quartiers bien spécifiques. Les plus en vogue ont élu domicile à Casco Viejo. C'est le cas de l'American Trade (www.americantradehotel.com) et du Tantalo (www.tantalohotel.com), 2 rendez-vous des noctambules.

Les établissements plus classiques, comme le Bristol (www.thebristol.com), et ceux d'entrée de gamme se répartissent dans les quartiers périphériques, dont Obarrio, Bellavista, Marbella et El Cangrejo.

Le pic touristique correspond à la saison sèche (déc.-mi-mars) et aux jours fériés. Certains complexes hôteliers de Bocas del Toro et sur la côte pacifique proposent des offres promotionnelles pendant la saison pluvieuse.

Se restaurer

Les recettes traditionnelles panaméennes manquent un peu de légèreté et ne lésinent pas sur les protéines, qu'il s'agisse de poisson, de porc ou de bœuf.

Parmi les grands classiques figurent l'*hojaldre*, un type de pain frit, et le *guacho*, un mets succulent et relevé à base de riz qui ressemble à un risotto. Les Afro-Panaméens ont un faible pour le *pargo frito*, vivaneau rouge frit entier, et le *sous*, pied de porc au vinaigre. Les produits de la mer ont du succès partout, notamment sous forme de ceviches et de filets grillés ou frits.

En revanche, la restauration est sans égale, et pas seulement dans la capitale. Sur les plages isolées de la Península de Azuero ou dans une auberge de Bocas del Toro, vous aurez plutôt affaire à des chefs formés selon la vieille école, tandis que Panamá réunit une belle brochette de restaurants contemporains panaméens, grecs et même vietnamiens, auxquels s'ajoutent les chaînes américaines et des cafés branchés qui torréfient eux-mêmes les précieux grains.

Sécurité

Le Panamá est un pays relativement sûr, surtout comparé aux autres d'Amérique centrale. Néanmoins, quelques précautions élémentaires s'imposent, a fortiori de nuit. Restez dans les zones bien éclairées et laissez vos objets de valeur à la maison. La criminalité – des délits mineurs pour la plupart – touche essentiellement les 3 plus grandes villes : Panamá, Colón et David.

Services postaux

Le bureau de poste principal, *Correos y Telégrafos*, à Panamá, se trouve à côté du Mercado de Mariscos. La plupart des hôtels peuvent se charger d'expédier votre courrier. Les coursiers internationaux, tels FedEx, Mail Boxes Etc. ou DHL, sont omniprésents dans la capitale.

Shopping

Partout au Panamá, vous entendrez parler de détaxe. Une publicité plutôt mensongère, sauf dans les boutiques de l'aéroport de Tocumen où les marques internationales sont vendues au même prix qu'aux États-Unis. Si vous privilégiez l'authenticité, rendez-vous à la Galeria Latina (*à l'angle de la Calle 5a et de l'Avenida A, Casco Viejo ; tél. 314-1985*), une boutique spécialisée dans l'artisanat indigène, dont les masques cérémoniels des Emberá et les *molas* des Guna. Les amateurs apprécieront le café torréfié sur place et provenant des meilleurs producteurs du pays, notamment le Geisha, café le plus cher du monde que vous pourrez déguster chez Café Unido (www.cafeunido.com). Quant au célèbre panama, originaire en réalité de l'Équateur, vous n'aurez aucune difficulté à en trouver, dans les boutiques de souvenirs, centres commerciaux, aéroports, etc.

Télécommunications

Téléphones

Il n'est désormais plus possible de trouver un téléphone public au Panamá. La plupart des opérateurs locaux proposent des services de téléphonie mobile basés sur la technologie GSM.

Internet

Le WiFi est accessible partout ou presque, à commencer par les parcs publics, les sites touristiques, les centres commerciaux, les hôtels, les bars et les restaurants.

Urgences

Pour toute urgence, composez le **103** où que vous soyez au Panamá, et le **104** pour déclarer un vol ou une agression.

À LIRE

Arroyo, Eduardo *Panama Al Brown*, Grasset, 1998.

Cendrars, Blaise *Le Panama ou les aventures de mes sept oncles*, Fata Morgana, 2015.

De Banville, Marc *Le Canal de Panama, un siècle d'histoires*, Glénat, 2014.

Le Carré, John *Le Tailleur de Panama*, Points, 2018.

Obaldia, René de *Exobiographie*, Grasset, 2013.

Vásquez, Juan Gabriel *Histoire secrète du Costaguana*, Points, 2012.

LANGUE

Si bon nombre de Centraméricains se débrouillent en anglais, surtout dans les zones touristiques, il est toujours utile d'apprendre quelques rudiments d'espagnol. Dans les régions isolées, cela s'avère même indispensable. En général, la population locale appréciera vos efforts pour parler sa langue et saura faire preuve de patience, parfois peut-être avec un petit sourire amusé. Voici quelques mots, phrases et formules utiles qui devraient faciliter vos contacts.

PRONONCIATION

Voyelles

a = a
e = é
i = i
o = o
u = ou

Consonnes

La prononciation des consonnes obéit aux mêmes règles qu'en français, à quelques exceptions près :

g Devant "**e**" ou "**i**", il équivaut à un "**r**" guttural semblable à celui de la *jota* (j). Devant "ua", il est souvent atténué, voire silencieux. Ainsi *agua* se prononce "aoua" et Guadalajara, Wadalajara.
J (jota) r guttural
ll "lle" comme dans caille
ñ "gne" comme dans vigne
r toujours roulé, surtout s'il est doublé
x entre 2 voyelles, il correspond à la *jota* (j), comme pour México.
y "i" quand il s'agit de la conjonction de coordination "et".

À savoir : "ch" et **"ll"** constituent des lettres à part entière dans l'alphabet espagnol, de même que **"ñ"** et **"rr"**. Un nom ou un mot commençant par **"ch"** se classe à la fin de ceux ayant **"c"** pour initiale. Cette règle s'applique aussi pour **"ll"** et **"l"**, **"ñ"** et **"n"**, ou **"rr"** et **"r"**.

MOTS & EXPRESSIONS

S'il vous plaît *por favor*
Merci *gracias*
De rien *de nada*
Je regrette/désolé *lo siento*
Excusez-moi *con permiso* (pour se frayer un chemin)
Pardon *perdón*
Oui *sí*
Non *no*
Parlez-vous anglais/français ? *¿habla (usted) inglés/francés?*
Me comprenez-vous ? *¿me comprende?/¿me entiende?*
Ça va/c'est bon *está bueno*
Ça ne va pas *está malo*
Bonjour *buenos días*
Bonsoir/bonne nuit *buenas noches*
Au revoir *adiós*
Où est... ? *¿dónde está...?*
Sortie *la salida*
Entrée *la entrada*
Argent *dinero*
Carte de crédit *la tarjeta de crédito*
Taxe/impôt *impuesto*

Se déplacer

Avion *el avión*
Aéroport *el aeropuerto*
Ferry *el barco*
Gare *la estación del ferrocarril*
Train *el tren*
Première classe *primera clase*
Seconde classe *segunda clase*
Combien coûte un billet pour... ? *¿cuánto cuesta un boleto a...?*
Je voudrais un billet pour... *quisiera un boleto a...*
Arrêtez-vous ici, s'il vous plaît *pare aquí, por favor*
Tout droit, s'il vous plaît *recto, por favor*
Combien y a-t-il de kilomètres entre ici et... ? *¿cuántos kilómetros hay de aquí a...?*
Combien de temps faut-il pour y aller ? *¿cuánto se tarda en llegar?*
À gauche *a la izquierda*
À droite *a la derecha*
Comment s'appelle cet endroit ? *¿cómo se llama este lugar?*
Je vais à... *Voy a...*

En voiture

Voiture *el carro/el automóvil*
Où y a-t-il une station-service ? *¿dónde hay una gasolinera?*
Garage (atelier de réparations) *un taller mecánico*
Magasin de pièces de rechange *almacén de repuestos*
Le plein, s'il vous plaît *lleno, por favor*
Vérifiez le niveau d'huile, s'il vous plaît *cheque el aceite, por favor*
Radiateur *el radiador*
Batterie *el acumulador*
J'ai besoin... *necesito...*
Pneu *una llanta*
Roue de secours *la llanta de repuesto*
Dépanneuse *una grúa*
Mécanicien *un mecánico*
Réglage *una afinación*
Il/elle est cassée(e) *está roto/a*
Ils/elles sont cassées(e)s *están rotos/as*

En taxi

Taxi *el taxi*
Station de taxis *el sitio de taxis*
Appelez-moi un taxi, s'il vous plaît *pídame un taxi, por favor*
Combien prenez-vous pour m'emmener à... ? *¿cuánto me cobra para llevarme a...?*

Au bar/restaurant

Menu *el menú*
Carte *la carta*
Restaurant *un restaurante*
Café *un café*
Un café, s'il vous plaît *un café, por favor*

Apportez-moi, s'il vous plaît... *tráigame por favor...*
Bière *una cerveza*
Eau fraîche *agua fría*
Eau chaude *agua caliente*
Boisson sans alcool *un refresco*
Plat du jour *el plato del día/el especial del día*
Petit déjeuner *desayuno*
Déjeuner *almuerzo/comida*
Dîner *cena*
Entrée *primer plato*
Plat principal *plato principal*
Puis-je avoir encore de la bière, s'il vous plaît *¿más cerveza, por favor?*
L'addition, s'il vous plaît *¿me da la cuenta, por favor?*
Monsieur /mademoiselle ! (serveur/serveuse) *¡Señor! (¡Señorita! ¡Señora!)*

À l'hôtel

Où y a-t-il un hôtel bon marché ? *¿dónde hay un hotel económico?*
Avez-vous une chambre climatisée ? *¿tiene un cuarto con aire acondicionado?*
Avez-vous une chambre avec salle de bains ? *¿tiene un cuarto con baño?*
Où se trouve... *¿dónde está...*
La salle à manger ? *el comedor?*
Clé *la llave*
Gérant *el gerente*
Propriétaire (homme) *el dueño*
Propriétaire (femme) *la dueña*
Acceptez-vous les chèques de voyage ? *¿puede cambiar los cheques de viajero?*

Shopping

Grand magasin *el departamento*
Marché el mercado
Boutique de souvenirs *la tienda de recuerditos*
Combien ça coûte ? *¿cuánto cuesta?*
C'est très cher *es muy caro*
Pouvez-vous me faire une remise ? *¿me puede dar un descuento?*
Avez-vous... ? *¿tiene usted...?*
Je vais acheter ça *voy a comprar esto*
Montrez-m'en un/une autre, s'il vous plaît *muéstreme otro (otra) por favor*
Un instant, s'il vous plaît *un momento, por favor*

Mois

Janvier *enero*
Février *febrero*
Mars *marzo*
Avril *abril*
Mai *mayo*
Juin *junio*
Juillet *julio*
Août *agosto*
Septembre *septiembre*
Octobre *octubre*
Novembre *noviembre*
Décembre *diciembre*

Jours de la semaine

Lundi *lunes*
Mardi *martes*
Mercredi *miércoles*
Jeudi *jueves*
Vendredi *viernes*
Samedi *sábado*
Dimanche *domingo*

Chiffres et nombres

1 *uno*
2 *dos*
3 *tres*
4 *cuatro*
5 *cinco*
6 *seis*
7 *siete*
8 *ocho*
9 *nueve*
10 *diez*
11 *once*
12 *doce*
13 *trece*
14 *catorce*
15 *quince*
16 *dieciséis*
17 *diecisiete*
18 *dieciocho*
19 *diecinueve*
20 *veinte*
21 *veintiuno*
25 *veinticinco*
30 *treinta*
40 *cuarenta*
50 *cincuenta*
60 *sesenta*
70 *setenta*
80 *ochenta*
90 *noventa*
100 *cien*
1 000 *mil*
10 000 *diez mil*

COMPRENDRE LE CRÉOLE

Langue officielle du Belize, l'anglais est également parlé ailleurs sur la côte caraïbe d'Amérique centrale, mais la réalité de la rue diverge quelque peu. Les Caraïbes comptent, en effet, des dizaines de dialectes créoles différents. La version bélizienne est un hybride de l'anglais et des divers groupes linguistiques d'Afrique occidentale, le tout émaillé de mots dérivés de l'espagnol et du miskito-matagalpa nicaraguayen. Essentiellement vernaculaire *(voir les exemples ci-après)*, elle ne s'enseigne ni ne s'écrit, de sorte que l'orthographe s'avère pour le moins aléatoire. En revanche, comme beaucoup d'autres idiomes de ce type, le créole fourmille de proverbes.

Fowl caca white an tink e lay egg
Une volaille fait une crotte blanche, et elle s'imagine qu'elle a pondu un œuf (s'emploie pour parler d'une personne imbue d'elle-même).

Dis-ya time no tan like befo time
Ce n'était pas pareil dans le temps.

Da weh da lee bwai mi di nyam?
Que mangeait le petit garçon ?

GLOSSAIRE GUATÉMALTÈQUE ET YUCATÈQUE

Aguadas points d'eau saisonniers dans les Basses-Terres mayas
Atole boisson à base de maïs ou de riz
Ayuntamiento hôtel de ville
Brujo prêtre maya
Cacique chef politique ("chef indigène" en caribéen)
Ceiba fromager (arbre sacré)
Cenote cénote (puits naturel dans la péninsule du Yucatán)
Chapín terme familier pour désigner un Guatémaltèque
Chicle sève d'un arbre servant à confectionner des chewing-gums
Cofrade membre d'une *cofradía*
Cofradía confrérie religieuse chez les Mayas des Hautes-Terres du Guatemala
Creole créole (peuple et langue des Afro-Carribéens du Belize)
Criollo indigène ayant du sang espagnol dans les veines
Finca grand domaine à vocation agricole
Huipil chasuble portée par les femmes mayas
Indio terme péjoratif pour désigner un indigène
Ladino s'applique à toute personne non-indigène ou ayant adopté la culture hispanique (vient de "latin")
Compte long calendrier maya datant de la fin de l'Époque préclassique et du début de l'Époque classique
Marimba instrument de musique guatémaltèque semblable au xylophone
Mestizo métis d'origine indigène et espagnole qui fait en général partie de la société ladino ou hispanique ; terme courant au Mexique
Milpa tradition agricole maya dite "des trois sœurs" associant maïs, haricots et courges
Sacbé "chemin blanc" construit par les Mayas pour relier les cités entre elles ou mener à un temple, notamment au Yucatán
Típica tissus et vêtements traditionnels guatémaltèques faits main et destinés aux touristes
Traje tenue traditionnelle au Guatemala
Yaxche terme maya du Yucatán désignant l'arbre sacré *ceiba*

CRÉDITS

CRÉDIT PHOTOGRAPHIQUES

COUVERTURE
Run Lebarun/Getty Images
Tapis d'echeveria agavoides rajoy.

INTÉRIEUR
Alamy 10(h), 44, 69, 83, 84(bd), 84(bg), 186, 212, 213, 239, 321, 328-329
AWL Images 100, 106, 134, 184, 197(hd), 218-219, 220, 224
Coco Bongo 117
John Bustos/REX/Shutterstock 263
Chan Chich Lodge 185
Dagli Orti/REX/Shutterstock 43, 48, 78
Design Pics Inc/REX/Shutterstock 305(bd)
Domaine public 29, 41
Getty Images 1, 4, 7(hd), 7(cg), 10(b), 12-13, 14-15, 18, 20, 22-23, 25, 26-27, 31(h), 32, 33, 34, 35, 36, 38(bd), 40, 42, 45, 46, 47, 50, 51, 52, 53, 54, 55, 56, 57, 58, 59, 60, 61, 62, 63, 64-65, 66, 68, 75, 76, 77, 80, 81, 82, 84-85(h), 85(bg), 85(hd), 86, 88, 94-95, 96-97, 104, 118, 129, 164-165, 168, 195, 196-197(h), 197(bd), 198-199, 200, 203, 205, 209, 214(b), 216, 223, 234, 238, 240-241(h), 240(bd), 240(bg), 241(bd), 242-243, 244, 255, 256, 257, 258, 262, 270, 304(bd), 306, 307, 315, 317, 322, 325, 330
Glyn Genin/Apa Publications 305(bd)
iStock 6(cg), 6(cd), 6(bg), 6(cd), 7(cg), 7(hg), 8(h), 9(hd), 9(bd), 11(b), 11(h), 19(b), 21, 85(cg), 85(bd), 91, 93, 101(b), 105(h), 130, 131, 156, 187, 201(h), 201(b), 204, 206, 211, 221, 236(h), 237, 245, 249, 250, 251, 252, 252(h), 254, 263(h), 265, 266, 267, 287, 304(bg), 309, 310, 312, 316, 323, 354, 355, 357, 364
Robert Harding 90, 226, 228, 230, 233, 326
Alex Havret/Apa Publications 73, 107, 110, 112, 113, 114, 115, 116, 119, 120, 121(b), 121(h), 122(b), 122(h), 124, 125, 126, 127, 128, 334-335, 337
Frans Lanting/FLPA 241(hd)
Diego Lezama/imageBROKER/REX/Shutterstock 137
Leonardo 259
National Numismatic Collection, National Museum of American History 49
Pete Oxford/Minden Pictures/FLPA 241(cg)
Photoshot 264
Ben Pipe/robertharding/REX/Shutterstock 16-17
Shutterstock 7(cd), 8(b), 37, 89, 92, 123, 169, 180, 181, 197(cg), 202, 207, 210, 214(h), 217, 227, 231, 235, 236(b), 260, 271(b), 305(cg), 313, 314, 318, 319, 320, 324, 327, 352, 356, 359, 366, 367
Sipa Press/REX/Shutterstock 30
SuperStock 7(bd), 98-99, 232
Corrie Wingate/Apa Publications 9(hg), 19(h), 24, 28, 38(bg), 38-39(h), 39(cg), 39(bd), 39(bg), 39(hd), 67, 70, 71, 72, 74, 79, 87, 101(h), 105(b), 132-133, 135, 138, 139, 140, 142, 143, 147, 148, 149, 150, 151, 152, 153, 154, 155, 157, 158, 160, 161, 162, 163, 171, 172, 173, 174, 175, 176, 177, 178, 179, 182, 183, 188, 189, 190, 191, 192-193, 194, 196(b), 197(bg), 229, 241(bg), 268-269, 271(h), 272-273, 276, 277, 279, 280, 281, 282, 283, 284, 285, 286, 288, 289, 290, 292, 293, 295, 296, 298, 299, 300, 301, 303, 304-305(h), 305(hd), 332, 338-339, 340, 343, 344, 348-349, 360, 368
Xinhua/REX/Shutterstock 31(b)

CRÉDITS ARTISTIQUES

Cartographie
Carte

Direction artistique
Tom Smyth

Fabrication
Rebeka Davies

INDEX GÉNÉRAL

INDEX THÉMATIQUE P. 380

D

E

F

M

T

INDEX THÉMATIQUE

INDEX GÉNÉRAL P. 371

Ciudad de Guatemala
0
500 m
N
Palacio Nacional de la Cultura
Catedral, Mercado Central
Correos
Iglesia de San Francisco
PARQUE CONCORDIA
Casa Mima
ZONA 3
ZONA 1
ZONA 4
ZONA 5
ZONA 8
ZONA 9
ZONA 10
ZONA 13
ZONA VIVA
Museo del Ferrocarril
Teatro Nacional
CENTRO CÍVICO
Estadio Mateo Flores
Inguat
CUATRO GRADOS NORTE
Iglesia Yurrita
JARDÍN BOTÁNICO
Torre del Reformador
Politécnica
PARQUE CENTRO AMÉRICA
Museo Popol Vuh de Arqueología
Museo Ixchel del Traje Indígena
Plazuela España
Parque Zoológico La Aurora
PARQUE AURORA
Museo Nacional de Arqueología y Etnología
Museo Nacional de Arte Moderno
Museo Nacional de Historia Natural
Aeropuerto International La Aurora
Los Próceres
Disused rail track
Avenida Elena
Avenida Bolívar
Avenida Centroamerica
Diagonal 5 Avenida del Cementerio
Diagonal 9 (Avenida del Ferrocarril)
Diagonal 12
Diagonal 6
Avenida la Reforma
Avenida la Castellana
Calle Mariscal Cruz
Vía 1
Vía 3
Vía 5
Vía 7
Ruta 1
Ruta 3
Ruta 4
Ruta 6
Ruta 8
1 Avenida
2 Avenida
3 Avenida
4 Avenida
5 Avenida
6 Avenida
7 Avenida
8 Avenida
9 Avenida
10 Avenida
11 Avenida
13 Avenida
15 Avenida
1 Calle
2 Calle
3 Calle
4 Calle
5 Calle
6 Calle
8 Calle
9 Calle
10 Calle
11 Calle
12 Calle
13 Calle
14 Calle
15 Calle
16 Calle
18 Calle
19 Calle
20 Calle
21 Calle
22 Calle
23 Calle
24 Calle
25 Calle
26 Calle
27 Calle
28 Calle
29 Calle
30 Calle
31 Calle
32 Calle
35 Calle
36 Calle a
39 Calle
40 Calle